谨以此书献礼思想政治教育学科设立40周年

2022 年度教育部人文社会科学重点研究基地重大项目（22JJD710007）

2022 年度国家社会科学基金项目资助（22VRC150)

国家出版基金项目
NATIONAL PUBLICATION FOUNDATION

马克思恩格斯思想政治教育思想研究

（全四卷）

李忠军 等 著

第二卷 范畴

本卷作者 李忠军 钟启东 等

中国教育出版传媒集团

高等教育出版社 · 北京

内容提要

　　《马克思恩格斯思想政治教育思想研究》（全四卷）是对马克思恩格斯经典著作中蕴含的思想政治教育立场、观点和方法进行系统梳理和深入阐释的学术专著。全书分为概念、范畴、内容、方法四卷，着重对马克思恩格斯直接或者间接使用的思想政治教育概念、范畴、内容和方法等相关论述思想加以研究阐释，初步构建了马克思主义思想政治教育的概念系统、范畴基础、内容框架和方法体系。本书可作为思想政治教育学科研究生教学参考用书，也可供广大思想政治教育工作者和社会读者学习使用。

图书在版编目（ＣＩＰ）数据

　　马克思恩格斯思想政治教育思想研究. 第二卷，范畴／李忠军，钟启东著. -- 北京：高等教育出版社，2024. 5
　　ISBN 978-7-04-062274-4

　　Ⅰ. ①马… Ⅱ. ①李… ②钟… Ⅲ. ①马恩著作-思想政治教育-教育思想-研究 Ⅳ. ①A811.64

　　中国国家版本馆 CIP 数据核字（2024）第 104867 号

MAKESI ENGESI SIXIANG ZHENGZHI JIAOYU SIXIANG YANJIU

策划编辑	迟宝东　王溪桥	责任编辑	杜一雪	封面设计	赵　阳
版式设计	童　丹	责任校对	刁丽丽	责任印制	赵义民

出版发行	高等教育出版社	网　　址	http://www.hep.edu.cn
社　　址	北京市西城区德外大街 4 号		http://www.hep.com.cn
邮政编码	100120	网上订购	http://www.hepmall.com.cn
印　　刷	北京盛通印刷股份有限公司		http://www.hepmall.com
开　　本	787mm×1092mm　1/16		http://www.hepmall.cn
本册印张	22.25		
本册字数	290 千字	版　　次	2024 年 5 月第 1 版
购书热线	010-58581118	印　　次	2024 年 12 月第 2 次印刷
咨询电话	400-810-0598	总 定 价	270.00 元

本书如有缺页、倒页、脱页等质量问题，请到所购图书销售部门联系调换

作者简介

　　李忠军，现任东北师范大学党委书记、马克思主义学部（院）教授，博士生导师。先后任东北师范大学马克思主义学部（院）部（院）长，吉林大学马克思主义学院院长，陕西师范大学马克思主义理论学科带头人。教育部马克思主义理论研究和建设工程重点教材首席专家、教育部高等学校马克思主义理论类专业教学指导委员会副主任委员，入选国家高层次人才特殊支持计划、国家百千万人才工程（国家有突出贡献中青年专家）、教育部新世纪优秀人才支持计划、吉林省高级专家，享受国务院特殊津贴，获第六届高等学校科学研究优秀成果奖（人文社会科学）三等奖（著作），长期致力于思想政治教育基础理论研究，先后主持完成教育部哲学社会科学研究重大攻关项目（2项）、国家社科基金委托项目、国家社科基金重点项目、国家社科基金一般项目、国家出版基金资助项目等多项国家级课题。在《马克思主义研究》《中国高校社会科学》《人民日报》等权威期刊（CSSCI）上发表论文 70 余篇，其中 5 篇被《新华文摘》全文转摘， 25 篇被《人大复印报刊资料》全文转载，出版专著 4 部，主编教材 5 部。

目　录

导　论

一、关于范畴的马克思主义分析

在中国文化传统里，"范畴"一词最早见于《尚书·洪范》"洪范九畴"，兼有"范形""类别""模式""礼法""规律"之义。在西方传统哲学里，亚里士多德最早在"种类""性质""关系"等始源语义上使用"范畴"（κατηγορια）这个哲学词汇，并制定了帮助人们理解和把握世界的"十范畴"（实体、性质、地点、时间、数量、关系、姿态、状况、主动、被动）。"范畴"在英语中是"category"，在德语中是"Kategorie"，它们在保留"类别""属性""关系"等基本语义的基础上，增加了"概念""词基""区分"等意涵。康德为知性开列了"十二范畴"，因为"范畴"在他看来是人们之所以能够认识和把握"现象世界"的概念中介、思维工具，而这又是因为"现象世界"总是可以依据"十二范畴"来进行概括和阐释，就是说这"十二范畴"结构了"现象世界"的解释机制。但是康德指明的知性范畴是孤立和静止的，自身并不运动，彼此保持界限，这使得现象世界似乎只是由范畴在某种先天命令下安排出来的，从而走向了实质上的"不可知论"，也就无法真正给现代科学及其理性精神奠定哲学基座。

为了解决这个问题，费希特引入"自我"的能动性结构进行范畴推演，力求取消范畴与范畴之间的界限，用范畴的理论运动来解释世界的现象运动。但是，由于这种推演没有贯彻辩证法，因此与其说费希特取消了范畴之间的界限，不如说他强化了这种界限，因为"在费希特哲学里除了自我意识、自觉的自在存在这一环节外，什么也找不到，正如在英国哲学里一样，只是片面地把为他的存在这一环节或者意识这一环节并不说成环节，而宣称为真理的原则；这两种哲学里都没有两者的统一、没有精神"①。所以当黑格尔着手解决这个问题的时候，他把"实体即主体"作为第一原则，既把否定性作为创造原则，也将之作为推动原则，力求让范畴在概念的辩证结构中实现自身运动、建构过渡关系，并最终将整个世界以及关于整个世界的全部知识和一切范畴都没有例外地淹没在"绝对理念"这个唯一的最高的范畴之中。

对此，马克思一针见血地指出："因此，整个运动是以绝对知识结束的。这些对象从中异化出来的并以现实性自居而与之对立的，恰恰是抽象的思维。哲学家——他本身是异化的人的抽象形象——把自己变成异化的世界的尺度。因此，全部外化历史和外化的全部消除，不过是抽象的、绝对的思维的生产史，即逻辑的思辨的思维的生产史。"② 黑格尔用"绝对理念"这个唯一最高范畴，对全部范畴以及存在于这些范畴之中的全部世界做了纯粹抽象，实际上就是仅仅通过一个范畴（绝对理念）的自身运动，在"肯定—否定—否定之否定"的概念辩证法中，从纯粹的"这一个"（作为黑格尔哲学开端"纯有"的第一个感性指谓）开始，推演出了"绝对理念"根据自己的自由意志"创造"世界的全过程，并在这种逻辑推演中还原了"绝对理念"作为唯一最高范畴（从而是黑格尔哲学中真正存在的东西）通过自我外化和对外化的自我扬弃而复归自身本质的范畴进阶过程。

由此可见，正如黑格尔自己所承认的，"造成困难的永远是思维，因为思维把一个对象在实际里紧密联系着的诸环节彼此区分开来。思维引起了由于人吃了善恶知识之树上的果子而来的堕落罪恶，但它又能医治这不幸。这是一种克服思维的困难；但造成这困难的，也只有思

---

① 黑格尔：《哲学史讲演录》第四卷，贺麟、王太庆译，上海人民出版社 2013 年版，第 339 页。
② 《马克思恩格斯文集》第 1 卷，人民出版社 2009 年版，第 203 页。

维"①。在黑格尔那里，不论是作为唯一范畴的"绝对理念"，还是展现"绝对理念"的全部范畴，都不过是在"思维的游戏"中将自己想象成世界的世界意识，尽管这种想象方式充满了思辨的历史性和逻辑的发展性，但在本质上依然是"颠倒的世界意识"。

马克思通过哲学革命，颠倒了黑格尔关于"范畴"的思辨结构，不仅真正解决了思维和存在的基本关系问题，指明了社会存在决定社会意识基本原理，而且确立了认识和表述"范畴"的辩证唯物主义哲学基础，揭示出"范畴"的本质及其构造变化规律。马克思、恩格斯在《德意志意识形态》中这样写道："思想、观念、意识的生产最初是直接与人们的物质活动，与人们的物质交往，与现实生活的语言交织在一起的。人们的想象、思维、精神交往在这里还是人们物质行动的直接产物。表现在某一民族的政治、法律、道德、宗教、形而上学等的语言中的精神生产也是这样。人们是自己的观念、思想等等的生产者，但这里所说的人们是现实的、从事活动的人们，他们受自己的生产力和与之相适应的交往的一定发展——直到交往的最遥远的形态——所制约。意识〔das Bewußtsein〕在任何时候都只能是被意识到了的存在〔das bewußte Sein〕，而人们的存在就是他们的现实生活过程……因此，道德、宗教、形而上学和其他意识形态，以及与它们相适应的意识形式便不再保留独立性的外观了。它们没有历史，没有发展，而发展着自己的物质生产和物质交往的人们，在改变自己的这个现实的同时也改变着自己的思维和思维的产物。不是意识决定生活，而是生活决定意识。前一种考察方法从意识出发，把意识看做是有生命的个人。后一种符合现实生活的考察方法则从现实的、有生命的个人本身出发，把意识仅仅看做是他们的意识。"②

---

① 黑格尔：《哲学史讲演录》第 1 卷，商务印书馆 1959 年版，第 290 页。
② 《马克思恩格斯文集》第 1 卷，人民出版社 2009 年版，第 524—525 页。

　　在马克思主义看来，范畴既是意识，也是对这个意识的意识，不仅它的产生根源，而且它的表现形态和变化样式，都由一定的物质生活决定。"人们按照自己的物质生产率建立相应的社会关系，正是这些人又按照自己的社会关系创造了相应的原理、观念和范畴"①，是人在自己的现实生活中创造了范畴，而不是相反的。如果要进一步追问"范畴"跟"现实"的历史关系是怎样的，那么应当承认，不能从"范畴"来理解"现实"，而是要从"现实"出发来把握"范畴"。正如恩格斯所说："历史从哪里开始，思想进程也应当从哪里开始，而思想进程的进一步发展不过是历史过程在抽象的、理论上前后一贯的形式上的反映；这种反映是经过修正的，然而是按照现实的历史过程本身的规律修正的"。② 由此可知，其一，范畴是从事物质生产活动并在自己的现实生活中形成的观念产物。其二，范畴作为"历史的产物"，是不断变化发展的，既没有哪个范畴是永恒的，也没有围绕哪个范畴的原理是永恒的。所谓"绝对范畴"不过是绝对说不出什么的范畴，所谓"永恒真理"不过是表明人们永远在追求真理。其三，揭示历史规律，离不开范畴表述，需要将各种范畴之间的本质联系揭示和表述出来，但这绝非范畴的自身运动，而是范畴对现实运动的自身表述。

　　那么，"范畴"同"概念"有何关系呢？全部范畴都是概念。所谓"概念"，其字面意思可以理解为"概括起来念"，这里意味着两重语义：概括+表述。概念是人类意识的基本单元。人们总是通过概念来认识和把握世界，包括自身与世界的关系。概念也是人类知识的组织方式。知识的本质概括，是对普遍共相的思维把握，因而总是要通过各种概念表述出来，并且也经常表现为某些"具有原则高度的概念"，亦即"范畴"。比如，在马克思主义这里，"社会存在""社会意识""实践""生产""资本""经济基础""上层建筑""无产阶级""资产阶级"

"社会主义""共产主义""人类解放",等等,就是"具有原则高度的概念",它们是构建马克思主义知识体系、表述马克思主义精神原理的基本概念、核心概念。实际上,任何知识体系都是结构在一定的基本概念、核心概念之上的,因而这个知识体系看起来好像是从这个基本概念、核心概念演绎生长起来的,比如"商品"之于整个《资本论》的知识体系。因此,列宁明确指出了范畴在认识活动中的地位和作用:"范畴是区分过程中的梯级,即认识世界的过程中的梯级,是帮助我们认识和掌握自然现象之网的网上纽结。"① 人们通过范畴来进行现象区分、知识离析,并对这种区分和离析进行反思,进而又在范畴(根基于现实运动)中应对这种区别,从而推进关于自然界、社会历史、思维本身的认识过程。形象地说,"范畴"就是认识活动的"脚手架",既是人们认识开端的立足之处,也是人们认识深化的着力之处,发挥着类似"关节"那样的结构性作用。在此意义上,范畴是把握概念的概念,是理解和表述认识对象的结构性概念。

二、把握马克思恩格斯经典中思想政治教育范畴的方法原则

思想政治教育范畴是认识和表述思想政治教育现象的结构性概念,是思想政治教育学的基本概念,是思想政治教育理论体系中的基本单元。对于整个社会结构和历史活动来说,思想政治教育构成一个基本概念、基本范畴,但是对于思想政治教育学、思想政治教育现象来说,如果还将思想政治教育本身作为一个范畴就是在绕圈子了,讨论马克思恩格斯经典中的思想政治教育范畴,不能停留于思想政治教育这个语词,而是要深入到思想政治教育这个事情本身之中,理解和表述这个社会现象得以发生缘起并维持运行的基本范畴、核心概念。所以,人们不

---

① 《列宁全集》第 55 卷,人民出版社 1990 年版,第 78 页。

会因为在马克思恩格斯经典中找不到思想政治教育字样，就否认马克思恩格斯经典中有关于思想政治教育事实的诸多深刻讨论，实际上正是马克思、恩格斯通过哲学革命，揭示了人类社会发展规律和思维认识规律，重新构建了"意识形态"概念，才使得思想政治教育成为科学，开创了以马克思主义为指导的无产阶级思想政治教育。立足无产阶级革命和人类解放运动，整个马克思、恩格斯的理论活动与思想创造，正是在进行思想政治教育，既是确立"此岸世界的真理"，也是让"思想的闪电"彻底击中"素朴的人民园地"，启蒙阶级觉悟、加强理论武装、凝聚物质力量、推动革命实践。这就意味着，把握和表述马克思恩格斯经典中的思想政治教育范畴，就是要以范畴解析为概念中介和思想线索，对马克思、恩格斯的思想政治教育理论进行梳理和构建，揭示思想政治教育规律，深化马克思主义思想政治教育原理研究。既然马克思恩格斯经典中的思想政治教育范畴表述具有特殊性，不能以思想政治教育之名直接进行择取和呈现，那么，我们应当遵循怎样的方法原则？

一方面，要坚持历史与逻辑相统一。在《卡尔·马克思〈政治经济学批判。第一分册〉》中，恩格斯就马克思对黑格尔辩证法的革命性改造作了大段介绍和深刻评述，他指出："黑格尔的思维方式不同于所有其他哲学家的地方，就是他的思维方式有巨大的历史感做基础。形式尽管是那么抽象和唯心，他的思想发展却总是与世界历史的发展平行着，而后者按他的本意只是前者的验证。真正的关系因此颠倒了，头脚倒置了，可是实在的内容却到处渗透到哲学中；何况黑格尔不同于他的门徒，他不像他们那样以无知自豪，而是所有时代中最有学问的人物之一。他是第一个想证明历史中有一种发展、有一种内在联系的人，尽管他的历史哲学中的许多东西现在在我们看来十分古怪，如果把他的前辈，甚至把那些在他以后敢于对历史作总的思考的人同他相比，他的基本观点的宏伟，就是在今天也还值得钦佩。……这个划时代的历史观是新的唯物主义世界观的直接的理论前提，单单由于这种历史观，也就为逻辑方法提供了一个出发点。如果这个被遗忘了的辩证法从'纯粹思维'的观点出发就已经得出这样的结果，而且，如果它轻而易举地就结束了过去的全部逻辑学和形而上学，那么，在它里面除了诡辩和烦琐言辞之外一定还有别的东西。但是，对这个方法的批判不是一件小事，全部官方哲学过去害怕而且现在还害怕干这件事。马克思过去和现在都是唯一能够担当起这样一件工作的人，这就是从黑格尔逻辑学中把包含着黑格尔在这方面的真正发现的内核剥出来，使辩证方法摆脱它的唯心主义的外壳并把辩证方法在使它成为唯一正确的思想发展形式的简单形态上建立起来。"① 从这里可以看出，马克思、恩格斯没有全盘否定黑格尔的概念辩证法，因为黑格尔以"巨大的历史感做基础"的思维方式，正确揭示了历史与逻辑相统一的思想形式，只不过他将这种统一关系错置到了"逻辑"之中，并且仅仅是统一到"绝对理念"这个唯一最高范畴的自身逻辑。马克思颠倒了这种颠倒，把"历史"还原为现实前提和统一基础，将概念辩证法改造为实践辩证法，揭示和表述了历史唯物主义的基本原理，为理论活动与实践行动明确了历史与逻辑相统一的方法原则。按照这个方法原则来研究马克思恩格斯经典中的思想政治教育范畴，最为重要的就是扎根历史、尊重原本。比如，我们知道"意识形态"这个概念在马克思恩格斯文本中出现的时间较晚，这就带来两个问题：在考察马克思恩格斯早期文本的思想政治教育范畴时，指向意识形态的相关文本，究竟要不要概括到意识形态这个范畴之下，要不要纳入意识形态理论研究范围？如果要将其概括并纳入其中，又该在马克思主义思想政治教育形成发展的整个历程中如何对其进行理论定位？对此，我们认为实事求是地把握和表述这些早期文本中的思想政治教育范畴、思想政治教育理念是关键之事。既然早期文本没有使用"意识形态"这个术语，那么就不要把早期文本中的诸如"思想""理论""哲学""精

---

① 《马克思恩格斯文集》第 2 卷，人民出版社 2009 年版，第 602—603 页。

神""宗教"等概念（尽管它们都是意识形态的观念形式）直接替换为"意识形态"，而是要保持文本表述的原貌。但这不妨碍从中解析意识形态理论，毕竟这些相关概念表述的本身就指向意识形态批判这个理论事实，并最终通往马克思的意识形态"术语革命"和"哲学革命"。坚持历史和逻辑相统一，就是要在时代背景中将经典理解表述为思想政治教育文献。

另一方面，要坚持归纳与演绎相统一。在《政治经济学批判（1857—1858 年手稿）》中，马克思讲到政治经济学研究的两条道路：第一条道路是"从具体到抽象"，也就是"从实在和具体开始，从现实的前提开始"①，从感性具体中获得理性抽象，从"整体的一个混沌的表象"中抽象出"越来越稀薄""越来越简单的概念"，但这种认识仅仅使"我达到一些最简单的规定"，② 往往处于对事物现象及其属性特征的描述把握阶段，尚未抵达事物的本质规定。从具体到抽象的思维过程往往采取归纳法，从众多现象中发现共相、揭示一般。第二条道路是"从抽象到具体"，在第一阶段的理性抽象基础上进行理论演绎和范畴反思，从而深入观念具体、事物本质之中。对此，马克思进一步指出："具体之所以具体，因为它是许多规定的综合，因而是多样性的统一。因此它在思维中表现为综合的过程，表现为结果，而不是表现为起点，虽然它是现实的起点，因而也是直观和表象的起点。在第一条道路上，完整的表象蒸发为抽象的规定；在第二条道路上，抽象的规定在思维行程中导致具体的再现。因此，黑格尔陷入幻觉，把实在理解为自我综合、自我深化和自我运动的思维的结果，其实，从抽象上升到具体的方法，只是思维用来掌握具体、把它当做一个精神上的具体再现出来的方式。但决不是具体本身的产生过程……因此，在意识看来（而哲学意识就是被这样规定的：在它看来，正在理解着的思维是现实的人，而被理

---

① 《马克思恩格斯文集》第 8 卷，人民出版社 2009 年版，第 321 页。
② 《马克思恩格斯文集》第 8 卷，人民出版社 2009 年版，第 24 页。

解了的世界本身才是现实的世界），范畴的运动表现为现实的生产行为（只可惜它从外界取得一种推动），而世界是这种生产行为的结果；这——不过又是一个同义反复——只有在下面这个限度内才是正确的：具体总体作为思想总体、作为思想具体，事实上是思维的、理解的产物；但是，决不是处于直观和表象之外或驾于其上而思维着的、自我产生着的概念的产物，而是把直观和表象加工成概念这一过程的产物。"① 这就是说，其一，"从抽象到具体"不是要从理性抽象回到感性具体，实际上这个演绎阶段已经离开了感性世界一段距离和时间，而是立足现实基础、怀抱感性力量，对业已获得的知性内容、理性范畴、抽象原则进行反思追问，推动思维具化和思想深化，从而获得更加丰富、更加多样、更加综合的观念认识和理论把握，实现对事物本质的彻底性揭示。其二，这里所说的"具体"不是主语而是思维原则、思想过程，是相对于理性抽象和感性具体来说的"观念具体"，它表明对事物的认识已经走过了"肯定—否定—否定之否定"三阶段，逐渐抵达事物的根本，揭示出事物的本原和规律。其三，这个阶段其实不只是演绎法的运用，同时也要使用归纳法，也需要进行理论抽象和概念集成。但是应当明确，"具体"在这里只是力求抵达根本的致思过程，是追求和寻获真理的过程，这并不是说真理就蕴涵其中，就像马克思所强调的，"从抽象上升到具体的方法，只是思维用来掌握具体、把它当做一个精神上的具体再现出来的方式。但决不是具体本身的产生过程"②。归纳法和演绎法不仅不能单独运用，而且不能将两者的任何一方绝对起来，更不能将方法视为真理的绝对原则。在马克思恩格斯经典中的思想政治教育范畴研究问题上，坚持归纳与演绎相统一，就是既要对经典文本做必要的概括和抽象，按照思想政治教育学科尺度加以理解和表述，也要对文本的思想政治教育范畴进行分析演绎，使这些范畴遵循一定的理论原则和解释框

---

① 《马克思恩格斯文集》第 8 卷，人民出版社 2009 年版，第 25 页。
② 《马克思恩格斯文集》第 8 卷，人民出版社 2009 年版，第 25 页。

架而运动起来，展示出经典文本中马克思恩格斯思想政治教育理论的学术外观和精神原理。

三、马克思恩格斯经典中思想政治教育基本范畴的内在逻辑

马克思主义是完整的理论体系，并不是一个范畴能够穷尽的，对于马克思恩格斯经典中的思想政治教育范畴来说也是如此。且不说这些范畴生长构成的理论体系，单是这些不同层级、不同领域、不同性质的范畴本身，就能构成一个马克思恩格斯的思想政治教育范畴体系。因此，本书仅仅讨论马克思恩格斯经典中的思想政治教育基本范畴。一方面，这是出于对讨论范围和难度的考虑；另一方面，在对马克思恩格斯经典中的思想政治教育范畴做全面系统研究（这是学界迟早要最终完成的理论工作）之前，需要先对基本范畴进行锁定和讨论，这既是在开端意义上破题，也是在研究任务上解决主要矛盾，毕竟马克思主义思想政治教育的基本立场、观点和方法就蕴涵在这些思想政治教育基本范畴之中。

何谓思想政治教育基本范畴？马克思恩格斯经典中的思想政治教育基本范畴包括哪些？这些基本范畴按照何种标准来选取？应以何种形式来表述这些基本范畴？

思想政治教育基本范畴是指在思想政治教育范畴体系中起着基础性规定作用的结构性概念。立足思想政治教育学，思想政治教育基本范畴是指向思想政治教育原理，提出和回答思想政治教育基本问题的基本概念。思想政治教育原理体系正是围绕思想政治教育基本范畴构建起来的。人们对思想政治教育原理的讨论、反思和深化，往往也是围绕一定的思想政治教育基本范畴来进行的，并且学术成果和理论发展也总是表现为对一定思想政治教育基本范畴的重新理解与表述。思想政治教育基本范畴就是思想政治教育原理体系的四梁八柱，思想政治教育原理发展的核心点位。具有原则高度的思想政治教育基本范畴，融涵着思想政治

教育原理的逻辑开端和精神理念。比如，如果说灌输是思想政治教育基本范畴，那么这就意味着灌输建构着思想政治教育存在发展的理论逻辑，因而我们也可以在这个意义上将思想政治教育本质内涵和精神理念概括为在一定意识形态指导下进行的灌输活动，这就意味着可以围绕灌输构建思想政治教育原理体系，并以之指导思想政治教育现实行动。

马克思恩格斯经典中的思想政治教育基本范畴，就是指蕴涵着马克思主义思想政治教育基本立场、观点和方法的思想政治教育范畴。这些经典中的思想政治教育基本范畴，既包括马克思主义理论体系中那些在根本上规定着思想政治教育基本问题的核心概念，也包括直接规定思想政治教育基本立场、观点和方法的核心概念。这就提出了如何从马克思恩格斯经典文本中选取思想政治教育基本范畴的操作逻辑问题，毕竟马克思、恩格斯直接或间接讨论过的思想政治教育范畴是非常多的。我们着眼于思想政治教育原理研究，既是对马克思恩格斯经典中思想政治教育基本问题进行追问和回答，也是对马克思主义思想政治教育学进行前提审视，那么就有必要按照以下几个特征来选择经典文本中的思想政治教育范畴。一是根本性，即从经典文本中选取的思想政治教育范畴应该指向马克思主义基本原理，指向马克思主义思想政治教育基本立场、观点和方法；二是发展性，即从经典文本中选取的思想政治教育范畴应该是可以生长出思想政治教育原理的核心概念，能够随着时代发展和马克思、恩格斯本人的思想变化而日益展示出思想政治教育本质；三是一贯性，即从经典文本中选取的思想政治教育范畴在理论内核上要有稳定性、一贯性，是贯穿马克思、恩格斯理论活动始终的，也就是可以在马克思、恩格斯的绝大多数文本中看到关于这些范畴、这些问题的讨论，尽管他们未必明确使用了这些概念；四是原则性，即从经典文本中选取的思想政治教育范畴要具有原则高度，有一定的抽象性、凝练性，是对马克思、恩格斯讨论思想政治教育基本问题所形成的思想理念的精练表述、理论表征。

　　本书从马克思恩格斯经典文本中选取了九对思想政治教育基本范畴，主要分成三类，结合具体文本进行思想政治教育学分析。

　　一是思想政治教育起始范畴，包括个人与社会、思想与利益、理论与实践。这三对思想政治教育范畴主要解决思想政治教育的根源和本质问题，是对经典文本中马克思、恩格斯关于思想政治教育何以产生、为何必然产生、如何产生及其本质规定等理论前提问题的范畴凝结，实际上是对马克思主义思想政治教育哲学基础及其指导下形成的本原理论的文本把握和范畴表述。起始范畴是关乎思想政治教育理论开端的核心概念。个人与社会是思想政治教育主体上的起始范畴。从个人起首还是从社会开端，代表了两种不同的思想政治教育叙事进路。个人与社会曾一度被视作对立的两个范畴。关于人的本质的不同理解和表述，归根到底都是在对个人与社会这两个范畴之间的本质联系作出某种处理。只不过在相当长的时间里，这种处理要么陷入抽象，要么陷入绝对，要么流于表象，直到马克思、恩格斯发动"哲学革命"才真正解决了这个理论问题。历史唯物主义从现实的个人出发来理解和把握人类社会历史，因而既不用社会吞噬个人，也不用个人肢解社会，而是强调现实个人是在自己的物质生产活动中形成自己的社会交往关系，从而建构出置身其中的社会共同体。正是因为这个前提理论问题得以合理解决，才使得马克思、恩格斯将整个思想政治教育理论（特别是其意识形态理论）置于现实个人这个历史开端之上，进而使马克思主义思想政治教育理论有了牢固的范畴基石和理论前提。由此引出的思想与利益、理论与实践两对起始范畴，则是从这个现实个人前提出发，在思想政治教育学意义上对历史唯物主义核心原理作出的概念表达。个人与社会的关系表现为这两者之间的思想关系，思想政治教育总是在致力于解决思想冲突问题，而这些冲突又不过是一定物质利益冲突的集中体现。就是说，个人与社会在思想政治教育那里主要表现为一定的思想与利益；个人与社会范畴是因为思想与利益这个内容实质而被组织行动起来的。于是就进入理论与实践范畴了，个人与社会、思想与利益总是要落脚到怎么思考、怎么行动的具体问题上，也是思想政治教育在初衷上要解决的问题。因此，从形态外观上看，思想政治教育总是围绕个人与社会，基于一定的思想与利益，开展着理论教育和实践引导活动。思想政治教育既是从这三对范畴出发的，也终将回到这三对范畴。可以说，思想政治教育形成与发展的全过程都贯穿着这三对范畴。

二是思想政治教育过程范畴，包括能动与受动、理性与非理性、教育与环境。这三对思想政治教育范畴主要解决思想政治教育的运行过程问题，指向马克思、恩格斯在经典文本中对思想政治教育规律的讨论和揭示。能动与受动、理性与非理性是从个体思想政治观念形成发展的角度，对思想政治教育过程规律进行揭示，解决个体接受和认同思想政治教育的主体条件与心理机制问题。教育与环境这对范畴，则是从社会意识、社会存在、社会结构，包括国家机器的整体维度，对思想政治教育的运行规律加以讨论和揭示。思想政治教育总是存在于一定的过程之中。严格来说，思想政治教育就是思想政治教育过程，没有不在过程中的思想政治教育。因此这里所谓思想政治教育过程主要是指思想政治教育实施过程，是主体围绕一定的思想利益关系展开的思想教育活动。意识形态规律、思想政治教育规律主要蕴涵在思想政治教育实施过程之中。能动与受动是从主体性生长出来的思想政治教育范畴。这对范畴解决了思想政治教育何以可能的问题。如果个体不具有能动与受动这个精神结构，那么也就谈不到个体的思想品德成长了，自然也就不存在思想政治教育了。思想政治教育之所以能够致力于人的思想影响和品格塑造，是因为人是能动与受动的生命统一。从这个生命统一出发，人的思维方式同时还存在理性与非理性的区分。但是，这个区分在马克思、恩格斯那里不是绝对的，因为他们将思维的真理性问题理解为实践问题。他们认为，现实个人探讨理性与非理性问题以至于陷入神秘主义，这些问题都能在实践中以及对这种实践的理解中得到合理解决，这就引出了教育与环境范畴。在这里，马克思、恩格斯指出，教育者同时也要受教育，人在影响环境的同时也在受教育，人对环境的改变同人的改变相一致。思想政治教育既要对思想政治教育环境进行塑造和优化，也要从自身规律出发不断强化自身建设，不断满足社会环境对教育内容的渴望。

三是思想政治教育目的范畴，包括物质武器与精神武器、副本与原本、神圣形象与非神圣形象。这三对范畴也可以说是思想政治教育结果范畴，是从效力争取或者达成目标上，对思想政治教育运行发展的根本任务、价值追求的理论揭示。物质武器与精神武器这对范畴，是对思想政治教育"精神变物质"规律的揭示和展开，是马克思、恩格斯对思想政治教育如何发挥理论武装、精神动员和价值感召等功能，又如何把先进理论转化为强大物质武器的深入思考。副本与原本这对范畴，是从马克思提出的"副本批判"和"原本批判"推导出来的，"副本"指"社会意识""思想观念"，"原本"指"社会存在""社会现实"。从表面上看，思想政治教育总是围绕社会意识、思想观念、意识形态展开行动，就像马克思、恩格斯所说的"副本批判""词句批判"。但实际上，这些思想政治教育活动总是在根本上指向"原本着眼于现实运动的"，也就是马克思、恩格斯所说的要从"副本批判"进入"原本批判"。在具体实践中，人们为了做好围绕"副本"的思想政治教育工作，往往要先在"原本"领域展开工作，用"原本"来证明或者支撑"副本"。神圣形象与非神圣形象是一对比较特殊的思想政治教育范畴，马克思、恩格斯通过这对范畴交代出无产阶级思想政治教育的批判任务，而且我们也将看到这对范畴作为马克思主义意识形态批判的双重维度，是贯穿始终的理论对象。将神圣形象与非神圣形象选取为马克思恩格斯思想政治教育基本范畴，一方面是为了回应前文的"副本与原本"范畴，前者是对后者的进一步展开；另一方面是因为这对范畴是理解和把握马克思恩格斯思想政治教育理论的理论线索，因为马克思和恩格斯终生都在致力于消解人的自我异化的神圣形象和具有非神圣形象的自我异化。

当然，挂一漏万在所难免，我们根据范畴本身在思想政治教育原理体系中的位置与功能，根据马克思、恩格斯关于思想政治教育的基本理念来择取范畴，并不是要给马克思恩格斯经典文本中的思想政治教育范畴研究划定范围或者规定范式，而仅仅是想从基本范畴的文本逻辑及其理论抽象维度出发，为马克思恩格斯思想政治教育理念研究提供范畴依据和文本线索。因此，本书在择取和阐释这些思想政治教育基本范畴时，往往会体现为"从文本到文本"的学术外观，力图尽可能全面地呈现马克思、恩格斯关于这些思想政治教育范畴的重要表述。同时，我们又认为文本研究的生命力在于通过文本指导现实，所以我们会在每对思想政治教育范畴讨论的最后引入现实性课题，并在这里促使"范畴"向"原理"生长，用经典文本中蕴涵的思想政治教育理念指引我们更好地理解和把握习近平新时代中国特色社会主义思想中蕴涵的思想政治教育观，助推思想政治教育学原理在全面推进中国式现代化中深化发展。

第一章　个人与社会

　　个人与社会是思想政治教育的基本范畴。对于思想政治教育来说，个人与社会既是思想政治教育学建构的理论起点，也是思想政治教育实践发展的主体结构。从个人还是社会出发，不仅关乎思想政治教育的价值立场，更影响理论体系的自洽性和实践体系的有效性。是否从"现实的个人"出发，是马克思主义思想政治教育区别于其他阶级思想政治教育的显著特征。马克思、恩格斯立足"现实的个人"这个具体开端，开启并推进了以辩证唯物主义和历史唯物主义为核心内容的哲学革命，正确界定了个人与社会两个基本范畴的本质关系，为马克思主义思想政治教育的开创和发展奠定了科学的哲学基础与起始范畴。在长期理论斗争和革命工作中，马克思、恩格斯围绕"人的本质"及其社会历史关系做了诸多深刻阐释，揭示了个人与社会这对基本范畴的本质要义、内在关系，明确了这两者作为思想政治教育基本范畴的理论边界和实践联系。

　　在完成从唯心主义到唯物主义、从革命民主主义向共产主义的转变过程中，马克思、恩格斯批判了资产阶级理论家抽象的错误的个人观，把现实的个人作为关注对象，主张"推翻使人成为被侮辱、被奴役、被遗弃和被蔑视的东西的一切关系"①。在创立新唯物主义的过程中，马克思在《1844 年经济学哲学手稿》中讨论了人的不同存在方式，初步阐述了人的本质属性，指出人一方面是"能动的自然存在物"，另一方面也是"受动的、受制约的和受限制的存在物"②，并且"自然界的人的本质只有对社会的人来说才是存在的"③，人的普遍意识的活动也

---

① 《马克思恩格斯文集》第 1 卷，人民出版社 2009 年版，第 11 页。
② 《马克思恩格斯文集》第 1 卷，人民出版社 2009 年版，第 209 页。
③ 《马克思恩格斯文集》第 1 卷，人民出版社 2009 年版，第 187 页。

是人"作为社会存在物的理论存在"①；在《德意志意识形态》中，马克思、恩格斯明确把"处在现实的、可以通过经验观察到的、在一定条件下进行的发展过程中的人"② 作为历史的前提，指出个人的生命的生产"就立即表现为双重关系，一方面是自然关系，另一方面是社会关系；社会关系的含义在这里是指许多个人的共同活动"③，在此基础上阐释了唯物史观的基本原理，把"人们所达到的生产力的总和"作为"社会状况"和"人类的历史"的决定因素，并从分工的角度对社会历史发展的不同阶段进行划分，而个人"获得全面发展其才能"的可能性只有"靠消灭分工的方法"，且"没有共同体，这是不可能实现的"④。在《共产党宣言》中，马克思、恩格斯运用唯物史观阐述了资本主义产生以来的社会历史，指明了无产阶级通过革命实践走向"每个人的自由发展是一切人的自由发展的条件"⑤ 这个自由人联合体的正确道路。

在政治经济学的研究中，马克思、恩格斯把现代资本主义社会及其成员作为直接考察对象，分析在资本主义发展阶段个人与社会表现出的具体特征与规律，说明"全面发展的个人——他们的社会关系作为他们自己的共同的关系，也是服从于他们自己的共同的控制的——不是自然的产物，而是历史的产物"⑥，为实现对资本主义的积极扬弃提供理论武器。在晚年的人类学与历史学研究中，马克思、恩格斯结合新发现的历史材料，从事实上对个人与社会的历史起源进行分析，恩格斯划分了社会历史的"三个主要时代——蒙昧时代、野蛮时代和文明时代"⑦，

---

① 《马克思恩格斯文集》第1卷，人民出版社2009年版，第188页。
② 《马克思恩格斯文集》第1卷，人民出版社2009年版，第525页。
③ 《马克思恩格斯文集》第1卷，人民出版社2009年版，第532页。
④ 《马克思恩格斯文集》第1卷，人民出版社2009年版，第571页。
⑤ 《马克思恩格斯文集》第2卷，人民出版社2009年版，第53页。
⑥ 《马克思恩格斯文集》第8卷，人民出版社2009年版，第56页。
⑦ 《马克思恩格斯文集》第4卷，人民出版社2009年版，第32页。

阐明人类社会早期发展阶段中家庭、私有制和国家的起源与发展以及阶级社会的形成，丰富支撑唯物史观的具体内容，进一步强调现实个人直接生活的生产和再生产是社会历史发展的根本决定性因素。

一、个人

在《关于费尔巴哈的提纲》中，马克思提出了揭示人的本质的经典论断："费尔巴哈把宗教的本质归结于人的本质。但是，人的本质并不是单个人所固有的抽象物，在其现实性上，它是一切社会关系的总和。费尔巴哈没有对这种现实的本质进行批判，所以他不得不：（1）撇开历史的进程，把宗教感情固定为独立的东西，并假定有一种抽象的——孤立的——人的个体。（2）因此，本质只能被理解为'类'，理解为一种内在的、无声的、把许多个人自然地联系起来的普遍性。"① 其实，对于个人的考察反映了对人的本质内涵的不同理解。但是，从前的哲学家考察人，或是从单个的人出发，或是从人的思维出发，或是从直观出发，无论是唯物主义还是唯心主义，所考察的个人几乎无一例外都是抽象的、片面的个人，而不是现实生活中的、感性的、进行实践活动的个人。在市民社会中，个人得到了具体和现实的发展，却将市民社会中的个人内涵上升为一切时代个人的内涵，抹杀了个人的历史性。马克思、恩格斯看到了哲学领域对于个人考察的抽象化、片面化和观念化，也看到了市民社会对于个人的简单化、工具化和异化。他们深刻地认识到，对于个人的考察既要看到抽象的个人，也要看到具体的个人；既要看到个人的个性，也要看到个人作为类的共性；既要看到人有思维意识的活动，也要看到人有感性实践的活动；既要看到作为自然存在物的个人，也要看到作为社会存在物的个人，应当把有生命的现实的感性的实践的

---

① 《马克思恩格斯文集》第 1 卷，人民出版社 2009 年版，第 501 页。

人作为出发点。

1. 社会关系的总和

自苏格拉底提出"人应该认识你自己"，"人的本质"问题就成了"哲学上最高的东西"①，"人的本质是什么"是每个哲学家都必须面对和回答的根本性问题。从柏拉图"人是肉体和灵魂的共存"到亚里士多德"人是天生的政治动物"，从笛卡儿"人是理性的动物"到卢梭"人是生而自由的"，从拉美特利"人是机器"到康德"人是目的"，从贝克莱"人是被感知的"到黑格尔"人是绝对精神的运动"。"人的本质"问题从朴素断言走向思辨神秘，"人的本质"逐渐被"纯粹经院哲学"的思辨谬误所封闭，始终无法获得科学的解答。费尔巴哈是第一个公开对黑格尔唯心主义"人的本质"观点进行批判的哲学家，他提出了人本主义哲学观，看到了黑格尔把人的本质外在化，从而使人和人的本质相对立的实质。费尔巴哈反对外在地探寻"人的本质"，主张回归"人本身"来追求和回答"人的本质"。他强调："人所认为绝对的本质，就是人自己"②，"人的绝对本质、上帝，其实就是他自己的本质"③。就是说，人的本质是人本身，人的本质不应当由人之外的力量来说明，而应当由人作为"类存在"这个本身事实来说明。那这个"类存在"的本身事实是什么呢？费尔巴哈自问自答道："究竟什么是人跟动物的本质区别呢？对这个问题最简单、最一般、最通俗的回答是：意识……理性、爱、意志力，这就是完善性，这就是最高的力，这就是作为人的人底绝对本质，就是人生存的目的。"④"只有将自己的类、自己的本质性当作对象的那种生物，才具有最严格意义上的意识。动物固然将个体当

---

① 《费尔巴哈哲学著作选集》（上），商务印书馆 1984 年版，第 83 页。
② 《费尔巴哈哲学著作选集》（下），商务印书馆 1984 年版，第 555 页。
③ 《费尔巴哈哲学著作选集》（下），商务印书馆 1984 年版，第 30 页。
④ 《费尔巴哈哲学著作选集》（下），商务印书馆 1984 年版，第 26—28 页。

作对象，因此它有自我感，但是，它不能将类当作对象，因此它没有那种由知识得名的意识……只有将自己的类、自己的本质性当作对象来对待的生物，才能够把别的事物或实体各按其本质特性作为对象。"①　可见，费尔巴哈把人的本质归结为"类本质"和"类特性"，人之为人是因为人有自我意识、人有情感和意志、人是"感性力量"。费尔巴哈做到了回到人本身来探讨人的本质，但他把人的本质归结为类意识，实质还是颠倒了思维和存在的关系，掉入了唯心主义，他只把人看成"感性对象"，却没有把人理解为"感性活动"。费尔巴哈抛开人的活动来理解人的本质，所获得的关于"人本身"的认识是不彻底的，是脱离了人的现实活动及其历史发展的"抽象物"。

　　马克思指出费尔巴哈把"把宗教的本质归结为人的本质"是公允的，他也是认可费尔巴哈在人的本质问题上所实现的进步的。这从马克思在《〈黑格尔法哲学批判〉导言》中的观点就能看出来："反宗教的批判的根据是：人创造了宗教，而不是宗教创造人。"②"宗教是人的本质在幻想中的实现，因为人的本质不具有真正的现实性。"③"对宗教的批判最后归结为人是人的最高本质这样一个学说，从而也归结为这样的绝对命令：必须推翻使人成为被侮辱、被奴役、被遗弃和被蔑视的东西的一切关系"。④　费尔巴哈实现了将宗教的本质归结为人的本质，却没有认识到，人的本质是现实的从事感性活动的人的本质，而不是抽象的纯自然存在的人的本质。费尔巴哈曾经这样规定他的哲学任务："就是从绝对哲学中，亦即从神学中将人的哲学的必要性，亦即人类学的必要性推究出来，以及通过神的哲学的批判而建立人的哲学的批判。"⑤　他从黑格尔的唯心主义体系中炸开了一个洞，尝试把庸俗唯物主义和主观

---

①　《费尔巴哈哲学著作选集》（下），商务印书馆 1984 年版，第 26 页。
②　《马克思恩格斯文集》第 1 卷，人民出版社 2009 年版，第 3 页。
③　《马克思恩格斯文集》第 1 卷，人民出版社 2009 年版，第 3 页。
④　《马克思恩格斯文集》第 1 卷，人民出版社 2009 年版，第 11 页。
⑤　《费尔巴哈哲学著作选集》（上），商务印书馆 1984 年版，第 121 页。

主义相结合，宣布人是人的最高规定，"人的本质"不要到人身之外去寻找，特别是不要到"神的本质"中去寻找；相反，"神的本质"要由"人的本质"来规定，因为究其实质，神是人的本质的异化。马克思超越费尔巴哈人本观点之处在于，马克思不满足于"人的根本是人本身"，不满足于把人的本质归结为"类存在"和"类特征"，而是进一步追问"什么是人本身""人本身在哪里"，进一步追问"人在何种前提下是类存在""人在何种形态上具有类特征"。但是，马克思并不是沿着费尔巴哈的哲学思路往下追问和尝试寻求解决的。因为按照费尔巴哈的哲学思路追问作为"类存在"的"人本身"究竟是什么，就会得出"类存在"是"自我意识""爱""意志"以及"感性对象"的答案，这就又陷入了唯心主义。要想避免陷入这个哲学悖论，就必须宣布"人本身"是劳动着的自由个体，从而"直观地"把作为"感性对象"的人纳入人与自然、人与精神、人与自身的关系之中，结果是宣布"人是人的最高本质"，这个"最高本质"不是别的，正是"类存在"着的"感性对象"，他们自己规定着自己。至于他们自己究竟是什么样的，他们之间有什么关系，则不甚明了了。而一旦我们深入其中，就会发现费尔巴哈所说的"人本身"和"类存在"无非"单个人所固有的抽象物"的集合，"人本身"被假定为"一种抽象的——孤立的——人的个体"①。事实上，这样的"人本身"并不存在。因而立足于这个假定的"人的本质"是不彻底的，它使得从事着感性活动的人同自然、同历史、同社会、同自身之间的真实关系被完全遮蔽了。

相较于旧哲学对个人的本质的讨论，马克思变革了满足于"解释世界"的哲学观，确立了"实践观点"的解释原则，立足于人的"现实的、感性的活动本身"，在"现实性"上追问和揭示"人的本质"。马克思揭示人的本质也是逐渐明确的观念革命过程，他首先确立的本质观

---

① 《马克思恩格斯文集》第 1 卷，人民出版社 2009 年版，第 501 页。

念就是，要打破以往从外在的神、绝对精神来认识人的本质的思维定式，要立足于人的"世俗基础"来认识人的本质，要把人的本质归结为"人本身"，因为"人不是抽象的蛰居于世界之外的存在物"①。在《1844 年经济学哲学手稿》中，通过对人类活动历史的考察，马克思将劳动作为人区别于动物的本质活动。他写道，"世界历史不外是人通过人的劳动而诞生的过程"②，把人同动物区别开来的活动在于"人开始生产自己的生活资料"并"间接地生产着自己的物质生活本身"③。恩格斯在《自然界和社会》中也曾分析过劳动在从猿到人的转变中的作用，指出"动物仅仅利用外部自然界，简单地通过自身的存在在自然界中引起变化；而人则通过他所作出的改变来使自然界为自己的目的服务，来支配自然界"④，而造成人与动物这一最终的本质差别的就是劳动。在对于引起人的劳动生产实践活动的原因的追寻中，马克思、恩格斯找到了人的需要本质。

在《德意志意识形态》中，他们指出，有生命的个人是任何人类历史的前提，人首先要满足肉体组织的需要以保证自身的生命存在，"就需要吃喝住穿以及其他一些东西"，因此是人的需要引起了"第一个历史活动就是生产满足这些需要的资料，即生产物质生活本身"。同时，"满足的第一个需要本身、满足需要的活动和已经获得的为满足需要而用的工具又引起新的需要"⑤，新的需要的不断产生也就产生了人的更多的历史活动，伴随着的人的繁殖产生了家庭，"当需要的增长产生了新的社会关系而人口的增多又产生了新的需要时"，社会关系也不断生长起来了。因此，人的需要引起了人的生产生活，人的这些活动立刻表现出了双重的关系："一方面是自然关系，另一方面是社会关系；社会

---

① 《马克思恩格斯文集》第 1 卷，人民出版社 2009 年版，第 3 页。
② 《马克思恩格斯文集》第 1 卷，人民出版社 2009 年版，第 196 页。
③ 《马克思恩格斯文集》第 1 卷，人民出版社 2009 年版，第 519 页。
④ 《马克思恩格斯文集》第 9 卷，人民出版社 2009 年版，第 559 页。
⑤ 《马克思恩格斯文集》第 1 卷，人民出版社 2009 年版，第 531 页。

关系的含义在这里是指许多个人的共同活动。"①但是，"从前的一切唯物主义（包括费尔巴哈的唯物主义）的主要缺点是：对对象、现实、感性，只是从客体的或者直观的形式去理解，而不是把它们当做感性的人的活动，当做实践去理解，不是从主体方面去理解……费尔巴哈想要研究跟思想客体确实不同的感性客体，但是他没有把人的活动本身理解为对象性的活动。"② 仅仅把人当作自然客体或者感性对象，不可能理解和把握到人的"感性活动"，也不可能看到处于社会关系中的现实的个人。在马克思看来，人作为"类存在"不是因为人有自我意识，而是因为人的"全部社会生活在本质上是实践的"③，人是对象性的存在物，人总是在一定的对象性社会关系中从事生产生活的实践活动。由此，马克思提出，现实性地考察"人的本质"，就会发现"它是一切社会关系的总和"，是在社会历史进程中进行实践活动感性的存在。

2. 实际的感性过程

马克思、恩格斯眼中的个人是实际存在的个人而不是抽象思维中的个人。个人的存在和个人对于他人来说的存在是实际的、可以通过感觉直观的不可辩驳的存在。个人不是思维的载体，个人的历史也不是精神的历史而是"人通过人的劳动而诞生的过程"④。因此，他们对于个人的属性的考察也不是从观念的历史和思辨的活动开始的，而是以"现实的个人""现实的人的活动和物质生活条件，包括他们已有的和由他们自己的活动创造出来的物质条件"为前提的。从感性的人的社会历史与现实实践活动出发，马克思、恩格斯对个人的属性进行了分析，可以总结概括为以下四点：个人是特殊性与普遍性的统一、能动性与受动性的

① 《马克思恩格斯文集》第 1 卷，人民出版社 2009 年版，第 532 页。
② 《马克思恩格斯文集》第 1 卷，人民出版社 2009 年版，第 499 页。
③ 《马克思恩格斯文集》第 1 卷，人民出版社 2009 年版，第 501 页。
④ 《马克思恩格斯文集》第 1 卷，人民出版社 2009 年版，第 196 页。

统一、自然性与社会性的统一以及历史性与现实性的统一。

第一，个人是特殊性与普遍性的统一。马克思在《1844 年经济学哲学手稿》中写道，"人是特殊的个体"，"同样，人也是总体"。① 首先，特殊性使得人成为个人，成为现实的、单个的人。一方面，人具有一定的自然力和生命力，具有不同的天赋和才能；另一方面，人的活动受到具体的环境影响。"不同的共同体在各自的自然环境中，找到不同的生产资料和不同的生活资料。因此，它们的生产方式、生活方式和产品，也就各不相同。"② 正如马克思所指出的，"在劳动中，个人活动的全部自然的、精神的和社会的差别会表现出来"③。这样的差别不仅是产品交换从而转化为商品的前提，也是个人生活发展的条件，成为个人生产生活的规定。马克思、恩格斯也对各国的革命条件进行了区分，从不同地区的人所具有的特殊属性出发讨论革命的实际可能性。例如，对于法国，由于"人民中的每个阶级都是政治上的理想主义者"，"感到自己是整个社会需要的代表"，因此"解放者的角色在戏剧性的运动中依次由法国人民的各个不同阶级担任"。④ 而在德国，有节制的利己主义使得任何一个德国阶级不仅缺乏革命需要的"坚毅、尖锐、胆识、无情"，也缺乏成为人民代表的开阔胸怀，"缺乏革命的大无畏精神"。⑤ 因此，对于德国来说，"普遍解放是任何部分解放的必要条件"⑥。其次，人是类的存在物，其活动具有类的普遍性。即使个人具有特殊性，具有不同的天赋能力，但人依旧是社会存在物，是共同体的一员，因此也会表现出作为共同体成员的普遍性以及作为人的普遍性。人是类存在物，"不仅因为人在实践上和理论上都把类——他自身的类以及其他物的类——当做自己的对象；而且因为——

① 《马克思恩格斯文集》第 1 卷，人民出版社 2009 年版，第 188 页。
② 《马克思恩格斯文集》第 5 卷，人民出版社 2009 年版，第 407 页。
③ 《马克思恩格斯文集》第 1 卷，人民出版社 2009 年版，第 119 页。
④ 《马克思恩格斯文集》第 1 卷，人民出版社 2009 年版，第 16 页。
⑤ 《马克思恩格斯文集》第 1 卷，人民出版社 2009 年版，第 15 页。
⑥ 《马克思恩格斯文集》第 1 卷，人民出版社 2009 年版，第 16 页。

这只是同一种事物的另一种说法——人把自身当做现有的、有生命的类来对待，因为人把自身当做普遍的因而也是自由的存在物来对待"。① 在改造对象世界的过程中，个人有意识地展现自身的类的属性，在实践活动中以类为标准把握对象世界并从中总结出普遍性的类的规律，在劳动中维持并生产自身作为类的生活，在意识活动中确证并发展对于自身的类的认识。最后，人的观念在体现个人特殊性时也具有普遍性。人不仅有物质性的活动，也有意识的活动。人不仅在现实的实践活动中确证自身的存在，也在思维活动中完成对于自身存在的反思。人的普遍意识不过是"以现实共同体、社会存在物为生动形态的那个东西的理论形态"②，是对人的具有普遍性的共同生活的意识上的反映。因此，个人既是个体性的存在，也是总体性的存在；既有特殊性，又有普遍性。个体"是被思考和被感知的社会的自为的主体存在"，既作为对共同体的类生活的"直观和现实享受而存在"，"又作为人的生命表现的总体而存在"。③

第二，个人是能动性与受动性的统一。在《1844 年经济学哲学手稿》中，马克思指出，人一方面是能动的存在物，另一方面也是受动的、受限制的和受制约的存在物。就能动的方面来说，能动性是作为主体的人所独有的属性，在人的现实的活动中得到充分展现，实现于人与对象世界的关系中。人在与对象世界的关系中，不仅能认识到自身的能力与界限，同时也能动地认识到对象世界的规律，并且把认识成果应用于能动的实践活动中。"动物只是按照它所属的那个种的尺度和需要来构造，而人却懂得按照任何一个种的尺度来进行生产，并且懂得处处都把固有的尺度运用于对象；因此，人也按照美的规律来构造。"④ 能动性确证了个人的存在，保证了人的生存与发展，并作为人的发展的基本

---

① 《马克思恩格斯文集》第 1 卷，人民出版社 2009 年版，第 161 页。
② 《马克思恩格斯文集》第 1 卷，人民出版社 2009 年版，第 188 页。
③ 《马克思恩格斯文集》第 1 卷，人民出版社 2009 年版，第 188 页。
④ 《马克思恩格斯文集》第 1 卷，人民出版社 2009 年版，第 163 页。

条件，助力个人的自由发展。就受动的方面来说，"他的欲望的对象是作为不依赖于他的对象而存在于他之外的"，但这些个人需要的对象又是"表现和确证他的本质力量所不可缺少的、重要的对象"。① 费尔巴哈认识到了对象世界对人的感性的影响，指出对于自然，人是被动地接受与承受，不能把由自然提供的对象作为主观的思维的结果，把主观需要的表象作为真理，无视人和思维作为被规定的对象的受动性。但是，费尔巴哈并没有认识到，个人的受动性不仅出现在自然领域，同样出现在社会历史领域。一方面，自然界是人的无机的身体，人想要满足生存的需要就必须与自然界发生关系，从事物质生产，在此过程中受到自然资源、地理环境、生产工具等的限制。另一方面，人也是受动的社会存在物，以社会作为自身的对象，受到社会对于自身的限制与规定。人的意识是社会存在的产物，社会不仅影响人的思维活动，也影响人的生产生活。但是，个人可以通过能动性的发挥逐渐破除过多的受动制约，在实践这一对象性的活动中实现个人的能动与受动的统一。只有在与对象世界发生关系的过程中，人才现实地感受并确证自身的能动性与受动性，在自身能动性与受动性的统一中实现革命的发展。

第三，个人是自然性与社会性的统一。个人既是自然的存在物，也是社会的存在物。就人的自然性而言，个人是自然界的一部分，依靠自然界而生活。首先，个人与自然界发生关系是人要生存的基本前提。"自然界一方面在这样的意义上给劳动提供生活资料，即没有劳动加工的对象，劳动就不能存在，另一方面，也在更狭隘的意义上提供生活资料，即维持工人本身的肉体生存的手段。"② 自然界是"人为了不致死亡而必须与之处于持续不断的交互作用过程的、人的身体"，"人在肉体上只有靠这些自然产品才能生活"，③ 没有自然界，个人什么也不能创

---

① 《马克思恩格斯文集》第 1 卷，人民出版社 2009 年版，第 209 页。
② 《马克思恩格斯文集》第 1 卷，人民出版社 2009 年版，第 158 页。
③ 《马克思恩格斯文集》第 1 卷，人民出版社 2009 年版，第 161 页。

造。其次，人的感觉产生于自然。人在自然中的生产再生产活动是个人"表现自己生命的一定方式、他们的一定的生活方式"，而"个人怎样表现自己的生命，他们自己就是怎样"①。最后，个人在自然中的生产决定了个人是自然的产物。人的生产方式首先取决于自然生产资料，使得个人的生命活动也成为自然的一部分。在人的工业发展和自然科学研究中，人的自然本质的力量得到了公开展示，显示出人的自然属性。费尔巴哈认识到了自然对于人类的作用，将人还原为自然存在物，从人的感性出发分析人的本质属性，却没看到个人同时也是社会存在物，具有社会性。马克思、恩格斯在对个人的考察中认识到人是社会存在物，不仅具有自然的本质属性，也具有社会的本质属性。个人之间是相互依赖且必然发生关系的。就最基本的生产实践而言，"每个个人的生产，依赖于其他一切人的生产；同样，他的产品转化为他本人的生活资料，也要依赖于其他一切人的消费"②。个人的利益也是受到其他一切个人利益的影响和规定的。"私人利益本身已经是社会所决定的利益，而且只有在社会所设定的条件下并使用社会所提供的手段，才能达到"③。可见，即使是私有制发展以来的"私人利益"的内容、形式和实现手段，都是"由不以任何人为转移的社会条件决定的"④。在阶级社会中，社会以及个人的社会属性也决定了个人必定具有阶级性，必定属于一定阶级，个人的社会地位和生存发展由阶级决定。"只要社会总劳动所提供的产品除了满足社会全体成员最起码的生活需要以外只有少量剩余，就是说，只要劳动还占去社会大多数成员的全部或几乎全部时间，这个社会就必然划分为阶级。在这被迫专门从事劳动的大多数人之旁，形成了一个脱离直接生产劳动的阶级"⑤。并且，"个人隶属于一定阶级这一现象，在

---

① 《马克思恩格斯文集》第 1 卷，人民出版社 2009 年版，第 520 页。
② 《马克思恩格斯文集》第 8 卷，人民出版社 2009 年版，第 50 页。
③ 《马克思恩格斯文集》第 8 卷，人民出版社 2009 年版，第 50 页。
④ 《马克思恩格斯文集》第 8 卷，人民出版社 2009 年版，第 51 页。
⑤ 《马克思恩格斯文集》第 3 卷，人民出版社 2009 年版，第 562 页。

那个除了反对统治阶级以外不需要维护任何特殊的阶级利益的阶级形成之前，是不可能消灭的"①。可见，人既有自然的生活，也有社会的生活，是自然性与社会性的统一。

第四，个人是历史性与现实性的统一。首先，在不同的历史发展阶段中，个人会表现出不同的属性。个人的生产生活和在生产生活中发生的个人之间的相互联系并不是完全个人的、内在的、各个人的产物，"它是历史的产物。它属于个人发展的一定阶段"。② 在阶级社会的发展阶段，处于阶级关系中的人会表现出阶级性。但正如恩格斯所指出的，"如果说阶级的划分根据上面所说具有某种历史的理由，那也只是对一定的时期、一定的社会条件才是这样。这种划分是以生产的不足为基础的，它将被现代生产力的充分发展所消灭"③。当阶级走向消亡，阶级社会和人的阶级性都将不复存在。其次，个人是在一定的历史基础上生存与发展的。各个时代的个人在生产生活中遇到一定的物质结果，这些物质结果并非突然出现的，而是由上一时代的个人在对自然和社会的实践活动中产生的。正如马克思、恩格斯在《德意志意识形态》中所揭示的，个人历史的每一阶段"都遇到前一代传给后一代的大量生产力、资金和环境……但另一方面，它们也预先规定新的一代本身的生活条件，使它得到一定的发展和具有特殊的性质"，"这些生产力、资金和环境为新的一代所改变"④，并成为下一代个人的对象。个人就是在这样历史中不断进行实践活动，在历史的规定中续写并发展自身的历史。在此意义上，马克思、恩格斯批判了资本主义力图消解人的历史性，以资本主义的人的本质属性作为人的永恒的自然的本质属性的企图。马克思指出，以资本主义的人代替本来意义上的人实际是资产阶级建构自身统治

---

① 《马克思恩格斯文集》第 1 卷，人民出版社 2009 年版，第 570 页。
② 《马克思恩格斯文集》第 8 卷，人民出版社 2009 年版，第 56 页。
③ 《马克思恩格斯文集》第 3 卷，人民出版社 2009 年版，第 563 页。
④ 《马克思恩格斯文集》第 1 卷，人民出版社 2009 年版，第 545 页。

地位和维护阶级利益的手段。"公民身份、政治共同体甚至都被那些谋求政治解放的人贬低为维护这些所谓人权的一种手段；因此，citoyen[公民]被宣布为利己的 homme[人]的奴仆；人作为社会存在物所处的领域被降到人作为单个存在物所处的领域之下；最后，不是身为 ci-toyen[公民]的人，而是身为 bourgeois[市民社会的成员]的人，被视为本来意义上的人，真正的人。"① 同时，人的历史的实践也说明，个人的存在和活动都是现实的，是感性的，而不是抽象的。费尔巴哈与机械唯物主义者相比，看到了人的感性的一面，却没有看到人的感性的现实活动，"他还从来没有看到现实存在着的、活动的人"②，仅仅停留于抽象的人，局限于在情感的领域承认人的现实性。对此，恩格斯批判道，"这个人不是从娘胎里生出来的，他是从一神教的神羽化而来的"③。费尔巴哈从没有看到人的全部活生生的感性的现实活动，忘记了人是生活在现实中的、历史的世界中的，忘记了人的现实生活才是考察人的出发点。"费尔巴哈没有走的一步，必定会有人走的。"④ 通过把抽象的宗教的人还原为现实的历史的人，马克思走出了超越费尔巴哈的实质性一步。

3. 从孤立和异化走向自由全面发展

马克思、恩格斯清楚地认识到，个人不仅是作为共同体的类的存在物，也是作为相对独立的个体的存在。在考虑作为共同体成员的个人时，也应当注意呈现出个体的个人。马克思、恩格斯从没有忽视过个人的存在，更没有以共同体的发展侵占个人的发展。在对于个体的人的产生历史的考察中，在对资本主义发展以来人所表现出的孤立和对立的分

---

① 《马克思恩格斯文集》第 1 卷，人民出版社 2009 年版，第 43 页。
② 《马克思恩格斯文集》第 1 卷，人民出版社 2009 年版，第 530 页。
③ 《马克思恩格斯文集》第 4 卷，人民出版社 2009 年版，第 290 页。
④ 《马克思恩格斯文集》第 4 卷，人民出版社 2009 年版，第 295 页。

析中，马克思、恩格斯找到了个人与个人分离的原因，形成了对现实的个人发展的规律性认识，为理解个人的生产生活历史与现实和实现个人进一步的发展提供了重要指导。

孤立的个人并不是个人所固有的性质，不是历史的起点而是历史的结果，不是自然造成的而是个人在一定社会历史阶段发展的成果。在《论犹太人问题》中，马克思将原子式的个人作为市民社会中成员的特征。在这一社会形态中，"基督教把一切民族的、自然的、伦理的、理论的关系变成对人来说是外在的东西"，只有宗教的才是归个人内在所有，是人的真正的世界。因此，"只有在基督教的统治下，市民社会才能完全从国家生活分离出来"，将一切民族的、血缘的、地域的关系与人本身分离开来，"扯断人的一切类联系，代之以利己主义和自私自利的需要"，最终"使人的世界分解为原子式的相互敌对的个人的世界"。① 但是，正如马克思、 恩格斯在《神圣家族》中明确指出的，"在直白的意义上明确地说，市民社会的成员决不是原子"②。原子化的典型特性在于"没有任何受它自己的自然必然性制约的、同身外的其他存在物的关系"，"万物皆备于自身"，是自满自足而没有需要的。即使市民社会成员在利己主义的指导下将自身夸耀为"同任何东西毫无关系的、自满自足的、没有需要的、绝对充实的、极乐世界的存在物"，③ 现实的社会生活总是会提醒他，个人只有在想象中才是绝对独立的。个人的每一种活动和需要的满足都与其他个人的需要和欲望相联系，为了实现个人的需要，"每个个人都同样成为他人的需要和需要对象之间的牵线者"。在《政治经济学批判（1857—1858 年手稿）》中，马克思进一步发展了这一思想，指出"被斯密和李嘉图当做出发点的单个的孤立的人""属于 18 世纪的缺乏想象力的虚构"。孤立的人实际是"对于 16 世

---

① 《马克思恩格斯文集》第 1 卷，人民出版社 2009 年版，第 54 页。
② 《马克思恩格斯文集》第 1 卷，人民出版社 2009 年版，第 321 页。
③ 《马克思恩格斯文集》第 1 卷，人民出版社 2009 年版，第 321 页。

纪以来就作了准备、而在 18 世纪大踏步走向成熟的'市民社会'的预感"①。在市民社会中，生产力的发展和商品交换使得群的存在成为不必要，"单个的人表现为摆脱了自然联系"而不再成为"一定的狭隘人群的附属物"。② 一切社会的联系和其他的活动都变成了达到私人目的的手段，人也逐渐由类存在物和群体性动物走向了孤立化，将自身作为孤立的只和自己发生关系的独立个人。

　　在资本主义社会中，个人的发展取得了一定进步，但并没有实现真正个人的自由全面发展。这一社会，对占社会绝大多数的受统治阶级的个人来说，依旧是受到深重压迫和剥削的社会。马克思、恩格斯没有否认资产阶级政治解放带来的积极成果，他们肯定了资产阶级与封建阶级相比的先进性。在政治解放中，资产阶级领导的革命群众通过市民社会的革命迎来了"同人民相异化的国家制度即统治者的权力所依据的旧社会的解体"③，打碎了封建主义的统治体系。如马克思、恩格斯在《共产党宣言》中所描述的，"资产阶级在它已经取得了统治的地方把一切封建的、宗法的和田园诗般的关系都破坏了"，"无情地斩断了把人们束缚于天然尊长的形形色色的封建羁绊"，以生产力的飞速发展使得"一切固定的僵化的关系以及与之相适应的素被尊崇的观念和见解都被消除了"，"一切国家的生产和消费都成为世界性的"，"过去那种地方的和民族的自给自足和闭关自守状态"都成为历史，"被各民族的各方面的互相往来和各方面的互相依赖所代替了"。④ 然而，资产阶级并没有消除压迫剥削与对立，"只是用新的阶级、新的压迫条件、新的斗争形式代替了旧的"⑤。早在 1844 年，在《国民经济学批判大纲》中，恩格斯

---

① 《马克思恩格斯文集》第 8 卷，人民出版社 2009 年版，第 5 页。
② 《马克思恩格斯文集》第 8 卷，人民出版社 2009 年版，第 5 页。
③ 《马克思恩格斯文集》第 1 卷，人民出版社 2009 年版，第 44 页。
④ 《马克思恩格斯文集》第 2 卷，人民出版社 2009 年版，第 33—35 页。
⑤ 《马克思恩格斯文集》第 1 卷，人民出版社 2009 年版，第 32 页。

就对资产阶级的行为进行了尖锐的批评。他指出，资产阶级的行为不是从纯粹的人道、从普遍的利益和个人利益的统一上出发的。资产阶级在经济活动中"消灭了小的垄断，以便使一个巨大的根本的垄断，即所有权，更自由地、更不受限制地起作用"；"把文明带到世界的各个角落，以便赢得新的地域来扩张你们卑鄙的贪欲"；"使各民族建立起兄弟般的关系——但这是盗贼的兄弟情谊"；"减少了战争次数，以便在和平时期赚更多的钱，以便使各个人之间的敌视、可耻的竞争战争达到登峰造极的地步"。① 资产阶级所推崇的自由、平等、人权等个人价值也是虚假的，独属于少部分人。以自由为例，资产阶级的自由权利不是建立在共同体基础上的每个个体的权利，而是"建立在人与人相分割的基础上"的利己的人权，是分隔的、狭隘的、局限于资产阶级的权利，要求的是私人的利益，关注的是私人的生活，"实际应用就是私有财产这一人权"②。可见，资产阶级要求的个人权利并不是普遍的个人的权利，而是资产阶级自身的权利，一旦所宣传的权利与现实的利益发生了冲突，那就不再成为权利，就必定被资产阶级所抛弃。因此，想要真正实现个人的发展，就不应当停留于资本主义的发展阶段，更不能忽略构成绝大多数的无产阶级个人而沉迷于虚假的少数人的个人权利中。为了实现个人对自身的活动的真正的占有，实现人向自身本质的回归，走向每一个人的自由与全面发展，马克思、恩格斯找到了具有彻底的革命性的群体——无产阶级，找到了实现个人的自由全面发展的方式——革命的实践。

只有在共产主义社会中，个人才可以获得发展自身的能力和必要条件，个人的彻底的解放和自由全面发展才会实现。在对私有财产的扬弃中，人的感觉和特性获得了真正的解放，使得人的对象和关系以及人自身都成为人自身的，人的活动和人与人之间的交往活动也重新成为人对

---

① 《马克思恩格斯文集》第 1 卷，人民出版社 2009 年版，第 62 页。
② 《马克思恩格斯文集》第 1 卷，人民出版社 2009 年版，第 41 页。

于自身本质的占有。在这样的社会中，原本统治个人、压迫个人的关系都为个人的共同体所控制，"全面发展的个人——他们的社会关系作为他们自己的共同的关系，也是服从于他们自己的共同的控制的——不是自然的产物，而是历史的产物"①。要实现这样的发展状况，不仅需要生产力的极大发展、普遍联系的建立，也需要具有能动的认识与实践能力的个人的普遍联系。首先，生产力的发展是个人发展的巨大推动力，为个人的发展创造了基础。当生产力发展到原有的生产关系所不能容纳时，革命就将要到来了，"资产阶级用来推翻封建制度的武器，现在却对准资产阶级自己了"②。生产力在个人的生产生活中成倍地增长起来，并逐渐走向了"不仅不依赖于人们的意志和行为反而支配着人们的意志和行为的发展阶段"③。在这一过程中，生产力不仅准备了革命的物质基础，也准备了革命的群体。当生产力已经发展到了这样的程度时，个人分裂为两个对立的群体，财富集中于极少数群体，而绝大多数个体都是没有财产的人，处于贫穷和极端贫困中。由于压迫和剥削的普遍性，革命的群体不完成全领域和全人类的普遍的解放，就无法将自身从压迫中解放出来。可见，这样的革命群体不是自然的产物，而是历史的产物。其次，普遍联系的建立也是实现个人的自由全面发展的必要条件。随着生产力的发展，人的普遍交往才能建立起来，"单个人随着自己的活动扩大为世界历史性的活动"④。无产阶级的活动起初是独立的，因为无产阶级是"分散在全国各地并为竞争所分裂的群众"⑤，但随着生产力的日益发展，革命群体的数量和相互之间的联系也都发展起来。有了越来越大的联合，"就能把许多性质相同的地方性斗争汇合成全国性的斗争"，汇合成阶级性的斗争，汇合成世界范围的斗争。"生产才在产

---

① 《马克思恩格斯文集》第 8 卷，人民出版社 2009 年版，第 56 页。
② 《马克思恩格斯文集》第 2 卷，人民出版社 2009 年版，第 37 页。
③ 《马克思恩格斯文集》第 1 卷，人民出版社 2009 年版，第 538 页。
④ 《马克思恩格斯文集》第 1 卷，人民出版社 2009 年版，第 541 页。
⑤ 《马克思恩格斯文集》第 2 卷，人民出版社 2009 年版，第 39 页。

生出个人同自己和同别人相异化的普遍性的同时，也产生出个人关系和
个人能力的普遍性和全面性。"① 同时，无产阶级的革命实践不仅推动
着社会变革，也塑造着无产阶级自身。以往的资产阶级革命实践中，无
产阶级已经获得了一定的革命经验，不断被抛入无产阶级的资产阶级成
员也给无产阶级带来了教育因素。在每一次的革命实践中，无产阶级都
在实现自身的革命，剥离落后与消极的因素，提升认识能力与实践能
力，为个人的自由全面发展做了主体的准备。总之，只有在由全面占有
自身本质的、控制了自己的生存条件和社会全体成员的生存条件的个人
组成的共产主义共同体中，各个人的联合才使得个人自由全面发展成为
理想现实。

二、社会

在《关于费尔巴哈的提纲》中，马克思写道："全部社会生活在本
质上是实践的。凡是把理论引向神秘主义的神秘东西，都能在人的实践
中以及对这种实践的理解中得到合理的解决。"② 在马克思、恩格斯看
来，社会是以一定的方式进行生产活动的一定个人以及个人之间所发
生的一定关系，是感性的现实的人在生产生活的实践活动中发展起来
的存在。在对社会历史以及现实社会的考察中，马克思、恩格斯超越
了忽视社会存在的旧哲学和将社会片面化为市民社会的国民经济学，
将现实个人在其中展开生产生活的社会纳入研究范围，确立了认识社
会的新世界观。他们揭示了社会的本质意涵，分析了社会的主要构成
部分，并对社会发展的历史和未来社会进行了科学合理的构想，为认
识社会与改造社会的活动提供了重要指导。社会不再是存在于思维中
的虚无缥缈的存在，也不是彼岸世界，而是可以被认识的存在，是根

---

① 《马克思恩格斯文集》第 8 卷，人民出版社 2009 年版，第 56 页。
② 《马克思恩格斯文集》第 1 卷，人民出版社 2009 年版，第 501 页。

源于现实个人的实践活动关系，包括了作为主体的人以及物质性存在和意识形态性的整体性存在，具有一定的历史性和结构性，并且处在不断的运动和发展之中。

1. 社会历史发展到一定阶段的全部物质交往

对于社会本质意涵的考察自古有之。从古希腊时期雅典的城邦民主到近代的社会契约理论，"如何认识社会"这一问题都是政治哲学和社会科学所必须回答的前提问题，是理论构建的起点。亚里士多德将城邦社会视作自然生长的产物，将其把握为群居的人在统治关系之下组织和安排生活的政治性共同体。霍布斯反对亚里士多德将社会共同体状态作为自然的产物，他将社会形成的原始自然状态看作为了实现自我保存的人之间的战争和敌意的社会，因而为了秩序和生存，人选择走进政治统治的社会。洛克继承了霍布斯的自然状态讨论，但是他把战争的自然状态描述为相互合作的和平的社会状态，只是在解决个人间的财产纷争时才产生了社会政治因素。卢梭批判霍布斯的战争的自然状态，而将自由的、平等的、对于个人和共同体都充满关怀的人作为原始的社会成员，将人由平等状态的善到自私自利的恶的状态作为政治社会的历史开端。到黑格尔那里，社会被看作家庭与国家之间的中介环节，是伦理发展到第二阶段的状态，呈现出分裂与联系。在他看来，社会作为国家的发展基础，注定要被国家所超越和否定。马克思、恩格斯对于社会本质的考察也开启于市民社会。既不同于从前的哲学家对于社会的抽象的考察，也不同于黑格尔将市民社会这一概念作为要被国家彻底扬弃的低一级存在，还不同于费尔巴哈对人类社会的忽视，马克思、恩格斯将市民社会看作"各个人在生产力发展的一定阶段上的一切物质交往"，包括了"整个商业生活和工业生活"[①] 在内的这一阶段的所有的社会关系。社

[①] 《马克思恩格斯文集》第 1 卷，人民出版社 2009 年版，第 582 页。

会也只是在市民社会这一发展阶段，需要对内表现为国家、对外作为民族。因此，马克思、恩格斯理解的社会是超出了国家和民族范围的大社会，是人的世代历史的活动成果，随着人的生产实践的发展而不断演进。正是在此意义上，马克思在《1844 年经济学哲学手稿》中批判了国民经济学家的错误的世界观。斯密"将个人作为商人"，把社会窄化为商业社会；萨伊"把交换看成偶然的、不是基本的东西"，认为社会并不需要交换就可以存在，没有认识到"没有交换就不可能有生产"；斯卡尔培克把"个人的、人生来就有的力量即智力和从事劳动的身体素质，同来源于社会的力量即相互制约的交换和分工区别开来"，没有认识到社会与个人的统一。① 对此，马克思总结道，"分工和交换是这样的两个现象，国民经济学家在考察它们时夸耀自己的科学的社会性，同时也无意中说出了他的科学所包含的矛盾，即依靠非社会的特殊利益来论证社会。"② 马克思、恩格斯跳出市民社会的桎梏，从现实个人的实践活动出发，将人的生产实践的历史作为对象，在对社会历史和现实的分析中形成了对于社会的科学认识，发展出了唯物史观这一认识社会本质的科学理论，并将之运用于对社会的深刻考察中。

就社会形成的根源而言，马克思、恩格斯从现实个人的实践活动出发，运用唯物史观结合社会历史进行了分析。首先，马克思、恩格斯确认了社会历史的第一个前提是有生命的个人的存在。有生命的个人作为社会的构成部分，在满足自身肉体组织生存需要的过程中进行了一定的生产实践活动，并在这一过程中首先发生了与其他自然存在物的关系。因此，"任何历史记载都应当从这些自然基础"，如"人们自身的生理特性"和"人们所处的各种自然条件——地质条件、山岳水文地理条件、气候条件以及其他条件"，以及这些自然社会基础在历史进程中"由于

---

① 《马克思恩格斯文集》第 1 卷，人民出版社 2009 年版，第 240 页。
② 《马克思恩格斯文集》第 1 卷，人民出版社 2009 年版，第 241 页。

人们的活动而发生的变更出发"。① 其次，从事生产生活的个人之间发生了交往活动，在人与自然关系的基础上产生了各个个人之间的关系。这些交往关系一方面是社会生产活动的前提，另一方面也由社会的生产活动所决定。随着人口的增长和生产力的发展，"以一定的方式进行生产活动的一定的个人，发生一定的社会关系和政治关系"，在"一定的个人的生产活动中产生了现实的社会结构"。② 马克思、恩格斯特别强调，作为社会生成基础的人"不是他们自己或别人想象中的那种个人，而是现实中的个人，也就是说，这些个人是从事活动的，进行物质生产的，因而是在一定的物质的、不受他们任意支配的界限、前提和条件下活动着的"③。可见，社会的产生根源于现实个人的生产活动。当人开始生产自己的生活资料时，人也生产出来了作为自身的类本质的社会本身，生产出来了自己的社会生活本身。最后，与自然史不同的是，社会的发展历史是人的有意识的能动的活动历史。正如恩格斯在《路德维希·费尔巴哈和德国古典哲学的终结》中所指出的，在自然界中"没有任何事情是作为预期的自觉的目的发生的"④。"在自然界中（如果我们把人对自然界的反作用撇开不谈）全是没有意识的、盲目的动力，这些动力彼此发生作用"⑤，然而在社会历史领域中进行活动的是"具有意识的、经过思虑或凭激情行动的、追求某种目的的人"⑥。人总是依照一定的目的和预期来进行实践，来创造社会的历史。因此，社会领域充分显示了人的能动作用，"任何事情的发生都不是没有自觉的意图，没有预期的目的的"⑦。

---

① 《马克思恩格斯文集》第 1 卷，人民出版社 2009 年版，第 519 页。
② 《马克思恩格斯文集》第 1 卷，人民出版社 2009 年版，第 524 页。
③ 《马克思恩格斯文集》第 1 卷，人民出版社 2009 年版，第 523—524 页。
④ 《马克思恩格斯文集》第 4 卷，人民出版社 2009 年版，第 302 页。
⑤ 《马克思恩格斯文集》第 4 卷，人民出版社 2009 年版，第 301 页。
⑥ 《马克思恩格斯文集》第 4 卷，人民出版社 2009 年版，第 302 页。
⑦ 《马克思恩格斯文集》第 4 卷，人民出版社 2009 年版，第 302 页。

马克思、恩格斯抓住社会关系对社会的本质意涵进行分析。从现实个人的生产生活来看，社会关系不仅包括个人与个人、个人与群体之间的关系，也包含人与自然和人与自身的关系。首先，社会关系是社会的本质构成，决定了社会的形态。生产者在生产实践活动中发生各种各样的关系，这些关系构成了"他们借以互相交换其活动和参与全部生产活动的条件"，与物质资料一同构成了生产的基础。这些作为生产基础的社会关系总和也就构成了社会，构成了不同历史发展阶段上的不同社会。在《雇佣劳动与资本》中，马克思指出，古典古代社会、封建社会和资产阶级社会都是社会关系尤其是社会生产关系的总和，"其中每一个生产关系的总和同时又标志着人类历史发展的一个特殊阶段"①。其次，社会关系决定于生产力的发展状况，是人在生产活动表现出来和生产出来的共同成果。"社会关系的含义在这里是指许多个人的共同活动，不管这种共同活动是在什么条件下、用什么方式和为了什么目的而进行的"②。人在生产活动中意识到自己想要生存就必须与其他个体进行来往。"他们只有以一定的方式共同活动和互相交换其活动，才能进行生产。为了进行生产，人们相互之间便发生一定的联系和关系；只有在这些社会联系和社会关系的范围内，才会有他们对自然界的影响，才会有生产。"③ 人自此也就开始意识到自身是社会的存在物，意识到自身的生产生活无法与社会分离。社会关系本身就是生产力的社会表现，决定于"人们所达到的生产力的总和"④。因此，在考虑社会的历史时，必须将之与社会的生产力发展状况联系起来考察。最后，社会关系不是永恒的，而是历史的，不是分裂的，而是整体的。一定的社会关系是历史的，是由不同时代的个人在一定生产力发展水平上建立起来的，因此

① 《马克思恩格斯文集》第1卷，人民出版社2009年版，第724页。
② 《马克思恩格斯文集》第1卷，人民出版社2009年版，第532页。
③ 《马克思恩格斯文集》第1卷，人民出版社2009年版，第724页。
④ 《马克思恩格斯文集》第1卷，人民出版社2009年版，第533页。

"随着新生产力的获得，人们改变自己的生产方式，随着生产方式即谋生的方式的改变，人们也就会改变自己的一切社会关系"①。每一社会形态中的社会关系都是一个不断运动发展的统一整体，社会关系的复杂性也使得各个社会构成因素之间的关系不是简单的线性关系，而是体系化和结构化的综合关系。不能人为地将社会关系整体中的各个部分割裂为相互排斥的孤立环节。具体而言，最初的社会关系是家庭，也就是夫妻之间和父母与子女之间的关系。人在共同体的生活中扩大了族群，由"个人或者自然地或历史地扩大为家庭和氏族"，以共同体的形式参与生产活动，在这一生产活动中不断再生产自身以及这一关系。家庭这一起初的社会关系在人口和社会关系的增长中逐渐成为从属的关系，其他社会的、经济的、政治的、宗教的关系转而成为社会关系的主要构成部分。

2. 经济基础与上层建筑构成社会的基本结构

在对社会现实的经验考察和理论分析中，马克思、恩格斯确立了把握社会的正确方式，也就是唯物史观。如马克思、恩格斯在《德意志意识形态》中所说，从前的社会考察方法从思维与意识出发，把意识看做是有生命的个人，而新唯物主义的方法则是从现实的、有生命的人的实践活动出发，把意识仅仅看作是人的意识。旧哲学，尤其是德国古典哲学对于社会的把握往往是从精神和观念出发的，社会被看作"绝对精神""自我""绝对观念"的运动，一切社会的活动都被归于宗教的活动，社会的关系变成了宗教的关系，社会的历史变成了观念运动的历史。如果说德国哲学从"天国"降到"人间"，那么马克思和恩格斯则与它完全相反，是从"人间"升到"天国"。也就是说，马克思、恩格斯"不是从人们所说的、所设想的、所想象的东西出发，也不是从

---

① 《马克思恩格斯文集》第 1 卷，人民出版社 2009 年版，第 602 页。

口头说的、思考出来的、设想出来的、想象出来的人出发"①，他们的出发点是从事实际活动的、有血有肉的人，从他们的现实生活历史和过程中描绘出社会形态的发展历史。在马克思、恩格斯看来，社会并不是在哲学思辨中就可以把握的抽象存在，而是可以通过经验来确认的物质生活过程，产生其上的社会意识形态也是与现实的社会物质生活紧密相联的。因此，对于社会观察就不再只是哲学思辨的任务了，也是经验研究的内容，哲学思辨的任务变成了"对人类历史发展的考察中抽象出来最一般的结果的概括"，"在思辨终止的地方，在现实生活面前，正是描述人们实践活动和实际发展过程的真正的实证科学开始的地方"。② 在《〈政治经济学批判〉序言》中，马克思对这个他一经得到就应用于指导研究工作的成果进行了概括："人们在自己生活的社会生产中发生一定的、必然的、不以他们的意志为转移的关系，即同他们的物质生产力的一定发展阶段相适应的生产关系。这些生产关系的总和构成社会的经济结构，即有法律的和政治的上层建筑竖立其上并有一定的社会意识形式与之相适应的现实基础。物质生活的生产方式制约着整个社会生活、政治生活和精神生活的过程。不是人们的意识决定人们的存在，相反，是人们的社会存在决定人们的意识。"③

　　根据历史唯物主义的观点，可以将经济基础与上层建筑作为社会的基本构成。首先，经济基础指的是在物质生产力的一定发展阶段上生长的生产方式的总和，构成社会的基础部分。在《德意志意识形态》中，围绕市民社会基础，马克思、恩格斯指出，作为一定上层建筑和意识形式的现实基础，经济基础也包含"直接从生产和交往中发展起来的社会组织"。并且，"这种社会组织在一切时代都构成国家的基础以及任何其

---

① 《马克思恩格斯文集》第 1 卷，人民出版社 2009 年版，第 525 页。
② 《马克思恩格斯文集》第 1 卷，人民出版社 2009 年版，第 526 页。
③ 《马克思恩格斯文集》第 2 卷，人民出版社 2009 年版，第 591 页。

他的观念的上层建筑的基础"①。在《路易·波拿巴的雾月十八日》中，马克思也将经济基础看作物质条件和相应的社会关系的总和，指出经济基础在阶级社会表现为财产形式和一定的社会生存条件。在《政治经济学批判（1857—1858 年手稿）》中，马克思将所有制形式纳入经济基础，指出原始社会的所有制形式在以共同体为前提的同时也构成了共同体的经济基础。可见，经济基础不仅包括一定生产基础和各种生产关系，也包括在生产关系上直接生长出的社会组织。其次，矗立于经济基础之上的上层建筑构成社会的主要部分。对于上层建筑的内涵，马克思、恩格斯在不同时期作出过不同的阐释，主要可以区分为观念的上层建筑和政治的上层建筑。在《德意志意识形态》中，马克思、恩格斯将市民社会作为观念的上层建筑的基础，将社会思想观念纳入上层建筑。在《路易·波拿巴的雾月十八日》中，马克思也将"各种不同的，表现独特的情感、幻想、思想方式和人生观"② 作为上层建筑的内容。到了 1859 年的《〈政治经济学批判〉序言》中，马克思指出，"在历史上出现的一切社会关系和国家关系，一切宗教制度和法律制度，一切理论观点，只有理解了每一个与之相应的时代的物质生活条件，并且从这些物质条件中被引申出来的时候，才能理解"③，从而确立了政治的上层建筑。在《反杜林论》中，恩格斯对于上层建筑的构成作出了直接阐释，指出上层建筑包含了"每一个历史时期的由法的设施和政治设施以及宗教的、哲学的和其他的观念形式"④，并将"哲学、宗教、艺术"等作为观念的上层建筑形式。在恩格斯晚年的书信中，他也重申了"阶级斗争的各种政治形式及其成果——由胜利了的阶级在获胜以后确立的宪法等等，各种法的形式以及所有这些实际斗争在参加者头脑中的

---

① 《马克思恩格斯文集》第 1 卷，人民出版社 2009 年版，第 583 页。
② 《马克思恩格斯文集》第 2 卷，人民出版社 2009 年版，第 498 页。
③ 《马克思恩格斯文集》第 2 卷，人民出版社 2009 年版，第 597 页。
④ 《马克思恩格斯文集》第 9 卷，人民出版社 2009 年版，第 29 页。

反映"①，"政治的、法律的和哲学的理论"和"宗教的观点"都是归于上层建筑的因素，统一了观念的和政治的上层建筑。同时，应当明确的是，社会经济基础与社会上层建筑之间并不具有严格的区分，更不是相互对立的。经济基础与上层建筑都是以一定方式进行生产活动的个人的现实生活，都处于社会生活这一整体中，在不同的社会发展阶段有不同的具体内涵和表现，并且会产生一定的重合与交融，应当结合具体的社会形态进行分析。如果将马克思、恩格斯关于经济基础和上层建筑的区分绝对化，套用于一切情况，那么就陷入了恩格斯在晚年所着力批判的教条主义错误中。如恩格斯在致保尔·恩斯特的信中所说："如果不把唯物主义方法当做研究历史的指南，而把它当做现成的公式，按照它来剪裁各种历史事实，那它就会转变为自己的对立物。"②

　　社会基本结构的变化是由生产力与生产关系的矛盾运动引起的。生产力与生产关系的运动首先带来了经济基础的变革，并为上层建筑的变革创造出物质基础和变革力量，引起上层建筑的相应改变。在一定的生产力和生产关系的基础上，必然会产生超出原有生产关系的新的生产方式，并带来经济基础的变革。马克思、恩格斯找到了生产力与生产关系这一社会结构中的核心，深刻地认识到，社会的每一阶段都会遇到一定的物质生产资料和一定的生产力基础，构成了这个时代生产力发展和生产关系形成的基础，构成了一定的经济基础。在生产力的发展过程中，与之适应的一定生产关系确立起来并具有相对的稳定性。但当生产力的发展达到这样的程度，"以致生产力与其赖以发展起来的社会制度不能相容"，生产关系和建立于其上的社会关系和社会制度就成为"生产力不能忍受的桎梏"，使得生产力发展的唯一出路变成了社会革命，通过革命的形式"把社会生产力从过时的社会制度的桎梏下解放出来"，实

---

① 《马克思恩格斯文集》第 10 卷，人民出版社 2009 年版，第 591 页。
② 《马克思恩格斯文集》第 10 卷，人民出版社 2009 年版，第 583 页。

现社会结构的变革。① 在《政治经济学批判（1863—1865 年手稿）》中，马克思也以资本主义的产生为例，详细阐述了生产关系的变革历程。在原有生产力的基础上，新的生产力会随着生产发展而出现，"这种生产方式一方面创造出新的物质生产力"，另一方面也在创造出物质生产力的基础上"实际上给自己创造出新的现实的条件"。② 由此也就会出现经济基础的革命，一方面促进资本主义的发展，"为资本对劳动的统治创造并完成其现实条件，为之提供相应的形式"，另一方面"又为一个新生产方式，即扬弃资本主义生产方式这个对立形式的新生产方式创造出现实条件"③。在这样的生产力与生产关系运动过程中，新的经济基础不断被生产出来，上层建筑也随之发生或快或慢的变化，从而发生社会形态的更替。应当认识到，上层建筑的变革与经济基础的变革并不是直接对应的关系。上层建筑一旦确立，就具有一定的独立性，即使被扬弃了的社会存在也不一定会彻底消失，而可能转入观念与意识的领域，采取意识形态的形式，作为过去的幽灵不断困扰着现实社会。因此，对社会基本结构运动的考察不能仅仅从观念出发，而应当"从物质生活的矛盾中，从社会生产力和生产关系之间的现存冲突中去解释"④。

3. 社会经济形态的衡量以生产力发展程度为根本

马克思、恩格斯曾多次对社会的发展阶段作出探讨，从不同的角度对社会形态作出了划分。早在《1844 年经济学哲学手稿》中，马克思就曾从异化劳动的角度对于社会进行了大致划分。从马克思对于异化的叙述中可以看出，他实际上将社会发展划分为尚未发生异化劳动、劳动走向异化、异化劳动被扬弃的三个阶段。异化劳动发生以前，人作为自然

① 《马克思恩格斯文集》第 4 卷，人民出版社 2009 年版，第 336 页。
② 《马克思恩格斯文集》第 8 卷，人民出版社 2009 年版，第 547 页。
③ 《马克思恩格斯文集》第 8 卷，人民出版社 2009 年版，第 547 页。
④ 《马克思恩格斯文集》第 2 卷，人民出版社 2009 年版，第 592 页。

存在物和类存在物在实践活动中原始地占有自己的生产生活成果；异化劳动产生后，人和人的本质、人和人以及人的产品相异化；对异化劳动进行扬弃后，则是共产主义的形态。在《1844 年经济学哲学手稿》时期，马克思已经意识到社会是历史的存在物，应当从社会发展的历史事实出发对社会进行考察。过去的国民经济学家"当他想说明什么的时候，总是置身于一种虚构的原始状态"，而"这样的原始状态什么问题也说明不了"，只是"把应当加以说明的东西假定为一种具有历史形式的事实"。① 因此，马克思有意识地从物质生产生活的角度对现实的社会发展阶段进行考察，从历史的事实出发，考察社会的发展过程。在《德意志意识形态》《共产党宣言》《政治经济学批判（1857—1858 年手稿）》等著作中，马克思、恩格斯进一步发展了关于社会发展形态的思想，从不同的角度对社会历史进行考察，形成了一系列关于社会形态的科学理论。

在《德意志意识形态》中，马克思、恩格斯从分工的角度对社会发展的不同形态进行了划分。分工在此时被马克思、恩格斯看作一个民族生产力发展程度的集中体现，因为"任何新的生产力，只要它不是迄今已知的生产力单纯的量的扩大（例如，开垦土地），都会引起分工的进一步发展"②。在分工发展的不同阶段，也就产生了不同的所有制形式，在原始社会之后、资本主义社会之前，有部落所有制、古典古代的公社所有制和国家所有制以及封建的或等级的所有制。第一种部落所有制是同生产力的欠发达相适应的。人们"靠狩猎、捕鱼、畜牧，或者最多靠耕作为生"，这一时期的分工还是不够发达的，只在自然形成的分工，也就是男女之间的分工基础上形成了家庭并将家庭直接地扩大——"社会结构只限于家庭的扩大：父权制的部落首领、他们管辖的部落成员，最

---

① 《马克思恩格斯文集》第 1 卷，人民出版社 2009 年版，第 156 页。
② 《马克思恩格斯文集》第 1 卷，人民出版社 2009 年版，第 520 页。

后是奴隶"。① 随着人口的增长以及"战争和交易这种外部交往的扩大"，奴隶制在此时由潜在于扩大化的家庭中的、没有取得独立于家庭之外的形式逐渐成为主要社会形式。② 第二种古典古代的公社所有制和国家所有制产生于部落间的征伐与联合。这一时期的所有制以公社所有制为主，尽管依然保有一定的奴隶制，但是由于"动产私有制以及后来的不动产私有制已经发展起来"③，奴隶制在此时仅仅作为公社所有制的边缘补充。马克思、恩格斯所分析的动产私有制主要指的是个人对于人的权利的所有，不动产私有制指的是个人对于物质财产的所有。在这一社会发展阶段，人只拥有对于自己的奴隶的支配权，而不具备广泛的私有财产权。因此，随着生产力和分工带来的私有财产和私有制的发展，这一社会制度逐渐走向了衰落。第三种社会形式是封建的或等级的所有制占据主要的社会。这一社会形态的发展起点是地广人稀、居住分散、以农业生产为主的乡村。连续的征伐使得生产力遭到巨大破坏，工业和商业的衰落让日耳曼人的军事制度走向了普遍，进而发展起来了封建所有制。封建所有制中的主要结构转变为领主和小农奴以及在此基础上发展出来的封建权力，城市发展起来了与乡村等级制类似的行会制度。封建社会的分工，尤其是在封建社会的发达阶段，并不丰富。因为在乡村中，农业耕作几乎由农民独立完成，而城市的工业和商业分离后，其内部的分工也处于停滞阶段，只是在工商业发展的新兴城市的互相关系中产生了分工的发展。在《雇佣劳动与资本》中，马克思重申了对古典古代社会、封建社会的划分，并将资产阶级社会与二者并列，将资产阶级社会作为人类历史发展的一个特殊阶段。在资本主义社会，资本是这一社会所特有的生产关系，不仅包括物质产品和交换价值，也包括在此基础上生产出来和积累起来的社会关系。在《共产党宣言》中，

---

① 《马克思恩格斯文集》第 1 卷，人民出版社 2009 年版，第 521 页。
② 《马克思恩格斯文集》第 1 卷，人民出版社 2009 年版，第 521 页。
③ 《马克思恩格斯文集》第 1 卷，人民出版社 2009 年版，第 521 页。

马克思、恩格斯延续了对社会形态的所有制划分方式，详细阐述了资本主义社会的产生过程，并将原始公社解体后的社会统称为阶级社会。工业、商业、航海业的发展引起了生产力的巨大发展，新的生产方式代替了封建的生产方式，工业生产革命和世界市场反过来又促进了工业本身的发展。在这一社会历史过程中，产生于中世纪城市居民中的资产阶级在工业发展中走向了壮大，"增加自己的资本，把中世纪遗留下来的一切阶级排挤到后面去"，"在现代的代议制国家里夺得了独占的政治统治"[1]。但是，资产阶级的社会形态并不是社会发展的终点，社会形态更替的革命要素在生产力发展过程中酝酿壮大，"资产阶级用来推翻封建制度的武器，现在却对准资产阶级自己了"[2]。当无产阶级与资产阶级之间的矛盾发展到极端尖锐的程度，那么普遍的无产阶级的革命也就到来了，将使社会进入更高的发展阶段，走向新的社会形态。

在《政治经济学批判（1857—1858年手稿）》中，马克思提供了另一种区别于所有制划分方式的社会形态划分方式，即从人的本体发展角度构建的社会形态发展三阶段论。马克思写道，"人的依赖关系（起初完全是自然发生的），是最初的社会形式"，"以物的依赖性为基础的人的独立性，是第二大形式"，"建立在个人全面发展和他们共同的、社会的生产能力成为从属于他们的社会财富这一基础上的自由个性，是第三个阶段"。[3] 第一阶段是人的依赖关系阶段，"个人或者自然地或历史地扩大为家庭和氏族（以后是共同体）的个人，直接地从自然界再生产自己，或者他的生产活动"[4] 以及生产和产品的社会形式。由于较低的生产力发展程度，为了实现在自然界中的生存，人与人必须相互依赖，以共同体的形式存在。随着生产力的发展，第一阶段也为进入第二阶段

---

[1] 《马克思恩格斯文集》第2卷，人民出版社2009年版，第33页。
[2] 《马克思恩格斯文集》第2卷，人民出版社2009年版，第37页。
[3] 《马克思恩格斯文集》第8卷，人民出版社2009年版，第52页。
[4] 《马克思恩格斯文集》第8卷，人民出版社2009年版，第51页。

创造了条件，当"家长制的，古代的（以及封建的）状态随着商业、奢侈、货币、交换价值的发展而没落下去，现代社会则随着这些东西同步发展起来"①。第二阶段是物的依赖关系阶段。在这一发展阶段，"人的（历史的）一切固定的依赖关系的解体"，"生产者互相间的全面的依赖"建立起来。②每个人的生产、交换、消费都依赖于其他一切人的生产、交换、消费活动，"不管活动采取怎样的个人表现形式，也不管活动的产品具有怎样的特性"③，活动和活动的产品都变成了交换价值，消灭了一切个性和特性。因此，个人的活动以及互相之间的关系对于人来说都"表现为一种物"，"人的能力转化为物的能力"④。但是，也只有在物的依赖阶段，"普遍的社会物质交换、全面的关系、多方面的需要以及全面的能力的体系"⑤才开始形成，因此第二阶段也构成了第三阶段的基础。第三阶段是自由个性的阶段。对于全面发展的每个人来说，"他们的社会关系作为他们自己的共同的关系，也是服从于他们自己的共同的控制的"⑥。当劳动不再作为谋生的工具，而是人的本质发展方式，所有人都获得了自由时间和必要的发展机会，使得个性得以自由发展，也只在那时才真正实现《共产党宣言》对未来社会的展望："代替着那存在着阶级和阶级对立的资产阶级旧社会的，将是这样一个联合体，在那里，每个人的自由发展是一切人的自由发展的条件。"⑦

三、个人与社会的基本关系

从事生产实践活动的个人在生产活动中创造自身以及自身的生活，

① 《马克思恩格斯文集》第8卷，人民出版社2009年版，第52页。
② 《马克思恩格斯文集》第8卷，人民出版社2009年版，第50页。
③ 《马克思恩格斯文集》第8卷，人民出版社2009年版，第51页。
④ 《马克思恩格斯文集》第8卷，人民出版社2009年版，第51页。
⑤ 《马克思恩格斯文集》第8卷，人民出版社2009年版，第52页。
⑥ 《马克思恩格斯文集》第8卷，人民出版社2009年版，第56页。
⑦ 《马克思恩格斯文集》第2卷，人民出版社2009年版，第53页。

并在这一过程中发生必然的联系，也就形成了社会。从前的哲学家和国民经济学家往往以抽象的方式把握个人和社会，往往将个人与社会割裂起来，这种理论上的断裂立场是现实生活中对立的观念表现。不同于直接将个人与社会的利益对立作为自然产物的国民经济学家，马克思、恩格斯在对社会历史的具体考察中梳理了个人与社会的关系，分析二者之间的联系和相互作用，将人认定为社会历史的主体，认为人的本质在现实性上是社会关系的总和，实现了个人与社会的融合发展。

1. 个人是推动社会生成发展的主体

个人是社会历史的主体，社会的决定性因素是个人直接生活的生产和再生产。社会产生于人的生产实践活动中，并且在个人的生产生活基础上不断发展。个人在生产实践活动中不仅创造出物质性的社会财富，也创造出精神性的财富，前者构成了社会的物质基础，后者作为社会的精神产品，二者共同成为社会前进发展的必要前提。

首先，个人是社会物质基础的创造者，个人在生产实践中所创造和转化的物质结果和一定的生产力总和，以及在生产中形成并发展的一系列关系，都促成一定社会结构的形成，构成社会发展的基础，成为一定社会形态的历史前提。"正像社会本身生产作为人的人一样，社会也是由人生产的"①。社会的物质基础并不是现成的东西，而是个人的生产实践的成果。自然界提供的资源并不是直接构成社会的对象，而是要通过人的对象性活动才会成为一定的生产资料和生产工具。人的生产活动也是创造性的活动，在生产资料的基础上生产出满足生存发展需要的物质产品，并且发生一定的关系，作为社会基础的生产关系就是在个人的活动中发展起来的。在生命的生产中，个人之间产生了自身与自然的关系，也产生了互相之间的关系，他们共同的活动也就构成了社会关系。

----

① 《马克思恩格斯文集》第 1 卷，人民出版社 2009 年版，第 187 页。

社会关系中处于根本地位的是生产关系,社会的一切其他关系都以生产关系为根本决定性的因素。因此,当人们改变自己的生产方式,"随着生产方式即谋生的方式的改变,人们也就会改变自己的一切社会关系",正如"手推磨产生的是封建主的社会,蒸汽磨产生的是工业资本家的社会"①。可见,是现实的个人在从事生产实践活动中建立起与一定生产力发展水平相适应的生产关系和其他的社会关系,这些关系与个人的物质生产实践成果一同构成了社会生成与发展的物质基础。

其次,个人在从事物质生产活动时,也会形成一定的思想与观念成果。"人们是自己的观念、思想等等的生产者。"② 在个人的物质交往与现实生活中,对于对象世界的认识和对于人自身的认识的总和构成了最早的社会意识,人不仅意识到"直接的可感知的环境"③,也开始意识到"自身的个人之外的其他人和其他物的狭隘联系"④。在此时,"人们的想象、思维、精神交往在这里还是人们物质行动的直接产物"⑤。随着生产力发展,一方面人的思维意识能力逐步提升,另一方面分工也从性别方面的分工和自发自然形成的分工发展到了"物质劳动和精神劳动分离"的程度。此时,个人的意识开始认为它自己"不用想象某种现实的东西就能现实地想象某种东西",摆脱了直接的物质生活而开始进行精神性的创作,由此构造出了"'纯粹的'理论、神学、哲学、道德等等"⑥。作为意识形态的这些观念一经产生,就会与现有的观念材料相结合,将其作为自身发展的精神基础,在推动其作为社会意识存在的同时对人施加一定的作用,以巩固自身的精神主导性。在此影响下,以往的唯心主义哲学甚至将占据统治地位的"形而上学观念、政治观念、法

---

① 《马克思恩格斯文集》第 1 卷,人民出版社 2009 年版,第 602 页。
② 《马克思恩格斯文集》第 1 卷,人民出版社 2009 年版,第 524 页。
③ 《马克思恩格斯文集》第 1 卷,人民出版社 2009 年版,第 533—534 页。
④ 《马克思恩格斯文集》第 1 卷,人民出版社 2009 年版,第 534 页。
⑤ 《马克思恩格斯文集》第 1 卷,人民出版社 2009 年版,第 524 页。
⑥ 《马克思恩格斯文集》第 1 卷,人民出版社 2009 年版,第 534 页。

律观念、道德观念"作为社会的主体。实际上，一切思想、观念、意识，都是由人自身创造的，构成社会意识部分的精神性成果都是个人在具体的实践活动中产生的，是个人的物质生活在观念上的表现。

最后，个人是构成社会的行动主体，是社会历史发展的主体力量。社会存在是以一定的主体和一定物质与精神基础为前提的，正如马克思在《政治经济学批判（1857—1858 年手稿）》中所阐述的，"共同体以主体与其生产条件有着一定的客观统一为前提的"①，而这种主体与生产条件的客观统一，实际上就是个人的能动的生产实践活动。恩格斯在《家庭、私有制和国家的起源》的第一版序言中曾指出，社会历史的决定性因素"归根结底是直接生活的生产和再生产"②。作为决定性因素的生产包括了个人的"生活资料即食物、衣服、住房以及为此所必需的工具的生产"和人自身的生产，也就是"种的繁衍"③。前者生产出的是表现为社会物质和精神基础的存在，后者生产的是构成社会主体的人本身。因此，个人的这两种生产共同制约着社会的发展，第一种生产的制约表现为社会受到个人的劳动发展阶段的限制，第二种生产的限制表现为社会受到家庭发展阶段的限制。结合摩尔根对于原始社会家庭和氏族的考察，马克思、恩格斯在《德意志意识形态》中揭示出，随着个人的劳动和家庭制度的发展，社会也不断发展起来。革命的个人也是社会发展的推动力量。生产力与生产关系之间的矛盾"每一次都不免要爆发为革命"④，采取"意识的矛盾，思想斗争，政治斗争"⑤ 等形式，推动社会变革。但社会变革不会自动发生，而是由革命的个人在社会联合中推动的。发生作用的不是经济状况自身，而是作为社会主体的人，是人们自己创造自己的历史，是人们自己创造了社会的历史，以实际的革

① 《马克思恩格斯文集》第 8 卷，人民出版社 2009 年版，第 148 页。
② 《马克思恩格斯文集》第 4 卷，人民出版社 2009 年版，第 15 页。
③ 《马克思恩格斯文集》第 4 卷，人民出版社 2009 年版，第 15—16 页。
④ 《马克思恩格斯文集》第 1 卷，人民出版社 2009 年版，第 567 页。
⑤ 《马克思恩格斯文集》第 1 卷，人民出版社 2009 年版，第 567 页。

命行动促成社会形态的实际变革。每个人在生产生活中的意识与行动相互交错、互相影响，以众多的偶然性形成了不同的力量，"有无数个力的平行四边形，由此就产生出一个合力，即历史结果"①，"每个意志都对合力有所贡献，因而都是包括在这个合力里面的"②。可见，最终的社会历史发展具体状况是各个个人意志的共同产物，是作为社会主体的各个个人及其社会联合依据一定目的有意识地创造的历史结果。

2. 社会是保障个人生存发展的基础

马克思、恩格斯认识到，个人是直接的社会存在物，社会是个人生存与发展所不可缺少的存在。并不存在可以脱离社会共同体存在的个人，原子式的孤立个人只能是想象中的存在，离开了社会，个人的生产生活都无法进行。社会不仅是个人存在的前提，也是个人的生产与享受活动的基础，为个人的物质生活与精神生活提供规定。

首先，个人是直接的社会存在物。在法国唯物主义者那里，人的社会性就被自觉意识到了，他们认为"人天生就是社会的""只能在社会中发展自己的真正的天性"，并且对人的天性的衡量也"不应当根据单个个人的力量"，而应当"根据社会的力量来衡量人的天性的力量"③。就个人的本质来说，人的本质并不是单个人所独有的抽象特征，而是人作为社会存在物所共有的现实的本质，人"作为最具有个体性的存在在何种程度上同时又是社会存在物"④。在原始社会中，人就意识到自身想要生存，就必须与其他人发生一定的联系，以共同体的方式存在。人的这一群体也就是最初的社会意识，是与动物不同的，动物的群体行为是出于本能的，而人的社会联合则是有意识的、有目的性的。正是这样

①　《马克思恩格斯文集》第 10 卷，人民出版社 2009 年版，第 592 页。
②　《马克思恩格斯文集》第 10 卷，人民出版社 2009 年版，第 593 页。
③　《马克思恩格斯文集》第 1 卷，人民出版社 2009 年版，第 335 页。
④　《马克思恩格斯文集》第 1 卷，人民出版社 2009 年版，第 185 页。

的类意识，这样的组织成为一定共同体的意识，使人脱离动物，在自身的社会生活中完成对社会意识的确证。人一产生就处在一定的社会关系中，人的生存环境由物质基础和现实的社会生活构成，只要人作为人而活动，这一活动和从事活动的人就是社会的，因为个人本身的存在就是社会的存在，"就是社会的活动"，个人"从自身所做出的东西"，是个人"从自身为社会做出的"，并且在这一过程中"意识到自己是社会存在物"。①

其次，社会是个人进行生产实践活动的基础，社会共同体是个人进行生产的前提。"对活的个体"，也就是个人来说，"生产的自然条件之一，就是他属于某一自然形成的社会，部落等等"②。社会关系，尤其是社会生产关系，不仅是个人生产力的结果，也是个人进行生产的前提。个人只有"以一定的方式共同活动和互相交换其活动，才能进行生产"，只有在交换与交往中产生的联系，也就是社会联系和社会关系的范围内，"才会有生产"③。生产所需的材料是社会共同体的产品，即使"思想家用来进行活动的语言——是作为社会的产品给予我的"，因此正如马克思在《1844 年经济学哲学手稿》中所举出的例子，"甚至当我从事科学之类的活动，即从事一种我只在很少情况下才能同别人进行直接联系的活动的时候，我也是社会的"④，尤其是私有制产生以来，互相交换必需品成为人获取生存资料和生活资料、从事生产活动的必要，社会关系也愈发成为生产的必要。马克思曾以土地占有为例来说明这一点。孤立的人无法进行占有，即使他"能够像动物一样，把土地作为实体来维持自己的生存"，但一旦土地被当作财产，那么这种私人占有的关系"总是要以处在或多或少自然形成的或历史地发展了的形式中的部

---

① 《马克思恩格斯文集》第 1 卷，人民出版社 2009 年版，第 188 页。
② 《马克思恩格斯文集》第 8 卷，人民出版社 2009 年版，第 142 页。
③ 《马克思恩格斯文集》第 1 卷，人民出版社 2009 年版，第 724 页。
④ 《马克思恩格斯文集》第 1 卷，人民出版社 2009 年版，第 188 页。

落或公社占领土地（和平地或暴力地）为中介"。① 社会不仅规定和影响人的生产活动，也影响人的生活与发展。个人的享受水平和生活发展需求的满足是以社会生产的整体发展为基础的，以社会为规定，具有社会的性质。正如马克思在《雇佣劳动与资本》中所说："我们的需要和享受是由社会产生的；因此，我们在衡量需要和享受时是以社会为尺度，而不是以满足它们的物品为尺度的。"②

最后，社会是个人进行精神生产活动的基础，对人的思维意识发生影响。个人的意识实际是社会存在的理论形式，个人的"普遍意识不过是以现实共同体、社会存在物为生动形态的那个东西的理论形态"③。人的精神世界丰富程度并不由人的意识思维能力决定，就其现实性而言，"完全取决于他的现实关系的丰富性"，也就是由个人的社会生活的丰富性决定。可见，个人的思想与精神创造活动尽管有一定的能动性，却依旧不能脱离一定社会条件的人的历史性限制。即使是 18 世纪伟大的启蒙哲学家也"没有能够超出他们自己的时代使他们受到的限制"④。他们所追求的永恒理性"不过是恰好那时正在发展成为资产者的中等市民的理想化的知性"⑤，所谓理性的国家、理性的社会也不过是资产阶级的国家和社会，正义和平等都被归结为权利法案中的资产阶级的平等和公正。空想社会主义者的理论活动自然也受到了社会状况的影响，因为，"不成熟的理论，是同不成熟的资本主义生产状况、不成熟的阶级状况相适应的"⑥。可见，个人的思维意识活动及其产生的一切精神成果都有一定的社会存在作为基础，个人所产生的全部意识形式都是社会的产物，如果与社会现实发生了矛盾冲突，那也"仅仅是因为现存的社

① 《马克思恩格斯文集》第 8 卷，人民出版社 2009 年版，第 135 页。
② 《马克思恩格斯文集》第 1 卷，人民出版社 2009 年版，第 729 页。
③ 《马克思恩格斯文集》第 1 卷，人民出版社 2009 年版，第 188 页。
④ 《马克思恩格斯文集》第 3 卷，人民出版社 2009 年版，第 524 页。
⑤ 《马克思恩格斯文集》第 3 卷，人民出版社 2009 年版，第 526 页。
⑥ 《马克思恩格斯文集》第 3 卷，人民出版社 2009 年版，第 528 页。

会关系同现存的生产力发生了矛盾"①。马克思、恩格斯深刻认识到，要消灭个人头脑中的错误意识，"只有通过实际地推翻这一切唯心主义谬论所由产生的现实的社会关系"②。

3. 个人与社会在革命实践中寻求统一

在马克思、恩格斯看来，个人与社会从来都不应当是抽象的和对立的两个范畴。个人与社会的对立并不是自然的产物，而是在社会历史中逐渐发生的。在人类历史初期，即人的依赖阶段，人为了实现生存的需要直接表现为共同体的存在物。随着生产力的发展，交换使得共同体的形态不再是直接的必要，个人可以采取相对独立的形式，通过相互交换的方式获得生产资料和生活资料，私有制和商业随之发展。个人与社会的"分裂"也在生产力快速发展的资本主义社会达到了新的高度。个人与社会的对立在人的生活上表现为市民身份与国家公民身份的冲突，市民社会成为个人的现实生活，而国家被看作对个人的剥夺。个人不仅与自身发生冲突，也与其他社会成员发生冲突，个人的利益与社会的利益被看作是绝对冲突，人的活动出发点变为私人利益，每个人都成为利己主义的人。为了解决个人与社会的对立，也就是个人与自己社会生活、社会本质的对立，市民社会的成员走向了宗教，因为在宗教领域中个人"是享有主权的，是最高的存在物"③，而不是缠绕于共同体中的被动存在。现实的个人与类之间的二元性在思想意识中也反映为另一种形式的分裂。青年黑格尔派将个人与社会的分裂直接套用在社会中的个人身上，在理论中人为地制造了自身与社会群众的对立，将社会群众作为非理性的存在，构成理性的对立面，"必须经常为自己制造这种对立

---

① 《马克思恩格斯文集》第 1 卷，人民出版社 2009 年版，第 535 页。
② 《马克思恩格斯文集》第 1 卷，人民出版社 2009 年版，第 544 页。
③ 《马克思恩格斯文集》第 1 卷，人民出版社 2009 年版，第 37 页。

面"①，将社会群众愚蠢化、庸俗化。

马克思、恩格斯清楚地认识到，个人与社会是统一而非对立的。私有制产生以来的个人与共同体的对立是表面的，事实上的依赖纽带的打破只是一种错觉，只有在不考虑个人互相接触的条件即生存条件的情况下才显得是这样。从实质上来看，其实是发展了的生产力与落后的社会制度之间的矛盾。恰恰是在这一发展阶段，个人互相之间普遍的物质交换和全面的需要将个人与社会更加深刻地联系起来，不仅没有消除"依赖关系"，反而"使这些关系变成普遍的形式"，"为人的依赖关系造成普遍的基础"。② 可见，个人与社会从来都不是对立的关系，一定社会历史发展阶段上的分裂也终将为个人全面占有自身的本质和关系打下基础，使原属于人的社会关系真正复归于人自身，促进个人与社会的真正全面的统一的实现。"人的本质不是单个人所固有的抽象物"③，从现实的个人出发，从实践活动出发，马克思、恩格斯所探讨的个人与社会从来都不是抽象的、分离的。现实的个人与现实的社会相互创造并互为前提，个人是在现实社会中从事生产活动的个人，以社会为生产生活的基础；社会是由现实的个人和在个人的生产活动中发生的关系构成的，在个人的实践活动中产生和发展。个人创造社会，社会也创造个人。个人的发展与社会的发展相互统一，二者互为条件。

在此基础上，马克思、恩格斯指出，普遍的个人解放才是社会解放的条件，个人的解放也只有在社会中才能实现，个人与社会的发展统一于革命实践中。任何解放都是将属人的关系重新归于人自身，社会解放作为全体个人的解放才真正使人意识到自身固有的力量。政治解放将人归结为利己的独立个体和归结为"公民"，归结为"法人"，通过把宗教驱逐到私人领域使人在政治上从国教中解放出来，实现了人向市民社

---

① 《马克思恩格斯文集》第 1 卷，人民出版社 2009 年版，第 293 页。
② 《马克思恩格斯文集》第 8 卷，人民出版社 2009 年版，第 58 页。
③ 《马克思恩格斯文集》第 1 卷，人民出版社 2009 年版，第 505 页。

会存在的复归。但这并不是个人解放的最后形式。"政治解放一方面把人归结为市民社会的成员，归结为利己的、独立的个体，另一方面把人归结为公民，归结为法人。只有当现实的个人把抽象的公民复归于自身，并且作为个人，在自己的经验生活、自己的个体劳动、自己的个体关系中间，成为类存在物的时候，只有当人认识到自身'固有的力量'是社会力量，并把这种力量组织起来因而不再把社会力量以政治力量的形式同自身分离的时候，只有到了那个时候，人的解放才能完成。"①社会为个人的解放作出了物质和主体的准备。马克思指出，"如果抛掉狭隘的资产阶级形式"，那么财富就是"在普遍交换中产生的个人的需要、才能、享用、生产力等等的普遍性"，是人对人本身自然力的充分发挥，只是"人的内在本质的这种充分发挥"在"资产阶级经济以及与之相适应的生产时代"中"表现为全面的异化"。② 社会关系在构成资本主义社会的同时，也是"炸毁这个社会的地雷"，阶级社会中形成的物质成果、生产力以及社会关系包含了"隐蔽地存在着的无阶级社会所必需的物质生产条件和与之相适应的交往关系"③，构成革命的基础因素。作为实现人的解放的主体——无产阶级，也是在资本主义的社会生产中产生的。无产阶级"承担社会的一切重负，而不能享受社会的福利"，由于被排除于社会之外而"不得不同其他一切阶级发生最激烈的对立"④。在无产阶级这一社会成员的绝大多数中形成了最为彻底的革命意识，并且在一次又一次的革命尝试中得到锻炼，力求打破加之于人的一切枷锁，实现人的解放也就是社会的解放。在这一过程中，革命的实践是必需的。正如马克思、 恩格斯在《德意志意识形态》中所说，对共产主义者而言，"全部问题都在于使现存世界革命化，实际地反对

---

① 《马克思恩格斯文集》第 1 卷，人民出版社 2009 年版，第 46 页。
② 《马克思恩格斯文集》第 8 卷，人民出版社 2009 年版，第 137—138 页。
③ 《马克思恩格斯文集》第 8 卷，人民出版社 2009 年版，第 54 页。
④ 《马克思恩格斯文集》第 1 卷，人民出版社 2009 年版，第 542 页。

并改变现存的事物"①。不仅因为打碎压迫人的枷锁需要现实的斗争，更因为革命的个人只有在革命的实践中才能"抛掉自己身上的一切陈旧的肮脏东西"以"胜任重建社会的工作"。② 当革命的个人走向普遍的联合，占有社会生产资料和生产工具，此时，个人的社会结合就由"自然的强加"和"对立分裂"变成了"他们自己的自由行动"。原本控制人、压迫人的异己的力量现在"处于人们自己的控制之下"。只有从这时起，"由人们使之起作用的社会原因才大部分并且越来越多地达到他们所预期的结果"③，个人与社会的解放才真正开始实现。

马克思、恩格斯"个人与社会"相关论述科学地揭示了个人与社会的本质规定，为科学地理解和把握个人与社会关系提供了指导，为马克思主义思想政治教育的理论发展和实践探索确立了作为"此岸世界的真理"的观念前提与人学基础。思想政治教育做的是人的工作，是在社会中的工作，理解和发展人的本质和社会的本质是其题中应有之义。马克思主义思想政治教育之所以能够成为一门科学，是因为它在马克思主义科学指导下，真正揭示和把握到了个人与社会的本质，并且能够立足把握到的本质开展理论建构与实践探索，进而揭示人与社会发展的规律，实现个人与社会发展的统一。

首先，思想政治教育应当在现实性上理解和发展人的本质。在关于人的本质的相关论述中，马克思特别强调了"在其现实性上"考察人的本质这个前提条件。人的本质只有在"现实性上"才是"一切社会关系的总和"，或者说只有立足于"现实性"，我们才能理解和把握到人的本质是"一切社会关系的总和"。强调"在其现实性上"，是因为如果离开这个前提条件和观察原则，就会陷入理解和把握人的本质的感性直观

---

① 《马克思恩格斯文集》第 1 卷，人民出版社 2009 年版，第 527 页。
② 《马克思恩格斯文集》第 1 卷，人民出版社 2009 年版，第 543 页。
③ 《马克思恩格斯文集》第 3 卷，人民出版社 2009 年版，第 564 页。

或思辨抽象，就会把人的本质理解和把握为"神的本质""绝对精神的外化"或者"单个人的抽象物"。"在其现实性上"实质交代出了马克思"实践的"考察和把握人的本质的哲学立场和解释原则。正如马克思所说："全部社会生活在本质上是实践的。凡是把理论引向神秘主义的神秘东西，都能在人的实践中以及对这种实践的理解中得到合理的解决。"① 以往哲学家在考察人的本质时，由于没有看到社会生活的实践本质，没有把"感性"看作"实践的、人的感性的活动"，最终都把对人的本质的理解引向"神秘主义"，实质都是离开了"现实性"这个"人本身"而到"人之外"去寻找关于人的本质规定，于是"神的秘密""绝对精神的秘密"被了解为"人的秘密"。至于费尔巴哈，尽管他看到了"宗教上的自我异化"并"把宗教的本质归结于人的本质"，但由于他"不了解'革命的'、'实践批判的'活动的意义"，"没有把人的活动本身理解为对象性的活动"②，因此他揭示出来的人的本质被固定为"单个人的""抽象物"，这个"单个人所固有的抽象物"又"使自己从自身中分离出去，并在云霄中固定为一个独立王国"③，最终也成为"自我分裂和自我矛盾"的神秘主义。"人的思维是否具有客观的真理性，这不是一个理论的问题，而是一个实践的问题。人应该在实践中证明自己思维的真理性，即自己思维的现实性和力量，自己思维的此岸性。"④ 只有立足于实践，只有把人理解为感性的实践活动，我们才能真正理解和把握到"人的本质是一切社会关系的总和"。思想政治教育要想用"思想的闪电""彻底击中""人民园地"⑤，就必须"在实践中证明自己思维的真理性"，"在现实性"上理解人、关心人、服务人、发展人，"在人的实践中以及对这种实践的理解中"正确对待人的

① 《马克思恩格斯文集》第1卷，人民出版社2009年版，第501页。
② 《马克思恩格斯文集》第1卷，人民出版社2009年版，第499页。
③ 《马克思恩格斯文集》第1卷，人民出版社2009年版，第500页。
④ 《马克思恩格斯文集》第1卷，人民出版社2009年版，第500页。
⑤ 《马克思恩格斯文集》第1卷，人民出版社2009年版，第17—18页。

"一切社会关系"，真正理解和发展人的本质。

其次，思想政治教育应当在"历史的进程中"理解和发展人的本质与社会的本质。"现实性"要求"必然性"。在"现实性上"考察和把握人的本质和社会的本质，实质是要确立起人的本质和社会的本质的现实必然性。只有满足这种现实必然性，人的本质才是"一切社会关系的总和"。但是这个"现实必然性"不是臆造出来的，而是历史生成的。任何现实必然都是历史必然。正如马克思批判费尔巴哈"撇开历史的进程，把宗教感情固定为独立的东西，并假定有一种抽象的——孤立的——人的个体"，因此"本质只能被理解为'类'，理解为一种内在的、无声的、把许多个人自然地联系起来的共同性"。不在"历史的进程中"把握人的本质，就无法把人的"感性活动"理解和把握为"历史运动"，也就无法把人的本质生成理解和把握为"历史发展的科学"，也就看不到人的本质作为"一切社会关系的总和"所具有的历史必然性和现实具体性，更看不到人类社会的历史发展进程。任何真正本质的内在规定，不仅今天是如此，在历史发展上的任何阶段也是如此。但这并不是说，人的本质和社会的本质是绝对的静止的观念恒定，这恰恰违背了在"历史的进程中"理解和发展本质的要求，而是说作为本质的"内在规定"，在不同的历史阶段都现象化为历史与现实的统一。人的本质尽管总是被归结为"一切社会关系的总和"，但是无论是个人还是社会，在不同历史时代所呈现出来的现实形态和实现状况都必须受到当时社会实践的总体水平约束，所以人的本质在不同社会时代有着不同的理想追求。我们不能在不同社会时代都用同一个人的本质和社会的本质的理念来量化和评价社会生活的实践水平与人性高度，而必须在"历史的进程中"具体问题具体分析。如果"抛开历史的进程"来抽象地孤立地把人看作"感性对象"、把社会看作与人对立的"抽象存在"，就不可能真正把握到人的本质和社会的本质，也无法真正地理解和发展人的本质，促进社会的进步。思想政治教育应当用"历史的观点""发展的眼光"看待自己的教育对象，把人的思想观念看作他的"现实性"历史发展的结果，要在历史与逻辑统一的原则实践中完成对人的本质的充分理解和真切促进。

最后，思想政治教育应当在社会中理解和发展人的本质。任何真正的本质规定都是可以表现为现象的。如果进一步追问，在历史的进程中现实性地把握人的本质"是一切社会关系的总和"究竟体现为什么，就会进入"社会生活"这个历史的—现实的关系场域中来理解和发展人的本质。在《关于费尔巴哈的提纲》中，马克思指出："旧唯物主义的立脚点是市民社会，新唯物主义的立脚点则是人类社会或社会的人类。"① 在这里，"人类社会或社会的人类"就是"实践的""全部社会生活"。人总是在一定的社会中发生一定的"感性的活动"，从事一定的"革命的实践"，结成一定的"社会关系"，形成一定的"伦理观念"，从而理解和发展着自己的本质内容。正如马克思所说，"个人的全面性不是想象的或设想的全面性，而是他的现实联系和观念联系的全面性"②。因此，要想真正"在现实性""在历史的进程中"理解和发展人的本质，就必须具体到每个人"感性活动"的"社会生活"，去分析和处理他所置身其中的"一切社会关系"，从而具体地、深入地、全面地考察社会的人，进而真实地理解和发展人的本质。思想政治教育要想真正理解和发展人的本质，就必须在社会中去考察教育对象的"感性活动"及其凝结而成的"一切社会关系"，把不断促进和实现每个人的美好生活作为"现实的生成"，把不断促进和实现人的自由全面发展作为"人的本质对人来说的真正的实现"③。与此同时，马克思还指出，正是在人的"全部社会生活"的实践本质中，"环境的改变和人的活动或自我改变"④相一致，任何思想观念都是"社会的产物"，都是"属于一定的社会形

---

① 《马克思恩格斯文集》第 1 卷，人民出版社 2009 年版，第 502 页。
② 《马克思恩格斯文集》第 8 卷，人民出版社 2009 年版，第 172 页。
③ 《马克思恩格斯文集》第 1 卷，人民出版社 2009 年版，第 217 页。
④ 《马克思恩格斯文集》第 1 卷，人民出版社 2009 年版，第 500 页。

式的"①。就是说，任何真正的思想观念教育都应当体现为"环境的改变"和"人的活动或自我改变"相一致，任何思想观念教育都是在"一定的社会形式"下进行的。这就要求，思想政治教育必须全面融入社会生活，把自身作为"社会的产物"和"一定的社会形式"，在对每个人作为"一切社会关系的总和"的关切中，聚焦不断促进每个人的全面发展和创造人民美好生活这个"时代呼声"，对每个人的思想观念和行为习惯进行影响和塑造，进而实现对人的本质的真正理解和科学发展。

① 《马克思恩格斯文集》第 1 卷，人民出版社 2009 年版，第 501 页。

第二章　思想与利益

　　思想与利益是思想政治教育的基本范畴，思想政治教育的形成发展过程中贯穿着思想与利益相互作用的历史唯物主义逻辑。正如思想总是指向某种利益的思想那样，思想政治教育也总是体现、辩护和发展着一定阶级的根本利益。关于思想与利益这对基本范畴，马克思、恩格斯既有哲学层面上的阐发，也有思想政治教育学意义上的理念澄清，揭示了思想政治教育形成发展的社会根源和运行规律。立足思想与利益的辩证关系来考察思想政治教育本原问题，是深化思想政治教育基础理论研究的必然要求。

　　青年时期的马克思，受德国哲学传统的影响，对思想的力量给予充分肯定，认为"任何真正的哲学都是自己时代的精神上的精华"①，把哲学的世界化和世界的哲学化作为追寻目标。在《莱茵报》时期，马克思需要对涉及物质利益的问题发表意见，他在对社会经济事件的分析中逐渐发现思想背后的现实利益基础，意识到"人们为之奋斗的一切，都同他们的利益有关"②，而思想想要实现，就必须不断"同自己时代的现实世界接触并相互作用"③。《德法年鉴》时期，马克思已经把物质利益作为社会历史的决定性因素，一方面批判市民社会自私自利的世俗基础和以金钱为世俗的神，在私有财产统治下形成的思想沦为自私自利的工具；另一方面明确新唯物主义所要求的是现实的幸福和群众的利益，同时肯定了思想对利益的引领作用，其作为无产阶级的精神武器，"一旦彻底击中这块素朴的人民园地"，就可以成为引领现实的"头脑"。④

① 《马克思恩格斯全集》第 1 卷，人民出版社 1995 年版，第 220 页。
② 《马克思恩格斯全集》第 1 卷，人民出版社 1995 年版，第 187 页。
③ 《马克思恩格斯全集》第 1 卷，人民出版社 1995 年版，第 220 页。
④ 《马克思恩格斯文集》第 1 卷，人民出版社 2009 年版，第 17—18 页。

恩格斯在《国民经济学批判大纲》中通过分析重商主义体系建立以来国民经济学的发展与经济贸易发展的关系，说明利益对思想理论的决定作用。马克思在《1844年经济学哲学手稿》中进一步批判国民经济学把一般的、抽象的公式当作规律和出发点来说明利益，颠倒了思想与利益的关系；在分析现实的人的本质过程中，马克思强调了思想的社会属性，指出"我的普遍意识不过是以现实共同体、社会存在物为生动形态的那个东西的理论形态"①，尝试运用新哲学批判遭受着物质利益异化的社会生活。在《神圣家族》中，通过与以鲍威尔兄弟为代表的青年黑格尔派的论战，马克思、恩格斯批判了"绝对的批判"或"批判的批判"高扬思想而贬低群众、高扬批判而掩盖利益的错误观点，指出"思想本身根本不能实现什么东西。思想要得到实现，就要有使用实践力量的人"②，群众才是思想生产和发展的真正主体，"历史的活动和思想就是'群众'的思想和活动"③。

在《德意志意识形态》中，马克思、恩格斯在阐述唯物史观基本原理时，从产生的根源角度分析了思想的内涵，指明思想的生产"最初是直接与人们的物质活动，与人们的物质交往，与现实生活的语言交织在一起的"④，指出意识形态家们没有一个提出"关于他们所作的批判和他们自身的物质环境之间的联系问题"⑤。一定的理论思想都是"以物质利益和由物质生产关系所决定的意志为基础的"，甚至有意无意地成了"利益的粉饰者"。⑥ 在《哲学的贫困》中，在批判蒲鲁东把利益问题强行哲学化的错误观点时，马克思强调思想的物质利益根源，是从事物质生产的人们结合自身的利益需要"按照自己的社会关系创造了相应

---

① 《马克思恩格斯文集》第1卷，人民出版社2009年版，第188页。
② 《马克思恩格斯文集》第1卷，人民出版社2009年版，第320页。
③ 《马克思恩格斯文集》第1卷，人民出版社2009年版，第286页。
④ 《马克思恩格斯文集》第1卷，人民出版社2009年版，第524页。
⑤ 《马克思恩格斯文集》第1卷，人民出版社2009年版，第516页。
⑥ 《马克思恩格斯全集》第3卷，人民出版社1960年版，第213页。

的原理、观念和范畴"①。在《共产党宣言》中,马克思、恩格斯将思想与利益的科学理论同无产阶级革命实践相结合,指明"法律、道德、宗教"在无产阶级看来"全都是资产阶级偏见,隐藏在这些偏见后面的全都是资产阶级利益"②,所以"共产党一分钟也不忽略教育工人尽可能明确地意识到资产阶级和无产阶级的敌对的对立"③,必须通过现实的针对物质利益根源的斗争来争取和实现解放。在政治经济学研究中,正如恩格斯在《社会主义从空想到科学的发展》中所指明的,空想社会主义者"批判了现存的资本主义生产方式及其后果"④,却不能说明物质利益问题背后的运作机理与规律,马克思、恩格斯则从现实历史出发,说明具体理论和作为支撑的背后利益,揭露其内在性质,"说明了资本主义生产和资本生产的过程"⑤,以现代资本主义社会为具体对象深入了阐释思想与利益关系原理的实践运用。

一、思想

作为马克思恩格斯经典文本中经常探讨的重要概念,思想在不同语境中往往指代不同对象,呈现出多重内涵,所以只有返回思想与利益这一对范畴提出的原初语境,再以此为线索考察后续的相关论述,才能准确把握两者的本质规定及相互关系。显然,马克思、恩格斯所阐述的思想,与"绝对精神"和"自我意识"的本质迥异,不是"代表积极精神的少数杰出人物"⑥ 的思想;不是"在想像中独立于世界之外""高

① 《马克思恩格斯文集》第 1 卷,人民出版社 2009 年版,第 603 页。
② 《马克思恩格斯文集》第 2 卷,人民出版社 2009 年版,第 42 页。
③ 《马克思恩格斯文集》第 2 卷,人民出版社 2009 年版,第 66 页。
④ 《马克思恩格斯文集》第 3 卷,人民出版社 2009 年版,第 545 页。
⑤ 《马克思恩格斯文集》第 3 卷,人民出版社 2009 年版,第 545 页。
⑥ 《马克思恩格斯全集》第 2 卷,人民出版社 1957 年版,第 108 页。

高地超越于事物的现状和现实的人之上"① 的思想；不是来自"概念的必然性、它的证明和演绎"②，走向"思辨的循环"③ 的思想；不是通过"非现实的理智本质中造出了现实的自然的实物"④ 又利用"感性直观和表象从一实物推移到另一实物"⑤ 的思想；也不是把"改造社会的事业被归结为批判的批判的大脑活动"⑥ 的思想。那么，这种思想是什么？可以从本质规定、生成逻辑、表现形式三方面探析思想的核心内涵。

1. 思想根源于群众的物质生活

《神圣家族》开篇序言第一句就这样写道："现实人道主义在德国没有比唯灵论或者说思辨唯心主义更危险的敌人了。"⑦《神圣家族》的写作目的是揭露和批判青年黑格尔派的思辨哲学。这些思辨哲学既不关注现实世界、又不重视物质利益的两种特质，只沉浸在精神领域里建构世界、批判一切，可谓其一贯传统。当法国资产阶级为了自身利益，拿起笔和剑与封建王权、私有财产、道德异化进行战斗时，德国资产阶级却躲在思辨王国中"试图用自我意识的原则来瓦解一切确定的和现存的东西"⑧。马克思、恩格斯认识到，要抓住思想的本质，就不应当停留在思辨的领域，而应当跳出在精神领域狂飙突进的德国哲学界，对其进行揭露与批判。德国古典哲学所推崇的思想，也就是思辨的哲学，是在黑格尔哲学中完成建构的，因此，黑格尔哲学成为马克思重点研究的对

---

① 《马克思恩格斯全集》第 2 卷，人民出版社 1957 年版，第 49 页。
② 《马克思恩格斯全集》第 2 卷，人民出版社 1957 年版，第 26 页。
③ 《马克思恩格斯文集》第 1 卷，人民出版社 2009 年版，第 347 页。
④ 《马克思恩格斯文集》第 1 卷，人民出版社 2009 年版，第 279 页。
⑤ 《马克思恩格斯全集》第 2 卷，人民出版社 1957 年版，第 75 页。
⑥ 《马克思恩格斯文集》第 1 卷，人民出版社 2009 年版，第 293 页。
⑦ 《马克思恩格斯文集》第 1 卷，人民出版社 2009 年版，第 253 页。
⑧ 《马克思恩格斯文集》第 1 卷，人民出版社 2009 年版，第 264 页。

象。在黑格尔哲学中，世界历史就是思想史，是绝对精神的呈现史。绝对精神是一种超验性存在，因而实际上并不存在。黑格尔历史观规定了德国古典哲学"思辨的、奥秘的"历史观本质，对于"现实的人"来说，"经验的、公开的历史"变成了"人类彼岸精神的历史"①，专注于思想的理论中必然不可能寻找到有关"利益"的思考。以布鲁诺为首的青年黑格尔派作为黑格尔哲学的继承者，他们仅仅抓住黑格尔哲学中自我意识这个方面，并把它夸大成滑稽的漫画效果。马克思、恩格斯一语道破他们的自我意识哲学是"以漫画形式再现出来的思辨"②。因为自我意识是绝对精神在思辨领域的抽象演绎，所以其行动也仅仅"发生在哲学家的意识中、见解中、观念中，只是发生在思辨的想象中"③。

实际上，思想的主体绝不是什么"精神""意识"，而是生活在现实世界中的从事实践活动的人，是创造社会历史的真正主体——"群众"。思想本身并不具有独立性，思想不会表达，会表达的是思想着的人，人的思想所表达的"意图和利益"并不因为思想这一形式出现而就成为思想的"意图和利益"④。如果把理念或思想本身当作是独立的主体，那么"现实的主体，市民社会、家庭、'情况、任意等等'在这里就变成观念的非现实的、另有含义的客观因素"⑤，现实的关系都变成了"理念所具有的想像的内部活动"⑥。然而，历史不是思维的历史，是人的社会实践的历史。思想并不是某种现成的、一开始就存在的东西，作为人的思维和意识的综合与发展，思想实际上是作为"自然界产物的人脑的产物"⑦。生产思想的真正主体也不是仅从事脑力劳动的意

---

① 《马克思恩格斯文集》第 1 卷，人民出版社 2009 年版，第 292 页。
② 《马克思恩格斯文集》第 1 卷，人民出版社 2009 年版，第 253 页。
③ 《马克思恩格斯文集》第 1 卷，人民出版社 2009 年版，第 292 页。
④ 《马克思恩格斯全集》第 1 卷，人民出版社 1995 年版，第 339 页。
⑤ 《马克思恩格斯全集》第 3 卷，人民出版社 2002 年版，第 10 页。
⑥ 《马克思恩格斯全集》第 1 卷，人民出版社 1956 年版，第 250 页。
⑦ 《马克思恩格斯文集》第 9 卷，人民出版社 2009 年版，第 39 页。

识形态家，而是"群众"。"历史上的活动和思想都是'群众'的思想和活动。"① 布鲁诺进行的所谓"纯粹的批判"，把自己和代表积极精神的少数杰出人物规定为从事这项活动的绝对主体，把群众视为"纯粹的批判"的重点对象。在他看来，限制自我意识发展的主要障碍是不具备自我意识的群众。更荒谬的是，他所理解的群众并不是"现实的人"，而是一种体现为"精神的空虚""思想懒惰"等"凝固不动的本质"的概念。群众在他心中"无非就是这些抽象的品质，是这些品质的另一种称呼，这些品质的虚幻的人格化"②。因而他的理论主张只是想"使群众摆脱自己的群众的群众性"③，也就是想使群众放弃现实生活而趋向纯粹精神，放弃自身作为思想主体的地位而拱手让予少数统治阶级。思想不仅是由"群众"创造的，也是依靠"群众"实现的。正如马克思、恩格斯在《神圣家族》中所指出的："批判的批判什么都没有创造，工人才创造一切，甚至就以他们的精神创造来说，也会使得整个批判感到羞愧。"④ 纯粹的思维意识活动并没有创造现实的生活，只有从事感性的物质生产的"群众"才是思想的创造者。"群众"不是"精神空虚"的思想对立物，而是一切社会物质财富和精神财富的创造者，是影响和推动人类社会历史发展的决定性力量。

从创生基础来看，以"现实的、从事活动的""受到自己的生产力和与之相适应的交往的发展形态制约的"人为主体的思想，其产生的根源就是人所进行的物质生产实践。"批判的批判……认为历史的发源地不在尘世的粗糙的物质生产中，而是在天上的云雾中。"⑤ 与抽离于社会现实生活、悬空在"天上的云雾中"并犹如"儿子生父亲"的思辨哲学相悖，马克思、恩格斯所倡导的思想建立在"尘世的粗糙的物质生

---

① 《马克思恩格斯全集》第 2 卷，人民出版社 1957 年版，第 103 页。
② 《马克思恩格斯文集》第 1 卷，人民出版社 2009 年版，第 291 页。
③ 《马克思恩格斯全集》第 2 卷，人民出版社 1957 年版，第 12 页。
④ 《马克思恩格斯全集》第 2 卷，人民出版社 1957 年版，第 22 页。
⑤ 《马克思恩格斯全集》第 2 卷，人民出版社 1957 年版，第 191 页。

产"基础上，是对"历史和实践"的客观反映。马克思、恩格斯在《德意志意识形态》中从思想产生的根源对意识形态进行了分析，指出"思想、观念、意识的生产最初是直接与人们的物质活动，与人们的物质交往，与现实生活的语言交织在一起的"①。政治、法律、道德、宗教、哲学等看似已经脱离物质生产的思想活动也是如此，发展于物质生产活动的直接产物，产生于物质生活的历史过程。在《哲学的贫困》中，马克思再次指出，观念、意识、思想都是在社会生产中创生的，"人们按照自己的物质生产率建立相应的社会关系，正是这些人又按照自己的社会关系创造了相应的原理、观念和范畴"②。思想是人的意识，是人对自身现实存在的思维复现和确证。思想与物质生活的生产直接关联，生产力的发展、社会生产关系以及竖立在其上的其他社会关系的改变都会引起思想观念的运动，带来思想或快或慢的变化。"人们头脑中的模糊幻象也是他们的可以通过经验来确认的、与物质前提相联系的物质生活过程的必然升华物"③，这一生活过程在意识形态上的反射和反响的发展可以通过人们的现实的物质生产活动进行还原。可见，物质生产的根本决定作用对于思想具有本质的规定性。

2. 思想发展于现实的物质生产

从马克思、恩格斯关于思想的相关论述中，可以梳理出思想的生发逻辑。既然这种"思想"建立在群众的社会生产实践基础上，那么其逻辑起点就是"尘世的粗糙的物质生产"④；逻辑中项是对"尘世的粗糙的物质生产""在意识形态上的反射和回声的发展"⑤；逻辑归宿是产生

---

① 《马克思恩格斯文集》第 1 卷，人民出版社 2009 年版，第 524 页。
② 《马克思恩格斯文集》第 1 卷，人民出版社 2009 年版，第 603 页。
③ 《马克思恩格斯文集》第 1 卷，人民出版社 2009 年版，第 525 页。
④ 《马克思恩格斯全集》第 2 卷，人民出版社 1957 年版，第 191 页。
⑤ 《马克思恩格斯全集》第 3 卷，人民出版社 1960 年版，第 30 页。

"物质生活过程的必然升华物"①。思想既要对现实生活作出真实的理论回应，又要不断超越现实的发展进路并提供指向未来的理论建构，其根本任务是要转化为指导"群众"进行物质生活创造的理性认同、精神自觉和行为追求。

思想生成与发展的逻辑起点是社会实践活动。在社会实践活动中，人不仅生产自己的物质生活，同时生产出自己的精神生活与思维能力。思想生成与发展的物质基础首先是人脑的发育。人脑发育的两个最主要推动力是"语言和劳动"，"在它们的影响下，猿脑就逐渐地过渡到人脑"，所有的其他感觉器官也伴随着人脑的发育而完善起来，形成了"越来越清楚的意识以及抽象能力和推理能力"。② 有意识和思考能力的人从此将自身与对象世界都看作自己的对象，在从事实践这一对象性的活动中认识并改造对象，"使自己的生命活动本身变成自己意志的和自己意识的对象"③。这样的思想生发过程并不是"在人与猿最终分离时就停止了"，而是"在此以后大体上仍然大踏步地前进着"④。人并不是个体的存在物，而是社会的存在物，人的思想也就是社会意识的一部分。在社会实践活动中，人进行精神活动与形成思想的过程是在社会中完成的，所需的材料是由社会提供的，即使是思想的载体语言也是"作为社会的产品给予我的"⑤。思想随着社会的发展获得更强大的推动力和更明确的发展方向，随着人们的生活条件、人们的社会关系、人们的社会存在的改变而改变。"意识［das Bewußtsein］在任何时候都只能是被意识到了的存在［das bewußte Sein］，而人们的存在就是他们的现实生活过程。"⑥ 如马克思、恩格斯在《德意志意识形态》中多次强调的，

①《马克思恩格斯全集》第3卷，人民出版社1960年版，第30页。
②《马克思恩格斯文集》第9卷，人民出版社2009年版，第554页。
③《马克思恩格斯文集》第1卷，人民出版社2009年版，第162页。
④《马克思恩格斯文集》第9卷，人民出版社2009年版，第554页。
⑤《马克思恩格斯文集》第1卷，人民出版社2009年版，第188页。
⑥《马克思恩格斯文集》第1卷，人民出版社2009年版，第525页。

"不是意识决定生活，而是生活决定意识"①。只有在现实的人的社会实践中，思想生发过程的真相才被还原为"发展着自己的物质生产和物质交往的人们，在改变自己的这个现实的同时也改变着自己的思维和思维的产物"②。

思想生成与发展的逻辑中项是意识形态活动。在社会实践的过程中，人在物质条件和社会关系的基础上创造和构建了"由各种不同的，表现独特的情感、幻想、思想方式和人生观构成的"③ 观念的上层建筑。起初，人的思想只是关于环境的初步意识，"是对处于开始意识到自身的个人之外的其他人和其他物的狭隘联系的一种意识"④。脱离了动物本能的初步意识不仅包含对于自然界的意识，也包含对于社会的意识，人一方面意识到自然界这一异己的力量是自身生存发展的不可脱离的必要力量，另一方面也认识到与其他人的来往是必然的，开始意识到人总是生活在社会中。随着人口的增长和社会生产实践的发展，分工也从最初的性别方面的分工逐渐发展到根据天赋、需要、环境等条件进行的具体分工。当分工发展到这一程度，物质劳动与精神劳动分离时，意识形态这一思想生发的逻辑中项就正式出场了。意识形态将自身看作是远离社会实践的现实存在，开始摆脱社会实践活动而构造所谓的"'纯粹的'理论、神学、哲学、道德"⑤。所以意识形态总是展现出一定的迷惑性和与张力，并与现存的社会关系发生一定的矛盾。意识形态中项与社会实践起点之间的矛盾并不是青年黑格尔派所以为的那样，是仅仅局限于思维意识中的矛盾，而是作为起点的社会存在之间的矛盾在意识形态领域中的反映。"如果在全部意识形态中，人们和他们的关系就像

---

① 《马克思恩格斯文集》第 1 卷，人民出版社 2009 年版，第 525 页。
② 《马克思恩格斯文集》第 1 卷，人民出版社 2009 年版，第 525 页。
③ 《马克思恩格斯文集》第 2 卷，人民出版社 2009 年版，第 498 页。
④ 《马克思恩格斯文集》第 1 卷，人民出版社 2009 年版，第 534 页。
⑤ 《马克思恩格斯文集》第 1 卷，人民出版社 2009 年版，第 534 页。

在照相机中一样是倒立成像的，那么这种现象也是从人们生活的历史过程中产生的，正如物体在视网膜上的倒影是直接从人们生活的生理过程中产生的一样。"① 因此，马克思尤其强调，在对社会历史变革进行考察时，尤其应当将意识形态的形式与经济基础区别开来，不能以意识形态为根本依据，而要从作为逻辑起点的"物质生活"中，"从社会生产力和生产关系之间的现存冲突中去解释"②。

　　思想生成与发展的逻辑归宿是生产生活转化。形成一定的意识形态并不是思想产生的最终目的，进入现实的生活、作用于现实的生活才是思想的最终追求。统治阶级将思想作为维持统治的工具，赋予自身思想以普遍性，"把它们描绘成唯一合乎理性的、有普遍意义的思想"③，力求以思想的生产和传承对人施加影响，巩固自身统治。思想的发展在人的自由实现中也发挥了重要的作用。工具的不断复杂化和手的能力的增强，意味着人对于对象世界的能动的改造作用，人之所以能做到这一点，思想发挥了重要的作用。恩格斯曾经分析过思想对生产生活产生指导作用的机制："头脑也一步一步地发展起来，首先产生了对取得某些实际效益的条件的意识，而后来在处境较好的民族中间，则由此产生了对制约着这些条件的自然规律的理解。随着自然规律知识的迅速增加，人对自然界起反作用的手段也增加了；如果人脑不随着手、不和手一起、不是部分地借助于手而相应地发展起来，那么单靠手是永远造不出蒸汽机来的。"④ 犹豫不决是以缺乏思想成果为基础的，"看来好像是在许多不同的和相互矛盾的可能的决定中任意进行选择，但恰好由此证明它的不自由，证明它被正好应该由它支配的对象所支配"⑤。正是思想使人避免于长久地陷入被支配的境地，给予人脱离原始动物状态的机

① 《马克思恩格斯文集》第 1 卷，人民出版社 2009 年版，第 525 页。
② 《马克思恩格斯文集》第 2 卷，人民出版社 2009 年版，第 592 页。
③ 《马克思恩格斯文集》第 1 卷，人民出版社 2009 年版，第 552 页。
④ 《马克思恩格斯文集》第 9 卷，人民出版社 2009 年版，第 421 页。
⑤ 《马克思恩格斯文集》第 9 卷，人民出版社 2009 年版，第 120 页。

会。因此，在思想的指导下，人通过自己的劳动创造出来了人类史，包含了对于规律的正确认识的思想，使得人可以更好地把握关于人自身和对象世界的规律，"从而能够有计划地使规律为一定的目的服务"，人也从不自由的状态逐步走向自由。正是在此意义上，恩格斯写道："文化上的每一个进步，都是迈向自由的一步。"①

3. 思想运用于具体实践

对于思想的表现形式，马克思、恩格斯不仅看到了思想观念本身，更看到了思想走向现实，实现自身的形式，从理论和实践方面对这一问题进行探讨。在这一研究过程中，马克思、恩格斯所秉持的观点不是唯心主义的历史观，不是在社会历史中寻找思想的范畴、以思想的表现解释社会历史，而是"始终站在现实历史的基础上"，从社会实践活动出发来解释思想的各种表现形式和具体形态。在对青年黑格尔派的批判中，马克思、恩格斯也多次强调了这样的观点：思想的表现不会仅仅停留于"幻象、观念、教条和臆想的存在物"，在现实生活中，思想也发挥了重要作用，在物质世界打下了自己的精神烙印，通过现实的人的实践活动完成自身的真正实现。因此，对于思想表现形式的考察一方面要关注理论的彼岸世界，另一方面要关注实践的此岸世界。

就理论形式而言，马克思、恩格斯所追求的思想具体表现为革命的理论体系和为革命行动提供参考的原则指导。思想首先承担了摧毁旧世界秩序、建构新世界秩序的理论使命。在《神圣家族》中，马克思、恩格斯指出，法国革命后在"社会小组"的努力下产生的共产主义思想"经过彻底的研讨，就成为新世界秩序的思想"②。因而，一方面，这种"思想"应当反映为了摧毁旧世界秩序、建构新世界秩序，在革命立场、革命理想、革命方向、革命路线等方面形成的理论体系；另一方面，作

---

① 《马克思恩格斯文集》第 9 卷，人民出版社 2009 年版，第 120 页。
② 《马克思恩格斯全集》第 2 卷，人民出版社 1957 年版，第 152 页。

为先进理论体系的思想也代表了开展革命活动所依据的主导原则，对于革命活动起到指导作用。革命活动不是"纯粹观念的斗争"①，而是由"行动着的群众"② 在现实中展开的"感性的斗争"③。尽管物质力量只能用物质力量来摧毁，但是科学理论的有效指导是人们创生物质力量的精神源泉。精神力量能够通过实践转化为物质力量。并且，群众只有掌握思想，自觉通过实践把科学理论变成"物质力量"，才能促进自身利益需要的实现，真正地"把哲学当做自己的精神武器"④。如果仅仅具备摧毁旧世界秩序、建构新世界秩序的革命理论，只能保证群众"仅仅在思想中站起来"⑤。马克思、恩格斯在构建科学思想的时候，不仅强调科学的世界观，也强调动员、凝聚和组织实践力量开展革命活动的主导原则。只有同时具备动员、凝聚和组织群众运用这套理论创生实践力量的思想，才能把革命理论转化为物质力量，从而帮助群众在现实中站起来。

就思想的实现本质而言，"思想本身根本不能实现什么东西。思想要想得到实现，就要有使用实践力量的人"⑥。思想的实现终究是一个实践课题。"批判的武器当然不能代替武器的批判，物质力量只能用物质力量来摧毁。"⑦ 思想如果想要消灭禁锢人头脑的陈腐理论，就不能仅仅把词句当作自己的对象。理论的演绎不会使思想在现实社会自动获得实现，思想的实现需要依靠"物质力量"，需要实践的主体的现实活动。马克思、恩格斯在批判埃德加尔把哲学定义为"超实际的"错误观点时写道："因为哲学过去并没有真正独立于世界之外，所以它也就未

---

① 《马克思恩格斯全集》第 2 卷，人民出版社 1957 年版，第 105 页。
② 《马克思恩格斯全集》第 2 卷，人民出版社 1957 年版，第 104 页。
③ 《马克思恩格斯全集》第 2 卷，人民出版社 1957 年版，第 105 页。
④ 《马克思恩格斯文集》第 1 卷，人民出版社 2009 年版，第 17 页。
⑤ 《马克思恩格斯全集》第 2 卷，人民出版社 1957 年版，第 105 页。
⑥ 《马克思恩格斯文集》第 1 卷，人民出版社 2009 年版，第 320 页。
⑦ 《马克思恩格斯文集》第 1 卷，人民出版社 2009 年版，第 11 页。

能对世界做出任何真正的判决，未能对世界使用任何真正的鉴别力，也就是说，未能实际地干预事物的进程，而至多只是不得不满足于 in abstracto（抽象形式的）实践。"① 在这里，马克思、恩格斯在批判以黑格尔哲学为代表的旧思辨哲学时，实际上强调了哲学本身是源自现实世界的，并能够对现实世界"使用真正的鉴别力"和"做出真正的判决"，进而"实际地干预事物的进程"②。思想作为意识领域内的产物，如果不依靠群众的实践力量，就不具备实现的可能性。如果没有革命群众运用实践力量对现存的基础进行反抗，实行真正的社会革命，"把真正的生产者、广大人民群众从雇佣奴役状态中解放出来"③，那么，"正如共产主义的历史所证明的，尽管这种变革的观念已经表述过千百次，但这对于实际发展没有任何意义"④。可见，只有通过实践方式，只有借助群众的实践力量，这种思想的观念追求和价值主张才能够获得现实性和物质性，才有可能成为指导群众进行物质生活创造的理性认同、精神自觉和行为追求。

二、利益

利益是贯穿马克思、恩格斯研究过程始终的核心范畴。马克思在《莱茵报》工作时期，面对关于书报检查和出版自由的限制、《林木盗窃法》草案的辩论、摩泽尔河沿岸农民的贫困状况等一系列社会现实问题，"第一次遇到要对所谓物质利益发表意见的难事"⑤，意识到社会各阶层的特殊利益支配着他们的政治立场和政治态度。随着马克思、恩格斯接触的关于物质利益的"难事"日益增多，他们清楚地发现这种

① 《马克思恩格斯全集》第 2 卷，人民出版社 1957 年版，第 49 页。
② 《马克思恩格斯全集》第 2 卷，人民出版社 1957 年版，第 49 页。
③ 《马克思恩格斯文集》第 4 卷，人民出版社 2009 年版，第 336 页。
④ 《马克思恩格斯文集》第 1 卷，人民出版社 2009 年版，第 545 页。
⑤ 《马克思恩格斯文集》第 2 卷，人民出版社 2009 年版，第 588 页。

看似革命的思辨哲学在现实问题面前软弱无力，根本"不能提供任何东西"①。在《神圣家族》中，马克思、恩格斯洞悉了以布鲁诺为首的神圣家族"它的往后的运动是纯粹的——超越一切群众利益的自己体内的循环，因此，群众对它已丝毫不感兴趣了"②，因而他们转向了从社会物质利益及物质利益关系出发来理解、审释和改变现实世界的哲学进路。在对利益的研究中，马克思和恩格斯明确强调，他们主张的利益"不是"自满自足的批判的利益，不是抽象的、人为的利益"③，这种利益也不是"代表积极精神的少数杰出人物"④ 的特殊利益。就其内涵而言，马克思、恩格斯追求的是"群众的、现实的、历史的利益"⑤，是符合全人类福祉的共同利益。

1. 利益应当合乎现实世界物质生活的需要

利益是此岸世界的现实的利益，而不是彼岸世界的虚假的利益；是物质生产活动的利益，而不是独立于生产生活之外的利益；是符合人的合理需要的利益，而不是在私有制下被激发的无限制欲望的利益。

首先，利益是"此岸世界"的利益。利益不在"彼岸世界"，而在"此岸世界"⑥；不在"思辨的天国"，而在"人类贫困的深渊"⑦；不在"纯粹的幻想"⑧ 中，而在"实实在在的实践"⑨ 中。早在博士论文中，马克思就曾写道，彼岸世界的存在不过是为了控制人，以"神性的东西"包围现实世界，除了"从祖先和古代人那里流传下来并以神话的形

① 《马克思恩格斯全集》第 2 卷，人民出版社 1957 年版，第 192 页。
② 《马克思恩格斯文集》第 1 卷，人民出版社 2009 年版，第 347 页。
③ 《马克思恩格斯全集》第 2 卷，人民出版社 1957 年版，第 51 页。
④ 《马克思恩格斯全集》第 2 卷，人民出版社 1957 年版，第 108 页。
⑤ 《马克思恩格斯全集》第 2 卷，人民出版社 1957 年版，第 51 页。
⑥ 《马克思恩格斯文集》第 1 卷，人民出版社 2009 年版，第 4 页。
⑦ 《马克思恩格斯全集》第 2 卷，人民出版社 1957 年版，第 49 页。
⑧ 《马克思恩格斯全集》第 2 卷，人民出版社 1957 年版，第 179 页。
⑨ 《马克思恩格斯全集》第 2 卷，人民出版社 1957 年版，第 194 页。

式"外，其余的东西都是"为了引起群众的信仰"而"披上神话的外
衣"。① 黑格尔将利益归于理念，把现实的国家、市民社会、家庭都看
作是理念运动的产物，在理念的生存过程中逐渐分离。黑格尔所叙述的
利益并不是属于国家、社会的利益，而是绝对精神的利益，其存在依赖
于精神。黑格尔派的哲学家发扬了思辨的精神，把握到了对立统一的整
体，却依旧停留在抽象的层面，将现实的一切果实——"苹果、梨、扁
桃"，都抽象为"虚幻的苹果、虚幻的梨、虚幻的扁桃"，于是从土地中
生长起来的水果变成"果品"概念的自我活动，成为精神的化身。在批
判工作上也是如此，德国古典哲学所进行的批判往往停留于抽象的词句
的斗争，对"神圣形象"的批判止于教人摘掉锁链上的虚幻花朵，而不
触及最根本的利益问题，不攻击压迫人的锁链本身。对此，马克思指
出，真正指向利益的批判"不是要人依旧戴上没有幻想没有慰藉的锁
链"，而是要人认识它、打碎它，自由地采摘"新鲜的花朵"。② 相对于
"神圣形象"和"非神圣形象"用来麻痹理性、引诱精神成瘾的"人民
的鸦片"与"虚幻的花朵"，马克思、恩格斯要求的利益是现实生活中
的利益，是社会主体在生产生活中可以直接享受到的并能够作用于生产
生活实践的利益。因此，利益在社会生活领域要求群众"尘世的享乐"
和"现实的幸福"。

其次，利益应当是"物质生产"的利益。物质生产实践是"人的最
重要的历史活动"，"这种使人从动物界上升到人类并构成人的其他一切
活动的物质基础的历史活动"。③ "个人是什么样的，这取决于他们进行
生产的物质条件。"④ 物质生产是此岸世界，即在现实世界的社会结构
中起基础决定性作用的根基，是利益的基础。正是在物质生产活动中，

① 《马克思恩格斯全集》第 1 卷，人民出版社 1995 年版，第 56 页。
② 《马克思恩格斯文集》第 1 卷，人民出版社 2009 年版，第 4 页。
③ 《马克思恩格斯文集》第 9 卷，人民出版社 2009 年版，第 422 页。
④ 《马克思恩格斯文集》第 1 卷，人民出版社 2009 年版，第 520 页。

人确证了自身的能动性，通过这种生产，对象世界才"表现为人的作品和人的现实"，才成为人的作用对象和"占有"对象。同时，物质生产也是社会成员为了满足自身利益需要而参与历史活动的基本方式，在物质生产的基础上形成了利益的各种具体形态。社会成员的社会关系是在社会物质生产实践中逐渐形成的，并根据社会物质生产方式的变革而不断发展。通过物质生产实践，不仅自然界发生了巨大的变化，整个人类世界也发生了改变，为利益的生成提供了感性的世界基础。只有在"这种连续不断的感性劳动和创造"① 的生产活动中，人不断生产出"工业和商业"等利益的生活。在资产阶级的现代国家中，物质生产方式决定着国家政治生活、文化生活、伦理生活等社会生活的整体进程。"工业和商业正在建立另一种包罗万象的王国。"② 尤其在大工业时代，"商业和工业"支撑起了资产阶级社会运行的整体架构，它们代表了"资产阶级社会的最重要的物质利益"③。在资产阶级的所有利益诉求中，资产阶级的物质利益和物质利益关系是隐藏在"含情脉脉面纱"和"自由竞争"背后的主导性因素。想要揭露资产阶级私人利益的真实面目、实现无产阶级群众的利益，就必须抓住物质生产这一根本决定条件。

最后，利益应当是"合理需要"的利益，而不是无限欲望的利益需要，也不是肉体基本生存的利益需要。"人们为了能够'创造历史'，必须能够生活。但是为了生活，首先就需要吃喝住穿以及其他一些东西。"④ 诸如"吃喝住穿以及其他一些东西"的"合理需要"是维系人们生存和发展的首要前提，如果没有满足"合理需要"的利益诉求，人们就不会产生生产实践的行为动机。物质需要和精神需要是人们最基本的"合理需要"，其中占主导地位的是物质需要。人的意识由社会存在

---

① 《马克思恩格斯文集》第 1 卷，人民出版社 2009 年版，第 529 页。
② 《马克思恩格斯全集》第 2 卷，人民出版社 1957 年版，第 88 页。
③ 《马克思恩格斯文集》第 1 卷，人民出版社 2009 年版，第 325 页。
④ 《马克思恩格斯文集》第 1 卷，人民出版社 2009 年版，第 531 页。

决定，精神不能超脱肉体而独立存在。追求满足肉体生长的物质利益是人们的首要本能。在基本生存需要的基础上，人又不断发展出新的需要，例如更高水平的享受和更加充实的精神生活。在满足这些发展的需要的过程中，生产力一方面作为需要生成与满足的基础，另一方面也在需要的促进下不断发展。需要的增长也伴随着人口增加和生产力的发展推动利益主体——人的发展，使得人的体力与脑力，以及社会中人的分工发展起来。然而，利益的发展并不总是合理的。在"非神圣形象"主导的社会，"利益"早已经超出了合理的区间。"非神圣形象"勾起人的病态欲望和无限制的利益追求，"产品和需要的范围的扩大"更使人"成为非人的、精致的、非自然的和幻想出来的欲望"的"机敏地而且总是精打细算"的奴隶。① 与统治阶级极尽奢华的享受形成鲜明对比的是，"完全违反自然的荒芜，日益腐败的自然界"②，成了工人的生活要素，从事物质生产的无产阶级的需要被降到了仅维持生存的动物程度。只有满足合理需要的物质利益，才能保证群众开展其他社会实践活动和精神文化创造。

2. 利益根本上是群众的、现实的和历史的

利益的根本属性主要体现在群众性、现实性和历史性三个向度上。

首先，利益具有群众性。"历史上的活动和思想都是'群众'的思想和活动"③，"利益"的主体也应是"群众"。在这里，"群众"不是指"并不包括全体居民在内的特殊的、有限的群众"，而是指"不同于资产阶级的绝大多数群众"，是在统治阶级蛮横压迫下的广大人民。④对于封建社会和资本主义社会的统治者而言，群众的利益是毫不重要

① 《马克思恩格斯文集》第 1 卷，人民出版社 2009 年版，第 224 页。
② 《马克思恩格斯文集》第 1 卷，人民出版社 1979 年版，第 225 页。
③ 《马克思恩格斯全集》第 2 卷，人民出版社 1957 年版，第 103 页。
④ 《马克思恩格斯全集》第 2 卷，人民出版社 1957 年版，第 103—104 页。

的，他们关心的从来只有自己的利益。在《莱茵报》时期，马克思就曾激烈批判了统治者的这一行为，"当问题涉及自身的利益时，这些明达的立法者就如此认真地把斧头和锯子也区分开来，而当问题涉及他人的利益时，他们就毫无心肝，连枯树和活树都不加区别了"①。统治者关心的只是自身的利益，判断事物的方式无非是："某项法律规定由于对我有利，就是好的，因为我的利益就是好事。"② 资产阶级理论推崇私人利益，正确认识到了"人们为之奋斗的一切，都同他们的利益有关"，却得出来了不正确的结论："只有'细小的'利益，只有不变的利己的利益。"③ 马克思、恩格斯认识到，私人的利益并不是不变的存在，即使是私人的利益也是依赖于社会的，是依赖于广大群众的。私人利益本身已经是社会所决定的利益，而且只有在社会所设定的条件下使用社会所提供的手段，才能达到。因此，就利益的根本属性看，其实是总体的利益，是由群众性所规定的利益。资产阶级取得统治地位所依靠的利益实际上也是具有群众性的，这一群众性的基础就逐渐发展起来，并壮大成社会主体和决定力量的资产阶级市民社会。"历史活动是群众的事业，随着历史活动的深入，必将是群众队伍的扩大。"④ 只有代表绝大多数人的"利益"，才能唤起广大群众的持久革命热情和强大"实践力量"。随着革命的发展，利益的群众性也将突破私人利益形式的限制，在现实世界中展露和实现。

其次，利益具有现实性。马克思、恩格斯所要求的利益不是宗教的、哲学的或思辨的利益，而是现实的人的利益。利益必须要能够满足人的实际需要，并且其主体是生活在现实中的人，而不是抽象的人。在《路德维希·费尔巴哈和德国古典哲学的终结》中，恩格斯就从这一角

---

① 《马克思恩格斯全集》第 1 卷，人民出版社 1995 年版，第 246 页。
② 《马克思恩格斯全集》第 1 卷，人民出版社 1995 年版，第 247 页。
③ 《马克思恩格斯全集》第 1 卷，人民出版社 1995 年版，第 187 页。
④ 《马克思恩格斯全集》第 2 卷，人民出版社 1957 年版，第 104 页。

度对费尔巴哈进行了批判，指出费尔巴哈所关注的不是现实的人。就形式而言，费尔巴哈"是实在论的"，"把人作为出发点"，但是，这个人却始终是抽象的人，"这个人不是从娘胎里生出来的，他是从一神教的神羽化而来的，所以他也不是生活在现实的、历史地发生和历史地确定了的世界里面；虽然他同其他的人来往，但是任何一个其他的人也和他本人一样是抽象的"①。费尔巴哈始终没有走出对抽象的人的崇拜，超出费尔巴哈并进一步发展费尔巴哈的观点，"是由马克思于 1845 年在《神圣家族》中开始的"②。在《神圣家族》中，马克思、恩格斯肯定了费尔巴哈认为"哲学应该从思辨的天国下降到人类贫困的深渊"，批判埃德加尔把哲学看作"超实际的"，思辨哲学家谈到人的时候指的都不是现实的人、具体的人，"而是抽象的东西，即理念、精神等等"③。因此，批判的批判找到的争取群众利益的方式都是思维的议论，是观念的斗争。然而，"这些群众的共产主义的工人，例如在曼彻斯特和里昂的工场中做工的人，并不认为用'纯粹的思维'即单靠一些议论就可以摆脱自己的主人和自己实际上所处的屈辱地位"④。因为群众在现实的物质生产实践中，已经切实地认识到，只有现实的利益才是属于自身的利益，只有现实的斗争才可以争取到现实的利益。所以群众既不会把自身受到的残酷压迫仅仅看作"观念的幻影"，也不想"通过纯粹内在的唯灵论的活动"⑤ 来消灭它们，而是必须用"实际的和具体的方式"同这些后果进行坚决斗争。只有彻底革命的物质力量，才能帮助群众打碎"现实的、客观的、在我身外存在着的链条"⑥，才能实现群众的现实的利益。

---

① 《马克思恩格斯文集》第 4 卷，人民出版社 2009 年版，第 290 页。
② 《马克思恩格斯文集》第 4 卷，人民出版社 2009 年版，第 295 页。
③ 《马克思恩格斯全集》第 2 卷，人民出版社 1957 年版，第 49 页。
④ 《马克思恩格斯全集》第 2 卷，人民出版社 1957 年版，第 66 页。
⑤ 《马克思恩格斯文集》第 1 卷，人民出版社 2009 年版，第 288 页。
⑥ 《马克思恩格斯全集》第 2 卷，人民出版社 1957 年版，第 105 页。

最后，利益具有历史性。利益的现实性要求利益应当具有客观性，这种客观规定性不是在臆想中实现的，而是在历史中生成的，利益的历史性也就是必然的。利益不是"不受任何偶然事件的影响""永恒不灭的"①。群众在不同历史阶段的利益诉求要受到当时社会物质生产总体水平的决定性影响，所以呈现出时代性、发展性和差异性。马克思在《论犹太人问题》中就曾指出，犹太人问题实际上就是处在封建社会与资本主义社会之间的德国"普遍利益"与"私人利益"的冲突，是封建国家所代表的虚假的"整体利益"与资产阶级所要求的市民社会成员的"个人利益"之间的冲突。在这一冲突中，最终是资产阶级利益占据上风，以"私人利益"代替"封建国家的利益"，成为新的"普遍利益"。利益也会促进社会上层建筑的发展，形成适合其发展状况的社会制度，在社会中并不是理性和哲学精神完成制度建构，利益的切身需要"才是等级制度的建筑师"②。马克思、恩格斯指出，人的发展实际上是在"历史地前后相继的等级和阶级的共同生存条件下进行的"，"也是在由此而强加于他们的普遍观念中进行的"③，如果只用哲学的观点从思维中考察历史发展，很容易就产生人是在永恒的观念世界中发展的臆想，例如布鲁诺及其门徒所主张的"自满自足、自圆其说和自成一家的批判"，"当然不会承认历史的真实的发展"④，只从思维和哲学的角度把握历史，无视背后真正起作用的利益因素。不应在不同历史阶段都用相同"利益"标准来考察社会生活发展的物质水平与精神状况，而是要以"历史的眼光"看待利益问题，把群众的利益诉求理解为他们的"现实性"在历史发展进程中的实际需要。如果"抛开历史的进程"来抽象、孤立地理解"利益"，就无法真正把握"利益"的本质属性，当然

---

① 《马克思恩格斯全集》第 1 卷，人民出版社 1995 年版，第 282 页。
② 《马克思恩格斯全集》第 1 卷，人民出版社 1995 年版，第 342 页。
③ 《马克思恩格斯文集》第 1 卷，人民出版社 2009 年版，第 570 页。
④ 《马克思恩格斯全集》第 2 卷，人民出版社 1957 年版，第 13 页。

也无法充分理解和真切促进"利益"的人民性和现实性。

3. 个人利益与社会利益应当力求辩证统一

在表现形式方面，可以根据利益的主体将利益划分为社会个体的利益和社会整体的利益。"实物是为人的存在，是人的实物存在，同时也就是人为他人的定在，是他对他人的人的关系，是人对人的社会关系。"① 这又突出强调了以生产关系为基础的社会关系在社会生活中的重要意义。在广泛社会关系下，社会个体的利益和社会整体的利益呈现出相互支撑、彼此建构的辩证统一关系。共产主义运动的根本价值追求在于"每个人的自由发展是一切人的自由发展的条件"②。思想需要引导群众认识到实现社会整体的利益，以社会个体的利益为前提，实现社会个体利益又必须以社会整体的利益为基础。

利益首先表现为社会整体的利益。人的本质是"一切社会关系的总和"③，个人只有在社会中才能发展自己的真正天性，这种天性力量的发展程度也要以整个社会的力量为判断标准。黑格尔将利益判定为从属于国家的，认为"家庭和社会的法规和利益必须服从国家的法律和利益，它们是从属于国家的，它们的存在是以国家的存在为转移的"，但所强调的并不是整体的利益，而是强调绝对精神在不同发展阶段中的具象应当归属于绝对精神本身。不同于黑格尔从观念出发讨论社会整体利益，马克思、恩格斯从现实的社会出发，从社会整体利益的产生出发把握社会整体利益。在广泛的社会交往中，每一个人的利益想要得到满足都包含对身外其他事物和其他人的要求。每一个社会成员之间就必定建立起一定的联系，各个社会成员的"合理需要"会融合为一个相互规定和相互制约的"利益整体"，这个"利益整体"就是社会成员个人利益

---

① 《马克思恩格斯全集》第 2 卷，人民出版社 1957 年版，第 52 页。
② 《马克思恩格斯文集》第 2 卷，人民出版社 2009 年版，第 53 页。
③ 《马克思恩格斯文集》第 1 卷，人民出版社 2009 年版，第 501 页。

的集中体现。在社会整体利益中，"'利益'不是要'排斥'别人，而是要把自己的力量、自己的本质力量使用出来和发挥出来"①。即使是高扬私人利益的资产阶级社会，社会整体的利益依旧是实际地存在着的，个人的利益要依靠社会整体的实现。"市民社会的利己主义者"不是"没有需要"和"自我满足"的原子。"他的每一种本质活动和特性，他的每一种生命欲望都会成为一种需要，成为一种把他的私欲变为追逐身外其他事物和其他人的需求。"②"正是自然必然性、人的本质特性（不管它们是以怎样的异化形式表现出来）、利益把市民社会的成员联合起来。"③ 因此，马克思、恩格斯认为，"普遍国家秩序应当把单个的利己主义原子联合起来"④。

"社会的个人"的利益是利益的重要组成。强调"社会整体"的利益并不意味着可以因此忽视"社会的个人"的利益。只有在关注和尊重"社会的个人"的利益的前提下，支持和维护"社会整体"的利益，才能充分调动和发挥"各个人"的"实践力量"，从而有利于促进"社会整体"利益的发展。只有实现了每一个"社会的个人"的利益，才能达到实现社会整体利益的条件。"社会的个人"的利益是历史发展的必然结果。"随着分工的发展也产生了单个人的利益或单个家庭的利益与所有互相交往的个人的共同利益之间的矛盾。"⑤ 社会物质生产发展中分工范围内社会关系的逐渐独立化，使得"社会整体"的利益逐渐分化为不同的利益群体，"社会整体"中"各个人"的利益体现出层次性、多样性和矛盾性。需要明确的是，马克思、恩格斯所倡导的社会个体并不是资本逻辑中的私人利益，相反，他们多次对私人利益进行了批判，指出私人利益要求的并不是对人合理需求的满足，而是对自身无限增长的

---

① 《马克思恩格斯全集》第 2 卷，人民出版社 1957 年版，第 52 页。
② 《马克思恩格斯文集》第 1 卷，人民出版社 2009 年版，第 321—322 页。
③ 《马克思恩格斯文集》第 1 卷，人民出版社 2009 年版，第 322 页。
④ 《马克思恩格斯全集》第 2 卷，人民出版社 1957 年版，第 153 页。
⑤ 《马克思恩格斯文集》第 1 卷，人民出版社 2009 年版，第 536 页。

需求，是"高度重视狭隘的私有财产的利益"①，企图以"自私的逻辑"② 统治一切个人和社会整体。这种片面强调私人孤立化的利益，是随着原始共同体的解体、分工与交换的发展而成长起来的，对其的扬弃也同样是在历史的进程中逐渐实现的。通过社会个人的联合，个人才能实现"自己的充分的、不再受限制的自主活动"，改变社会个体屈从于统治者利益的状态，"许多生产工具必定归属于每一个个人，而财产则归属于全体个人"③，实现真正属于社会的个人的利益。

三、思想与利益的基本关系

通过对马克思、恩格斯对思想与利益的文本进行深入解读，可以发现，思想与利益二者之间呈现出相互作用的辩证统一关系。一方面，思想与利益是互不可分的统一体，思想与利益一旦离开对方，就一定会使自己出丑。从利益之于思想的作用来看，利益是思想得以确立的根基，是思想联结群众的纽带，也是思想激发实践力量的动因，对思想起到了决定性作用。从思想之于利益的作用来看，思想能够切中利益的本质，能够唤起利益的追求，能够引领利益的实现，对利益起到了能动性作用。另一方面，由于思想本身所具有的相对独立性，思想与利益并不是时时刻刻都严格重合的，二者总是保有一定距离，是富有张力的、互相作用的关系，在对立统一的运动过程中推动社会历史的发展。

1. 利益是思想形成发展之基

利益是思想得以确立的根基，是思想发展的动力，对于思想的形成变化起着根本的决定性作用。马克思、恩格斯在分析法国革命时已经发

---

① 《马克思恩格斯全集》第 1 卷，人民出版社 1995 年版，第 261 页。
② 《马克思恩格斯全集》第 1 卷，人民出版社 1995 年版，第 267 页。
③ 《马克思恩格斯文集》第 1 卷，人民出版社 2009 年版，第 581 页。

现，在现实的国家生活中，政治国家违背普遍理性、法律力图保护的人权走向反面、市民社会充斥着自我异化，所有这一切的主要原因在于社会结构中发挥着基础性和决定性作用的物质利益受到了抑制。而"尘世的粗糙的物质生产"才是历史的真正发源地。后来，他们在《德意志意识形态》中更是明确指出："不管是康德或德国市民（康德是他们的利益的粉饰者），都没有觉察到资产阶级的这些理论思想是以物质利益和由物质生产关系所决定的意志为基础的。"① 利益同时也是思想创生发展的生命根基和动力源泉。如果洞察到了这一点，那么就抓住了"资产阶级社会的最重要的物质利益"②，也就把握到了"现代国家的真正本质"。因为在社会发展中，以谋求"物质利益"的物质生产奠定了整个社会精神生活和物质生活的基础。"思想"只有确立在与谋求物质利益相适应的物质生产关系之上才能获得存在和发展的生命力。"历史不过是追求着自己目的的人的活动而已。"③ 思想只有从历史运动中考察并通晓某一历史时期"人对自然界的理论关系和实践关系""自然科学和工业""生活本身的直接的生产方式"④，才能获得对这一历史时期社会现实的正确认识。一切纷繁庞杂的"不同财产形式"和"社会生存条件"，又集中体现为这一历史时期社会成员的物质利益以及物质利益关系。因此，思想一旦离开利益，就会飘浮在"天上的云雾中"，失去生命根基。

利益在思想掌握群众、走向现实的过程中扮演着关键的角色，是思想联结群众的重要纽带。"正是自然必然性、人的本质特性（不管它们是以怎样的异化形式表现出来）、利益把市民社会的成员联合起来。"⑤ 同样，思想只有通过利益才能把广大群众的"精神力量"和"实践力

① 《马克思恩格斯全集》第 3 卷，人民出版社 1960 年版，第 213 页。
② 《马克思恩格斯文集》第 1 卷，人民出版社 2009 年版，第 325 页。
③ 《马克思恩格斯文集》第 1 卷，人民出版社 2009 年版，第 295 页。
④ 《马克思恩格斯文集》第 1 卷，人民出版社 2009 年版，第 350 页。
⑤ 《马克思恩格斯文集》第 1 卷，人民出版社 2009 年版，第 322 页。

量"凝聚起来。马克思、恩格斯在揭露布鲁诺提出"由确认利己主义……来抑制利己主义"这种自相矛盾的论断时提到,"民族利己主义"是一种"普遍国家秩序的自发的利己主义",同"封建等级利己主义"相对立。想要"最大限度地确认普遍国家秩序",就要利用"民族利己主义"的"最高存在形式"使市民社会成员由于共同的利益需要广泛联合起来。社会成员的个人需要是产生社会共同利益的基本构成因素。市民社会中,个人为了满足关切自身生存的需要,都必须相互成为他人的需要并建立这种需要对象之间的利益关系。布鲁诺由于不了解"社会整体"利益是维系普遍国家秩序的本质关系,所以只能从"自由、正义、美德"的抽象范畴中寻找构建市民社会的生活准则,因而他也不能看清罗伯斯比尔、圣茹斯特惨遭失败的关键原因在于"同时又力图在事后通过单个的个人来取缔这个社会的各种生命表现"①。一种思想只有把市民社会成员普遍联合起来,才能够广泛宣传其所表达的理论观点、价值观念和精神原则,才能够切实发挥思想整合、精神鼓舞和价值引领的社会效应。"历史活动是群众的活动,随着历史活动的深入,必将是群众队伍的扩大。"② 思想为了联结群众,必须能够代表广大群众共同的事业和利益。

从其深层根源看,任何实践活动总是在一定的利益诉求驱动下展开的,利益可以说是思想激发"实践力量"的动因。马克思在《莱茵报》工作时期就已经深刻意识到"人们为之奋斗的一切,都同他们的利益有关"③,对利益的追求推动着人类历史发展和文明进步。在关切自身生存和发展的利益触动下,人们能够形成围绕一定利益的意图愿望,继而产生追求相应利益目标的行为动机,当行为动机达到一定强度,并且存在满足利益需要的对象时,则会展开追求利益目标的实践活动。正如

---

① 《马克思恩格斯文集》第 1 卷,人民出版社 2009 年版,第 324 页。
② 《马克思恩格斯文集》第 1 卷,人民出版社 2009 年版,第 287 页。
③ 《马克思恩格斯全集》第 1 卷,人民出版社 1995 年版,第 187 页。

马克思、恩格斯所说的那样："这种利益是如此强大有力，以至胜利地征服了马拉的笔、恐怖主义者的断头台、拿破仑的剑，以及钉在十字架上的耶稣受难像和波旁王朝的纯血统。"① 思想只有切中关涉群众生存和发展的实际利益，才能够在群众中激发持久的革命热情和创生强大的实践力量。然而，把群众作为自己对立面的思辨哲学家们却不懂这个道理。他们认为："在历史活动中重要的不是行动着的群众，不是经验的活动，也不是这一活动的经验的利益，而仅仅是寓于'这些东西里面'的'观念'。"② 所以，他们企图通过"批判的批判的大脑活动"③ 把"世界从贫困中解救了出来"④，活动的完成既不依靠实践力量，也不关涉物质利益。但是沉重的现实枷锁已经使工人"非常痛苦地感觉到存在和思维之间、意识和生活之间的差别"⑤，所以必须通过"实际的和具体的方式"才能改变自己生存的现实条件。他们清楚地意识到："甚至为了争得一些仅仅为从事'理论'研究所需要的时间和资金，也必须进行物质的、实际的变革。"⑥ 决定和促进思想实现的不是"绝对精神"和"自我意识"的思辨运动，而是围绕"群众的、现实的、历史的利益"⑦ 展开的实践活动。

2. 思想能动地引导利益实现

面对利益，思想也并不是完全处于被动状态，而是具有一定的能动性，能够穿透利益的表象，切中利益的本质，引领并指导利益的实现。思入现实世界的本质是哲学对于现实世界的重要能动作用。黑格尔曾说

---

① 《马克思恩格斯文集》第 1 卷，人民出版社 2009 年版，第 287 页。
② 《马克思恩格斯全集》第 2 卷，人民出版社 1957 年版，第 104 页。
③ 《马克思恩格斯文集》第 1 卷，人民出版社 2009 年版，第 293 页。
④ 《马克思恩格斯全集》第 2 卷，人民出版社 1957 年版，第 13 页。
⑤ 《马克思恩格斯文集》第 1 卷，人民出版社 2009 年版，第 273 页。
⑥ 《马克思恩格斯文集》第 1 卷，人民出版社 2009 年版，第 297 页。
⑦ 《马克思恩格斯文集》第 1 卷，人民出版社 2009 年版，第 266 页。

过："哲学是思想中把握的时代。"① 他虽然准确地揭示了哲学的时代性，但没有深入到时代的本质向度中去理解和把握时代，而是"形而上学地"把现实存在进行改装，所以得到的理论只能是"事物现状的超验的、抽象的表现"②。与此相反，马克思在强调"任何真正的哲学都是自己时代的精神上的精华"的基础上进一步指出："必然会出现这样的时代：那时哲学不仅在内部通过自己的内容，而且在外部通过自己的表现，同自己时代的现实世界接触并相互作用。"③因而，"真正的哲学"要求"从思辨的天国下降到人类贫困的深渊"④"力求成为现实"⑤，并且诉诸实践，才能切中现实世界的本质，对现实世界产生积极的能动作用。"利益"作为现实世界中的客观实在，其本质遮蔽在纷繁庞杂的"不同财产形式""社会生存条件"以及关于"理想的利益、圣物、幻觉"之中。回顾以往资产阶级革命追求的利益，"最初出现于世界舞台时，总是在'思想'或'观念'中远远地超出自己的实际界限，很容易使自己和全人类的利益混淆起来"⑥。资产阶级以此利用群众追求其特殊利益，当其特殊利益一旦实现就会马上抛弃群众。群众只有充分发挥哲学，即"思想"的"真正的鉴别力"并"做出真正的判决"，才能准确把握自身"利益"的本质，清醒认知"法律、道德、宗教在他们看来全都是资产阶级偏见，隐藏在这些偏见后面的全都是资产阶级利益"⑦，进而不再被资产阶级利用为追求其特殊利益的工具。

　　思想也能够使人正确地认识利益、把握利益，进而唤起人对于利益的追求。虽然群众作为"有实践力量的人"，能够使用"实践力量"开

---

① 黑格尔：《法哲学原理》，范杨、张企泰译，商务印书馆 1982 年版，第 12 页。
② 《马克思恩格斯文集》第 1 卷，人民出版社 2009 年版，第 264 页。
③ 《马克思恩格斯全集》第 1 卷，人民出版社 1995 年版，第 220 页。
④ 《马克思恩格斯文集》第 1 卷，人民出版社 2009 年版，第 264 页。
⑤ 《马克思恩格斯文集》第 1 卷，人民出版社 2009 年版，第 13 页。
⑥ 《马克思恩格斯全集》第 2 卷，人民出版社 1957 年版，第 103 页。
⑦ 《马克思恩格斯文集》第 2 卷，人民出版社 2009 年版，第 42 页。

展追求利益的历史活动，但并不必然就能够自觉到追求"利益"的"理论需要"和"实践需要"。在资产阶级的抽象统治下，群众虽拥有"实践力量"，但未必能够意识到使用"实践力量"来追求利益。群众"不是白白地经受了劳动那种严酷的但是能把人锻炼成钢铁的教育的。问题不在于目前某个无产者或者甚至整个无产阶级把什么看做自己的目的，问题在于究竟什么是无产阶级"①。群众或者禁锢于"自我异化的神圣形象"，或者遭受着"非神圣形象的自我异化"②，致使群众要么认为追求利益是"罪孽深重"的，要么不清楚自身具有追求利益的"实践力量"，因而需要"思想"的唤醒和激发。一方面，要通过"彻底的理论"揭露和批判"神圣形象"与"非神圣形象"的"伪善观念"和"抽象道德"，帮助群众认识到追求利益是现实生活的"合理需要"和"正当权利"。另一方面，也要使用"思想的闪电""彻底击中""这块素朴的人民园地"③，激活群众自身蕴藏的追求利益需要的强大"实践力量"。因此，思想必须唤醒群众的阶级意识，引导群众看清剥削阶级意识形态的伪善面目，教育群众明确追求利益的现实必要、实际可能和美好图景，从而激发追求自由与解放的强大实践力量。

思想是行动的先导和条件，能够引领利益的实现。如马克思所言，"理论在一个国家实现的程度，总是取决于理论满足这个国家的需要的程度"④。具有前瞻性、科学性和先进性的思想不仅能够满足社会发展的现实需要，而且能够引领现实运动的前进方向，促成革命理想与革命现实的真正统一。思想不仅是对现实生活的真实反应和客观阐释，更是对现实生活的凝练抽象与反思升华。"光是思想力求成为现实是不够的，现实本身应当力求趋向思想。"⑤ 失去思想引领的利益只能沦为无理性

---

① 《马克思恩格斯全集》第 2 卷，人民出版社 1957 年版，第 45 页。
② 《马克思恩格斯文集》第 1 卷，人民出版社 2009 年版，第 4 页。
③ 《马克思恩格斯文集》第 1 卷，人民出版社 2009 年版，第 17—18 页。
④ 《马克思恩格斯文集》第 1 卷，人民出版社 2009 年版，第 12 页。
⑤ 《马克思恩格斯文集》第 1 卷，人民出版社 2009 年版，第 13 页。

的自发盲从，尤其是在受到"非神圣形象"统治的时代，资本家为了积累财富也使得"利益""能说会道"起来，"损人利己的美好事情也干得出来，恭维奉承的言词、悦耳动听的甜言蜜语也说得出来"。① 因此，要突破统治阶级利益的迷雾，求得利益的真正实现，必须要靠思想的科学指导，需要在思想引领下的精神凝聚。在思想的引导下，人民将会更加深刻地认识压迫自身的力量，不再受到统治阶级的迷惑，在科学思想的引导下为自身的利益而抗争，为了实现全人类的解放而战斗。此时，不仅思想对群众是渴望的，群众对于思想也是极为渴望的，期望以科学理论为自身武器，实现革命目标。马克思早年在对于自由报刊的新闻报道中就曾描述过这一现象。即使代表着新思想的报刊同那种"已经在政治斗争中成长壮大并充满自信的人民精神所表达的政治思想"相比，显得"不够老成、不够确定、不够周密"，并且"存在着种种由于怀有敌意或缺乏理智而产生的毒素"，但群众对于这些思想依旧是充满热情的。② 因为人民知道，思想为群众自身承担了罪过和屈辱，并且在这一与旧世界思想的对抗过程中，一步步"抛弃高傲、自负和刚愎自用的作风"，成为"现代荆棘丛中一棵道德精神的玫瑰"，鼓舞着无产阶级革命群众继续战斗。③

3. 思想一旦离开利益就会出丑

通过对马克思、恩格斯论述思想与利益关系的经典文本进行分析，可以总结出三种"思想"离开"利益"的"出丑"表现：一是在"思想"脱离"利益"的根基时，拿破仑的出丑表现；二是在"思想"切断"利益"联结"群众"的纽带时，罗伯斯比尔和圣茹斯特的出丑表现；三是在"思想"失去"利益"激发"实践力量"的动因时，德意

① 《马克思恩格斯全集》第 1 卷，人民出版社 1995 年版，第 269 页。
② 《马克思恩格斯全集》第 1 卷，人民出版社 1995 年版，第 353 页。
③ 《马克思恩格斯全集》第 1 卷，人民出版社 1995 年版，第 353 页。

志意识形态家的出丑表现。

当"思想"脱离了"利益"的根基，就会失去自己立身的保障，成为空中楼阁，一旦遭到利益的反对就会轰然倒塌。在《神圣家族》中，马克思、恩格斯就以拿破仑为例说明无视利益根基的后果。拿破仑在雾月十八日后俘获了自由资产阶级，引领资产阶级打败封建统治阶级的恐怖主义，在执政内阁时代"出现了创办商业和工业企业的热潮、发财致富的渴望、新的资产阶级生活的喧嚣忙乱，在这里，这种生活的享受初次表现出自己的放肆、轻佻、无礼和狂乱；法兰西的土地得到了真正的开发，土地的封建结构已经被革命的巨锤打得粉碎，现在无数新的所有者以第一次出现的狂热对这块土地进行了全面的耕作，解放了的工业也第一次活跃起来"①。但是，拿破仑虽然意识到"利益"是现代国家的基础，并"决定承认和保护这一基础"，却依旧"把国家看做目的本身，而把市民生活仅仅看做司库和他的不能有自己的意志的下属"②。所以他不可能真正承认和保护"私人利益的自由运动"，反而"用不断的战争来代替不断的革命"，要求资产阶级"只要他的征服行动的政治目的需要"的时候毫不犹豫地为帝国献出自己。③ 只要资产阶级的物质利益与他的政治目的发生冲突，拿破仑便毫不犹豫地牺牲资产阶级的"事业、享乐、财富等等"。拿破仑的这种做法直接无视了实际上作为其意识形态基础的新兴资产阶级社会，对资产阶级利益基础上产生的资产阶级进步自由主义思想进行专横压制，全然不顾这种自由主义思想实际上是他所宣扬的政治理想。因此，在拿破仑将资产阶级视作统治敌人、反对资产阶级自由主义的同时，其自身的思想统治也失去了立身之基，招致日益强大的资产阶级的反抗，将他缔造的庞大帝国引向覆灭。

当"思想"切断"利益"这一联结"群众"的纽带时，也就切断

① 《马克思恩格斯全集》第 2 卷，人民出版社 1957 年版，第 157 页。
② 《马克思恩格斯全集》第 2 卷，人民出版社 1957 年版，第 157 页。
③ 《马克思恩格斯文集》第 1 卷，人民出版社 2009 年版，第 325 页。

了自身与支持者之间的关联，最终为社会主流所抛弃。马克思、恩格斯在对罗伯斯比尔和圣茹斯特的批判中，就指出二者政治中失败的原因就是忽视了利益在思想掌握群众过程中的关键作用。面对"工业的、笼罩着普遍竞争的、以自由追求私人利益为目的的、无政府的、塞满了自我异化的自然的和精神的个性的社会"①，二者仅仅以抽象的人权形式象征性地承认和批准资产阶级的利益诉求。罗伯斯比尔和圣茹斯特"十分明确地谈到古代的、人民本质所独有的自由、正义、美德"，并认为斯巴达人、雅典人、罗马人在自己强盛的时代里就是"自由的、正义的、有美德的人民"。② 罗伯斯比尔不断地要群众"回忆古代的人民本质"，宣扬雅典人和斯巴达人，圣茹斯特则宣扬起罗马人的历史，将共和主义者、资产阶级革命者都描写为"完全具备了古代精神即刚毅、谦逊、朴质等品质"的维护"自由、正义、美德"的古代斗士。③ 对此，马克思、恩格斯直截了当地指出，二者"混淆了以真正的奴隶制为基础的古代实在论民主共和国和以被解放了的奴隶制即资产阶级社会为基础的现代唯灵论民主代议制国家"④。在资产阶级利益控制下的社会中宣扬"古代的、'人民本质'"⑤，"又想在事后通过单个的人来取缔这个社会的各种生命表现，同时还想仿照古代的形式来建立这个社会的政治首脑"⑥，罗伯斯比尔和圣茹斯特引起了资产阶级利益的不满，切断了自身和资产阶级之间的利益关联，从而失去了走上统治地位的资产阶级的支持，被资产阶级无情地送上断头台。

　　当"思想"放弃"利益"这一激发"实践力量"的动因，也就失去了走向现实的唯一路径，成为停留在词句间的无谓争论。马克思、

---

① 《马克思恩格斯全集》第 2 卷，人民出版社 1957 年版，第 156 页。
② 《马克思恩格斯全集》第 2 卷，人民出版社 1957 年版，第 155 页。
③ 《马克思恩格斯全集》第 2 卷，人民出版社 1957 年版，第 155—156 页。
④ 《马克思恩格斯全集》第 2 卷，人民出版社 1957 年版，第 156 页。
⑤ 《马克思恩格斯全集》第 2 卷，人民出版社 1957 年版，第 155 页。
⑥ 《马克思恩格斯全集》第 2 卷，人民出版社 1957 年版，第 156 页。

恩格斯多次批判的德意志意识形态就陷入了这一错误，在思维的游戏中自以为彻底地活动。老年黑格尔派认为"任何东西只要归入某种黑格尔的逻辑范畴，就明白易懂了"；青年黑格尔派"到处用宗教的观念来代替一切，或者宣布一切都是神学上的东西"来批判一切，想通过这种教义式的批判将过去"一劳永逸地把它葬送"。① 仿佛"一切祸害都只在工人们的'思维'中"②，只要教导工人在思想中消除一切束缚，帮助工人掌握成其为人的概念和范畴，就可以使工人"现实地发生变化并使自己成为现实的人"③。这一思想不仅没有从"充满矛盾的私有制本质表现得最触目、最突出、最令人激愤的事实"④ 出发进行揭露和批判，反而在理论的调和中玩弄概念。然而，作为最广大利益代表的群众在被卷入资本主义生产中就已经切身地感受到了，"财产、资本、金钱、雇佣劳动以及诸如此类的东西决不是想象中的幻影，而是工人自我异化的十分实际、十分具体的产物，因此，也必须用实际的和具体的方式来消灭它们，以便使人不仅能在思维中、在意识中，而且也能在群众的存在中、在生活中真正成其为人"⑤。因此，在"这些自称为狼、别人也把他们看作是狼的绵羊"⑥ 的意识形态家"踌躇满志地把自己摆在各民族之上并期待着各民族匍匐于自己脚下乞求指点迷径"⑦ 时，"群众对它已丝毫不感兴趣了"⑧。他们以为导致自己思想"出丑"的原因在于群众的"精神空虚"和"愚蠢无知"，殊不知只是因为他们"批判的批判的大脑活动"与群众追求切身利益的实践活动背道而驰。

---

① 《马克思恩格斯全集》第 3 卷，人民出版社 1960 年版，第 22 页。
② 《马克思恩格斯文集》第 1 卷，人民出版社 2009 年版，第 273 页。
③ 《马克思恩格斯文集》第 1 卷，人民出版社 2009 年版，第 274 页。
④ 《马克思恩格斯全集》第 2 卷，人民出版社 1957 年版，第 42 页。
⑤ 《马克思恩格斯文集》第 1 卷，人民出版社 2009 年版，第 273 页。
⑥ 《马克思恩格斯全集》第 3 卷，人民出版社 1960 年版，第 15 页。
⑦ 《马克思恩格斯全集》第 2 卷，人民出版社 1957 年版，第 195 页。
⑧ 《马克思恩格斯文集》第 1 卷，人民出版社 2009 年版，第 347 页。

思想与利益作为思想政治教育的核心范畴，对二者之间关系的理解和把握是直接影响思想政治教育以何种立场开展理论研究和实践运用的基础命题。一方面，对思想与利益辩证统一关系进行深入分析，能够为思想政治教育坚定历史唯物主义立场，获得理论建构与实践运用方面的启示。就理论研究而言，思想政治教育理论研究要避免思想脱离利益的抽象性。前述经典论断已经深刻揭示了利益是思想得以确立的根基、联结群众的纽带、激发实践力量的动因，对思想起到了决定性作用。思想政治教育的理论研究必须获得具有生活意涵的现实前提。任何科学真理都是对客观实在的真实反映。如果思想政治教育的理论研究不是源于社会生活领域的现实需要，不能对社会生活领域的实际问题给予深切回应和有效解决，那么思想就会飘浮在"天上的云雾中"，陷入主观臆想而失去现实价值。另一方面，思想政治教育理论研究要防止片面追逐利益而使思想空泛的庸俗性。利益是需要思想来切中本质、唤醒追求和引领实现的。思想政治教育的理论研究必须充分发挥思想之于利益的积极能动作用，把思想蕴含的理想信念、价值观念、道德理念转化为人民群众的内心信仰、价值原则和道德操守。如果思想政治教育的理论研究不能从社会生活领域升华出观照现实、内含真理、指向崇高的思想，进而再用其武装头脑、激励精神、凝聚力量，那么利益追求也会陷入经验具体而失去前进方向。

从思想与利益辩证统一关系在思想政治教育中的实践运用来看，新时代开展思想政治教育既要增强思想观照利益的现实性，又要提升利益趋向思想的自觉性。一是应把引领和实现人民群众对美好生活的向往作为新时代思想政治教育的奋斗目标。人民对美好生活的向往反映着当今时代中国人民的根本利益诉求，思想政治教育应通过聚焦群众最关心、最直接、最现实的利益问题，紧紧围绕丰富群众精神生活、完善群众物质生活、创造每个人共享人生出彩的机会，以此铸就信仰、笃定信念、强化信心，充分调动人民参与新时代中国特色社会主义伟大实践的积极性、主动性和创造性。二是应坚持用习近平新时代中国特色社会主义思想铸魂育人、武装群众，推进"理论掌握群众""变成物质力量"的理论转化工作。习近平新时代中国特色社会主义思想是坚持和发展新时代中国特色社会主义伟大实践的思想纲领和行动指南。思想政治教育工作需要用马克思主义中国化时代化的最新理论成果武装全党、教育人民，引领和培育中国人民的思想灵魂与精神世界，强基固本、凝心聚力，使科学理论转化创生出强大的中国力量。三是应坚持人民立场、坚持以人为本。思想政治工作从根本上说是做人的工作，必须围绕人、关照人、服务人。人民群众是中国特色社会主义事业的创造者，也是新的历史条件下思想政治教育开展学科建设、理论创新和实践探索的出发点与落脚点，思想政治教育必须坚持以人民为中心的价值取向，把服务群众与教育引导群众结合起来，把满足需要同提高素质结合起来。四是应坚持规律性、把握时代性、富于时效性。思想政治教育必须遵循思想政治工作规律，遵循教书育人规律，遵循学生成长规律，不断提高工作能力和水平，运用理论思维从纷繁复杂的社会现象中准确把握铸魂育人的本质规律，深入洞悉铸魂育人的现实状况、时代境遇及未来趋势，科学对待和有效解决人民的精神家园形成发展问题，努力做到因事而化、因时而进、因势而新，破解时代之问、回应现实关切，切实加强针对性、提升实效性。

第三章　物质武器与精神武器

物质武器与精神武器是马克思主义思想政治教育的基本范畴，前者代指无产阶级这个革命主体，后者则是对无产阶级和人类解放运动指导思想的理论统称。马克思在《〈黑格尔法哲学批判〉导言》中指出："哲学把无产阶级当做自己的物质武器，同样，无产阶级也把哲学当做自己的精神武器"①。此处，马克思首次提出"无产阶级"与"哲学"（区别于旧哲学的作为无产阶级世界观的新哲学）在革命实践和人类解放中的历史关系问题，并对这个基本问题做了科学的揭示。马克思、恩格斯在后续的理论建构中不断完善这一思想，充分彰显了科学的理论与革命的无产阶级对于实现人类解放的特殊重要意义。运用一定理论掌握一定群体是思想政治教育的基本结构。但是对于革命的马克思主义思想政治教育来说，问题不仅仅在于运用先进思想理论掌握无产阶级，更在于无产阶级自觉到这些思想理论是自己历史境遇和时代使命的集中体现，就是说无产阶级应当同时是这些思想理论的传播者、信仰者和践行者。马克思、恩格斯关于物质武器和精神武器辩证关系的深刻揭示，表明无产阶级和思想理论之间的关系并不是简单的主客体关系，而是超出以往阶级及其意识形态的整体性关系。这当然也是马克思主义思想政治教育的真正优势和突出贡献，表明马克思主义既是无产阶级革命的结果，也是无产阶级革命能够胜利推进的原因。

尽管直到《〈黑格尔法哲学批判〉导言》中马克思才明确提出了物质武器与精神武器的范畴，但实际上马克思、恩格斯对二者的探索在《莱茵报》时期就已经开始。作为《莱茵报》编辑的马克思在针对现实

---

① 《马克思恩格斯文集》第1卷，人民出版社2009年版，第17页。

社会问题的论战和思想交锋中开始对新哲学作出设想，要求哲学"冲破令人费解的、正规的体系外壳，以世界公民的姿态出现在世界上"，变成"当代世界的哲学"①；恩格斯一边为《莱茵报》撰稿，一边将实习经商中深入无产阶级的调查走访与政治经济学研究相结合。《德法年鉴》时期的马克思结合实践经验与理论反思，指出无产阶级"由于自己的直接地位、由于物质需要、由于自己的锁链本身的强迫"而具备"普遍解放的需要和能力"，结合对以往历史中革命阶级的分析初步对物质武器作出"和人民魂魄相同的""那种开阔胸怀"②，"在自身和群众中激起瞬间的狂热"③等规定；作出"确立此岸世界的真理"④的计划，把彻底的"抓住事物的根本"⑤而具有原则高度的"思想的闪电"作为精神武器，与物质武器共同构成解放不可或缺的"头脑"和"心脏"⑥。在《1844 年经济学哲学手稿》《关于费尔巴哈的提纲》《德意志意识形态》等著作中，马克思、恩格斯在对旧哲学和政治经济学的批判中建构起了唯物史观的基本原理，深入分析了物质武器的起源和地位作用，为精神武器的塑造奠定了哲学基础。

在《哲学的贫困》中，马克思批判了蒲鲁东在政治经济学中使用的"把任何一种事物都归结为逻辑范畴"⑦的错误理论方法，第一次公开阐述了新唯物主义的历史观，为无产阶级工人运动提供了武装头脑的精神武器。马克思主义诞生的标志——《共产党宣言》则明确阐述了作为物质武器的革命无产阶级的内涵，揭示物质武器与其他群体相比而具有的普遍性、先进性与革命性，指明精神武器和物质武器运用的方法和道

---

① 《马克思恩格斯全集》第 1 卷，人民出版社 1995 年版，第 220 页。
② 《马克思恩格斯文集》第 1 卷，人民出版社 2009 年版，第 15—16 页。
③ 《马克思恩格斯文集》第 1 卷，人民出版社 2009 年版，第 14 页。
④ 《马克思恩格斯文集》第 1 卷，人民出版社 2009 年版，第 4 页。
⑤ 《马克思恩格斯文集》第 1 卷，人民出版社 2009 年版，第 11 页。
⑥ 《马克思恩格斯文集》第 1 卷，人民出版社 2009 年版，第 14 页。
⑦ 《马克思恩格斯文集》第 1 卷，人民出版社 2009 年版，第 600 页。

路，提出塑造物质武器和精神武器的方法。在政治经济学的研究中，马克思、恩格斯把现代资本主义社会作为对象，运用精神武器对其进行解剖，为无产阶级革命策略和主张提供科学理论支撑。与此同时，马克思、恩格斯也曾直接参与对无产阶级物质武器的教育活动，在《路易·波拿巴的雾月十八日》中总结 1848—1851 年革命的经验，在《法兰西内战》等著作中分析巴黎公社革命对物质武器暴力革命的启示，提出"工人阶级不能简单地掌握现成的国家机器，并运用它来达到自己的目的"①。恩格斯在《反杜林论》中为精神武器确立了深入考察无产阶级解放世界事业的"历史条件以及这一事业的性质本身"的目标，通过"使负有使命完成这一事业的今天受压迫的阶级认识到自己的行动的条件和性质"以塑造并运用物质武器。② 在发展物质武器与精神武器相关理论的同时，既丰富凝练出为无产阶级提供科学指导的精神武器，又不断发展壮大从事现实斗争的物质武器。

一、物质武器

在《〈黑格尔法哲学批判〉导言》中，马克思曾指出："普遍的人的解放"③ 的实际可能性，就在于"形成一个被戴上彻底的锁链的阶级"④。这个肩负解放全人类伟大使命与任务的阶级就是无产阶级。"由于自己的直接地位、由于物质需要、由于自己的锁链本身的强迫"，无产阶级具备"普遍解放的需要和能力"⑤，展现出成为革命主力的必要性与必然性，在革命实践中发挥了重要的物质武器作用，毫不留情地给予腐朽落后的世界以最为直接而彻底的打击。想要加速旧世界的灭亡，

---

① 《马克思恩格斯文集》第 3 卷，人民出版社 2009 年版，第 218 页。
② 《马克思恩格斯文集》第 9 卷，人民出版社 2009 年版，第 300 页。
③ 《马克思恩格斯文集》第 1 卷，人民出版社 2009 年版，第 14 页。
④ 《马克思恩格斯文集》第 1 卷，人民出版社 2009 年版，第 16 页。
⑤ 《马克思恩格斯文集》第 1 卷，人民出版社 2009 年版，第 16 页。

就应当抓住革命的无产阶级这一物质武器；想要抓住无产阶级并发挥其革命力量，首先就应当对其内涵进行分析。就经典文本中物质武器的语义内涵而言，可以从基本内涵、根本属性、形成过程三方面进行分析。

1. 无产阶级是革命实践的物质武器

从马克思恩格斯经典著作出发，根据"哲学把无产阶级当做自己的物质武器"① 这一论断，可以首先确定物质武器指的是无产阶级。那么，什么是无产阶级呢？在《共产主义原理》中，恩格斯对于这一问题作出了简洁明了的回答："无产阶级是完全靠出卖自己的劳动而不是靠某一种资本的利润来获得生活资料的社会阶级。这一阶级的祸福、存亡和整个生存，都取决于对劳动的需求，即取决于工商业繁荣期和萧条期的更替，取决于没有节制的竞争的波动。"② 无产阶级不是一向就有的阶级，而是随着工业发展而逐渐产生的。当社会生产发展到一定程度，就会产生两个吞并其他阶级、使得阶级矛盾简单化的阶级："几乎独占了一切生活资料和生产这些生活资料所必需的原料和工具"的资产阶级，以及"为了换得维持生存所必需的生活资料""不得不把自己的劳动出卖给资产者"的"完全没有财产"③ 的阶级——无产阶级。对比"一次就被完全卖掉"而"与主人利害攸关"的奴隶，无产阶级没有任何的生活保障，只能作为"整个资产者阶级的财产"④ 而无时无刻不处在竞争中；对比占有"织布机、家庭用的纺车和一小块在工余时间耕种的土地"的农奴和手工业者，"这一切，无产者都没有"⑤。无产阶级作为社会的大多数，"承担社会的一切重负""而不能享受社会的福利"，被排斥于市民社会之外，"因而不得不同其他一切阶级发生最

① 《马克思恩格斯文集》第 1 卷，人民出版社 2009 年版，第 17 页。
② 《马克思恩格斯文集》第 1 卷，人民出版社 2009 年版，第 676 页。
③ 《马克思恩格斯文集》第 1 卷，人民出版社 2009 年版，第 677 页。
④ 《马克思恩格斯文集》第 1 卷，人民出版社 2009 年版，第 679 页。
⑤ 《马克思恩格斯文集》第 1 卷，人民出版社 2009 年版，第 680 页。

激烈的对立"①。

无产阶级之所以被马克思、恩格斯看成物质武器，不是任意的或者偶然的选择，而是因为无产阶级可以产生最为彻底的革命意识，是唯一可以肩负起人类解放这一历史使命的群体。如果仅仅作为受到沉重压迫的社会大多数，无产阶级并不足以成为物质武器。当"资本的迅速增加就等于利润的迅速增加。而利润的迅速增加只有在劳动的价格同样迅速下降、相对工资同样迅速下降的条件下才是可能的"②时，资本主义的生产条件使得"在产生财富的那些关系中也产生贫困；在发展生产力的那些关系中也发展一种产生压迫的力量"③，必然使"横在他们和资本家之间的社会鸿沟扩大了"④，导致无产阶级与资产阶级的利益冲突。工业城市中首先出现了无产阶级和资产阶级的对立，"在这里，工人首先开始考虑自己的状况并为改变这种状况而斗争"⑤。无产阶级意识到，是他们"用自己的发明和自己的劳动创造了英国的伟业"，与此同时"他们昨天挣得的今天就吃光"⑥。工业发展以来日益庞大的工人群体逐渐组织起来，日益意识到自己的力量，开始"认清自己的地位和利益"⑦，"日益迫切地要求分享社会设施的利益"⑧，拒绝在生产过程方面、"在思想、情感和意志表达方面"变为"资产阶级的奴隶"⑨，于是走向革命。

究其根本，参与革命实践的无产阶级之所以能成为物质武器，是因为他们能够运用革命的物质力量向现实的压迫开火、以暴力革命的方式

① 《马克思恩格斯文集》第 1 卷，人民出版社 2009 年版，第 542 页。
② 《马克思恩格斯文集》第 1 卷，人民出版社 2009 年版，第 734 页。
③ 《马克思恩格斯文集》第 1 卷，人民出版社 2009 年版，第 614 页。
④ 《马克思恩格斯文集》第 1 卷，人民出版社 2009 年版，第 735 页。
⑤ 《马克思恩格斯文集》第 1 卷，人民出版社 2009 年版，第 436 页。
⑥ 《马克思恩格斯文集》第 1 卷，人民出版社 2009 年版，第 403 页。
⑦ 《马克思恩格斯文集》第 1 卷，人民出版社 2009 年版，第 436 页。
⑧ 《马克思恩格斯文集》第 1 卷，人民出版社 2009 年版，第 403 页。
⑨ 《马克思恩格斯文集》第 1 卷，人民出版社 2009 年版，第 437 页。

进行斗争。革命的无产阶级所要实行的革命是一切社会领域的革命，是解放一切人的革命。"革命需要被动因素，需要物质基础"①，而无产阶级就是革命的物质基础。一方面，能够以其坚定而可靠的革命能力为"人民革命"挖掘充分的"被动因素"、锻造坚实的"物质基础"；另一方面，无产阶级具有向一切剥削关系"开火"的能力，也就是具有以物质力量与物质力量进行彻底斗争的革命能力，这就决定了人类解放的伟大事业必然是由无产阶级来完成的。

从实质上看，物质武器具体指的是参与暴力革命，以物质力量反抗物质力量、摧毁物质力量并且建立起新社会的革命无产阶级。革命的无产阶级生产了整个资本主义社会，却遭受着最为沉重的压迫与奴役。他们不断成长为一支独立的政治力量，以极其革命的姿态登上了世界历史舞台。在反抗资本主义剥削和不平等制度的斗争中，以无产阶级与资产阶级矛盾对立为核心的工人运动愈演愈烈。在暴力革命中，无产阶级逐渐认识到，"作为个人以暴力反对旧的社会制度的这种方法，是没有用的"，应当"作为具有自己整体能力的人们"进行武装斗争②，与将斗争归于精神领域和说教的青年黑格尔派形成了鲜明对比。马克思、恩格斯批判意识形态家"用自己头脑中奇妙的运动，代替了由于人们既得的生产力和他们的不再与此种生产力相适应的社会关系相互冲突而产生的伟大历史运动，代替了在一个民族内各个阶级间以及各个民族彼此间酝酿着的可怕的战争，代替了唯一能解决这种冲突的群众的实践和暴力的行动"③，实际上，作为矛盾冲突的"原本"，压迫人的生产关系、社会关系以及种种在其上生成的上层建筑，只有通过物质的力量才能推翻，只有通过暴力的革命才能摧毁，只有在彻底打碎锁链的基础上才能建立起实现一切人自由全面发展的新社会。并且，不仅是马克思、

---

① 《马克思恩格斯文集》第 1 卷，人民出版社 2009 年版，第 12 页。
② 《马克思恩格斯文集》第 10 卷，人民出版社 2009 年版，第 19 页。
③ 《马克思恩格斯文集》第 10 卷，人民出版社 2009 年版，第 51 页。

恩格斯的理论，现实也已经证明了暴力革命的重要性，革命的实践也已经证明了在科学指导下，物质武器加入斗争的必要性。在确立革命的无产阶级为行动主体后，马克思、恩格斯在与不同社会思潮的斗争中捍卫物质武器的暴力革命理论，以科学的唯物主义世界观武装无产阶级的头脑，以彻底的理论对无产阶级进行淬炼，确保无产阶级在革命中充分发挥物质武器的作用。

2. 物质武器具有普遍性、先进性和革命性

无产阶级是以物质力量对抗物质力量的革命主体，从其根本属性上看，具有普遍性、先进性和革命性。普遍性说明无产阶级这一整体具有普遍的革命基础，要求实现普遍领域的现实革命；先进性体现无产阶级成为社会发展的积极因素，推动历史前进；革命性意味着无产阶级具有强大的革命实力，能实际地运用物质力量、形成现实武装进行斗争，摧毁旧世界并建立起自由人联合体的新世界。

首先，无产阶级是社会的普遍代表，反映了人民群众的普遍要求。资产阶级想要获得更多的利益，就必须使得更多人成为劳动力加入生产过程，农业、手工业都被工业所挤占，原来的农民、手工师傅、帮工都被赶入工厂中，形成了越发庞大的无产阶级。当财富日益积聚在资本家手中，贫困的无产阶级也就具有了更加广泛的性质，成为社会的主要成员。在资本主义社会的重压下，越来越多的人生活受到威胁，被抛入无产阶级的行列。例如，"沦落到无产阶级队伍里来的有大批小产业家和小食利者，他们除了赶快跟工人一起伸手乞求工作，毫无别的办法"[①]；一部分先进的资产阶级思想也会主动转到无产阶级的行列中，参与无产阶级革命。无产阶级越发明显的普遍性也为其革命提供了普遍的基础。革命需要普遍性的代表，"只有为了社会的普遍权利，特殊阶级才能要

---

① 《马克思恩格斯文集》第 1 卷，人民出版社 2009 年版，第 741 页。

求普遍统治"①。为了夺取统治地位，资产阶级将自身的利益说成是社会的利益，以无限抽象的理论将自身的要求上升为社会的总要求，其真面目在资产阶级政治解放实现后彻底暴露，直接将枪口对准参与革命的其他阶级，尤其是无产阶级。无产阶级随着资本主义的发展被戴上了"彻底的锁链"②，遭受了普遍的苦难而已经不能只追求一个领域的解放，而是"不从其他一切社会领域解放出来从而解放其他一切社会领域就不能解放自己"③。因此，无产阶级不实现普遍的解放就无法实现自身的解放。无产阶级从来不要求享有任何本阶级的特殊权利而只要求社会的普遍权利，从根本上克服狭隘的资产阶级束缚，成为一切渴求解放的人民群众的主心骨。只有无产阶级能够"与整个社会混为一体并且被看做和被认为是社会的总代表"④，拥有真正"和人民魂魄相同的""那种开阔胸怀"⑤。他们以强大的联结力、整合力、凝聚力"在自身和群众中激起瞬间的狂热"⑥，使那些在不同程度上受到资本主义剥削制度压迫的各阶级人民联合起来。

其次，无产阶级具有先进性，代表了社会的前进方向。马克思、恩格斯所揭示的无产阶级先进性决不是"批判的批判"所说的那样"把无产者当做神"⑦，而是由于无产阶级的历史使命"已经在它自己的生活状况和现代资产阶级社会的整个组织中明显地、无可更改地预示出来了"⑧。无产阶级的存在宣告了"迄今为止的世界制度的解体"，"它就是这个世界制度的实际解体"⑨。无产阶级"不是白白地经受那种严

---

① 《马克思恩格斯文集》第 1 卷，人民出版社 2009 年版，第 14 页。
② 《马克思恩格斯文集》第 1 卷，人民出版社 2009 年版，第 16 页。
③ 《马克思恩格斯文集》第 1 卷，人民出版社 2009 年版，第 17 页。
④ 《马克思恩格斯文集》第 1 卷，人民出版社 2009 年版，第 14 页。
⑤ 《马克思恩格斯文集》第 1 卷，人民出版社 2009 年版，第 15 页。
⑥ 《马克思恩格斯文集》第 1 卷，人民出版社 2009 年版，第 14 页。
⑦ 《马克思恩格斯文集》第 1 卷，人民出版社 2009 年版，第 261 页。
⑧ 《马克思恩格斯文集》第 1 卷，人民出版社 2009 年版，第 262 页。
⑨ 《马克思恩格斯文集》第 1 卷，人民出版社 2009 年版，第 17 页。

酷的但能使人百炼成钢的劳动训练的"①。集中承受了现代社会一切弊病和残酷压迫的无产阶级要求的是对一切非人性条件的推翻，是对一切剥削和压迫的消灭。只有无产阶级才可以真正实现资产阶级宣扬的所谓的人性价值。以自由为例，资产阶级之所以高扬自由的旗帜来反对封建国家，不过是因为"自由竞争不能忍受任何限制"，"对自由竞争来说，最好是处在一个完全没有国家制度的状态，每个人都可以随心所欲地剥削他人"②。而一旦资产阶级实现了在经济、政治、教育、文化方面的统治，一旦自由的原则与利益出现了冲突，那么自由的价值就被舍弃了。在资本主义社会中，"一句话，每个人都把别人看做必须设法除掉的敌人，或者最多也不过把别人看做一种可供自己利用的手段"③。只有英勇斗争的无产阶级才是掌握社会"新生力量"、使新生力量"很好地发挥作用"以推动社会进步的物质武器。④ 无产阶级具有那种"坚毅、尖锐、胆识、无情"⑤，具有一往无前的革命勇气与无所畏惧的斗争意志。无产阶级不曾拥有过任何地位，自然就不怕在争取解放的革命运动中失去任何东西，他们能够毫不掩饰地公开自己的阶级身份与革命意图，站在反抗全部剥削制度的最前沿，成为整个革命运动的先驱和领袖。

最后，无产阶级具有革命性。具有"鼓舞物质力量去实行政治暴力的天赋"的无产阶级不仅能够在情感与意志层面与一切受压迫人民紧密靠拢在一起，而且能够实际地夺取解放者的先进地位并"在政治上利用一切社会领域来为自己的领域服务"。⑥ 在经历异化的过程中，资产阶级"感到幸福""感到自己被确证""认为异化是它自身的力量所在"；

---

① 《马克思恩格斯文集》第 1 卷，人民出版社 2009 年版，第 262 页。
② 《马克思恩格斯文集》第 1 卷，人民出版社 2009 年版，第 478 页。
③ 《马克思恩格斯文集》第 1 卷，人民出版社 2009 年版，第 446 页。
④ 《马克思恩格斯文集》第 2 卷，人民出版社 2009 年版，第 580 页。
⑤ 《马克思恩格斯文集》第 1 卷，人民出版社 2009 年版，第 15 页。
⑥ 《马克思恩格斯文集》第 1 卷，人民出版社 2009 年版，第 14—15 页。

无产阶级则"感到自己是被消灭的""在其中看到自己的无力和非人的生存的现实",并"由于它的人的本性同作为对这种本性的露骨的、断然的、全面的否定的生活状况发生矛盾而必然产生的愤慨"。① 因而资产阶级是资本主义社会的保守一方,力图维护并加深自身的统治以求取更大的利益,无产阶级则成为革命的一方,要求革命以消除当前的统治状况。在同资产阶级处在对立关系的一切阶级中,"只有无产阶级是真正革命的阶级"。② 在一次又一次同资产阶级的斗争中,组织起来的无产阶级积累了革命经验,普遍交往的建立带来了无产阶级的广泛联合。无产阶级不仅能够熟练地运用社会生产力,而且开始熟练地运用武器进行斗争,成为强大的革命力量。可见,只有无产阶级才能使革命运动成为最具普遍意义的社会革命,从而将整个社会的革命潜能充分外化为摧毁旧制度、建立新世界的政治行动,在最广大人民群众中凝聚起坚不可摧的物质力量使社会的普遍解放成为现实。

3. 物质武器在理论武装与实践淬炼中发展壮大

无产阶级并非一诞生就可以作为物质武器进行革命。在产生之初,无产阶级还作为社会众多阶级中的一小部分依附于资产阶级,只有随着大工业的发展而逐渐壮大,逐渐站到革命的立场上来。就作为物质武器的无产阶级的形成来说,无产阶级成长为哲学的"物质武器"的过程是无产阶级作为"现实的人"在"思想的闪电"中磨炼意志、成其锋芒的过程。

首先,无产阶级是需要被启蒙和引导的物质力量。无产阶级不拥有任何物质生产资料,也不掌握任何精神生产要素,在意识形态领域始终处于被教化的地位。资产阶级教育并不希望给无产阶级提供任何进步的因素,只希望将无产阶级培养成适合于生产的劳动工具。资产阶级为工

---

① 《马克思恩格斯文集》第 1 卷,人民出版社 2009 年版,第 261 页。
② 《马克思恩格斯文集》第 2 卷,人民出版社 2009 年版,第 41 页。

人讲授自然科学，因为"这些科学能使工人脱离反对资产阶级的斗争，或许还能使他们掌握从事发明的手段，以增加资产阶级的收入"①。资产阶级教育是"教人俯首帖耳地顺从占统治地位的政治和宗教"，无产阶级听到的只是"劝他们唯唯诺诺、任人摆布和听天由命的说教"。②精神世界的贫瘠与荒芜导致无产阶级"这块素朴的人民园地"③一般只能爆发出绝望的、盲目的、冲动的抗争本能。随着革命运动的深入发展，无产阶级越发渴望哲学真理之光的引领，渴望能够以本阶级的哲学养料来丰盈自己的头脑，从而寻获思想依归、开拓理论领地、重建精神家园，彻底摆脱被动而蒙昧的阶级状态。进步的工人都对资产阶级的教育不屑一顾，而是去到无产阶级的工人组织里——"他们都到无产阶级的阅览室去阅读，讨论直接和自己的切身利益相关的各种关系"④。正是这份对科学理论的虔诚热望，让无产阶级从一切被压迫等级中脱颖而出，成为人类解放的革命运动中先进的、质朴的、坚定的被动因素。

其次，无产阶级能够接受理论武装，成长为不断学习和运用新哲学的物质力量。无产阶级迫切需要哲学的指引，但他们不会仅仅茫然地等待哲学提供直接要求和结论，而是会积极地配合并参与到理论武装的各个环节，主动地弥补并克服自己在意识形态斗争中的劣势。革命的无产阶级是一个善于学习、乐于学习且勤于学习的阶级，其内部蕴藏着趋向科学理论的自主意识。无产阶级积极地学习并谈论科学知识，"阅读最新的哲学、政治和诗歌方面划时代的著作"⑤。资产者沦为"现存社会制度以及和这种制度相联系的各种偏见的奴隶；他惧怕、诅咒和排斥真正标志着进步的一切"，无产者却"睁大眼睛正视这一切，兴致勃勃地

---

① 《马克思恩格斯文集》第 1 卷，人民出版社 2009 年版，第 473 页。
② 《马克思恩格斯文集》第 1 卷，人民出版社 2009 年版，第 473—474 页。
③ 《马克思恩格斯文集》第 1 卷，人民出版社 2009 年版，第 17—18 页。
④ 《马克思恩格斯文集》第 1 卷，人民出版社 2009 年版，第 474 页。
⑤ 《马克思恩格斯文集》第 1 卷，人民出版社 2009 年版，第 474 页。

而且富有成效地研究它们"。① 无产阶级不仅能够清醒地根据自己的精神需求与实践需要有选择性地寻找理论资源、贴近科学理论、汲取理论养分，而且能够将哲学理论归入现实范围，在运用理论、践行理论的实际斗争中不断证明理论的彻底性，不断强化自身的实践能力。在资产阶级革命的过程中，"资产阶级自己就把自己的教育因素即反对自身的武器给予了无产阶级""其次，我们已经看到，工业的进步把统治阶级的整批成员抛到无产阶级队伍里去，或者至少也使他们的生活条件受到威胁。他们也给无产阶级带来了大量的教育因素"。② 正是通过这样自觉并有意识地同科学理论和教育因素进行深度融合的过程，无产阶级才能够不断提升自身的生命力、表现力与行动力，才逐渐从自在的、被动的物质因素成长为自为的、主动的革命物质力量。

最后，无产阶级能够充分发挥自身的思想力、鉴别力、创造力，将自身锻造为创生新哲学的物质武器。"工人和资本家的对立越尖锐，工人中的无产阶级意识也就越发展，越明朗。"③ 聚集起来和联合起来的无产阶级以超乎寻常的速度壮大起来，"无产阶级的增加和资本的增加是完全同步的"④。无产阶级在残酷的革命斗争中成长起来，处在"思想"与"现实"之间，是具有独立意识、自由意志与首创精神的能动性力量。无产阶级能够从现实的社会生活中孕育出新的哲学课题，将自身立足现实的对一切社会缺陷的直观感受上升为反思现实的理性思考。在革命的物质基础不够发达时，"他们为了满足被压迫阶级的需要，想出各种各样的体系并且力求探寻一种革新的科学"；而当革命的物质基础不断形成时，"他们就不再需要在自己头脑里找寻科学了"⑤，革命的科

① 《马克思恩格斯文集》第 1 卷，人民出版社 2009 年版，第 474 页。
② 《马克思恩格斯文集》第 2 卷，人民出版社 2009 年版，第 41 页。
③ 《马克思恩格斯文集》第 1 卷，人民出版社 2009 年版，第 475 页。
④ 《马克思恩格斯文集》第 1 卷，人民出版社 2009 年版，第 681 页。
⑤ 《马克思恩格斯文集》第 1 卷，人民出版社 2009 年版，第 616 页。

学理论代替了空想的主张以引领无产阶级的革命活动。同时，无产阶级能够在摧毁资本主义卑劣事物、追求人民现实幸福的革命实践中对革命理论进行切实的检验、反思与发展，通过对自身革命斗争经验与教训的总结、凝练与升华实现革命的接续发展与突破创新。无产阶级的组织和革命活动总是受到破坏和镇压，但也总是不断产生，并且一次比一次"更强大、更坚固、更有力"①。正是在不断革命、不断成长的这一过程中，无产阶级才彻底打通了理论与实践之间的隔阂与对立，真正成为具有不竭创造力与强劲战斗力的物质武器。

二、精神武器

从"无产阶级也把哲学当做自己的精神武器"② 这一论断出发，可以明确精神武器最初被设想为一种哲学形态。但是，马克思、恩格斯所要求的这种哲学并不是思辨的旧哲学，也不是形而上的旧哲学，而是革命的哲学，是科学的理论。从思想层面来看，"唯一实际可能的解放"就是"人的解放"，就是"以宣布人是人的最高本质这个理论为立足点的解放"③。只有那种从"现实的人"出发，为"现实的人"消解"真理的彼岸世界"并"确立此岸世界的真理"从而实现人的本质的全面复归的新哲学，才是真正抓住了"人的根本"的彻底的革命理论，才能够为处在苦难尘世中的人指明前进的方向，才能够成为无产阶级革命的实践指南，才具有成为无产阶级实现人类解放的精神武器的可能性与现实性。

1. 精神武器是指导无产阶级革命的科学理论

在马克思、恩格斯看来，精神武器决不是"以这个或那个世界改革

---

① 《马克思恩格斯文集》第 2 卷，人民出版社 2009 年版，第 41 页。
② 《马克思恩格斯文集》第 1 卷，人民出版社 2009 年版，第 17 页。
③ 《马克思恩格斯文集》第 1 卷，人民出版社 2009 年版，第 18 页。

家所发明或发现的思想、原则为根据的"① 思辨哲学，而是以现实的社会生活为根本的科学理论。以布鲁诺·鲍威尔为首的青年黑格尔派自诩为"批判的批判"，也将自身的理论看作武器。然而按照"批判的批判"的说法，他们所要攻击的对象只是在思维中、在意识中，消灭这些祸害只需要用"纯粹的思维"。他们这样教导无产阶级："只要他们在思想上征服了资本这个范畴，也就消除了现实的资本；只要他们在意识中改变自己的'抽象的我'，并把现实地改变自己的现实存在、改变自己存在的现实条件、即改变自己的现实的'我'的任何行动当做非批判的行为轻蔑地加以拒绝，他们就会现实地发生变化并使自己成为现实的人。"② 实际上，革命的无产阶级并不认同这样的说法，"他们知道，财产、资本、金钱、雇佣劳动以及诸如此类的东西决不是想象中的幻影，而是工人自我异化的十分实际、十分具体的产物，因此，也必须用实际的和具体的方式来消灭它们"③，因此，对于"批判的批判"，马克思、恩格斯写道："批判的批判（即《文学报》的批判）越是把哲学对现实的颠倒变成最明显的滑稽剧，那就越有教益。"④ 抽象的思辨哲学越沉迷于思维的游戏，革命的无产阶级就越能感受到这一理论与现实的矛盾冲突，就越能意识到自身所需要的精神武器不是"批判的批判"。"批判的批判"认为自身是超实践的，"以为事物的现状和现实的人是远远低于它自己的"⑤，把群众尤其是缺乏"修养"的无产阶级看作是盲目和无知的非理性，当成社会的发展弊端，因而"批判的批判"也不愿意真正地走进无产阶级之中，反而意图通过贬低无产阶级而确立自身的"历史使命"。这是根本错误的。

---

① 《马克思恩格斯文集》第 2 卷，人民出版社 2009 年版，第 44 页。
② 《马克思恩格斯文集》第 1 卷，人民出版社 2009 年版，第 274 页。
③ 《马克思恩格斯文集》第 1 卷，人民出版社 2009 年版，第 273 页。
④ 《马克思恩格斯文集》第 1 卷，人民出版社 2009 年版，第 253 页。
⑤ 《马克思恩格斯文集》第 1 卷，人民出版社 2009 年版，第 264 页。

作为精神武器的哲学则以消解"真理的彼岸世界"和"确立此岸世界的真理"① 为己任，以理论掌握群众激发实践的物质力量，推动人的解放。消解"真理的彼岸世界"就是要将哲学的批判矛头指向以"神圣形象"异化着人们的宗教神学。宗教是"一种颠倒的世界意识"，是"人的本质在幻想中的实现"，"是还没有获得自身或已经再度丧失自身的人的自我意识和自我感觉"。② 当人们已经无法在残酷而扭曲的世俗生活中通过自身的现实存在确证"人的本质"，就转而把人的本质力量交付给了作为虚幻存在的"超人"形象，乞求在完满的天国幻想之中求得慰藉与庇护。但短暂的精神抚慰不仅无法给人带来现实幸福，还反过来"给人的心灵套上了锁链"③，使人沉溺于虚幻幸福而逐渐丧失了改变现实的意识与能力。因此，革命的哲学要打碎人自身的假象，让人到现实中去寻找人的真正现实性。确立"此岸世界的真理"就是要将哲学的批判深入到以"非神圣形象"统治着人的政治社会现实中去。从当时德国的现实范围出发，哲学对"非神圣形象"的批判内在地包含着双重意蕴，不仅要批判现存的德国制度，而且要批判作为这种制度"抽象继续"的黑格尔思辨法哲学。黑格尔思辨法哲学是德国人在思想观念中伴随现代各国经历的当代历史，它不仅是"对迄今为止的德国政治意识和法意识"④ 的最终表述，更是"对现代国家以及同它相联系的现实"⑤ 的思想形象。只有彻底揭露黑格尔思辨法哲学的"非神圣形象"，才能够接触到当代现实问题的中心；只有将对黑格尔思辨法哲学的批判深入到对市民社会现实本身的批判中，才能完成对一切剥削制度的批判，突破政治解放的局限，越过现代政治社会的普遍障碍，为广大无产阶级确立"此岸世界的真理"，从锁链中挣脱出来真正解放成为人。

---

① 《马克思恩格斯文集》第 1 卷，人民出版社 2009 年版，第 4 页。
② 《马克思恩格斯文集》第 1 卷，人民出版社 2009 年版，第 3 页。
③ 《马克思恩格斯文集》第 1 卷，人民出版社 2009 年版，第 12 页。
④ 《马克思恩格斯文集》第 1 卷，人民出版社 2009 年版，第 10 页。
⑤ 《马克思恩格斯文集》第 1 卷，人民出版社 2009 年版，第 10 页。

革命的哲学理论在作为精神武器的过程中，既扮演了现实革命的先导角色，批判隐蔽的缺陷，又引导人们反思当前的矛盾冲突，可以一定程度上使人们跳出具体的社会历史环境限制，站在世界历史的角度对于未来的发展方向进行思考，在展现出深刻理论意义的同时也富有积极的实践意义。首先，哲学的斗争是现实斗争的胚芽。"对宗教的批判是其他一切批判的前提"①，哲学所力图实现的宗教解放是人类解放的前提，只有将人们从关于"天国的幻想"之中唤醒，才能使人重新审视现实并到现实中去找回自身。要消解神圣形象的统治，也就是要求彻底批判以宗教为精神抚慰的现实世界，所以哲学对宗教的批判"就是对苦难尘世——宗教是它的神圣光环——的批判的胚芽"②。其次，哲学的内容是对现实社会存在抽象反映的反思。革命的哲学理论一方面是对社会现实的理论思考，是"理论良心"，另一方面依旧是时代和历史的产物，因此也直接是社会状态的思维反映。正如马克思所写，"如果德国国家制度的现状表现了旧制度的完成，即表现了现代国家机体中这个肉中刺的完成，那么德国的国家学说的现状就表现了现代国家的未完成，表现了现代国家的机体本身的缺陷"③。最后，革命的哲学理论可以对传统和历史的梦魇进行批判。旧事物的灭亡并不是一次性就完成的，"历史是认真的，经过许多阶段才把陈旧的形态送进坟墓"④。受到攻击的旧事物往往会潜伏在意识形态领域，成为社会的"隐蔽的缺陷"，作为"过去的回忆依然困扰着"现代的人。⑤ 革命的哲学对落后于历史的时代错乱进行批判，揭露其掩盖自身本质的伪善诡辩，将其送往喜剧的最后结局。革命的哲学也使得无产阶级可以不受所处环境的绝对限制，通过理论的学习思考和理性的观察反思接触到时代问题的真正所在，寻找

① 《马克思恩格斯文集》第 1 卷，人民出版社 2009 年版，第 3 页。
② 《马克思恩格斯文集》第 1 卷，人民出版社 2009 年版，第 4 页。
③ 《马克思恩格斯文集》第 1 卷，人民出版社 2009 年版，第 11 页。
④ 《马克思恩格斯文集》第 1 卷，人民出版社 2009 年版，第 7 页。
⑤ 《马克思恩格斯文集》第 1 卷，人民出版社 2009 年版，第 7 页。

解决问题的科学方法，制定通向共产主义理想的革命策略，最终实现无产阶级和全人类在理论与实践各个方面的彻底解放。

2. 精神武器具有科学性、彻底性和革命性

作为精神武器，无产阶级的哲学展现出了科学性、彻底性和革命性三方面的根本属性。科学性是精神武器发挥指导作用的前提保障，使得共产主义的理论不再成为空想；彻底性是精神武器掌握无产阶级的根本原因，使得理论力量获得转化为物质力量的可能；革命性则是精神武器作为斗争工具的基本要求，以科学的理论武装头脑，引领无产阶级革命。

首先，精神武器具有科学性。并不是所有哲学理论都具有科学性，也并不是所有的社会主义理论都可以作为精神武器来武装无产阶级的头脑。由马克思、恩格斯创立的马克思主义理论之所以能成为精神武器而为一代又一代的无产阶级认识世界和改造世界提供指导，就是因为其把握真理的科学性。在马克思、恩格斯之前，也产生了多种多样的社会主义和共产主义理论。其中，封建的社会主义能用"辛辣、俏皮而尖刻的评论刺中资产阶级的心"却"完全不能理解现代历史的进程"①；小资产阶级的社会主义通过对生产关系的透彻分析"揭穿了经济学家的虚伪的粉饰"②，但依旧企图"恢复旧的所有制关系和旧的社会"③；"真正的社会主义"声称自己以科学为基础，却在实际上陷入对"普遍的人类之爱"的宣扬④。空想社会主义取得了一定的理论成果，但因缺乏历史和现实基础而"太学究气、太形而上学"，依旧陷入了抽象的空想。在对历史文献的批判性继承基础上，马克思、恩格斯通过世界观的变革和

---

① 《马克思恩格斯文集》第 2 卷，人民出版社 2009 年版，第 54 页。
② 《马克思恩格斯文集》第 2 卷，人民出版社 2009 年版，第 56 页。
③ 《马克思恩格斯文集》第 2 卷，人民出版社 2009 年版，第 57 页。
④ 《马克思恩格斯文集》第 1 卷，人民出版社 2009 年版，第 589—590 页。

对社会规律的揭露，将无产阶级理论从空想变成了科学。在《卡尔·马克思》中，恩格斯就曾对作为精神武器的科学社会主义的两个根本依据进行了总结。他指出，马克思的第一个重要发现也就是唯物主义历史观，证明了"至今的全部历史都是在阶级对立和阶级斗争中发展的"①，阶级的产生和存在"是由于当时存在的基本的物质条件，即各个时代社会借以生产和交换必要生活资料的那些条件"②。第二个重要发现就是"弄清了资本和劳动的关系"③，揭示了资本主义社会的运行方式，揭露了资本家对工人的剥削是怎样进行的。在《社会主义从空想到科学的发展》中，恩格斯更加详细地表述了这两个发现，并再次强调正是由于对唯物史观和剩余价值秘密的发现，社会主义才从空想变成了科学。通过唯物史观的确立，马克思、恩格斯为精神武器的塑造奠定了哲学的基础，找到了革命的无产阶级并为其提供了科学的世界观和思维方式，要求以现实的革命推动社会进步；对资本主义社会的透彻研究戳穿了资产阶级的虚伪谎言，揭露了被掩盖在理论背后的真实矛盾运动，为无产阶级提供了解决问题的光明道路。

其次，精神武器具有彻底性。"理论只要说服人，就能掌握群众；而理论只要彻底，就能说服人。"④ 精神武器掌握群众，获得庞大实践力量的秘诀就在于其彻底性。彻底性为何能使得精神武器掌握人？首先，"彻底的革命只能是彻底需要的革命"⑤，精神武器的彻底性可以引起无产阶级彻底的革命需要。现实社会的需求并不一定会与思想的要求趋向一致，二者之间往往存在一定差距，精神武器的作用就是尽可能地取消这一差距。在《〈黑格尔法哲学批判〉导言》中，马克思将抓住人的根本也就是人的本质作为彻底性："所谓彻底，就是抓住事物的根本。

① 《马克思恩格斯文集》第3卷，人民出版社2009年版，第459页。
② 《马克思恩格斯文集》第3卷，人民出版社2009年版，第458页。
③ 《马克思恩格斯文集》第3卷，人民出版社2009年版，第460页。
④ 《马克思恩格斯文集》第1卷，人民出版社2009年版，第11页。
⑤ 《马克思恩格斯文集》第1卷，人民出版社2009年版，第13页。

而人的根本就是人本身。"① 由于其彻底性，精神武器所要求的是最彻底的批判和最坚决的革命，要求彻底推翻一切奴役人、压迫人的关系，而不是以新的奴役和压迫代替旧有的统治。资产阶级所鼓吹的理论所追求的并不是这种"彻底的革命"，而是宣扬资产阶级解放自己并取得普遍统治，主张"它所统治的世界自然是最美好的世界"②。例如恩格斯在《共产主义原理》中所批判的民主主义者，只是想要消除"现今社会的弊病"③，而不要求"走向共产主义"④。因此，在这样不彻底的理论指导下，所达成的革命都是不彻底的，依旧为无产阶级戴上了沉重的锁链。马克思、恩格斯所创立的科学理论则与之不同，所要求的是在消灭资本主义生产关系的同时，"也就消灭了阶级对立的存在条件，消灭了阶级本身的存在条件，从而消灭了它自己这个阶级的统治"⑤。可见，只有精神武器从无产阶级的现实生活状况出发，抓住无产阶级的生存与发展需要，为经受苦难的这一社会最广大群体的利益而抗争，并为无产阶级的彻底革命提供科学的指导，才能成为无产阶级的"批判武器"和"真理之光"。

最后，精神武器具有革命性，深刻地揭露了统治阶级的剥削本质，要求以现实的革命斗争而不是改良手段实现革命目标。在科学世界观的指导下，精神武器突破了消极历史惯性的限制，在对神圣形象和非神圣形象的批判中明确了自身革命目的。统治阶级的社会权力总是在思维中产生出相应的观念表现，也就是统治阶级的意识形态。而从前的哲学理论所进行的革命，都是仅仅针对"在此以前实行统治的阶级的"，所主张的始终不过是重新分配社会成员的阶级，使自身所代表的阶级成为统

---

① 《马克思恩格斯文集》第 1 卷，人民出版社 2009 年版，第 11 页。
② 《马克思恩格斯文集》第 2 卷，人民出版社 2009 年版，第 61 页。
③ 《马克思恩格斯文集》第 1 卷，人民出版社 2009 年版，第 690 页。
④ 《马克思恩格斯文集》第 1 卷，人民出版社 2009 年版，第 691 页。
⑤ 《马克思恩格斯文集》第 2 卷，人民出版社 2009 年版，第 53 页。

治阶级。精神武器所主张的是彻底的革命，要求的是"消灭任何阶级的统治以及这些阶级本身"①。因此，在革命主张上，精神武器将革命的第一步定为"使无产阶级上升为统治阶级，争得民主"，再利用政治统治夺取资本并集中生产资料，在这一过程中，"首先必须对所有权和资产阶级生产关系实行强制性的干涉"。② 精神武器并不因为其革命性而成为资产阶级所污蔑的"极端分子"和"暴力狂"。它之所以拒斥仅仅用和平方式进行斗争，并不是因为和平方式不符合其革命性要求，恰恰相反，是因为"革命不能故意地、随心所欲地制造"③，革命的要求来自现实，来自不可否认的生产力与生存关系矛盾。精神武器是"最不反对这种办法的人"④，在它那里，革命性不是想象地而是现实地暴力革命，"革命在任何地方和任何时候都是完全不以单个政党和整个阶级的意志和领导为转移的各种情况的必然结果"⑤，是社会发展的必然状况，是彻底革命的必然要求。

3. 精神武器引领和深化无产阶级革命实践

科学的理论成为无产阶级精神武器的过程，也就是其充分发挥自身为无产阶级革命斗争服务本质功能的过程。在这一过程中，精神武器以高昂而充沛的情感激发革命热情、以科学的理论引导情绪并提升理性、以对实践过程的具体指导和深刻反思，触动和培育无产阶级的精神园地。

首先，通过唤醒和鼓舞革命激情，理论可以成为革命的无产阶级的情感依托。在对旧世界的批判性斗争中，理论的"主要情感是愤怒，它

---

① 《马克思恩格斯文集》第 1 卷，人民出版社 2009 年版，第 543 页。
② 《马克思恩格斯文集》第 2 卷，人民出版社 2009 年版，第 52 页。
③ 《马克思恩格斯文集》第 1 卷，人民出版社 2009 年版，第 685 页。
④ 《马克思恩格斯文集》第 1 卷，人民出版社 2009 年版，第 684 页。
⑤ 《马克思恩格斯文集》第 1 卷，人民出版社 2009 年版，第 685 页。

的主要工作是揭露"①。搏斗式的批判会让无产阶级意识到自身饱受压迫的生存状态，让他们对自己的现实处境"大吃一惊"②。它能够以尖锐有力的思想生动"描述各个社会领域相互施加的无形压力，描述普遍无所事事的沉闷情绪，描述既表现为自大又表现为自卑的狭隘性"③。它直观地呈现以政府或其他形式表现出来的一切卑劣事物，深刻揭露无产阶级"被支配、被统治、被占有"④ 的阶级地位。例如，恩格斯就曾对英国资产阶级进行过尖锐批判，揭露资产阶级伪善的面具："怎么，难道英国的富人不关心穷人？他们不是已经创办了其他任何国家都没有的慈善机关吗？是的，慈善机关！你们吸干了无产者最后一滴血，然后再对他们虚伪地施以小恩小惠，以使自己感到满足，并在世人面前摆出一副人类大慈善家的姿态，而你们归还给被剥削者的只是他们应得的百分之一，似乎这样做就是造福于无产者！"⑤ 受到精神武器影响的无产阶级，不再采取暧昧的或是猜疑的态度，不再"有一时片刻去自欺欺人和俯首听命"⑥。而且，精神武器还会鼓舞无产阶级对一切剥削制度的愤怒与憎恨，激发无产阶级敢于进行革命斗争的冲动与勇气，使普遍的自我解放成为无产阶级自身不可抗拒的要求。这种真正从无产阶级立场出发、对无产阶级现实处境感同身受的革命的新哲学，必将在无产阶级中凝聚起最广泛的情感共鸣，成为无产阶级最信赖的理论依托。

其次，精神武器能够提升革命自觉性，在引导革命激情的同时也成为无产阶级的思想工具。革命的新哲学不仅能够将无产阶级从"神圣形象"与"非神圣形象"的精神奴役中解放出来，带领他们走出混乱无序的思想状态，而且能够提供全新的认识世界与改造世界的基本立场、观

---

① 《马克思恩格斯文集》第 1 卷，人民出版社 2009 年版，第 6 页。
② 《马克思恩格斯文集》第 1 卷，人民出版社 2009 年版，第 7 页。
③ 《马克思恩格斯文集》第 1 卷，人民出版社 2009 年版，第 6 页。
④ 《马克思恩格斯文集》第 1 卷，人民出版社 2009 年版，第 6 页。
⑤ 《马克思恩格斯文集》第 1 卷，人民出版社 2009 年版，第 478 页。
⑥ 《马克思恩格斯文集》第 1 卷，人民出版社 2009 年版，第 6 页。

点和方法，使他们按照自己的观点来表达解放的思想，而不陷于旧哲学的藩篱。只有获得了新哲学的理性启蒙，革命者才能"作为不抱幻想而具有理智的人"①，在对社会历史发展客观规律的正确把握中理解人类解放的必要性与必然性。唯物史观揭示了一切的历史冲突都根源于生产力与生产关系的这一基本矛盾，这种矛盾"每一次都不免要爆发为革命"，并采取各种附带形式如"不同阶级之间的冲突、意识的矛盾、思想斗争、政治斗争，等等"。② 在对各领域与各阶级之间相互关系的全面考察中，精神武器明确了无产阶级的历史使命与责任担当：当"居于统治地位的大资产阶级已经完成了它的历史使命"，"不但不能再领导社会，甚至变成了生产发展的障碍"③，这时，历史的领导权就转到了无产阶级手中，共产主义运动也就不再是"现实应当与之相适应的理想"，而是"由现有的前提产生的""消灭现存状况的现实的运动"。④在革命中，精神武器帮助无产阶级提出清晰的革命诉求与斗争策略，为无产阶级带来理论的解放、助力现实的解放，成为无产阶级科学的思想工具。

最后，精神武器指导无产阶级的革命运动，成为无产阶级的革命实践指南。精神武器与其他理论相比最为革命之处就在于它是为实践服务的理论，从来不沉迷于炽情或思辨之中，反而鼓舞和引导无产阶级将革命激情与革命理性投入实际的革命运动中建立自己的现实。精神武器从来不会止步于抽象词句的批判性斗争，而是致力于以富有全局性谋划、战略性布局与前瞻性眼光的理论思考破解人类社会发展面临的重大问题。它视自身为"无产阶级运动的理论表现"⑤，为自身确立的任务是

---

① 《马克思恩格斯文集》第 1 卷，人民出版社 2009 年版，第 4 页。
② 《马克思恩格斯文集》第 1 卷，人民出版社 2009 年版，第 567 页。
③ 《马克思恩格斯文集》第 3 卷，人民出版社 2009 年版，第 459 页。
④ 《马克思恩格斯文集》第 1 卷，人民出版社 2009 年版，第 539 页。
⑤ 《马克思恩格斯文集》第 3 卷，人民出版社 2009 年版，第 567 页。

"深入考察这一事业的历史条件以及这一事业的性质本身"①，理论追求是"使负有使命完成这一事业的今天受压迫的阶级认识到自己的行动的条件和性质"②。因此，精神武器在揭露现实问题、从事批判和理论建构的同时，也为无产阶级提供科学的实践原则，不断催生新的革命的物质力量，不断推动实现人类解放的革命运动的突破性发展。恩格斯就曾经肯定《资本论》对于革命实践的指导意义，认为其中"总是包含有一些现今一般可能实现的所谓解决办法的萌芽"③。并且，精神武器在革命中不断分析经验教训，使得革命者得以"借助于各种事件逐渐克服革命中的野蛮成分"④，防止革命失败重演。在精神武器引领之下的无产阶级革命运动将不再是囿于一时一地一领域的无序群众暴动，而是成为既有活力、有冲力、有张力，又有理想、有计划、有组织的人类解放运动。革命实践中的理论也不再是"哲学家的头脑"中的抽象思维活动，而是成为无产阶级改造现实世界的锐利精神武器。

三、物质武器与精神武器的基本关系

从历史唯物主义的视角考察，无产阶级具有成为物质武器的必要性与必然性，革命的新理论具备成为无产阶级的精神武器的可能性与现实性。无产阶级是在渴求哲学、趋近哲学、创生哲学的过程中才将自身锤炼为强大的物质武器，而科学理论也是在唤醒无产阶级革命激情、赋予无产阶级革命理性、指导无产阶级革命运动的过程中才发展为锐利的精神武器。在这一过程中，物质武器与精神武器展现出相互转化、相互影响的关系，在"思想力求成为现实"和"现实力求趋向

---

① 《马克思恩格斯文集》第3卷，人民出版社2009年版，第566页。
② 《马克思恩格斯文集》第3卷，人民出版社2009年版，第566—567页。
③ 《马克思恩格斯文集》第3卷，人民出版社2009年版，第333页。
④ 《马克思恩格斯文集》第1卷，人民出版社2009年版，第498页。

思想"的统一过程中，共同实现人类解放的伟大事业。

1. 物质武器与精神武器相互转化

物质武器在精神武器的指引下不断成长壮大。无产阶级并不是一经产生就可以作为物质武器参与革命的。在无产阶级走向革命，在革命中获得成长与新生并不断壮大的过程中，精神武器发挥了十分重要的作用。首先，精神武器帮助物质武器认识自己的存在。贫困者和劳动者并不必然导致二者成为革命者，"穷人和劳动阶级一向就有；并且劳动阶级通常都是贫穷的"①。不同于封建奴隶主的直接剥削和占有，资产阶级为自己披上了伪善的面纱。因此，在被掩盖和粉饰的剥削下，无产阶级往往看不清现实状况，特别是自己的根本利益。此时，早期的社会主义与共产主义理论就发挥了破窗的作用，以对现存制度的猛烈攻击和尖锐批评无情地戳穿社会关系的伪装，揭露现实的压迫，引起无产阶级的愤怒，引导逐渐聚集在一起的无产阶级意识到自身所具有的反抗力量，走向革命的道路。其次，精神武器帮助物质武器更好发挥自身力量。通过精神武器对无产阶级的教育和影响，物质武器可以更加高效地发挥自身的革命力量。无产阶级不会陷入盲目的暴动之中，不会在统治阶级的疯狂镇压下失去革命能力而由物质武器变成资产阶级的物质工具。最后，精神武器助力物质武器排除负面干扰，不断进行革命。精神武器教导物质武器，共产主义所要求的是最彻底的革命，而不是对现实社会的修修补补。但是，"无论哪一个社会形态，在它所能容纳的全部生产力发挥出来以前，是决不会灭亡的；而新的更高的生产关系，在它的物质存在条件在旧社会的胎胞里成熟以前，是决不会出现的"②。因此，物质武器和精神武器需要面临的革命不是短时间的对抗，而是漫长而艰苦的斗争过程。在这一不断革命的过程中，精神武器不断地塑造物质武

---

① 《马克思恩格斯文集》第 1 卷，人民出版社 2009 年版，第 676 页。
② 《马克思恩格斯文集》第 2 卷，人民出版社 2009 年版，第 592 页。

器，不断地团结和组织起更多无产阶级成为物质武器，时刻保持高度的革命热情参与战斗。

精神武器是物质武器发展的必然产物。理论并不是一经产生就达到了完满程度，就可以作为无产阶级的精神武器发挥作用。如果把精神武器当作在生成之初就完成了的、以物质武器为自身确证承担者的革命主体，那么这样的精神武器就和黑格尔的"知道自己并且实现自己的观念"的"绝对自我意识的主体"[1]，也就是绝对精神毫无二致。实际上，在唯物史观看来，"意识在任何时候都只能是被意识到了的存在，而人们的存在就是他们的现实生活过程"[2]。精神武器产生并发展的根本原因，归根到底是无产阶级作为物质武器的现实斗争活动。精神武器以"描述人们实践活动和实际发展过程"带来了思辨哲学的终止，"关于意识的空话也将终止"，"取而代之的是从对人类历史发展的考察中抽象出来的最一般的结果的概括"，在与历史事实和现实实践的结合中，"指出历史资料的各个层次的顺序"，为理解历史发展提供某些方便。物质武器产生的革命的现实需要催生了精神武器，精神武器不是"某个天才头脑的偶然发现"，而是"两个历史地产生的阶级即无产阶级和资产阶级之间斗争的必然产物"[3]。精神武器的产生"是由于无产阶级的形成和资本的积聚"和由此产生的无产阶级和资产阶级之间的阶级斗争，精神武器作为理论存在，实际上是无产阶级在斗争中的理论表现和对无产阶级解放条件的理论概括。因此，随着物质武器群体的壮大、革命力量的增强和现实斗争的发展，物质武器一方面直接为精神武器提供了更多可供观察和概括总结的材料，另一方面也产生了新的疑问困惑，不断为精神武器提供新的研究主题，推动精神武器的不断更新和发展。与此同时，物质武器的现实斗争也对精神武器的"论敌"进行打击，将阻碍自

[1] 《马克思恩格斯文集》第 1 卷，人民出版社 2009 年版，第 218 页。
[2] 《马克思恩格斯文集》第 1 卷，人民出版社 2009 年版，第 525 页。
[3] 《马克思恩格斯文集》第 3 卷，人民出版社 2009 年版，第 545 页。

身与精神武器发展的"这些襁褓扔在一边"①，为精神武器的生长完善提供现实的物质支撑。

2. 物质武器与精神武器相互影响

在相互转化的同时，物质武器与精神武器也相互发生作用，处于双向互动的状态中。其中，精神武器是物质武器发挥力量的重要保障，影响物质武器发挥革命作用的效力；物质武器对精神武器具有根本决定作用，是精神武器真正彻底实现自身的唯一路径。

精神武器对物质武器的影响主要体现在物质武器的作用方法、作用效果以及作用路径上。第一，精神武器影响物质武器的作用方式。在无产阶级斗争的最初，物质武器"不仅仅攻击资产阶级的生产关系，而且攻击生产工具本身；他们毁坏那些来竞争的外国商品，捣毁机器，烧毁工厂，力图恢复已经失去的中世纪工人的地位"②。精神武器将这一阶段还处在分散状态的物质武器联合起来，促进无产阶级形成组织和一定的团体，结成"反对资产者的同盟"③，组织成为政党，汇合成更大规模的斗争。精神武器使物质武器认识到自身的敌人不只是封建统治者、更是资产阶级，在明确对象后进行更加有组织而系统的斗争，以革命形式、以法律形式、以社会舆论形式，从多方面给予资产阶级以越发有力的打击。第二，精神武器影响物质武器的作用大小。在资本主义社会中，资产阶级始终是占据统治阶级的地位，不仅控制着物质生产资料，同时控制着精神生产资料，在对无产阶级实行现实压迫的同时也从精神上控制着无产阶级，力图将无产阶级塑造成最适合为自身创造利润的工具。精神武器则与资产阶级的意识形态作斗争，揭露资产阶级的真实面目，武装物质武器的头脑，并且为物质武器的斗争营造更加有利的意识

---

① 《马克思恩格斯文集》第 3 卷，人民出版社 2009 年版，第 333 页。
② 《马克思恩格斯文集》第 2 卷，人民出版社 2009 年版，第 39 页。
③ 《马克思恩格斯文集》第 2 卷，人民出版社 2009 年版，第 40 页。

形态环境，增强物质武器的威力。因此，如果失去精神武器的积极影响，物质武器"容易惊慌失措"，或者"盲目听信一切流言蜚语"，使得自身的作用大打折扣，甚至起到完全相反的作用。第三，精神武器时刻总结和反思物质武器的实践斗争，帮助物质武器找到更加合适的革命道路。例如，对于无产阶级如何处理旧的国家机器，精神武器就指出"奴役他们的政治工具不能当成解放他们的政治工具来使用"①。不能"简单地掌握现存的国家机体并运用这个现成的工具来达到自己的目的"，而应当"把它作为阶级统治的工具加以摧毁"②，打碎这一国家机器。在精神武器的影响下，物质武器不断进行自我反思和自我革命："它十分无情地嘲笑自己的初次行动的不彻底性、弱点和拙劣；它把敌人打倒在地，好像只是为了要让敌人从土地里汲取新的力量并且更加强壮地在它面前挺立起来。"③ 精神武器使物质武器越发强大，在斗争中实现无限宏伟的目标。

物质武器作为精神武器走向现实的唯一路径，对精神武器的影响主要体现在目标、内容、效果三个层次上。第一，物质武器现实发展产生不同需要，决定精神武器不同的具体目标。物质武器在现实的革命斗争中不断发展走向强大，对精神武器也提出了越来越高的要求。正是基于物质武器的革命需求，精神武器的目标不再停留于对未来社会的构想或者对现实的揭露上，不再局限于为工人争取短暂或即时的利益，而是宣布不断革命，追求和实现共产主义。例如，精神武器就将共产主义要求进一步发展为"共产主义两个阶段理论"和"无产阶级专政理论"，揭示无产阶级专政"是达到消灭一切阶级差别，达到消灭这些差别所由产生的一切生产关系，达到消灭和这些生产关系相适应的一切社会关系，

① 《马克思恩格斯文集》第 3 卷，人民出版社 2009 年版，第 218 页。
② 《马克思恩格斯文集》第 3 卷，人民出版社 2009 年版，第 218 页。
③ 《马克思恩格斯文集》第 2 卷，人民出版社 2009 年版，第 474 页。

达到改变由这些社会关系产生出来的一切观念的必然的过渡阶段"①。第二，物质武器在实践中检验精神武器提供的指导，促进精神武器内容的完善。精神武器虽然具有科学性与革命性，但依旧不是真正从事革命实践的主体，生产精神武器的革命理论家也会受到社会历史环境以及各种偶然因素的影响和制约。物质武器作为直接的实践者，在革命中直接检验这些理论成果，筛选出真正科学的部分作为自身的指导。因此，"空论的社会主义的折中主义者或行家，这种社会主义只有在无产阶级尚未发展为自由的历史的自主运动的时候，才是无产阶级的理论表现"②。当阶级斗争越发展、越激烈，"超乎阶级斗争的幻想，这种反对阶级斗争的幻想，就越失去任何实践意义和任何理论根据"③。第三，物质武器为精神武器创造更好的发展条件，提升精神武器的作用效果。当物质武器尚处在革命的探索状态，新社会的曙光还被掩在重重阴云之后，理论家只能根据尚有的条件作出一些理论探索以满足无产阶级的革命需求。物质武器的斗争使得资产阶级意图掩盖的斗争和矛盾日益明显，于是问题的根本更加直接地暴露出来。此时，精神武器就不需要在头脑中"探寻一种革新的科学"而只需要"注意眼前发生的事情，并且把这些事情表达出来就行了"④。因为物质武器在实践中已经提供了解决问题的条件和答案，精神武器的工作是找到这些实践，揭示背后的规律，将其总结为科学理论，升华为新的精神武器以更好地指导实践。

3. 物质武器与精神武器共同推进彻底革命

物质武器与精神武器的统一作用是无产阶级通过彻底的革命实现全人类解放的必然要求。只有在物质武器与精神武器的辩证统一中，才能

---

① 《马克思恩格斯文集》第 2 卷，人民出版社 2009 年版，第 166 页。
② 《马克思恩格斯文集》第 2 卷，人民出版社 2009 年版，第 166 页。
③ 《马克思恩格斯文集》第 2 卷，人民出版社 2009 年版，第 64 页。
④ 《马克思恩格斯文集》第 1 卷，人民出版社 2009 年版，第 616 页。

达到"有原则高度的实践"、实现"人的高度的革命"①，使人真正"解放成为人"②。彻底的人类解放既是无产阶级的理论追求，也是无产阶级的现实诉求，是物质武器与精神武器共同的目标。这一宏伟目标的达成过程，就是物质武器与精神武器对立统一、矛盾运动的过程，就是在双向互动中实现精神武器内容的现实化与物质武器的非现实化的辩证统一过程。

一方面，精神武器发挥作用，需要物质武器的实践。从精神武器实现自身理论追求的角度来看，人类解放就意味着其在思想世界中的抽象性和外在性已经被完全消灭，这只能通过将精神武器从思想形态不断转化为现实形态的方式来达成，这种彻底转化的完成就是以无产阶级的自我消灭亦即无产阶级的最终解放为唯一标志的。因此，精神武器必须充分发挥自身作为人类解放的"头脑"的功能，对现实的社会弊病进行切身体认与深刻反思。如果只停留于自身，和"批判的批判"一样将自身看作是社会历史的根本推动力而忽视物质武器的力量，那么精神武器也就失去了成为无产阶级精神武器的根本规定，就会在实践的发展中被无产阶级这一物质武器淘汰。精神武器"使世界认清本身的意识，使它从迷梦中惊醒过来，向它说明它的行动的意义"③。通过揭示无产阶级本身存在的秘密，精神武器指引无产阶级在革命的实践运动中消灭自身所体现的一切社会缺陷，从而真正撼动社会现实本身，获得成为现实的实际可能。精神武器也不是绝对地控制着物质武器的行为。如果无产阶级教条地理解精神武器，或者只在理论活动中运用精神武器，而不用精神武器指导实践，那么都将走向失败。只有充分发挥物质武器能动性的革命实践才能充分发挥精神武器的效力，以精神世界的解放引领物质世界的解放。

---

① 《马克思恩格斯文集》第 1 卷，人民出版社 2009 年版，第 11 页。
② 《马克思恩格斯文集》第 1 卷，人民出版社 2009 年版，第 18 页。
③ 《马克思恩格斯全集》第 1 卷，人民出版社 1956 年版，第 418 页。

　　另一方面，物质武器解放自身，需要精神武器的指导。"无产阶级不把哲学变成现实，就不可能消灭自身"①，也就不可能解放自身。从无产阶级作为物质武器满足自身现实诉求的角度来看，人类解放就意味着无产阶级那极端非人的现实处境已经被完全消灭，这种彻底的消灭只能通过将哲学的应然状态完全转化为无产阶级的实然状态的方式来实现，这种彻底的转化一方面只有依靠无产阶级本身的革命实践活动来完成，另一方面也迫切地需要精神武器的引领。因此，无产阶级不仅要充分发挥自身作为人类解放"心脏"的功能，作为物质武器给枷锁以现实的打击，追求"人的高度的革命"②，也要将精神武器的理想性、崇高性与超越性不断地体现到现实世界中。只有将精神武器与自身的斗争结合，无产阶级才不至于在非神圣形象中迷失自我，才不会日渐麻木或陷入内部的斗争，才能抓住根本的矛盾，才能真正消灭产生一切剥削制度的现实根源，才能彻底地实现自我解放和人类解放。可见，单纯依靠无产阶级自发的革命实践，或者纯粹凭借理论的批判和建构，都不可能真正完成彻底的人的解放。只有在哲学与无产阶级之间结成牢不可破的革命同盟，精神武器通过"消灭"无产阶级实现自身，物质武器通过"消灭"理论解放自身，才能在理论与实践的历史性的和解中实现彻底的人的解放。

　　"思想的要求"与"现实对这些要求的回答"之间往往有着"惊人的不一致"③。要消弭物质武器与精神武器之间的不一致，就必须通过"彻底击中"与"理论掌握"推动二者双向趋近，使无产阶级在物质力量与精神力量的辩证统一中彻底解放成为人。在此意义上，"两个武器"的核心论断以及相关论述中所蕴含的关于物质武器与精神武器的辩证关

① 《马克思恩格斯文集》第 1 卷，人民出版社 2009 年版，第 18 页。
② 《马克思恩格斯文集》第 1 卷，人民出版社 2009 年版，第 11 页。
③ 《马克思恩格斯文集》第 1 卷，人民出版社 2009 年版，第 13 页。

系、物质力量与精神力量相互转化的基本原理以及实现人的解放的终极
追求等环环相扣、层层递进的重要思想，不仅为理解思想政治教育的存
在与发展奠定了坚实的理论基础，而且为新时代思想政治教育正本清源
与守正创新提供了重要的精神启示。

首先，思想政治教育必须始终坚持辩证唯物主义的基本哲学立场。
哲学立场是理解和把握思想政治教育存在与发展的核心命题，是推动新
时代思想政治教育理论创新与实践深化的前提性问题。马克思"两个武
器"的重要论断从辩证唯物主义的基本哲学立场出发，科学阐释了物质
武器与精神武器的基本关系，强调了作为物质武器的人民群众在实现人
类解放的伟大斗争中不可替代的决定性作用与作为精神武器的先进思想
理论的特殊能动性作用。新时代思想政治教育必须要坚定辩证唯物主义
的基本哲学立场，既要坚持物质力量的第一性，又要强调物质力量与精
神力量的同一性，才能在正确理解和把握其辩证关系的基础上确立合理
通达的思想政治教育内在运行逻辑。一方面，思想政治教育必须坚持把
物质武器放在第一位，充分尊重人民群众的主体地位与主体力量，不断
激发人民群众的主体性、主动性与能动性，不断增强人民群众的生命
力、战斗力与创造力，不断挖掘人民群众内在蕴藏的巨大物质力量，用
人民群众的先进物质力量为中国特色社会主义伟大事业构筑坚实的物质
基础。另一方面，思想政治教育要高度重视马克思主义作为精神武器的
"一经掌握群众，也会变成物质力量"① 的能动作用，不断提升人民群
众的思想觉悟、理论水平与政治高度，不断凝聚与增强人民群众的精神
力量，为广大人民群众投身中国特色社会主义伟大事业提供思想指南与
实践遵循，引导广大人民群众更好地把马克思主义科学真理的精神力量
有效转化为建设中国特色社会主义的物质力量。

其次，思想政治教育必须充分发挥理论武装的核心功能。遵循物质

---

① 《马克思恩格斯文集》第 1 卷，人民出版社 2009 年版，第 11 页。

武器与精神武器辩证统一的基本规律，推动物质力量与精神力量相转化，这是坚持辩证唯物主义哲学立场的必然要求，也是思想政治教育的重要目标。马克思关于"两个武器"的重要论述揭示了二者相互转化的关键，即对人民群众进行彻底的理论武装。这就要求思想政治教育必须实现理论内容与武装工作的双重彻底。一方面，思想政治教育必须坚持用彻底的理论内容来武装人民群众，只有彻底的理论才能成为"彻底击中"人民群众的"思想的闪电"①。思想政治教育必须有理讲理、以理服人，以抓住人的根本的马克思主义基本立场、观点、方法来武装人民群众的头脑，以马克思主义中国化时代化的最新理论成果及时准确地回应时代发展中人民群众的现实需求与思想困惑，以马克思主义理论的客观性、逻辑性、规律性来说服人民群众，真正触及人民群众的思想与灵魂，使人民群众自觉自发地成为学习、掌握与运用马克思主义的主体。另一方面，思想政治教育必须要坚持对人民群众进行彻底的理论武装，只有科学的武装工作才能帮助人民群众深入掌握科学理论。思想政治教育必须理直气壮讲好理、讲通理、讲透理，必须牢牢把握人民群众思想观念形成发展规律与理论武装工作规律，逐步构建系统而完善的学科体系、学术体系、话语体系、工作体系，做到无时不在、无处不有，始终坚持因事而化、因时而进、因势而新，不断提升理论武装的科学性、系统性与针对性，不断推动将马克思主义理论的彻底性充分而高效地内化为人民群众的精神信仰、外化为人民群众的实践能力。

最后，思想政治教育必须坚定实现人的解放的价值追求。"人的解放"的问题是马克思在《〈黑格尔法哲学批判〉导言》中关切和探讨的根本问题，也是思想政治教育全部理论研究与实践探索的最高主题。马克思在"两个武器"重要论断中深刻揭示出，实现物质武器与精神武

---

① 《马克思恩格斯文集》第 1 卷，人民出版社 2009 年版，第 17 页。

器辩证统一的终极目标正是在于消灭一切剥削制度，使广大人民群众真正解放成为人。"人的解放"的崇高追求深入贯穿了思想政治教育整个的理论逻辑与实践逻辑，内在地要求着思想政治教育应始终坚持以"现实的人"为一切工作的出发点和落脚点，以现实的方式满足整个的人，既要为其精神生活注入实际内容，又要使其实际生活焕发精神活力，使人在物质世界与精神世界的贯通中彰显自身的真正现实性。无论时代如何变化，思想政治教育从其本质来说，都是在做人的工作。因此，思想政治工作者必须始终坚持以人为中心的基本工作导向，坚决贯彻通过人并且为了人的工作原则，牢固树立围绕人、关照人、服务人的基本理念，密切关注人的现实需要、全面把握人的社会关系、积极回应人的发展诉求，将满足人的物质需求与满足人的精神需求结合起来，将增强人的物质力量与铸育人的精神力量结合起来，不断在更高层次、更大范围、更深远意义上为实现每个人的自由全面发展与普遍的人的解放提供科学的精神指引与强大的现实支撑。

第四章　能动与受动

从人的思想行为规律来看，能动与受动是思想政治教育的基本范畴，因为每一次思想引领和价值转化活动都需要能动与受动两种因素同时发挥作用。科学认识人的能动与受动也是马克思主义人学理论建构的核心点位。马克思、恩格斯围绕这一问题的理论探索表明，人是能动与受动的真正统一，这种真正统一反映了人的社会性本质，内在着自由全面发展的成长要求。马克思主义思想政治教育所立足的便是能动与受动的真正统一，就是要从现实的个人出发，通过思想引领和现实运动，寻求合乎人性的本质复归，使人类解放从理想走向现实。

早在博士论文中，马克思就曾从伊壁鸠鲁原子学说中原子脱离直线的偏斜运动来肯定人所具有的自我意识和能动性，分析人与对象世界的辩证关系，为后来对能动与受动问题的研究提供了基础。《德法年鉴》时期，发生着思想转变的马克思明确了有原则高度的实践和现实的人的本质的出发点。在《1844 年经济学哲学手稿》中，马克思尝试对旧哲学理论进行积极扬弃以构建新哲学，分析了能动与受动的内涵与关系，提出"人作为自然存在物，而且作为有生命的自然存在物，一方面具有自然力、生命力，是能动的自然存在物"[1]，可以能动地认识和改造自身和对象世界，同时也是"受动的、受制约的和受限制的存在物，就是说，他的欲望的对象是作为不依赖于他的对象而存在于他之外的；但是，这些对象是他的需要的对象；是表现和确证他的本质力量所不可缺少的、重要的对象"[2]。在《关于费尔巴哈的提纲》中，马克思在肯定费尔巴哈批判那些片面发展思维和能动的唯心主义理论的同时也作出反思，认为费尔巴哈"把感性不是看做实践的、人的感性的活动"，没有

---

[1]　《马克思恩格斯文集》第 1 卷，人民出版社 2009 年版，第 209 页。
[2]　《马克思恩格斯文集》第 1 卷，人民出版社 2009 年版，第 209 页。

看到人的本质在其现实性上是"一切社会关系的总和"①，忽视了人在社会实践中的能动与受动。在《德意志意识形态》中，马克思、恩格斯在唯物主义历史观的基础上，阐述了能动与受动的生成根源，指出"人们为了能够'创造历史'，必须能够生活。但是为了生活，首先就需要吃喝住穿以及其他一些东西"②，因此第一个历史活动就是生产满足这些需要的资料，即生产物质生活本身，如此也就产生了作为社会历史主体的人的能动与受动，在自然关系与社会关系中表现出来。创立新唯物主义之后，马克思、恩格斯将能动与受动理论的系统建构和实践的深入发展相结合，在具体问题中运用能动与受动原理。在《反杜林论》中，恩格斯在肯定人的能动性的同时也强调规律的客观性和人的受动性，指出对象世界在还未被"认识和考虑"到时，会起"盲目的、强制的和破坏的"作用。但当我们理解了其"活动、方向和作用"，就能够使它们"越来越服从我们的意志并利用它们来达到我们的目的"③，并结合对人与自然辩证关系的考察进一步阐述能动与受动理论。

一、能动

马克思在《1844 年经济学哲学手稿》中首先指出："人作为自然存在物，而且作为有生命的自然存在物，一方面具有自然力、生命力，是能动的自然存在物；这些力量作为天赋和才能、作为欲望存在于人身上；另一方面，人作为自然的、肉体的、感性的、对象性的存在物，同动植物一样，是受动的、受制约的和受限制的存在物，就是说，他的欲望的对象是作为不依赖于他的对象而存在于他之外的；但是，这些对象是他的需要的对象；是表现和确证他的本质力量所不可缺少的、重要的

①　《马克思恩格斯文集》第 1 卷，人民出版社 2009 年版，第 505 页。
②　《马克思恩格斯文集》第 1 卷，人民出版社 2009 年版，第 531 页。
③　《马克思恩格斯文集》第 9 卷，人民出版社 2009 年版，第 296 页。

对象。"① 在这里，马克思深刻洞察现实的人所具有的能动与受动的双重属性，抓住了准确理解现实的人的能动与受动两个方面。以《1844 年经济学哲学手稿》中关于能动与受动的这一经典论断为主轴，结合马克思后期经典文本中关于人的能动与受动的相关论述，可以充分把握马克思对于能动与受动思想的深刻诠释，有利于在思想动态发展中更加明晰地把握能动与受动思想的精神实质。

马克思在《1844 年经济学哲学手稿》中首先指出，"人作为自然存在物，而且作为有生命的自然存在物，一方面具有自然力、生命力，是能动的自然存在物"，指明了人所具有的能动属性。人首先是能动的存在，无论是人的思想意识、价值选择还是行为活动都充分体现着人所独有的能动。能动也就是能动性，是人所固有的属性。在区别人与动物、考察人类活动历史以及现实生产关系时，马克思对能动的实质、能动的表现进行了分析，指出了能动性在人的生存发展中所发挥的作用，并从人的能动角度对资本主义生产关系进行批判，深刻阐释能动性内涵。

1. 能动性是主体的、现实的和有对象的

马克思所阐释的能动性与黑格尔和青年黑格尔派等唯心主义哲学家，以及费尔巴哈等旧唯物主义哲学家所推崇的能动性都有所区别。在马克思看来，能动性是主体的、现实的和有对象的，而非客体的、抽象的和无对象的。

首先，能动性是主体的而非客体的。只有作为主体的人才具有能动性，能动性是人所独有的属性。动物、植物、自然资源等作为人的对象的客体存在不具有主体性，从而也不具有能动性。动物具有活动能力并不是因其具有能动性，而是由于动物本能的力量，正如同蜘蛛织网、蜜蜂采蜜，不是有意识的、能动的、自主自由活动，而是本能的、完全依

① 《马克思恩格斯文集》第 1 卷，人民出版社 2009 年版，第 209 页。

赖于外部自然界的生命活动。作为真正主体的只有现实的有意识的从事生产实践活动的人，只有人才是能动性的主体。马克思在将能动作为形容词使用的过程中，也明确体现了能动性是主体所独有的这一规定性，能称为能动因素、能动角色和能动存在的，都是作为主体参与到生产流通过程中而具有对其他因素的改变和控制能力的存在。本是物的资本之所以能被视作"能动的"，就是因为资本在商品生产流通中对于参与生产的要素甚至是原本作为主体的劳动者起到了支配与控制作用，扮演了主体的角色。马克思、恩格斯并没有因此将物的能动作用与能动性相混淆。资本本身并不具有主体性，其所占据的主体角色也是由资本家的主体性作为支撑的。资本所扮演的是"主体角色"，资本的"能动性"实际上是人的能动性。

在《资本论》中，马克思区分了生产资本家与货币资本家，其中生产资本家是能动资本家。能动资本家之所以是能动的，并不是因为能动性作为资本家为人的固有属性，而是因为能动资本家作为一个能动主体参与到了生产活动中，对客体发生了主导、控制、改变的作用。而能动资本家在作为主体使用资本并执行职能时，货币资本家只提供资本，不参与生产活动和资本运作的过程。可见，作为主体参与现实的活动是马克思对于能动性所要求的必要条件。在对《资本论》所加的一个注解中，恩格斯也将从主体的而非客体的角度的理解作为从能动的角度的理解，说明能动性是主体独有的而非客体的这一规定性。恩格斯这样解释对于"生产资料的生产时间"这一概念的正确的理解："应当在能动的意义上去理解这一概念，生产资料的生产实践不是生产生产资料所需的时间，而是生产资料参加一个商品产品的生产过程的时间。"[①] 在生产生产资料的过程中，生产资料是作为被生产出的结果，对于生产活动来说是客体性的存在；生产资料在参与商品生产的过程中，是作为生产者

① 《马克思恩格斯全集》第45卷，人民出版社2003年版，第181页。

的能动性直接承载者，对于生产产品来说是主体性的存在。可见，能动是独属于主体的性质，只有作为主体的现实的人才具有能动性，作为人的客体的对象性存在只能作为人的能动性的直接载体，发挥人的能动作用。

其次，能动性是现实的而非抽象的。与黑格尔和青年黑格尔派所推崇的纯粹抽象思维、自我意识的能动性不同，马克思强调具有现实性的能动活动，而非仅具有抽象性的思维能动性。唯心主义"把意识看作是有生命的个人"，因此陷入抽象的能动性讨论；马克思从现实的人出发，"把意识仅仅看做是人的意识"，将能动性由抽象的思维活动还原为现实的人的能动活动。正如他在《关于费尔巴哈的提纲》中所揭示的："唯心主义却把能动的方面抽象地发展了"，唯心主义哲学家"不知道现实的、感性的活动本身"①，只将现实的人作为自我意识的承载者、绝对精神的外化而存在，将人的活动抽象把握成思维的活动，将主体能动性直接等同于抽象思维的能动性，进而走向了对思维是否具有认识客观世界能力的认识论讨论中。当人的认识与对象世界被分隔为彼岸世界与此岸世界，不仅人的认识能力被加上了枷锁，精神世界与物质世界的区分更是抹杀了人的现实能动性，消解了人能动改造世界的现实可能性。在抽象的能动性理论指导下，谋求改变的活动只能在精神世界展开，并且思维的改变才是改变现实的唯一可能。如果反对的仅仅是词句，"那么他们就绝对不是反对现实的现存世界"②，思维上的批判所能达到的唯一结果，只是对现有理论作出的说明和修饰。马克思深刻认识到，人的能动性并不局限在抽象的理论思辨中，而是更多地并更加直接地体现在人的现实的活动中。作为能动性的人不是思维主体，而是现实的个人，"是他们的活动和他们的物质生活条件"③，是人在"已有的和由他们自

---

① 《马克思恩格斯文集》第 1 卷，人民出版社 2009 年版，第 499 页。
② 《马克思恩格斯文集》第 1 卷，人民出版社 2009 年版，第 516 页。
③ 《马克思恩格斯文集》第 1 卷，人民出版社 2009 年版，第 517 页。

己的活动创造出来的物质生活条件"① 之上的现实的感性的活动。这也就是说，能动性是从事实际活动的人的能动性，因而是可以从人的现实生活过程中找到根据的。

最后，能动性是有对象的而非无对象的。能动性之所以为能动性，并不只以主体的存在为规定，而是以主体和对象的共同存在为前提的。能动指的是主体对于对象所具有的特殊属性，因为只有在与对象的关系中，人的能动性才得以彰显。"只有当对象对人来说成为人的对象或者说成为对象性的人的时候，人才不致在自己的对象中丧失自身"②，因此，一方面只有当对象性的现实被人作为对象时，人才体现出自身的主体性来。"人对世界的任何一种人的关系——视觉、听觉、嗅觉、味觉、触觉、思维、直观、情感、愿望、活动、爱，——总之，他的个体的一切器官，正像在形式上直接是社会的器官的那些器官一样，是通过自己的对象性关系，即通过自己同对象的关系而对对象的占有，对人的现实的占有；这些器官同对象的关系，是人的现实的实现（因此，正像人的本质规定和活动是多种多样的一样，人的现实也是多种多样的），是人的能动和人的受动，因为按人的方式来理解的受动，是人的一种自我享受。"③ 人通过感觉器官对对象的占有实现人的现实，而感觉器官对对象的占有是通过与对象的关系实现的。那么，人与对象的关系也就是人的能动性的实现方式，在人的感觉器官也即人同感觉对象的关系中，人实现了自身的现实，也只有在这样对象性的关系中，人实现了自身的能动性，展现出了自身区别于对象世界的独特认识与行动能动力。

作为能动性前提规定的对象既包含了自然界，也包含了人类社会。费尔巴哈超越唯心主义，将人也看作自然存在物，作为感性对象之一。但费尔巴哈没有认识到，仅仅将人看作自然存在物和感性对象，无法真

---

① 《马克思恩格斯文集》第 1 卷，人民出版社 2009 年版，第 517 页。
② 《马克思恩格斯文集》第 1 卷，人民出版社 2009 年版，第 190 页。
③ 《马克思恩格斯文集》第 1 卷，人民出版社 2009 年版，第 189 页。

正地认识人的能动性，人与对象也就是人、社会、人化的自然之间的关系才是把握人的能动性的现实抓手。对此，马克思注重从物质生产、精神生产、社会交往等维度深入阐发人的能动性，从人与对象的关系中把握人的能动性，而非将能动性视为无对象的活动、将主体存在视为能动性的唯一前提。在青年黑格尔派中，鲍威尔"用抽象的人的'自我意识'代替了'抽象的自然界'"，将人与对象世界的关系全部看作作为主体的自我意识的活动，是"自我意识设定世界、设定差别"，认为"宇宙的运动只有作为自我意识的运动，才能实际上成为自为的运动，从而达到同自身的统一"①，直接抹杀了对象世界存在的重要性。相比于唯心主义哲学家对能动主体的无限发展和对象世界的严重忽视，马克思强调能动性也以对象的存在为前提，人的本质力量作为天赋、才能和欲望只有在与外部对象世界发生关系时，在占有外部对象的生产时，在进行满足自身需要的能动性行为时，才真正得到确证与彰显。

2. 能动表现于主体认识与改造对象世界的过程

马克思指出，"人作为自然存在物"，"一方面具有自然力、生命力，是能动的自然存在物；这些力量作为天赋和才能、作为欲望存在于人身上"②，这些本质力量作为人与生俱来的天赋与才能促使人去追求、占有满足自身欲望需求的外部对象，从而进行自主的有意识的能动性活动。在这些能动的活动中，人的天赋与才能不断被挖掘、彰显与提升，进一步推动着人的能动性活动的发展。人的本质力量作为人的能动性的直接表征，具体表现在两个方面：一是人对于对象世界的认识能力，二是人对于对象世界的改造能力。

第一，人的能动性表现为人可以能动地认识对象世界。"有意识的

---

① 《马克思恩格斯文集》第 1 卷，人民出版社 2009 年版，第 198 页。
② 《马克思恩格斯文集》第 1 卷，人民出版社 2009 年版，第 209 页。

生命活动把人同动物的生命活动直接区别开来。"① 首先，人的能动性体现在意识的能动性上。人可以形成关于对象世界的科学认识，并在现实的活动中确证自身的认识，运用这一认识。正如马克思在《1844 年经济学哲学手稿》中指明的："动物只是按照它所属的那个种的尺度和需要来构造，而人却懂得按照任何一个种的尺度来进行生产，并且懂得处处都把固有的尺度运用于对象；因此，人也按照美的规律来构造。"② 其次，人的思维能力是人的能动性的重要体现。马克思在批判唯心主义将观念的历史作为人的历史的错误观点时也肯定了人的观念意识在精神世界的能动作用。他指出，人的意识起初只是对于环境的直接感知，是"对自然界的一种纯粹动物式的意识（自然宗教）"，但是人在现实的活动中逐渐意识到自我与社会的存在，以意识代替了本能，并且开始"现实地想象某种东西"，甚至"摆脱世界而去构造'纯粹的'理论、神学、哲学、道德等等"③。最后，在认识对象世界过程中，人也可以认识到自身的能力与能力的界限。人并不是完全被动地受对象世界的影响，而是能够在外部制约之下充分发挥自身的意识能动性的主体性存在。人在认识外在的对象性世界的同时，也会能动地感受、能动地认识自身的受动性。人之所以能自我认知为是受动的存在物，也是因为人具有认识自身的能力，这恰恰也是人的意识能动性的体现。人作为"一个有激情的存在物"，"激情、热情是人强烈追求自己的对象的本质力量"④，是人的自我意识和意志欲望的能动发挥。这里的"感到自己是受动的"就是人能动地认识受动、认识致人受动的社会存在条件的鲜明体现，"激情、热情"作为人的本质力量，也是人的能动性发挥的彰显。

第二，人的能动性体现为人对对象世界的能动改造。马克思深刻认

① 《马克思恩格斯文集》第 1 卷，人民出版社 2009 年版，第 162 页。
② 《马克思恩格斯文集》第 1 卷，人民出版社 2009 年版，第 163 页。
③ 《马克思恩格斯文集》第 1 卷，人民出版社 2009 年版，第 534 页。
④ 《马克思恩格斯文集》第 1 卷，人民出版社 2009 年版，第 211 页。

识到，人的能动性具有意志与行动的双重意义，而不是旧哲学中所推崇的单一的思维能动性。费尔巴哈"仅仅把理论的活动看做是真正人的活动"①，忽视人的现实的感性的实践活动，不了解实践活动中人对于世界的直接改造的重要意义。对此马克思写道，"人不仅像在意识中那样在精神上使自己二重化，而且能动地、现实地使自己二重化"②，能动的实践活动才是现实的人的活动本身。人不仅在精神世界对自身、对对象世界、对自身与对象世界的关系进行观察与反思，也直接在现实的实践活动也就是改造对象世界的活动中完成这一目标，并且同时完成对自身思维活动的确证。人在自身创造的世界中直观自身、直观对象，使对象世界成为其生产生活的基础，对对象世界进行现实的能动的改造活动。在实践的改造活动中，人得以证明"自己思维的现实性和力量"③。因此，在考察人的能动性的表现时，不仅要强调意识的能动性，而且要强调行为的能动性，认识到通过人本身所具有的自然力、生命力等本质力量，人不仅能够能动地认识世界，还能够能动地改造世界。马克思在《1844 年经济学哲学手稿》中揭示了人能够通过劳动、生产等实践活动确证自身的本质力量、全面占有其本质、自由自觉地改造客观世界。马克思认为，劳动能够使人身上的自然力运动起来，通过这种运动作用于他身外的自然并改造自然，同时也改变他自身的自然。通过"改造世界的生产"，人才以直接的行动展现了自身行为的能动性。马克思指出："正是在改造对象世界的过程中，人才真正地证明自己是类存在物。这种生产是人的能动的类生活。"④ 尽管动物也有生产，但动物的生产不具备能动性。动物的生产活动只是因受到直接的肉体需要支配而进行的，但人的能动性使人在不受这种需要的影响时也能够进行真正的生产

---

① 《马克思恩格斯文集》第 1 卷，人民出版社 2009 年版，第 499 页。
② 《马克思恩格斯文集》第 1 卷，人民出版社 2009 年版，第 163 页。
③ 《马克思恩格斯文集》第 1 卷，人民出版社 2009 年版，第 500 页。
④ 《马克思恩格斯文集》第 1 卷，人民出版社 2009 年版，第 163 页。

并且能自由地面对自己的产品。可见，人对对象世界的能动改造活动既确证了人的思维和行动的本质力量，更是人的能动性的鲜明体现。

3. 能动性是人存在发展的确证和基础

在阐释能动的实质与能动的表现之外，马克思、恩格斯也多次从能动性的角度分析问题、构建理论并展开批判。在这一过程中，马克思、恩格斯对人的能动性的作用作出了揭示，指出人的能动性确证了人的存在，保证了人的生产生活，促进了人的发展，并为人从必然王国向自由王国的飞跃提供了条件。

第一，能动性是人与动物的本质区别。人的能动性体现为人的意识的能动性和人的行动的能动性，也就是人在精神世界和物质世界的能动的活动。而正是人在精神世界和物质世界的能动性将人与狭义的动物区别开来。首先，人的能动性的表现将人与动物区别开来。"一当人开始生产自己的生活资料，即迈出由他们的肉体组织所决定的这一步的时候，人本身就开始把自己和动物区别开来。"① 人的生产活动要求人对自身生存发展需求、自身活动能力以及对生产资料，也就是对对象世界的认识能力，也要求了人现实地从事生产活动的能力，而思维能力和行动能力又是人的能动性的确证。因此，在活动中展现出自身能动性的人将自己与动物区别开来。其次，能动性展现的主体与对象间的关系将人与动物区别开来。马克思、恩格斯指出，"生命的生产，无论是通过劳动而生产自己的生命，还是通过生育而生产他人的生命，就立即表现为双重关系：一方面是自然关系，另一方面是社会关系"②。从事现实活动的人与自身的对象世界形成了众多联系，这些联系"由需要和生产方式决定并不断采取新的形式"，表现成为"历史"。人与自然的关系既直接体现在人化自然中，也展现在人的工艺史中。"达尔文注意到动植物

① 《马克思恩格斯文集》第 1 卷，人民出版社 2009 年版，第 519 页。
② 《马克思恩格斯文集》第 1 卷，人民出版社 2009 年版，第 532 页。

的生活中作为生产工具的动植物器官是怎样形成的"，社会人的生产器官的形成史也展现了人与自然以及人与人的关系，说明人是如何成为人的。正如马克思所指出的，"工艺学揭示出人对自然的能动关系"和"人的生活的直接生产过程"，从而说明"人的社会生活关系和由此产生的精神观念的直接生产过程"与"每一个特殊社会组织的物质基础的形成史"。① 对人来说，人与自然界、与他人、与社会的关系甚至人与人自身的关系都是主体与对象间的关系，这些关系都是由于主体的需要而产生的，"这些关系都是为我而存在的"。动物则"不对什么东西发生'关系'，而且根本没有'关系'；对于动物来说，它对他物的关系不是作为关系存在的"②。动物不将自身看作能动的主体，而人却将自身当作能动的主体，将自然作为自身的对象，在这样主体与对象的关系中满足自身生存与发展的需求。

第二，能动性保证了人的生活，促进人的生存发展。首先，人的能动的认识能力使人意识到自身的生存与发展需求。人不只是遵从生命本能的动物，更是在实践上和理论上都将自身当作有生命的类的存在对待的类存在物。人发展出了自我意识，认识到自身拥有肉体生活和精神生活。并且，在认识到自身生存与发展的需求外，人同时能动地认识到感性的外部世界是满足自身生存需求的必要。没有外部世界提供的生活资料，人就没有了维持肉体生存的物质基础，失去了维持生活的工具和手段。正如马克思对工人与自然界关系作出的分析："没有自然界，没有感性的外部世界，工人什么也不能创造。自然界是工人的劳动得以实现、工人的劳动在其中活动、工人的劳动从中生产出和借以生产出自己的产品的材料。"③ 也就是说，人的能动的活动使自然界一方面在这样的意义上提供生活资料，即作为人这一活动主体的对象；另一方面也在

① 《马克思恩格斯文集》第 5 卷，人民出版社 2009 年版，第 429 页。
② 《马克思恩格斯文集》第 1 卷，人民出版社 2009 年版，第 533 页。
③ 《马克思恩格斯文集》第 1 卷，人民出版社 2009 年版，第 158 页。

更狭隘的意义上提供生活资料，即作为维持人本身的肉体生存和生产与再生产以满足生存发展需求的手段。其次，人的能动性使人产生了社会关系。在原始时期，"共同体（部落体）的特殊形式和与它相联系的对自然界的所有权这二者的原始统一，或者说，把生产的客观条件当做自然存在，当作以公社为中介的单个人的客观存在这样一种关系——这种统一一方面表现为一种特殊的所有制形式——，在一定的生产方式本身中具有其活生生的现实性"①。因为，在这种生产方式中，所有制关系作为人的能动性的结果，既表现为人之间的相互关系，又表现为人对无机自然的一定的能动的关系，成为人化自然以及人类社会关系的雏形。最后，人在社会关系的总和之上能动地发展形成了人类社会。"他们只有以一定的方式共同活动和互相交换其活动，才能进行生产。为了进行生产，人们相互之间便发生一定的联系和关系；只有在这些社会联系和社会关系的范围内，才会有他们对自然界的影响，才会有生产。"② 在一定的物质基础与生产力基础上，人能动地发展出了各自借以进行生产的社会关系，尤其是社会生产关系，并且依照物质基础和自身条件的不同发展出了不同的社会关系，作为人互相交换其活动和参与全部的生产活动的基本条件。随着物质生产资料、生产力的发展变化，这些生产关系与其他社会关系共同构成了人类社会。

第三，能动性实现了人的发展并助力人的自由全面发展。恩格斯在《反杜林论》中指出，自由并不是"认知和冲动"或"理性与非理性"之间的均值而能用"人差"确定，更不是杜林所以为的受自然规律作用的"先天的和后天的知性对自觉动机的感受"，"自由不在于幻想中摆脱自然规律而独立，而在于认识这些规律，从而能够有计划地使自然规律为一定的目的服务"，"无论对外部自然的规律，或对支配人本身的肉体

---

① 《马克思恩格斯文集》第 8 卷，人民出版社 2009 年版，第 146 页。
② 《马克思恩格斯文集》第 1 卷，人民出版社 2009 年版，第 724 页。

存在和精神存在的规律来说，都是一样的"。① 能动性就是人认识这些规律，并将这些规律有计划地运用于现实活动的保障。人运用能动性对对象世界进行认识活动与改造活动，形成关于对象世界必然性的认识成果，并在改造活动中不断扩展和发展认识成果，提升能动的认识能力，将对对象世界的必然性认识作为认识和实践的基础。刚刚从动物界分离出来的人，能动性尚未得到充分发挥和发展，而几乎和动物一般是被动的存在，但随着人的能动性在人对对象世界的认识与改造中得以彰显与锻炼，人也逐步在向自由发展。正如在摩擦生火中，人发现了机械运动到热的转化，实现了对自然力的支配；而在工业革命中，人发现了热向机械运动的转化，发明出蒸汽机以及随之而来的巨大的解放性变革。

能动性也是无产阶级消灭剥削与压迫，进而实现无产阶级解放与人的本质复归的条件。国民经济学家将劳动作为人的能动的财产，认为"劳动是人用来增加自然产品的价值的唯一东西"②，正反映了资本主义发展以来人的能动性外化逐渐走向物化和被异化的倾向。劳动这一工人的能动性的体现逐渐变成了不属于工人的东西，使得"他在自己的劳动中不是肯定自己，而是否定自己，不是感到幸福，而是感到不幸，不是自由地发挥自己的体力和智力，而是使自己的肉体受折磨、精神遭摧残"③。无产阶级的劳动不是自愿的，而是被强迫的，不是满足劳动的需要，而是满足劳动以外的那些需要，成为资本积累与扩张的资料。马克思、恩格斯深刻指出，资本主义在带来巨大生产力发展的同时，也侵害了人的能动性，尤其是无产阶级的能动性。要实现无产阶级的解放，就应当充分发挥能动性，以现实的能动的革命运动通过人并且为了人而对人的本质进行真正的占有。当物质基础与人的能动性条件都已经

---

① 《马克思恩格斯文集》第 9 卷，人民出版社 2009 年版，第 120 页。

② 《马克思恩格斯文集》第 1 卷，人民出版社 2009 年版，第 123 页。

③ 《马克思恩格斯文集》第 1 卷，人民出版社 2009 年版，第 159 页。

做好准备，思想的闪电击中了人民的园地，使得以科学理论武装头脑的人民拿起了武器，"被逼到绝望地步的无产者将会像斯蒂芬斯向他们宣传过的那样点燃烈火；人民复仇的怒火将迸发出来，来势之猛就连 1793 年也不能与之相比"①。

二、受动

马克思、恩格斯对于人的受动作过诸多阐释，认为人是"受动的、受制约的和受限制的"②，明确揭示人是受动存在物。马克思、恩格斯对于受动的认识既突破了唯心主义对受动的忽视，又超越了旧唯物主义机械的受动观。马克思、恩格斯指出，正如自主的、自由的、有意识的活动是人的能动性活动，无自主意识参与的、不自由的活动就是受动的活动。综合梳理马克思、恩格斯对受动的相关论述可以发现，马克思、恩格斯对于受动的实质、受动的表征以及受动的来源都有所论及。对这些论述进行分析，可以更加系统地认识受动这一重要范畴。

1. 人是受动的、受制约的和受限制的存在物

关于人的能动与受动问题，旧哲学中已有诸多讨论，但无论是固守唯心主义的黑格尔、青年黑格尔派，还是打着唯物主义旗号试图超越黑格尔的费尔巴哈，都没有充分认识到人是能动与受动双重维度的统一，或片面地认识能动，或局限地理解受动，与真理失之交臂，没有正确把握人与对象的关系。

面对唯心主义哲学家对于主体或自我的无限发挥问题，费尔巴哈举起了唯物主义的旗帜，认为"物质性的东西，我是被动地接受；我是在

---

① 《马克思恩格斯文集》第 1 卷，人民出版社 2009 年版，第 496 页。
② 《马克思恩格斯文集》第 1 卷，人民出版社 2009 年版，第 209 页。

承受"①，不能把由自然提供的实在对象作为主观思维的结果，把主观需要的表象作为真理，无视人和思维作为被规定的对象的受动性。通过把思维活动还原为有前提和基础的被规定的活动，强调人的感性并确立自然界为精神和开端，费尔巴哈超越了唯心主义，确立了人的受动，反对无限夸大思维和意识的能动而忽视受动，将人作为自然存在物，指出唯心主义不过是把自然的生命和理性"看成他自己的生命、他自己的理性"，"把自然中所看到的东西亲手放进了自身"，把自然作为"客观化了的自我"。② 在费尔巴哈看来，不能将人的思维或理性看作是毫无限制的能力，因为"一旦进入了空间和时间，就必须受到空间和时间的规律支配"。黑格尔派的哲学没有认识到"个体、精神的器官、头脑不管多么万能，却总是有一个一定的鼻子在它上面"③，思维和理性是要在个体和个体的类中实现的，不能认为直观的思辨的力量可以直接转化为实体。在此意义上，费尔巴哈批判近代哲学"全部都是从自己开始的，而不是从自己的对方开始的"，揭示近代哲学对于自身前提和开端的否认，指出"黑格尔哲学是在一个时代里产生的，在这个时代里，人类正如在任何其他的时代里一样，是处在一定的思维阶段上，在这个时代里，是有一种一定的哲学存在的"，因此各个时代的哲学也都毫不例外地是有"必然的、理性的前提"的。④ 对于从前的哲学理论，费尔巴哈总结道，"对于自然哲学来说，只有自然存在；对于唯心主义来说，只有精神存在。对于唯心主义来说，自然只是对象"；但实际上自然哲学将主体与对象统一于自然的观点使得自然与绝对的精神并无二致，依旧是一种唯心主义。⑤

---

① 《费尔巴哈哲学著作选集》上卷，生活·读书·新知三联书店 1959 年版，第 57 页。
② 《费尔巴哈哲学著作选集》上卷，生活·读书·新知三联书店 1959 年版，第 71 页。
③ 《费尔巴哈哲学著作选集》上卷，生活·读书·新知三联书店 1959 年版，第 48 页。
④ 《费尔巴哈哲学著作选集》上卷，生活·读书·新知三联书店 1959 年版，第 50 页。
⑤ 《费尔巴哈哲学著作选集》上卷，生活·读书·新知三联书店 1959 年版，第 72 页。

　　马克思继承了费尔巴哈对于受动"周围环境、外部世界对人发生作用的表现形式和方式"①的解释，将自然把握为人的不可或缺的生活对象，将人作为自然的、肉体的、感性的、对象性的存在物。但马克思没有满足于费尔巴哈的论述，而是进一步发展了费尔巴哈的受动思想，将社会领域也纳入考察范围。马克思多次强调，没有自然界这一感性的外部世界，人不仅什么也无法创造，基本的肉体生存的需要也无法被满足。人不仅有将自身与狭义的动物与其他无生命存在相区别的本性，也拥有和动物同样的机能如"吃、喝、生殖，至多还有居住、修饰等等"。但是，作为人的对象世界的自然并不是直接满足人的需要，而是通过人的实践活动表现为食物、衣着、燃料、工具，进而成为人的生命活动对象。费尔巴哈的受动思想则忽视了人的实践能动力，在为思维加上自然限制的同时忘记了人的活动也对自然发生作用，因而费尔巴哈仅仅停留在了思维和感觉的领域，依然在社会历史观上陷入唯心主义窠臼。

　　不同于费尔巴哈依赖于感性直观片面认识受动性，忽视人的能动性、创造性活动，马克思全面地把握了二者的辩证统一关系，科学地认识了能动与受动。从主体与客体的对象性关系中，马克思对人的受动的实质作出了定义。人"是受动的、受制约的和受限制的存在物，就是说，他的欲望的对象是作为不依赖于他的对象而存在于他之外的；但是，这些对象是他的需要的对象；是表现和确证他的本质力量所不可缺少的、重要的对象。"② 受动的人将对象世界作为自己的无机的身体，为了满足自身的生命存在而不断与自然界发生交往与联系，并且发展出人化自然和人类社会，在与自然和社会的交往中展现自身的能动与受动。马克思一针见血地指出，"费尔巴哈从来不谈人的世界，而是每次

---

① 《马克思恩格斯文集》第 1 卷，人民出版社 2009 年版，第 792 页。
② 《马克思恩格斯文集》第 1 卷，人民出版社 2009 年版，第 209 页。

都求救于外部自然界"①。同时，需要区分的是，受动并不等于被动，二者有根本性的区别。受动是主体的性质，是主体在与对象发生能动的关系时所表现出来的受规定性，被动则是单纯受作用的一方，是没有主体意识、没有实践活动能力的承受者。因此，马克思认为政治的、法律的、宗教的、哲学的体系和社会制度都是被动的而不是受动，因为作为人类实践成果的这些体系只是对主体的能动和受动历史的记录，既没有发展的意识也不会主动发展，只有当主体发生根本性变化时才会在主体的作用下发生根本的变化。可见，受动是主体所独有的性质。人尽管是受到规定与限制的受动存在，但是在这样的受动中，人也确证了自身作为主体和对象世界发生的关系，表现和确证了自身的本质力量。

2. 受动性表现于人与环境的关系

就受动的表现而言，人的受动的活动一方面体现为人因要满足与动物无异的本能需要而受到自然环境的限制，另一方面体现为人是社会的存在物，在社会活动和满足自身社会性生活需要的过程中受到社会环境的限制。因此，人的受动性主要表现为在自然环境中的受动性与在社会环境中的受动性。

第一，人在自然环境中的受动性。自然界是人无机的身体，为人提供满足自身需要、确证自身本质力量的外部对象。饥饿需要食物、疲惫需要休息，这些都是人作为受动存在物的本能反应，即依照本能获取满足符合自身自然属性基本生存需要的对象。马克思、恩格斯曾在《德意志意识形态》中基于唯物史观的科学视角对人的这种本能需要进行了更为详尽的阐释。"人们为了能够'创造历史'，必须能够生活。但是为了生活，首先就需要吃喝住穿以及其他一些东西。因此第一个历史活动就

---

① 《马克思恩格斯文集》第 1 卷，人民出版社 2009 年版，第 549 页。

是生产满足这些需要的资料，即生产物质生活本身，而且，这是人们从几千年前直到今天单是为了维持生活就必须每日每时从事的历史活动，是一切历史的基本条件。"① 生产满足需要的第一个活动也就是在自然环境中发生，自然环境就是人的生产活动的第一个对象，自然环境中的受动性也是人的受动性的首要表征。人在刚刚脱离狭义的动物界时，自然界对于人是一种"完全异己的、有无限威力的和不可制服的力量与人们对立"的存在，"人就像牲畜一样慑服于自然界"②。但是，人可以能动地认识自身的受动和自身的对象，动物则不能。人逐渐利用起自身的天赋和能力去突破和减少自然环境对自身的限制以满足自身需要。在这种满足生存需要的过程中，人也不是随心所欲地操纵或使他需要的对象直接地为他所用，而是始终受到自然资源分布、地理环境、生产工具的限制和制约。正如马克思在《资本论》中作出的分析，自然环境的差异性和多样性为人的生产生活提供规定，"不同的共同体在各自的自然环境中，找到不同的生产资料和不同的生活资料。因此，它们的生产方式、生活方式和产品，也就各不相同"③。人在生产生活方面所展现出的地域差异就是人在自然环境中受到自然存在制约和规定的受动性表现的直接体现。恩格斯也多次强调，"人本身是自然界的产物，是在自己所处的环境中并且和这个环境一起发展起来的"④。可见，人对自然环境的依赖性和对象性及其在自然环境面前的受动性都是不可否认的。

第二，人在社会环境中的受动性。人作为社会存在物，也将社会作为自身的对象，受到一定的社会存在的制约。在资本主义社会中，无产阶级的能动性受到资本的深深侵害，使得原本的能动性的体现异化而成为受动的表现。工人在资本主义社会私有制、雇佣劳动制约下，其活动

---

① 《马克思恩格斯文集》第 1 卷，人民出版社 2009 年版，第 531 页。
② 《马克思恩格斯文集》第 1 卷，人民出版社 2009 年版，第 534 页。
③ 《马克思恩格斯文集》第 5 卷，人民出版社 2009 年版，第 407 页。
④ 《马克思恩格斯文集》第 9 卷，人民出版社 2009 年版，第 38—39 页。

是受动的，力量则是无力的。国民经济学家和资本家"把工人的需要归结为维持最必需的、最悲惨的肉体生活，并把工人的活动归结为最抽象的机械运动；人无论在活动方面还是在享受方面都没有别的需要了；因为他甚至把这样的生活宣布为人的生活和人的存在"①。在这样的认识下，工人被当作"没有感觉和需要的存在物"，"工人的任何奢侈在他看来都是不可饶恕的"，"一切超出最抽象的需要的东西——无论是被动的享受或能动的表现——在他看来都是奢侈"，加剧了工人的受动属性。② 劳动对工人来说表现为牺牲和折磨，"这种劳动不是他自己的，而是别人的；劳动不属于他；他在劳动中也不属于他自己，而是属于别人"，劳动变成了"他自身的丧失"。③ 工人在对劳动产品的关系也就是感性的外部世界的关系中，不仅受到了来自自然界的限制，也受到了来自生产关系、社会关系以及劳动产品的影响，他的对象不依赖于他、不属于他甚至转过来反对他。这些使人无法驾驭自身本质力量反而被其支配、天赋与才能被压制的活动均体现着人的受动性。人本质的异化导致了人的受动属性盖过了人的能动，使社会和社会关系这些人的能动的实践的产品，"都变成了对人来说是异己的本质"④，直接导致了人与人之间的对立。因而，马克思、恩格斯始终坚定地强调要使人重新驾驭自身的实践力量，实现必然向自由的转化。人必然要在社会中，在一定的时代条件、社会制度下，改变人能动与受动本质的异化局面，全面占有自身的本质，实现能动与受动的统一，实现合乎人性的复归与自身的全面发展。

3. 受动性来源于对象世界和主体自身

人的受动性来源于其自身和所需要的外部对象。外部世界是不依赖

---

① 《马克思恩格斯文集》第 1 卷，人民出版社 2009 年版，第 226 页。
② 《马克思恩格斯文集》第 1 卷，人民出版社 2009 年版，第 226 页。
③ 《马克思恩格斯文集》第 1 卷，人民出版社 2009 年版，第 160 页。
④ 《马克思恩格斯文集》第 1 卷，人民出版社 2009 年版，第 163 页。

于人而存在的，但又是人存在和确证自身本质力量不可或缺的存在。这不仅意味着，人的生存与发展始终处于一定外部条件、外部制约下，更意味着人的受动的来源不仅是人的对象世界，也包含了人之为人的本质。马克思、恩格斯曾经论述过的受动的来源具体有自然环境、社会环境、生产力与生产关系、社会制度、社会关系等。

第一，受动来源于人的对象世界，包含人的身内自然、人化的自然界和人类社会。首先，对象世界的存在是不以人的意志为转移的。马克思、恩格斯在《德意志意识形态》中进一步阐释了人的受动，指出人是处在一定的"物质的"、不受自身任意支配的"界限、前提和条件下"活动的。① 这种"界限、前提和条件"集中表现为外部存在条件对人的限制、制约，对于人来说是现实的和感性的存在，而不是思维和观念上的存在。每一阶段的人都会遇到一定的物质结果，这些物质性的存在不是哲学家头脑中的想象，而是他们"'想象为实体'和'人的本质'的东西的现实的基础"，"是他们加以神化并与之斗争的东西的现实基础"，"预先规定新的一代本身的生活条件，使它得到一定的发展和具有特殊的性质"。② 尽管对象世界这一现实基础"遭到以'自我意识'和'唯一者'的身份出现的哲学家们的反抗"，"但它对人们的发展所起的作用和影响却丝毫也不因此而受到干扰"。③ 可见，无论人的思维是否承认对象世界的存在，都无法影响对象世界的存在，更无法否认人的受动属性。其次，对象世界是人赖以生存、生活的环境和对象。对象世界是人的生活的现实基础，是人类历史形成的前提，为人的生存与发展提供动力。以往的历史观总是忽略对象世界的力量，仅仅以思维的活动为考察对象，把人的现实的生产生活环境的力量归于人的思维和能动的力量。对此，马克思指出，意识形态的动因只是时代的现实动因的形

---

① 《马克思恩格斯文集》第 1 卷，人民出版社 2009 年版，第 524 页。
② 《马克思恩格斯文集》第 1 卷，人民出版社 2009 年版，第 545 页。
③ 《马克思恩格斯文集》第 1 卷，人民出版社 2009 年版，第 545 页。

式，忽视对象世界和人的受动的社会历史观走向了"关于自己的真正实践的'想象'"①。最后，在考察人对于对象世界的受动时，不仅要认识到自然界这一来源，也要认识到人类社会这一来源。马克思、恩格斯注重对人在社会中的受动性分析，并以此为角度对资本主义生产关系进行了批判。在《政治经济学批判（1857—1858 年手稿）》中，马克思分析了资本主义的生产劳动过程，指出劳动被当成了和物质生产资料一般的生产原料，"工人自己只是被当做自动的机器体系的有意识的肢体"②，工人的活动"从一切方面来说都是由机器的运转来决定和调节的，而不是相反"，"活劳动被对象化劳动所占有——创造价值的力量或活动被自为存在的价值所占有"③。机器、资本以及资本主义的生产关系变成了异己的力量对工人发生作用，成为工人的受动来源。因此，使人受动的存在条件既包括自然环境、生产力与生产方式，也包括社会环境、社会制度以及马克思后期所关注的社会关系等。这些现实条件在不同方面为人的生存与发展带来不同程度的制约和影响。

第二，受动来源于人自身。人能够认识到自身的物质与精神需要并不断发展出新的需要，使得人不得不依赖于对象世界，受到对象世界的规定。首先，人的本质体现为人的需要。人的肉体组织使得人和所有的生命体一样，需要一定的生存资料支撑自己的生命，但是支撑生命的欲望对象并不是人在自身的活动中就可以产生的，而是独立于人并且不能被人直接作为生产生活资料的存在。因此，人想要维持全部生命的第一需要，必须与对象世界发生关系，从而产生对象性关系。其次，人需要在对象性的关系中确证自身的存在。"人有现实的、感性的对象作为自己本质的即自己生命表现的对象；或者说，人只有凭借现实的、感性的

---

① 《马克思恩格斯文集》第 1 卷，人民出版社 2009 年版，第 546 页。
② 《马克思恩格斯文集》第 8 卷，人民出版社 2009 年版，第 184 页。
③ 《马克思恩格斯文集》第 8 卷，人民出版社 2009 年版，第 185 页。

对象才能表现自己的生命。"① 人作为对象性的存在物，如果没有对象世界，就不能参与在对象世界中的活动；失去了对象性的关系，它也就不再是对象性存在物。因此，人的对象性本质使得人必须处在一定的对象性关系中，受到自身对象的作用。最后，人是有意识的主体。动物是完全"慑服"于自然界的却不是受动的主体，正是因为动物不具有意识，更不会认为自身是受动的。马克思曾经举例，"人和绵羊不同的地方只是在于：他的意识代替了他的本能，或者说他的本能是被意识到了的本能"②。对于受动，也是如此。人之所以可以意识到自身的受动，是因为人所具有的思维能力。在实践这一对象性活动中，人不仅感受到了自我对于对象的能动改造和创造能力，也感受到了对象世界异己的力量对于自身的作用。对自身的能力以及受到的限制的认识也构成了人的自我意识，使得人认识到自身对于外部的依赖与受到的规定，并将此属性看作受动。并且，正如马克思在《关于费尔巴哈的提纲》中的名言所说，"人的本质不是单个人所固有的抽象物，在其现实性上，它是一切社会关系的总和"③，人的社会性本质也使得人有与人交往的社会性需求。这一需要不仅是自然界中的人想要生存生活而发展出受动的产物，更是人的本质性需要。同时，人的欲望对象不仅仅是物质的和肉体的，也是观念的和精神的。人不仅有物质生活，也有精神生活。现实的人需要进行精神生产，生产出一定的精神产品以满足精神的需求。可见，人的受动不仅来自对象世界，更来自人自身，是人之为人的必然结果。

三、能动与受动的基本关系

人的能动与受动是辩证统一的。在马克思、恩格斯看来，既不存在

---

① 《马克思恩格斯文集》第 1 卷，人民出版社 2009 年版，第 210 页。
② 《马克思恩格斯文集》第 1 卷，人民出版社 2009 年版，第 534 页。
③ 《马克思恩格斯文集》第 1 卷，人民出版社 2009 年版，第 505 页。

脱离受动制约和限制的能动，也没有独立于能动之外、完全不能被认识和改造的受动。既不能片面强调能动的认识和改造作用，也不能片面强调受动的限制、制约作用。人在充分发挥能动性的基础上，能够不断地认识受动、使受动为我所用，成为利于人全面发展、实现合乎人性的本质复归的助力；科学地认识受动的存在条件、运动规律，又在一定程度上为能动性活动奠定基础、积蓄条件。能动与受动相互作用、互为支撑，统一于实践，在矛盾运动中不断推动人的发展。

1. 人的社会存在条件决定人的受动性

社会存在条件决定人的受动性，限制和制约着人能动性的发挥。马克思曾揭示，人的受动性体现为人始终在一定的界限、前提和条件下活动着。种种社会存在条件决定了人的受动属性，包括历史背景、时代条件、物质生产力、生产方式、自然资源、生态环境以及社会制度等，这些使人成为受动存在物的条件又在一定程度上限制、制约着能动，构成了人的受动性对于人主观能动性发挥的制约和限制。正是由于这些存在条件，人的主观能动性发挥始终建立在受动的基础上。

一方面，人的思想、意识作为人能动性的体现，是由社会存在决定的。人通过思维、意识能动地认识世界的对象、内容及水平始终受到制约和限制，并随社会存在的发展变化而变化。如马克思所指出的，"意识一开始就是社会的产物"[①]，语言作为"现实的意识"也是社会的产物。在任何时候，人能动认识到的对象、内容，能够在思想领域创造、想象、建构的一切都是建立在受动基础之上的。外部客观世界的对象构成人发挥主观能动性的基础、素材，其变化发展影响着人思维认知水平的进一步提升。

另一方面，人能动改造世界的能力、方式与界限也受到社会存在条

---

① 《马克思恩格斯文集》第 1 卷，人民出版社 2009 年版，第 533 页。

件的制约和限制，始终在受动的基础上进行。"人们所达到的生产力的总和决定着社会状况"①，物质生产力的发展作为使人处于受动的存在条件，限制、制约着人的能动性活动，它关乎社会历史发展的必然规律及趋势，因此人能动地改造世界不意味着可以主观随意地决定社会形态的更替及人类文明的发展进步。正如马克思曾揭示的："无论哪一个社会形态，在它所能容纳的全部生产力发挥出来以前，是决不会灭亡的；而更高的生产关系，在它的物质存在条件在旧社会的胎胞里成熟以前，是决不会出现的。"② 马克思在《1844 年经济学哲学手稿》中还深入剖析和揭示了人作为受动存在物处于私有制、雇佣劳动这种社会制度和生产方式的时代条件、社会背景下，其本该是自由、自主有意识的劳动活动受到制约与限制而被异化。尽管在后期的文本中，马克思较少用异化概念来阐释受动，但无论是在哲学、经济学文献中所表述的异己的、同人相对立的、不受自身支配的力量，还是在科学社会主义文献中多次表明要通过消灭私有制实现人类解放、使各种关系重新受自己支配、实现从必然王国到自由王国的飞跃，其实质仍旧体现着私有制下人的本质力量的彰显如何沦为自我的丧失、沦为非现实性的存在境况，人成为仅剩受动属性的存在物，因而必须寻求一种超越和突破的现实路径。

如果片面强调能动忽视受动，则会陷入唯心主义的窠臼。马克思就曾对鲍威尔否认人的受动性、否认实体和对象世界的唯心主义观点进行批判。马克思指出，鲍威尔在一切领域中都"贯彻他的自我意识的哲学或精神的哲学"，"因此他在一切领域就不得不只同他自己头脑中的幻想打交道"，把"无限的自我意识之外还维持着有限的物质存在的一切，都归入单纯的假象和纯粹的思想"。③ 在鲍威尔那里，没有任何有别于思维的存在、任何有别于精神自发性的自然力、任何有别于理智的人的本质

① 《马克思恩格斯文集》第 1 卷，人民出版社 2009 年版，第 533 页。
② 《马克思恩格斯文集》第 2 卷，人民出版社 2009 年版，第 592 页。
③ 《马克思恩格斯文集》第 1 卷，人民出版社 2009 年版，第 345 页。

力量，他只看到了能动的思维的力量，将世界归为无限的意识的领域，却看不到能动之外的受动和来自主体之外的影响，看不到理论之外的任何活动。实际上，鲍威尔所认为的形而上学幻觉不过是自然在意识中的体现，是他所忽视的对象世界。随着马克思思想的深化发展，在后期的文本中马克思越发意识到这种受动的社会存在条件是人能动性发挥的必不可少的基础。正如马克思所指明的："只有完全失去了整个自主活动的现代无产者，才能够实现自己的充分的、不再受限制的自主活动。"[1]

2. 人的能动性可以逐步破除受动性制约

人通过发挥主观能动性利用、改造和完善社会存在条件，能够逐步破除受动的限制和制约。人作为自然存在物和社会存在物，因受到社会存在条件的影响，而是受动的、受制约的和受限制的。但人同时因具有"自然力、生命力"等本质力量、天赋才能，又是能动的存在物，能通过对象性的关系确证本质力量，达到合乎人性的本质复归、实现人的自由全面发展。这种能动性使人在面对异己力量时能够认识到决定受动属性的社会存在条件、时代条件，并发挥自身力量利用和改造这些条件，从而破除受动属性带来的制约和限制。

人可以能动地认识自身的受动与异己的对象世界。动物与自身的生命活动是直接同一的，它是纯粹受动的存在物，也无法感到自己是受动的。人则是能动与受动相统一的有意识的存在物，能够充分认识和把握自身所处的社会存在条件、时代条件，洞察使自身受限制和制约的境况。"人现实的实现"就是"人的能动和受动"，"按人的方式来理解的受动，是人的一种自我享受"[2]。所谓"按人的方式来理解的受动"就是通过主观能动性的发挥全面认识受动，把握使人受动的存在条件及其变化发展的规律，从而利用受动，实现能动与受动相统一，达到人的自

---

[1] 《马克思恩格斯文集》第 1 卷，人民出版社 2009 年版，第 581 页。
[2] 《马克思恩格斯文集》第 1 卷，人民出版社 2009 年版，第 189 页。

我确证。正如恩格斯后来在《社会主义从空想到科学的发展》中进一步指出的，社会力量在还未被"认识和考虑"到时，会起"盲目的、强制的和破坏的"作用，但当我们理解了其"活动、方向和作用"时，就能够使它们"越来越服从我们的意志并利用它们来达到我们的目的"①。人作为受动的存在物在一定界限、前提、条件下活动，受到社会力量、种种外部存在条件的制约、影响，甚至感受到"盲目的、强制的和破坏的作用"，但是，我们能够能动地认识社会力量，通过理解其"活动、方向和作用"利用它"达到我们的目的"。这充分揭示了人可以能动地把握使人处于受动地位的社会现实条件及其发展规律、作用，在这种基础上，人得以进一步科学、有效、有目的地发挥自身的能动性，不被受动单纯、片面地束缚住，在有界限的前提下自由地活动，利用、改造和完善社会存在条件，使受动的制约和限制转变为平台与机会，为人类解放、个人能力的提升、需要的满足、个性的彰显提供物质基础和社会制度等保障，实现由必然王国到自由王国的飞跃。

如果片面强调受动的决定作用，忽视人能够认识受动、利用受动的能动性发挥，就会沦为机械人本质论，与费尔巴哈无异，最终丧失改造现实的能动性实践力量。费尔巴哈认识到，"不能把事物的生命力和个性所固有的、从而既鼓舞着非我又同样鼓舞着自我的一切东西，归之于我们的自我的才干和全能"②。"自我不仅是某种能动的东西，而且也是受动的东西"，"不管愿意不愿意，自我必须从客观世界或自己的身体借用它所缺乏的手段"③。但是，正如在《关于费尔巴哈的提纲》中马克思对费尔巴哈的批评所说，费尔巴哈突破了唯心主义，"不满意抽象的思维而喜欢直观"，却"把感性不是看做实践的、人的感性的活

① 《马克思恩格斯文集》第 3 卷，人民出版社 2009 年版，第 560 页。
② 《费尔巴哈哲学著作选集》上卷，生活·读书·新知三联书店 1959 年版，第 90 页。
③ 《费尔巴哈哲学著作选集》上卷，生活·读书·新知三联书店 1959 年版，第 91 页。

动"。① 费尔巴哈只从客体和直观的形式去理解人的对象世界，从人的肉体和对自然依赖性的角度阐发人的受动性，为自我设下绝对的界限，他在看到自然对人的作用的同时没有看到人在感性的活动中也将自然世界作为实践的对象。费尔巴哈认为，"没有受动性的原则，您又怎么能从自我推演出意志甚至感觉"，"并且，在每一个感觉里面，除了受动以外再无活动，除了肉体以外再无精神，除了非我以外再无自我"。② 因此，为了防止过分强调受动而导致对人的能动性的忽视，马克思、恩格斯着重强调人的能动性活动对于受动的社会存在条件的利用、改造与完善，积极鼓励并调动人民群众的能动性，推进无产阶级革命和人的解放的历史进程。

3. 能动与受动相统一的关键在于实践

人的能动与受动相统一的关键在于实践。这种实践既不同于黑格尔的纯粹"精神"的观念运动，也不同于费尔巴哈贬低的"卑污的犹太人"的牟利活动，而是具有"实践的人"和"人的实践"双重特征的现实的人的能动性活动。能动和受动间对立的解决"只有通过实践方式，只有借助于人的实践力量，才是可能的"③。这阐明了以"人"为主体的实践和以"实践"为方式的人的实践的双重特征。

实践是人的对象性活动，实现了人的能动与受动的统一。在写作《关于费尔巴哈的提纲》时，马克思强调："环境的改变和人的活动或自我改变的一致，只能被看做是并合理地理解为革命的实践。"④ 在此，马克思进一步揭示了人改造、完善受动的社会存在条件与自身能动性活

---

① 《马克思恩格斯文集》第 1 卷，人民出版社 2009 年版，第 501 页。
② 《费尔巴哈哲学著作选集》上卷，生活·读书·新知·三联书店 1959 年版，第 93 页。
③ 《马克思恩格斯文集》第 1 卷，人民出版社 2009 年版，第 192 页。
④ 《马克思恩格斯文集》第 1 卷，人民出版社 2009 年版，第 500 页。

动的发展统一于"革命的实践"之中。一方面，实践的主体是人，体现人的目的、合乎人的需要、彰显人的力量，是人自主的、自由的、有意识的能动性活动。人首先要意识到这种主体性，意识到自身实践的"为我性"目的，并且意识到他的实践能够实现能动与受动的统一。另一方面，人自身能动与受动统一的方式是实践，只有在实践中，人与对象世界现实地发生关系，发挥出实践力量，才能真实感受到自身活动处在怎样的"界限、前提和条件"之中，受到怎样的制约和限制；才能深刻了解自身具有怎样的天赋与才能，能够在多大程度上突破受动属性的制约和限制。正如马克思在阐释共产主义时所揭示的，这种实践运动是"通过人并且为了人而对人的本质的真正占有"①。它标志着现实的人合乎人性、合乎尊严的本质复归，表征着人类解放、人自由全面发展的价值追求、价值指向。也就是在这种实践活动中，马克思、恩格斯将人的实践活动把握为人的能动活动，将人对人的本质的占有作为能动与受动。

人的能动与受动在实践基础上的统一是逐渐发展完善、辩证运动的过程。能动与受动的统一是通过"人的实践"这种方式，也就是主体与对象的作用方式，彰显着人的受动性制约，即自然界和社会的"效用"对人生存与发展的制约和人对决定自身受动属性的社会存在条件的认知和把握，以及人在对象性关系中对自身本质力量的确证，对受动性制约和限制的破除、改善。在这种具有双重特征的实践之中，物和人都"按照人的方式"同彼此发生关系，"需要和享受失去了自己的利己主义性质，而自然界失去了自己的纯粹的有用性，因为效用成了人的效用"②。同时，在实践的过程中，人对受动性条件认知的不断深化，推动着能动性活动的不断深入；能动性活动的不断深入又进一步改变着受动性条件，同时也为能动性活动提供新的环境、背景，改变着能动的水平、能力、界限、渠道。正是在此意义上，马克思肯定了黑格尔辩证法抓住了

① 《马克思恩格斯文集》第 1 卷，人民出版社 2009 年版，第 185 页。
② 《马克思恩格斯文集》第 1 卷，人民出版社 2009 年版，第 190 页。

劳动的本质，因为黑格尔"把人的自我生产看做一个过程、把对象化看做非对象化，看做外化和这种外化的扬弃"①，也就是将人的实践活动这一对象性活动也作为下一代人的对象和他人的对象，将人的能动受动过程把握成人的本质的外化，并看到外化的过程对本质的发展。受动性条件和能动性活动正是在这样的辩证矛盾运动中通过"实践的人"所进行"人的实践"不断向前发展的。在人的能动与受动统一的实践活动中，人同自身与对象发生关系，并且显示出自己的类力量，而这些类力量也被当成是历史的结果和人的活动的新的对象，继续在人的活动中发挥作用。当人的能动与受动在实践中逐渐发展与完善，历史的画卷、时代的篇章也在这样的运动中得以不断展开、延续。

马克思关于人能动与受动的重要论述为思想政治教育奠定了科学的认知基础与人学立场。对进一步完善思想政治教育基本范畴体系、科学把握教育实施者与教育对象的存在条件、发挥主观能动性、实现二者良性互动以促进思想与行为的转化具有世界观及方法论层面的价值意蕴，能够为新时代思想政治教育理论与实践创新提供遵循与启迪。

第一，应把能动与受动作为思想政治教育的基本范畴进行把握。首先，能动与受动揭示了思想政治教育主体的本质属性。思想政治教育是做人的工作，基本范畴必须关涉现实的人，反映人的本质属性、思想与行为规律等。马克思正是在人是能动与受动的统一的基础上全面洞察了人的本质，通过启发、唤醒无产阶级的主观能动性、发挥实践力量突破私有制的受动条件，找到了实现人类解放、本质复归与自由全面发展的现实路径。科学开展思想政治教育，务必以人是能动与受动的统一为基本立场和前提。其次，能动与受动反映思想政治教育的基本矛盾，是思想政治教育实践必须解决的基本课题，贯穿思想政治教育始终。无论是

---

① 《马克思恩格斯文集》第 1 卷，人民出版社 2009 年版，第 205 页。

思想政治教育实施者还是思想政治教育对象，均受到社会存在条件的限制和制约。这些条件以及主体能动性发挥的水平、方式等会随不同历史阶段、时代背景的发展而不断变化，二者的动态协调统一是推动思想政治教育创新发展的不竭动力。任何时候都应当对其充分考察，在此基础上科学有效地发挥主观能动性、开展思想政治工作。再次，从能动与受动出发，有助于揭示思想与行为、个人与社会等其他基本范畴，展现思想政治教育内部联系变化发展的辩证图景。人的思想和行为都具有能动与受动的双重属性。个体的能动性发挥既受到社会的制约又推动社会的进步。思想政治教育要实现思想与行为的转化、个人与社会的统一，就要充分把握人的能动与受动。最后，能动与受动统一于"实践的人"与"人的实践"之中，具有鲜明的实践性。思想政治教育正是依托实践的人所进行的人的实践活动，通过能动与受动准确揭示和把握人与人、人与自然界、社会、环境间的关系，从而进一步明晰完善思想政治教育目标、内容、手段、方式方法、价值追求等，全方位、多层次地提升思想政治教育实效性。

第二，能动与受动关涉思想与行为顺利转化的三个统一。思想政治教育是教育实施者为顺利实现教育对象思想与行为转化的实践活动。应当充分遵循人的思想与行为转化规律，在全面把握人能动与受动的统一中促使教育对象将教育内容内化于心、外化于行。为此，应在教育过程中着重观照能动与受动三重维度的和谐统一。一是观照教育实施者能动与受动的统一。思想政治教育实施者肩负着思想政治教育内容输出、方法途径运用、理念原则奠定等神圣使命，在思想政治教育中发挥着主导作用，因而其能动与受动的统一在很大程度上影响着教育对象的思想与行为转化。马克思曾强调："教育者本人一定是受教育的。"[1] 习近平也指出："高校教师要坚持教育者先受教育。"[2] 教育实施者并不是尽善尽

---

[1] 《马克思恩格斯文集》第 1 卷，人民出版社 2009 年版，第 500 页。
[2] 《习近平谈治国理政》第 2 卷，外文出版社 2017 年版，第 379 页。

美的，也受到存在条件的制约，其理论水平、思想觉悟、综合素养有待深化与提升，应当充分发挥主观能动性，与时俱进不断完善自身、突破制约，从而科学促进教育对象实现思想与行为转化。二是观照教育对象能动与受动的统一。思想政治教育能否真正实现教育对象思想与行为的转化，根本上还要取决于教育对象内在思想体系、价值体系的转化和融合程度，取决于自身在多大程度上发挥主观能动性、实现能动与受动的统一。个体的思想和行为始终受到自身所处社会存在条件的制约和限制，既包括宏观时代背景、社会条件的制约，又包括个体生存环境、生产生活、天赋才能以及社会关系等独特的微观存在条件的限制。教育对象应不断突破自身制约与限制，充分挖掘潜能，实现自由全面发展。三是观照教育者与教育对象能动与受动统一的良性互动。思想政治教育活动是一个双向互动的过程，双方的能动与受动属性是相互支撑、共同作用的。任意一方能动与受动的缺失都会影响教育活动的顺利实施。由于教育者与教育对象所处的人生阶段、时代背景、社会阅历等受动的存在条件具有显著差异，其能动性发挥的程度和方式也存在差异。要实现二者能动与受动的良性互动，就要在把握这些差异的基础上明晰二者的角色定位与使命担当，教学相长、共同成长。教育者和教育对象都要发挥主观能动性，担当好自身职责使命，在充分把握能动与受动统一的基础上实现良性互动。

第三，在把握人能动与受动的统一中开展新时代思想政治工作。新时代思想政治教育理论的创新发展及具体工作的推进完善应当建立在科学认知和全面把握人的能动与受动的基础上，结合时代发展特征和社会发展趋势，灵活运用这一原理和立场，在开创马克思主义中国化时代化的新境界中谱写新时代思想政治教育发展的新篇章。我们应着眼于中华民族伟大复兴战略全局和世界百年未有之大变局推进思想政治工作，引导人民群众做好历史的"剧作者"和"剧中人"。思想政治教育应在深刻洞察自身及教育对象所处时代条件的基础上，把握教育实践开展的现实境况，精准探明主观能动性发挥中的有所为和有所不为，摒弃思想政治教育万能论和无用论。一方面，要全方位地激发、调动教育对象的能动性、积极性、创造力。正如习近平所提出的："把服务群众同教育引导群众结合起来，把满足需求同提高素养结合起来。"① 坚持用习近平新时代中国特色社会主义思想铸魂育人，与时俱进做好政治宣传、理论教育、价值引导工作，动员广大人民群众将个人价值实现置于中华民族伟大复兴的奋斗征程中，汇聚起实现中华民族伟大复兴中国梦的磅礴力量。同时，积极完善管理、服务工作，将教育引导与对接情感世界、满足现实需要、融入实际生活相结合。另一方面，要为教育对象构建多样化的平台、渠道，不断完善制度、政策保障，以逐步破除时代条件、社会制度及与生俱来的天赋与才能、成长环境、社会资源获取等存在条件的限制与制约，为个体的自由全面发展提供广阔的空间与机会。应充分遵循思想与行为转化规律，尊重主体差异，做到因事而化、因时而进、因势而新。在方式方法上，坚持"因地制宜、因时制宜、因材施教"②，将内生动力机制与外部导向机制有机融合，基于能动与受动双重维度充分调动起一切有利于教育实效性发挥的积极因素。

---

① 《习近平谈治国理政》第 1 卷，外文出版社 2018 年版，第 154 页。
② 《习近平谈治国理政》第 3 卷，外文出版社 2020 年版，第 331 页。

第五章　理性与非理性

　　理性与非理性是思想政治教育过程中关注和运用的一对基本范畴。作为个体精神结构的重要组成部分，理性与非理性是影响人的认识活动与实践活动的重要因素。马克思、恩格斯在经典文本中提出了大量关于理性与非理性的论断，在实践理性观的基础上阐明了理性与非理性的本质规定与基本形式，揭示了理性与非理性辩证统一的作用机制，将理性从神秘化、抽象化、先验化的困境中解放出来，也将非理性从狭隘化、污名化、对立化的泥沼中解救出来，在"有原则高度的实践"基础上实现了理性与非理性的真正和解。立足思想政治教育视角，对马克思、恩格斯关于理性与非理性范畴的理论阐述进行考察，不仅有助于深化对理性与非理性问题的理解，也有助于深化马克思主义思想政治教育基本原理研究。

　　马克思、恩格斯对理性与非理性相关理论的探讨开始于新哲学的创立时期。在《德法年鉴》上发表的文章里，马克思把现实的人而非抽象理论的人作为需要抓住的关键对象，认为"人的根本就是人本身"，提炼出"人是人的最高本质"的表达[①]。恩格斯肯定了真正的人性的价值，认为"任何一种事物，越是'神性的'即非人性的，我们就越不能称赞它"[②]。在《1844年经济学哲学手稿》中，马克思批判黑格尔辩证法人性论把人的本质的生命表现看作抽象形式的过程而把理性视作是更高层次的自我意识抽象，尝试在费尔巴哈所要求的感性基础上对现实的人的精神世界进行把握，提出在理性思维的指导下人能够形成关于对象世界的正确认识并指导实践，帮助协调、引导、规约非理性的发展，防止人成为"非人的、精致的、非自然的和幻想出来的欲望"的"机敏地

[①] 《马克思恩格斯文集》第1卷，人民出版社2009年版，第11页。
[②] 《马克思恩格斯全集》第3卷，人民出版社2002年版，第520页。

而且总是精打细算"的奴隶①。在《神圣家族》中，就青年黑格尔派思辨哲学家把理性宣称为事物本质意义存在的观点，马克思、恩格斯揭示了其中"把实体了解为主体，了解为内在"②的戏法，从新世界观的角度批评把理性作为主体，强调理性的精神领域界限。在《关于费尔巴哈的提纲》中，马克思提纲挈领地肯定费尔巴哈看到了从前关于理性与非理性脱离现实的人这一缺点，"不满意抽象的思维而诉诸感性的直观"，同时指出费尔巴哈的缺陷在于只从自然意义上理解人的本质，因而没能恰当把握理性与非理性的本质内涵。在《德意志意识形态》中，马克思、恩格斯从需要的角度阐述了理性与非理性的生成根源，批判了"粗暴地排斥一般的正常的欲望"和非理性的抽象化和片面化观点，揭示了理性与非理性的社会历史性。

马克思主义诞生后，马克思、恩格斯在理论构建与实践运用中发展理性与非理性思想。在《共产党宣言》中，马克思、恩格斯分析理性与非理性的社会阶级属性，要求无产阶级在革命实践中将非理性的革命激情与科学的理论相结合。在政治经济学的研究中，马克思批判了古典政治经济学片面而抽象的理性经济人的假设，将理性和非理性统一的现实的人作为研究的出发点。早在《英国工人阶级状况》中，恩格斯就曾将勇气与激情作为工人运动发展的必要条件，在《德国农民战争》的序言中，恩格斯发展了这一观点，要求无产阶级"必须以高度的热情"③投入革命实践中，调动起非理性的强大力量。在对马克思主义基本原理进行系统论述的过程中，马克思、恩格斯对理性与非理性的内涵以及二者之间的关系也作出了一点阐述，例如在《反杜林论》中恩格斯就曾批判近代西方哲学的理性主义，认为"一切都必须在理性的法庭面前为自己

① 《马克思恩格斯文集》第 1 卷，人民出版社 2009 年版，第 224 页。
② 《马克思恩格斯文集》第 1 卷，人民出版社 2009 年版，第 280 页。
③ 《马克思恩格斯文集》第 2 卷，人民出版社 2009 年版，第 219 页。

的存在作辩护"①，反对把理性看作永恒不变的至高存在而否认非理性或将非理性与理性对立，指出非理性并不是"一开始就和存在、自然界相对立的东西"，强调非理性和理性归根到底"都是人脑的产物，而人本身是自然界的产物"②，是在社会历史中不断形成发展的人的思维意识的不同方面。在《路德维希·费尔巴哈和德国古典哲学的终结》中，恩格斯指出理性与非理性在社会历史中都发挥了重要作用，因为"愿望是由激情或思虑来决定的"，直接决定激情或思虑的杠杆"有的可能是外界的事物，有的可能是精神方面的动机，如功名心、'对真理和正义的热忱'、个人的憎恶，或者甚至是各种纯粹个人的怪想"③。在《自然辩证法》中，恩格斯在对黑格尔理论进行扬弃的基础上，揭示了意识、逻辑、判断、推理是构成人的理性思维的基本形式和展开理性过程的重要环节。

一、理性与非理性的基本属性

马克思、恩格斯继承并发展了近代西方哲学的理性精神，批判并超越了以黑格尔与青年黑格尔派为代表的绝对理性主义和以费尔巴哈为代表的人本主义理性观，从现实的实践的人出发，深刻洞察了理性与非理性的本质规定、基本形式及其在个体完整精神属性中的地位与作用，彻底厘清了理性与非理性的辩证统一关系，构建了辩证唯物主义和历史唯物主义视角下的实践理性观。现实的、科学的、革命的实践理性观构成思想政治教育实现主体理性与非理性一体化建构的思想前提与理论基础。马克思在《路易·波拿巴的雾月十八日》中指出："在社会生存条件上，耸立着由各种不同的，表现独特的情感、幻想、思想方式和人生

---

① 《马克思恩格斯文集》第 9 卷，人民出版社 2009 年版，第 19 页。
② 《马克思恩格斯文集》第 9 卷，人民出版社 2009 年版，第 38 页。
③ 《马克思恩格斯文集》第 4 卷，人民出版社 2009 年版，第 302 页。

观构成的整个上层建筑。整个阶级在其物质条件和相应的社会关系的基础上创造和构成这一切。通过传统和教育承受了这些情感和观点的个人，会以为这些情感和观点就是他的行为的真实动机和出发点。"① 由处在一定"社会生存条件"中的人在本阶级拥有的"物质条件"与"社会关系"的基础上构建和发展起来的、在"传统和教育"中承袭和接受下来的那些"观点"与"情感"，就是人的精神世界中相互交织、相互作用又相互补充的理性因素与非理性因素。马克思、恩格斯从实践的观点出发来阐释理性与非理性的本质，以历史唯物主义的眼光发现每个阶级"独特的情感，幻想，思想方式和人生观"都是一定时代条件下物质基础与社会关系的产物，深刻揭示了理性与非理性所具有的现实性、阶级性与历史性本质规定。

1. 理性与非理性具有现实性

从其现实性来看，理性与非理性不是"某种现成的东西"②，不是完全独立于人之外的某种纯粹精神形式，而是人脑对现实社会存在的两种不同反映形式，是"人们物质行动的直接产物"③，是处在一定的物质条件和社会关系中的现实的人在实践中创造的"观点"与"情感"。宗教改革与启蒙运动之后，理性主义逐渐取代了宗教神学在欧洲意识形态领域的支配地位，理性越发成为衡量人、社会与国家的唯一尺度，非理性则被视为理性的绝对对立面而受到批判与压制。但随着理性主义的发展，从笛卡儿的"我思"到黑格尔的"绝对精神"，再到青年黑格尔派的"自我意识"，绝对化、抽象化的理性从对人的主体性的恢复与彰显日渐走向了对人的主体性的遮蔽与湮灭的悖论，使得理性与非理性脱离了现实的人和现实的人所生活的世界。同黑格尔以及青年黑格尔派相

---

① 《马克思恩格斯文集》第 2 卷，人民出版社 2009 年版，第 498 页。
② 《马克思恩格斯文集》第 9 卷，人民出版社 2009 年版，第 38 页。
③ 《马克思恩格斯文集》第 1 卷，人民出版社 2009 年版，第 524 页。

反，费尔巴哈看到了从前关于理性与非理性脱离现实的人这一缺点，"不满意抽象的思维而诉诸感性的直观"①，反对思辨哲学忽视人无限夸大理性的做法，把理性重新界定为以人为主体的理性。但是，费尔巴哈依旧只是把人理解为自然意义上的感性对象，把理性理解为感性的人与生俱来的类本质之一。作为主体的人不是现实的人，主体所拥有的类属性自然也不会是现实的。费尔巴哈并未从根本上克服理性主义的缺陷，只是在把人抽象化的基础上把理性给先验化了，但他对理性主义的质疑与挑战却为马克思、恩格斯实践理性观的建立提供了唯物主义的养料。从人的实践活动出发，马克思、恩格斯将理性与非理性的主体、对象都看作现实的存在物，指出理性与非理性的自然基础与社会基础，将理性与非理性还原到现实中。

一方面，理性与非理性的产生与发展需要具备现实的自然基础。首先，作为理性与非理性主体的有生命的现实个人是自然存在物。马克思指出："全部人类历史的第一个前提无疑是有生命的个人的存在。"② 从前的哲学家将理性与非理性看作先验的存在，将理性与非理性看作独立于自然存在的主体，与现实的人分离，否认现实的人是理性与非理性的主体。实际上，理性与非理性作为人的精神结构的重要组成部分，是以"自然的、肉体的、感性的、对象性的"③ 人的存在为首要前提的，是以人脑特有的生理机能为不可或缺的自然基础的。正如恩格斯在《反杜林论》中所述，理性与非理性并不是"某种现成的东西"，也不是"一开始就和存在、自然界相对立的东西自身内在"④，归根到底"也是自然界产物的人脑的产物"⑤。其次，人的活动会促进自身内在的改变，提升人的思维与情感能力。当人们以实践的方式"作用于他身外的自然

---

① 《马克思恩格斯文集》第 1 卷，人民出版社 2009 年版，第 505 页。
② 《马克思恩格斯文集》第 1 卷，人民出版社 2009 年版，第 519 页。
③ 《马克思恩格斯文集》第 1 卷，人民出版社 2009 年版，第 209 页。
④ 《马克思恩格斯文集》第 9 卷，人民出版社 2009 年版，第 38 页。
⑤ 《马克思恩格斯文集》第 9 卷，人民出版社 2009 年版，第 39 页。

并改变自然时，也就同时改变他自身的自然"①。人们在认识世界与改造世界的实践过程中，也在自觉或不自觉地改变着自身的肉体存在，提升着自身的生命力与自然力。在"语言和劳动"这两个主要推动力的影响下，人脑日渐发育，"脑的最密切的工具，即感觉器官，也进一步发育起来"②。人的"脑和为它服务的感官"的发育，特别是大脑左右半球功能的分化与结构的完善，为"越来越清楚的意识以及抽象能力和推理能力"③ 等理性因素和越来越复杂的需要、情感、意志与信念等非理性因素的产生与发展准备了必要的生理条件，提供了巨大的生理潜能。生理上的能力发育又反过来为人的活动的进一步发展"不断提供新的推动力"，并且不是在人从狭义动物界分离就停止作用，而是"在此以后仍然大踏步地前进着"。最后，自然界的存在是人的理性与非理性产生与发展不可或缺的存在条件。自然界是人的肉体生存的基础，理性与非理性也首先是人作为主体在与自然界的对象性关系中生成的。在与自然界的关系中，人将自然界看作自身所欲求的对象，在感性的活动中确证自身的存在。黑格尔将人对对象的占有当作"思想和思想运动的对象的占有"，人被看成了"非对象性的、唯灵论的存在物"④。对此，马克思指出，"人对世界的任何一种人的关系——视觉、听觉、嗅觉、味觉、触觉、思维、直观、情感、愿望、活动、爱，——总之，他的个体的一切器官"，"是通过自己的对象性关系，即通过自己同对象的关系而对对象的占有，对人的现实的占有"。⑤ 可见，理性与非理性并非先验的思维存在物，而是自然历史的产物，即人脑，在人与自然对象性实践活动中发展起来的。

① 《马克思恩格斯文集》第 5 卷，人民出版社 2009 年版，第 208 页。
② 《马克思恩格斯文集》第 9 卷，人民出版社 2009 年版，第 554 页。
③ 《马克思恩格斯文集》第 9 卷，人民出版社 2009 年版，第 554 页。
④ 《马克思恩格斯文集》第 1 卷，人民出版社 2009 年版，第 206 页。
⑤ 《马克思恩格斯文集》第 1 卷，人民出版社 2009 年版，第 189 页。

另一方面，理性与非理性的产生与发展还需要具备现实的社会基础。首先，理性与非理性是在社会中生成的。从历史唯物主义的视角来看，作为人们认识和把握外部世界的两种不同形式，理性与非理性本身以及理性与非理性的产物都是"直接与人们的物质活动，与人们的物质交往"① 相互交织在一起的。从观念的角度而言，个体是社会的存在物，尽管个体的生命活动与类生活"各不相同"，但个体的理性与非理性活动依旧是社会的，是作为类属性的具体的表现，是在与其他个体的相互交往中产生的。其次，理性与非理性会"随着人们的生活条件、人们的社会关系、人们的社会存在的改变而改变"②。法国唯物主义者爱尔维修在将唯物主义应用到社会生活方面时就已经看到了理性与非理性的发展状况与社会的联系，认为"理性的进步和工业的进步的一致"③。在《共产党宣言》中，马克思、恩格斯也写道，"旧思想的瓦解是同旧生活条件的瓦解步调一致的"，"当古代世界走向灭亡的时候，古代的各种宗教就被基督教战胜了。当基督教思想在 18 世纪被启蒙思想击败的时候，封建社会正在同当时革命的资产阶级进行殊死的斗争。信仰自由和宗教自由的思想，不过表明自由竞争在信仰领域里占统治地位罢了"。④ 最后，在人们认识客观物质世界、适应复杂社会条件、开展主体性社会实践、构建自身社会关系的过程中，理性与非理性的精神形式"由于人们的感性活动才达到自己的目的和获得自己的材料"⑤，才能不断实现从简单到复杂、从低级到高级的发展。主体都是在一定的社会关系基础和思想材料基础上进行理性与非理性的活动，"在不同的财产形式上，在社会生存条件上"耸立着的"由各种不同的，表现独特的情感、幻想、思想方式和人生观构成的整个上层建筑"就是理性与非理性

---

① 《马克思恩格斯文集》第 1 卷，人民出版社 2009 年版，第 524 页。
② 《马克思恩格斯文集》第 2 卷，人民出版社 2009 年版，第 50—51 页。
③ 《马克思恩格斯文集》第 1 卷，人民出版社 2009 年版，第 333 页。
④ 《马克思恩格斯文集》第 2 卷，人民出版社 2009 年版，第 51 页。
⑤ 《马克思恩格斯文集》第 1 卷，人民出版社 2009 年版，第 529 页。

的重要基础，构成其不断发展的资料。[1] 正如马克思、恩格斯强调的那样，"个人在精神上的现实丰富性完全取决于他的现实关系的丰富性"[2]，从事物质生产、开展物质交往的人们，在改变着自己的现实社会关系的同时，也改变着自己的精神世界，改变着自己精神结构中的一切理性因素与非理性因素。只有从人不断发育完善的自然生理机能出发，从社会日渐丰富的物质条件和与之相适应的社会关系出发，才能真正把握理性与非理性产生与发展的现实根基。

2. 理性与非理性具有阶级性

从理性与非理性的阶级性来看，在阶级社会中的人基于自身生存条件与发展需要创造和构成的那些"观点"与"情感"必然是站在本阶级立场之上、为本阶级利益服务的。为统治阶级服务的旧哲学惯常把理性与非理性和统治阶级相分离，与"进行统治的个人分割开"，宣扬"历史上始终是思想占统治地位"，从而把统治阶级的思想说成是"历史上发展着的概念的'自我规定'"[3]。因此，马克思、恩格斯认识到，正如"判断一个人不能以他对自己的看法为根据"，在考察理性与非理性时不能以其自身为根据而脱离阶级社会的阶级关系，应当"从物质生活的矛盾中，从社会生产力和生产关系之间的现存中去解释"[4]，看到其在阶级社会中所具有的阶级性本质规定。理性与非理性的阶级性本质规定是由阶级社会的生产关系所决定的。人们如何建构自己的物质世界决定了人们如何建构自己的精神世界，每个阶级开展物质生产的现实条件也就决定了这个阶级进行精神生产的根本立场与利益遵循，决定了作为这个阶级"上层建筑"的一切理性因素与非理性因素的实质内容。

---

[1] 《马克思恩格斯文集》第 2 卷，人民出版社 2009 年版，第 498 页。
[2] 《马克思恩格斯文集》第 1 卷，人民出版社 2009 年版，第 541 页。
[3] 《马克思恩格斯文集》第 1 卷，人民出版社 2009 年版，第 553 页。
[4] 《马克思恩格斯文集》第 2 卷，人民出版社 2009 年版，第 592 页。

马克思、恩格斯在《共产党宣言》中毫不客气地揭露了资产阶级所意图掩盖的理性与非理性的阶级性，指出资产阶级的观念本身"是资产阶级的生产关系和所有制关系的产物"，正像资产阶级的法律不过是"被奉为法律的你们这个阶级的意志"，"内容是由你们这个阶级的物质生活条件来决定的"。① 同时，每个阶级在构造自身"上层建筑"的精神生产中，不仅会从本阶级的社会物质生产生活出发赋予理性与非理性以代表和维护本阶级利益的内容，而且会以"传统和教育"的方式将这些"独特的情感、幻想、思想方式和人生观"逐渐固化并不断传承下去，构成这个阶级内部共同的思维形式与心理基础②。意识形态的历史积累是一股强大的力量，不仅对于个人的理性与非理性活动具有重大基础性影响，而且对于社会整体的变革与发展都有着不可忽视的作用。在此意义上，马克思、恩格斯提出共产主义革命不仅要"同传统的所有制关系实行最彻底的决裂"，"在自己的发展进程中"也要"同传统的观念实行最彻底的决裂"。③

　　不同阶级之间的理性因素与非理性因素并不是相互独立、互不干扰的，而是相互作用的并发生一定的矛盾和冲突的。存在于物质生产领域的阶级之间的对立与斗争会直接或间接地反映到精神生产领域中来，理性与非理性间的作用也成为统治阶级实现思想控制的"法宝"。马克思指出，"统治阶级的思想在每一时代都是占统治地位的思想"，"一个阶级是社会上占统治地位的物质力量，同时也是社会上占统治地位的精神力量"，"支配着物质生产资料的阶级，同时也支配着精神生产资料，因此，那些没有精神生产资料的人的思想，一般地是隶属于这个阶级的"。④ 统治阶级所要求的不仅是现实生产活动中的统治，为了巩固和

---

① 《马克思恩格斯文集》第 2 卷，人民出版社 2009 年版，第 48 页。
② 《马克思恩格斯文集》第 2 卷，人民出版社 2009 年版，第 498 页。
③ 《马克思恩格斯文集》第 2 卷，人民出版社 2009 年版，第 52 页。
④ 《马克思恩格斯文集》第 1 卷，人民出版社 2009 年版，第 550 页。

延续这一统治，他们也要求对于被统治阶级思想和精神的统治，以防止被统治阶级在理性与非理性的引导下转化为革命的反对力量推翻原有的统治。在资本主义社会中，占统治地位的资产阶级不仅支配着社会的物质生产资料，而且支配着社会的精神生产资料，调节自己时代的思想的生产和分配。"在某一国家的某个时期，王权、贵族和资产阶级为夺取统治而争斗，因而，在那里统治是分享的，那里占统治地位的思想就会是关于分权的学说，于是分权就被宣布为'永恒的规律'。"① 并且，统治阶级不仅会在物质生产领域"把自己的利益说成是社会全体成员的共同利益"②，从而支配无产阶级的物质生产、占有无产阶级的劳动成果，还通过在精神生产领域编造关于自身的"观点"与"情感"，将其描绘成唯一的具有普遍性的"观点"与"情感"，从而使缺乏时间和条件来从事精神生产的无产阶级"在思想、感情和意志表达方面也成为资产阶级的奴隶"③。因此，为了实现自身的"普遍性"，"每一个企图取代旧统治阶级的新阶级"为了实现自身的统治目的，就会不断赋予自身的观点与情感以普遍性，成为"全社会的代表"。所以，占据统治地位的思想总是"越来越抽象"，即"越来越具有普遍性的形式"。在资产阶级革命中，需要无产阶级作为革命武器时，资产阶级所高扬的就是无差别的价值，对自由、理性、平等、公正、博爱的追求吸引无产阶级加入革命；而一旦革命成功，资产阶级占据了统治地位，其阶级性就彻底暴露出来，使无产阶级受到的压迫与剥削达到顶点。因此，揭露理性与非理性的阶级性本质是无产阶级实现自身的解放与全人类的彻底解放的必然要求。

要使无产阶级彻底挣脱思想的束缚与心理的迷惑，就必须从整个社会现实的物质基础出发，揭露理性与非理性的阶级性，使无产阶级深刻

① 《马克思恩格斯文集》第 1 卷，人民出版社 2009 年版，第 551 页。
② 《马克思恩格斯文集》第 1 卷，人民出版社 2009 年版，第 552 页。
③ 《马克思恩格斯文集》第 1 卷，人民出版社 2009 年版，第 437 页。

意识到隐藏在资本主义"观点"与"情感"背后的"全部都是资产阶级利益"①。在社会历史的进程中，人总是创造出关于自己本身和互相关系等的"虚假观念"，并日渐使得"创造者屈从于自己的创造物"。要将在"幻象、观念、教条和臆想的存在物的枷锁下日渐萎靡消沉"②的人解放出来，就应当反抗思想的这一统治，首先就应当揭露"观点"与"情感"的阶级性。在揭露和批判中"以激情的头脑"和"武器"消灭敌人，"描述各个社会领域相互施加的无形压力"，"让受现实压迫的人意识到压迫，从而使现实的压迫更加沉重"。③ 以德国时代错乱的现状为例，马克思要求"把德国社会的每个领域作为德国社会的羞耻部分［partie honteuse］加以描述"，"对这些僵化了的关系唱一唱它们自己的曲调，迫使它们跳起舞来"，使得"耻辱更加耻辱"。④ 在这样的揭露下，理性与非理性不仅是作为统治阶级的资产阶级实现思想控制的工具，也是无产阶级革命解放的助力。揭露与批判所要求的并不是像青年黑格尔派一样的词句斗争，不是"用符合人的本质的思想来代替这些臆想"，不是"教会他们从头脑里抛掉这些臆想"，思想攻击思想并不使得"当前的现实就会崩溃"。⑤ "批判的武器当然不能代替武器的批判，物质力量只能用物质力量来摧毁"⑥，要真正地消灭这些统治人头脑的"观点"与"情感"，"就要靠改变了的环境而不是靠理论上的演绎来实现"⑦，"只有通过实际地推翻这一切唯心主义谬论所由产生的现实的社会关系，才能把它们消灭"⑧。因此，应当以理性与非理性的活动激发无产阶级的革命热情，形成科学的革命理论，使广大无产阶

---

① 《马克思恩格斯文集》第 2 卷，人民出版社 2009 年版，第 42 页。
② 《马克思恩格斯文集》第 1 卷，人民出版社 2009 年版，第 509 页。
③ 《马克思恩格斯文集》第 1 卷，人民出版社 2009 年版，第 4 页、第 6 页。
④ 《马克思恩格斯文集》第 1 卷，人民出版社 2009 年版，第 7 页。
⑤ 《马克思恩格斯文集》第 1 卷，人民出版社 2009 年版，第 509 页。
⑥ 《马克思恩格斯文集》第 1 卷，人民出版社 2009 年版，第 11 页。
⑦ 《马克思恩格斯文集》第 1 卷，人民出版社 2009 年版，第 574 页。
⑧ 《马克思恩格斯文集》第 1 卷，人民出版社 2009 年版，第 544 页。

级具有一种"内容适合于他们阶级地位的"① 理性与非理性，并以代表绝大多数人利益的无产阶级的"观点"与"情感"在最广泛的范围内形成观念共识、唤起情感共鸣，使无产阶级在最普遍的意义上真正成为"社会的头脑"和"社会的心脏"②，凝聚起建立新世界的社会革命力量，以革命推动社会历史的前进，实现人类的解放。

3. 理性与非理性具有历史性

从理性与非理性的历史性来看，作为个体精神要素与社会意识要素的理性与非理性不是绝对的、永恒不变的，而是发展的、不断生成的，二者在社会历史中不断实现形式的完善与内容的革新，同时推动着社会历史不断向前发展。近代西方哲学的理性主义将理性作为凌驾于一切的绝对存在，理性成为衡量一切的标准尺度，成为一切实践成果的原因。从前的权威都被否认了，理性成为新的权威，"宗教、自然观、社会、国家制度，一切都受到了最无情的批判"，"一切都必须在理性的法庭面前为自己的存在作辩护"，否则就只能放弃存在的权利。③ 因此，"以往的一切社会形式和国家形式、一切传统观念，都被当做不合理性的东西扔到垃圾堆里去了"，非理性的存在只"值得怜悯和鄙视"，只有在"理性的王国"中"阳光才照射出来"，迷信、非正义、特权和压迫都为永恒的理性所代表的"永恒的真理、永恒的正义、基于自然的平等和不可剥夺的人权所取代"④。对此，马克思、恩格斯指出，理性与非理性从来都不是永恒的存在，理性也决不是"完满的绝对精神"。"不管是人们的'内在本性'，或者是人们的对这种本性的'意识'，'即'他们

---

① 《马克思恩格斯文集》第 9 卷，人民出版社 2009 年版，第 178 页。
② 《马克思恩格斯文集》第 1 卷，人民出版社 2009 年版，第 14 页。
③ 《马克思恩格斯文集》第 9 卷，人民出版社 2009 年版，第 19 页。
④ 《马克思恩格斯文集》第 9 卷，人民出版社 2009 年版，第 20 页。

的'理性'，向来都是历史的产物。"① 从前的哲学思辨仅仅关注人的精神世界，因此把思维着的理性当作了主体，把人的历史当作了理性发展的历史和非理性被祛除的历史，忘记了人的发展是在"历史地前后相继的等级和阶级的共同生存条件下进行的"，也是在"由此而强加于他们的普遍观念中进行的"。② 可见，理性与非理性是社会历史发展的产物，具有社会历史的规律，受到社会历史的影响，在不同社会历史时期有不同的内容和具体表现，在社会历史发展中具有重要作用。

　　一方面，理性与非理性的现实性与阶级性决定了它们必然是在人类社会历史中产生和发展起来的。不同于"真正的社会主义者"所高扬的对内在人类本性的意识，即理性以意识和思维为基础，马克思、恩格斯看到了理性以及被忽视的非理性的社会历史基础。一切观念和情感都是由一定时代的人所创造出来的，是在社会历史中产生的，理性与非理性也不例外。作为理性与非理性主体的人是"从事实际活动的人"，"意识形态上的反射和反响"都可以在人的社会生活中描述出来，是人们社会生活的"必然升华物"，人们在现实生活中的交往与活动共同构成了"想象、思维、精神交往"的前提。③ 理性与非理性的生成既是共时性的整合构建过程，也是历时性的发展变化过程。"历史不外是各个世代的依次交替"④，每一代人所利用并作为活动资料的都是"以前各代遗留下来的材料、资金和生产力"⑤，每一代人在继承历史成果的同时也变更旧的基础，构建出新的基础。理性与非理性"永远不会在人类的一种完美的理想状态中最终结束"，因为完满的存在永远都是"只有在幻想中才能存在的东西"，一切阶段都是发展过程中的

① 《马克思恩格斯全集》第 3 卷，人民出版社 1965 年版，第 567 页。
② 《马克思恩格斯文集》第 1 卷，人民出版社 2009 年版，第 570 页。
③ 《马克思恩格斯文集》第 1 卷，人民出版社 2009 年版，第 524—525 页。
④ 《马克思恩格斯文集》第 1 卷，人民出版社 2009 年版，第 540 页。
⑤ 《马克思恩格斯文集》第 1 卷，人民出版社 2009 年版，第 540 页。

暂时阶段。① 理性与非理性会在物质条件的丰富和社会关系的变革中、在一个阶级反对另一个阶级的斗争中不断取得"新的、富有生命力的现实的"形式与内容。当面对着"从它自己内部逐渐发展起来的新的、更高的条件"时，从前的形式与内容就会"变成过时的和没有存在的理由的"，而新的阶段也将让位于更高的阶段，不存在人格"最终的东西、绝对的东西、神圣的东西"②。在此意义上，恩格斯指出所谓的"思维的至上性"是在"一系列非常不至上地思维着的人中"通过"人类生活的无限延续"实现的。③ 只有在现实的历史条件的发展变化中，才能深刻把握人的理性与非理性发展的阶段性与过程性、必然性与超越性。

另一方面，理性与非理性的历史与人的历史是同一进程的。二者交织并行，贯穿于人类社会发展始终，是推动人类社会历史发展进步的重要精神力量。人的社会历史活动总是在理性与非理性共同支配下的活动，那些对一定时代来说是"新的、富有生命力的现实的""理性的认识"与"非理性的冲动"④ 会促使人们去寻求对旧世界的变革与对新世界的建构。资本主义社会的传统理性主义曾在与宗教信仰的斗争中发挥过极其革命的作用。资产阶级带来了生产力的巨大发展，生产不断变革带来了社会状况的不断变革，"一切固定的僵化的关系以及与之相适应的素被尊崇的观念和见解都被消除了，一切新形成的关系等不到固定下来就陈旧了"⑤。但随着社会物质条件的积累与社会关系的变化，传统理性主义对抽象理性的绝对尊崇和对非理性的完全压抑已经成为现实的人的精神桎梏，与生产活动中的桎梏一同压迫着无产阶级。正如恩格斯

---

① 《马克思恩格斯文集》第 4 卷，人民出版社 2009 年版，第 270 页。
② 《马克思恩格斯文集》第 4 卷，人民出版社 2009 年版，第 270 页。
③ 《马克思恩格斯文集》第 9 卷，人民出版社 2009 年版，第 91 页。
④ 《马克思恩格斯全集》第 3 卷，人民出版社 1965 年版，第 119 页。
⑤ 《马克思恩格斯文集》第 2 卷，人民出版社 2009 年版，第 34 页。

在《英国状况。十八世纪》中所揭示的，"废除封建制度，实行政治改革，也就是说，表面上承认理性从而使非理性真正达到顶点，从表面上看这是消灭了农奴制，实际上只是使它变得更不合乎人性和更普遍"①。历史的发展内在地要求人们在实践的基础上重新对理性与非理性进行审视、反思与建构，"更普遍的出卖""更不合乎人性、更无所不包""更不道德、更残暴"的旧秩序"必然要在自身内部崩溃并让位给合乎人性、合乎理性的制度"。② 在资本主义旧社会中不断萌发的无产阶级理性因素与非理性因素则会成为人们变革社会现实的新的动力。无产阶级"构成了全体社会成员中的大多数"，"承担社会的一切重负"而"不能享受社会的福利"，不得不与其他阶级发生"最激烈的对立"。③ 作为"有意识的、经过思虑或凭激情行动的、追求某种目的的人"④，无产阶级革命群众既具备极大的革命激情与能量，也具备吸收先进文化教育因素、接受科学的革命理论指导的能力，必然产生出最为彻底的革命意识。只有以现实的、阶级的、历史的视角来看待理性与非理性，才能全面把握其产生、发展与变化的整体脉络，从而不断明晰理性与非理性在人类社会历史活动中的基本生成规律。

二、理性与非理性的相对区别

理性与非理性共同构成了人的整体精神世界。同时，理性与非理性又在人们对物质世界的能动的反映中表现为各不相同的基本形式，展开为相互连贯的基本环节，深刻影响着人们认识世界与改造世界的活动，影响着社会历史的发展走向。因此，在从现实的、阶级的、历史的维度

① 《马克思恩格斯文集》第 1 卷，人民出版社 2009 年版，第 94 页。
② 《马克思恩格斯文集》第 1 卷，人民出版社 2009 年版，第 95 页。
③ 《马克思恩格斯文集》第 1 卷，人民出版社 2009 年版，第 542 页。
④ 《马克思恩格斯文集》第 4 卷，人民出版社 2009 年版，第 302 页。

把握理性与非理性的本质规定的基础上，必须对理性与非理性在人的精神结构中的基本形式进行细致的分析与讨论，才能彻底明晰作为主体性思维形式的理性与作为主体性心理形式的非理性的具体发生过程。

1. 理性是主体性的思维形式

马克思、恩格斯所强调的"理性"不是那些"在思维中超越自身的和作为思维而想直接成为直观、自然界、现实的思维"①，不是只有作为"批判的批判"的哲学家才具有的"自我意识"，不是作为"类本质"存在于人身上的先天能力，而是处在现实的"社会生存条件"中的人在实践中形成并在实践中不断发展起来的主体性思维形式。正如"不能把思想同思维着的物质分开"②，也不能把理性同理性的主体人分开。如果理性一词所描述的不是有理性的人的思维能力，而是所有的"精神主体"，那么理性一词除了作为思辨的概念外毫无意义。马克思在《哲学的贫困》中就曾批判了蒲鲁东"无人身的人类理性"概念。蒲鲁东认为所有的"规律、原理、范畴""自古以来就睡在'无人身的人类理性'的怀抱里"，"在这一切一成不变的、停滞不动的永恒下面没有历史可言，即使有，至多也只是观念中的历史，即反映在纯粹理性的辩证运动中的历史"。③ 因此，蒲鲁东看不见现实的人的理性活动，只能看见"理性"自己的"颠来倒去"，以所谓的"纯粹理性"抹杀了个体的理性。马克思、恩格斯没有陷入旧理论对现实个人的忽视，深刻认识到理性是人的理性，理性只有作为以人为主体的理性才是客观存在着的，在人之外不存在任何理性存在物；人是理性的人，人只有作为在理性中思维着的人才是自为地存在着的，理性是人能动的主体能力的重要体现。在个体精神结构中，意识、逻辑、判断、推理是构成人的理性思维的基

---

① 《马克思恩格斯文集》第 1 卷，人民出版社 2009 年版，第 201 页。
② 《马克思恩格斯文集》第 1 卷，人民出版社 2009 年版，第 332 页。
③ 《马克思恩格斯文集》第 1 卷，人民出版社 2009 年版，第 608 页。

本形式和展开理性过程的重要环节。

作为客观物质世界在人脑中的主观映象，意识是人们在思维中形成的对外在世界的直观认知，构成其他更高级理性形式和更复杂精神活动的开端和基础。马克思指出："有意识的生命活动把人同动物的生命活动直接区别开来。"① 首先，动物并不具备这样的意识思维，"自由的有意识的活动恰恰就是人的类特性"。与人相比，动物不具有自我意识，更不会将自身作为有意识的存在。动物只依据生存的本能进行活动，"只是按照它所属的那个种的尺度和需要来构造"；人却凭借发展出的思维意识能力能动地开展活动，在活动中实现一定的目标，"懂得按照任何一个种的尺度来进行生产，并且懂得处处都把固有的尺度运用于对象"。② 其次，人能够"在思维中复现自己的现实存在"③，能够将"自己的生命活动本身"变成"自己意识的对象"④。人可以在意识中"使自己二重化"，即在思维意识中把握自身存在，探求自身本质，并且可以在实践活动中确证自身的思维能力，将精神二重化的自身"能动地、现实地"⑤ 二重化，并以现实的成果作为精神把握的基础。最后，人的理性意识可以将物质世界的"生动形态"转化为头脑中的意识材料，从而在意识中"确证自己的现实的社会生活"⑥。在认识和改造对象世界的过程中，人不断与之发生联系，使自身的精神生活与对象世界联系，将对象世界作为"艺术的对象"和"自然科学的对象"⑦，在此基础上进行加工和研究以便形成精神食粮。因此，意识能力使得人得以将自身与外部世界把握为对象，看作人的无机的组成部分。

---

① 《马克思恩格斯文集》第 1 卷，人民出版社 2009 年版，第 162 页。
② 《马克思恩格斯文集》第 1 卷，人民出版社 2009 年版，第 163 页。
③ 《马克思恩格斯文集》第 1 卷，人民出版社 2009 年版，第 188 页。
④ 《马克思恩格斯文集》第 1 卷，人民出版社 2009 年版，第 162 页。
⑤ 《马克思恩格斯文集》第 1 卷，人民出版社 2009 年版，第 163 页。
⑥ 《马克思恩格斯文集》第 1 卷，人民出版社 2009 年版，第 188 页。
⑦ 《马克思恩格斯文集》第 1 卷，人民出版社 2009 年版，第 161 页。

逻辑是人们将自身关于对象世界的主观意识秩序化的思维形式，是"由已知进到未知的方法"①。在确立对客观事物的主观映象的基础上，人们"按照自己的社会关系创造了相应的原理、观念和范畴"②，并按照这些原理、观念和范畴对繁多且杂乱的直观意识材料进行筛选、组织、整合与建构，从而能够进一步洞察与把握社会存在物之间现实的、必然的、本质的联系。严密的逻辑思维是理性主体与思维客体、主观世界与客观世界相互联结、相互贯通、双向互动的桥梁，是人们能够透过错综复杂的现实表象、破除层层认知迷障、直击客观事物本质的重要保障。逻辑的方法是科学研究必不可少的。在《〈政治经济学批判〉序言》中，马克思比较了两种进行研究的方法，一种是按照历史的方法，也就是按照历史发展顺序进行研究的方法；另一种是按照逻辑的方法。历史的方法是必要的，但"历史常常是跳跃式地和曲折地前进的，如果必须处处跟随着它，那就势必不仅会注意许多无关紧要的材料，而且也会常常打断思想进程"③。历史事件的庞大繁杂也带来了巨大的工作量，使得研究工作"漫无止境"。因此，在考察历史后进行的分析工作必须采取逻辑的方式，并且"逻辑的方式是唯一适用的方式"。只有通过逻辑的方式才可以克服偶然性的影响，抓住隐藏在历史事件背后的规律，找到占据支配地位的根本性因素。逻辑的方法与历史的考察并不是相互冲突的，而是经过反思和整理的"历史的方式"，实现了"抽象的、理论上前后一贯的形式"的历史过程的反映。只有通过这样"按照现实的历史过程本身的规律修正的"逻辑反映，才能使得"每一个要素可以在它完全成熟而具有典型性的发展点上加以考察"。④ 在与历史的例证结合中，逻辑的方式成为人们构建科学认识的必要保证。

---

① 《马克思恩格斯文集》第 9 卷，人民出版社 2009 年版，第 142 页。
② 《马克思恩格斯文集》第 1 卷，人民出版社 2009 年版，第 603 页。
③ 《马克思恩格斯文集》第 2 卷，人民出版社 2009 年版，第 603 页。
④ 《马克思恩格斯文集》第 2 卷，人民出版社 2009 年版，第 603 页。

判断是人们基于对客观事物本质与规律的把握，对思维客体以及思维客体之间的关系作出的肯定性或否定性的评判与断定。恩格斯指出："我们不知道有任何一种力量能够强制处在健康清醒状态的每一个人接受某种思想。"① "处在健康清醒状态"的人具有健全的意识能力与逻辑能力，能够将自身从"既有的历史条件和关系范围之内"② 获取的意识材料以及在此基础上建构的逻辑原则作为理性判断的事实依据与价值准绳，从而对客观事物的合理性进行分析、辨别与评价。黑格尔将判断分为"实有的判断""反思的判断""必然性的判断"和"概念的判断"四种。第一种指的是对于事物一般性质的肯定或否定陈述，如"玫瑰花是红的"；第二种指的是对于主词某种关系的规定，如"有些人是会死的"；第三种指的是对于主词的实质规定性的陈述，如"玫瑰花是植物"；第四种指的是对主词自身一般本性的陈述，如"如此这般地建造起来的房子是好的"。③ 恩格斯在《自然辩证法》中肯定了黑格尔对于判断的这一分类，认为"不管这些东西在这里读起来多么枯燥，不管这种判断分类法初看起来有时是多么专断，对于仔细研究过黑格尔《大逻辑》中的天才阐述的人来说，这种分类法的内在真理性和内在必然性是明明白白的"④。因为这一分类法不仅是"以思维规律为根据"，也是"以自然规律为根据"的。⑤ 不同于黑格尔专注于思维的活动，恩格斯以现实的例子对判断活动进行了说明：从摩擦取火作为取暖方式到人脑作出"摩擦是热的一个源泉"这一实有的肯定判断经历了漫长的社会历史发展。恩格斯因此将黑格尔在"表现为思维形式本身的发展过程"中形成的判断转变成了在"关于运动性质的立足在经验基础之上的理论认

① 《马克思恩格斯文集》第 9 卷，人民出版社 2009 年版，第 91 页。
② 《马克思恩格斯文集》第 1 卷，人民出版社 2009 年版，第 571 页。
③ 《马克思恩格斯文集》第 9 卷，人民出版社 2009 年版，第 487 页。
④ 《马克思恩格斯文集》第 9 卷，人民出版社 2009 年版，第 488 页。
⑤ 《马克思恩格斯文集》第 9 卷，人民出版社 2009 年版，第 488 页。

识的发展过程"中形成的判断。① 在社会历史中，人脑的意识能力不断发展，使人逐渐具备形成判断的能力，使人可以认识到对象世界的规律，在意识与逻辑基础上作出各种主体性判断，这些判断会进一步影响人们对客观世界的认知和主观行为的选择，构成人认识不断发展的基础。

推理是指人们将一个或几个已知的判断作为认识前提，推出新的结论的过程，是"由已知进到未知的方法"②。在柏拉图的三段论中就包含了推理的萌芽；亚里士多德创立的形式逻辑确立了归纳法与演绎法，推理发展到从个别到一般和从一般到个别两种形式；中世纪经院哲学以抽象的推理方式对宗教教义和信条进行阐释，在概念和范畴的推导中实际极大地发展了推理的形式；近代以来"认识论"问题成为哲学关注的重点，在寻找认识世界的可靠方法和理论这一过程中，哲学家对于推理的运用和研究走向深入，经验派强调感性与理性推理的结合，唯理论贯彻了逻辑推理办法，强调理性推理而来的结论构成真理。黑格尔在探讨概念的历史时阐明推理是主体在区别统一的过程对对象的把握活动，却将推理作为概念本身的活动。马克思、恩格斯吸收了从前哲学对于推理的认识成果，将推理从抽象还原为现实，从思维的或理性的活动还原为现实的人的活动。马克思、恩格斯认识到，推理是现实的人在社会实践历史中发展出的一种思维能力，促进人的发展。人是受动的存在物，人的理性认识总是会受到一定的物质条件与社会关系的制约，但人又是能动的存在物，可以对事物的客观联系进行把握，并依据得到的判断进行推演，得出新的判断。具有推理能力的人能够通过对经验的总结、对规律的把握、对现实的分析，在一定程度上实现对已知领域的突破和对未知领域的探索。推理能力是理性主体思维能动性的高层次体现，是拓展

① 《马克思恩格斯文集》第 9 卷，人民出版社 2009 年版，第 489 页。
② 《马克思恩格斯文集》第 9 卷，人民出版社 2009 年版，第 142 页。

人类认识范围的有效手段。意识、逻辑、判断、推理等因素相互依存、相互影响，不断深化着人们对于事物本质与规律的理性认识，也不断推动着人的理性实现从低级到高级的渐进性发展。

2. 非理性是主体性的心理形式

马克思、恩格斯所说的"非理性"是在个体精神结构中不同于理性，但又与理性相互作用、相互补充的主体性心理形式。大部分旧哲学对于非理性的考察要么是贬低，要么是忽视。法国的空论派把"理性至上"与"人民至上"对立，认为"抽象的普遍性"也就是"理性"只能在少数个体上展现，现实的群众的活动因此只能是非理性的，需要反对的。[①] 与之类似，青年黑格尔派也将群众看成是现实的"非理性"，只是"精神的空虚"和"懒惰""肤浅""自满"这些"精神空虚的更详细的定义"。[②] 马克思、恩格斯反对把非理性作为低于理性的存在，更反对把非理性看作与理性绝对对立的愚昧的"群众性"。人"作为有生命的自然存在物"，"具有自然力、生命力，是能动的自然存在物；这些力量作为天赋和才能、作为欲望存在于人身上"。[③] 人不仅是"具有意识的、经过思虑"的，同时也是"凭激情行动的"[④]，无数情绪与情感方面的偶然性也能够对人的行为起支配作用，历史决不是直接的理性思考的产物。非理性就是活生生的有血有肉的人的基本生命表现，是从简单的动物本能、动物心理不断发展进化而来的复杂的人的心理形式，反映着人的内在状态、构成了人的认识与实践活动的心理环境，作为精神世界的必要构成，是和理性处于同一层面的存在。马克思、恩格斯的实践理性观在充分重视人的理性能力的前提下，也看到了非理性是人的

---

① 《马克思恩格斯文集》第 1 卷，人民出版社 2009 年版，第 292 页。
② 《马克思恩格斯文集》第 1 卷，人民出版社 2009 年版，第 291 页。
③ 《马克思恩格斯文集》第 1 卷，人民出版社 2009 年版，第 209 页。
④ 《马克思恩格斯文集》第 4 卷，人民出版社 2009 年版，第 302 页。

精神结构中不可或缺的重要部分，并且主张对人的需要、情感、意志等非理性因素的考察，通过对非理性的合理挖掘，充分并全面地把握、塑造人的思想与行为的影响因素。

需要是推动着人"追逐身外其他事物和其他人"的"生命欲望"①，是"唤醒生命的力量"② 的首要前提。作为"受动的、受制约的、受限制的存在物"③，人本身具有不可抗拒的、必须诉诸对象的本能性需要。因此，第一个历史活动就是生产满足需要的资料，并且满足维持生命的需要、使得通过物质生产出人的生命是"人们从几千年前直到今天"都一直在进行的活动，因为"人们为了能够'创造历史'，必须能够生活"④，为了生活，首先就需要满足基本的生理活动需求。此外，需要是不断发展的，"已经得到满足的第一个本身、满足需要的活动和已经获得的为满足需要而用的工具又引起新的需要，而这种新的需要的产生是第一个历史活动"⑤。在自身的成长发展过程中，人会不断生成新的需要，既包括满足生理欲求的自然性需要，也包括社会性需要。人意识到自身是生活在一定的社会中的，想要维持生存，就"必须和周围的个人来往"⑥，对于这种需要的意识会随着生产力的增长而发展。也就是在"和他人交往的迫切需要"⑦ 中，人产生了语言。也是由于需要和天赋、地理等其他因素，分工发展起来，在推动社会生产进步的同时使得思维活动具有了"独立的历史"。自然与社会的双重需要共同构成了人与其他事物、其他人之间相互联系的现实纽带，也构成了个体"表现和确证他的本质力量"⑧ 的内在渴望。需要的多样性影响着人的现实关系

① 《马克思恩格斯文集》第1卷，人民出版社2009年版，第322页。
② 《马克思恩格斯文集》第1卷，人民出版社2009年版，第210页。
③ 《马克思恩格斯文集》第1卷，人民出版社2009年版，第209页。
④ 《马克思恩格斯文集》第1卷，人民出版社2009年版，第531页。
⑤ 《马克思恩格斯文集》第1卷，人民出版社2009年版，第531—532页。
⑥ 《马克思恩格斯文集》第1卷，人民出版社2009年版，第534页。
⑦ 《马克思恩格斯文集》第1卷，人民出版社2009年版，第533页。
⑧ 《马克思恩格斯文集》第1卷，人民出版社2009年版，第209页。

的丰富性，也影响着人的发展的全面性。因此，不能像部分旧哲学那样忽视、否定和压抑人的需要，而只有正视人的需要，把人作为"具有尽可能广泛需要的人生产出来"①，才能促使人不断"发展和发挥他的全部才能和力量"②。

情感是人的对象性的进一步体现，是人因自身需要是否被满足而产生的心理体验与主观感受。丰富的情感体验、完善的情感表达、积极的情感取向是个体心理健康的重要表征，是实现个体全面发展的重要保障。马克思强调，人是"一个激情的存在物"，"激情、热情是人强烈追求自己的对象的本质力量"③。内心世界的情感状态影响着人对实现自身本质力量的意愿程度，影响着人的价值评价与价值选择，影响着人的精神活动与实践活动。面对现实世界的冲突，情感对人具有抚慰作用。在《〈黑格尔法哲学批判〉导言》中，马克思曾经肯定宗教是"被压迫生灵的叹息"，是"无情世界的情感"，就是对宗教情感抚慰作用的肯定。面对着剥削和压迫，承受深重苦难的人寻找不到打破枷锁的方式，在痛苦中为了延续生活，只能寻求幻想和情感上的抚慰，以虚幻的幸福满足情感需求，宗教也因此成为"人民的鸦片"④。除了抚慰作用，情感也可以在社会革命中扮演重要角色，以"革命的狂热"和"激情的斗争"吸引群众，放大革命影响。因此，在革命活动中，马克思、恩格斯多次强调要激发出革命群众的情感，调动革命群众的热情。例如，在《德国农民战争》1870 年第二版序言的补充内容中，恩格斯指出德国无产阶级领袖要以极高的热情从事革命，抓住稍纵即逝的革命时机，"必须以高度的热情把由此获得的日益明确的意识传播到工人群众中去，必须不断增强党组织和工会组织的团结"⑤。决不能在"斗争中懈怠下

---

① 《马克思恩格斯文集》第 8 卷，人民出版社 2009 年版，第 90 页。
② 《马克思恩格斯全集》第 42 卷，人民出版社 1979 年版，第 373 页。
③ 《马克思恩格斯文集》第 1 卷，人民出版社 2009 年版，第 211 页。
④ 《马克思恩格斯文集》第 1 卷，人民出版社 2009 年版，第 4 页。
⑤ 《马克思恩格斯文集》第 2 卷，人民出版社 2009 年版，第 219 页。

来"，要"从敌人手中把城市和选区一个接一个地夺取过来"，如此才能
"在战斗行列中占据一个光荣的地位"，在面对"出乎意料的严峻考验或
者重大事变"时表现出"更大的勇气、更大的决心和毅力"。①

意志是一种强烈的要实现既定目标的心理状态，是人们有意识、有
目的地为实现某一目标而克服困难、调节行动的心理过程。意志展现了
人的一定的欲望和目标，是更加集中和深刻的形式。在此意义上，
马克思、恩格斯曾经阐释过"阶级意志"和"个人意志"。意志对于人
的活动也有调节与控制的作用，是人从意识到行动的重要环境。恩格斯
强调："就单个人来说，他的行动的一切动力，都一定要通过他的头脑，
一定要转变为他的意志的动机，才能使他行动起来。"② 意志是人的行
动的直接动力，人的需要与情感所生发的内在动力只有转化为人的
"意志的动机"，才能真正作用于人的行动。在从感觉到意志并最终成
为行动力量的这一转化过程中，意志能够起到监督和约束的作用，促
使人以既定目标为基准来压制或强化需要与情感的力量，促使人根据
既定的目标来采取相应的行动。因此，根据所起到的作用方向，意志
也有积极和消极之分。消极的意志能力使得人的心理状态较差，在精
神活动中容易受到干扰，从而影响思维活动和实践活动；积极的意志
对于人的精神世界具有促进作用，使得主体的心理状态更加稳定，在
进行活动时受到主观方面的负面影响较小，面对外部干扰时也能够更
加坚定内心。

三、理性与非理性的统合机制

恩格斯指出："在社会历史领域内进行活动的，是具有意识的、经

---

① 《马克思恩格斯文集》第 2 卷，人民出版社 2009 年版，第 219 页。
② 《马克思恩格斯文集》第 4 卷，人民出版社 2009 年版，第 306 页。

过思虑或凭激情行动的、追求某种目的的人。"① 人是理性与非理性的统一体，人的社会历史活动既是在意识、逻辑、判断、推理等理性因素主导下的活动，也是在需要、情感、意志等非理性因素影响下的活动。恩格斯在《反杜林论》中就曾批判过一种关于理性和非理性的错误观点："人们用来代替一切伪自由学说的，是这样一种关系的合乎经验的特性，在这种关系中，一方面是理性的认识，另方面是本能的冲动，双方似乎联成一个合力。"② 在这种观点看来，理性和非理性分别把人推向两极，人的自由活动就是二者构成的平行四边形的合力。实际上，人的理性与非理性的统一不是理性与非理性的平均值，更不是理性与非理性的简单合力，而是理性发挥主要规制作用、非理性发挥必要的补充性作用的关系。理性与非理性在实践中相互对立而又相互依存、相互交织而又相互作用、相互促进而又相互制约。

1. 理性在人的活动中发挥主要规制作用

理性在人的精神结构中居于相对主导的地位，是一种具有自觉性、稳定性、秩序性、规范性的思维形式。理性在人们认识世界与改造世界的实践活动中发挥着重要的规制作用，主要体现在理性可以使人正确地认识世界，在正确的认识指导下进行实践活动以改造世界，并且使人可以在一定程度上通过对规律的把握进行合理的推理和预测。

首先，人们能够通过意识、逻辑、判断、推理等理性思维的基本形式对客观世界进行能动的反映，在纷繁复杂的现象世界中准确把握到自然、社会和人类思维运动发展的普遍规律，从而正确地认识世界、解释世界。如果没有理性的思维，人们"就会连两件自然的事实也联系不起来，或者连二者之间所存在的联系都无法了解"③，人们就会成为完全

---

① 《马克思恩格斯文集》第 4 卷，人民出版社 2009 年版，第 302 页。
② 《马克思恩格斯文集》第 9 卷，人民出版社 2009 年版，第 119 页。
③ 《马克思恩格斯全集》第 20 卷，人民出版社 1971 年版，第 399 页。

"受动的、受制约的和受限制的存在物"①，成为受到本能与欲望支配的动物式的存在物，也就根本无法对客观世界作出系统而科学的解释说明。培根认为"科学是经验的科学"，在于对感性材料应用理性方法，理性方法包括归纳、分析、比较、观察和实践。在《神圣家族》中，马克思、恩格斯回溯唯物主义发展历程时肯定了这一观点"以朴素的形式"包含着科学的萌芽，为后续理智和理性的发展奠定了基础。科学的知识也使人掌握了从事发明和发展生产的手段，对于生产力的进步和生产实践的发展具有积极的促进作用。人不仅将自然界作为"人是自然科学的直接对象"②，也将人自身作为科学的对象，形成关于人的科学。人具有一定的自我意识，在从事对象性认识活动中也在这一关系中对自身进行反思，"在精神上使自己二重化"③，确证自身的存在和认识能力，形成关于自身的科学理论。可见，理性在人认识世界、解释世界中发挥了重要作用，引导人找到看似相互独立事件之间的内在联系，找到偶然性背后的必然性，揭示事物变化发展的规律。

其次，从现实世界中抽象、凝练、升华出的理性认识能够指导人们进行有目的、有计划、有步骤的实践活动。马克思指出："人的类特性恰恰就是自由的自觉的活动。"④ 人的自由自觉的活动不在于"自己放纵的欲望、古怪的癖好和离奇的念头的实现"⑤，而在于根据对客观世界本质与规律的理性认识"来支配我们自己和外部自然"，在于能够运用这些本质性、规律性、必然性的认识"为一定的目的服务"。⑥ 动物也进行生产，"为自己营造巢穴或住所"，但动物的这一活动并不是有目的、有计划的实践活动，而是在"直接的肉体需要的支配下"进行的本

---

① 《马克思恩格斯文集》第 1 卷，人民出版社 2009 年版，第 209 页。
② 《马克思恩格斯文集》第 1 卷，人民出版社 2009 年版，第 194 页。
③ 《马克思恩格斯文集》第 1 卷，人民出版社 2009 年版，第 163 页。
④ 《马克思恩格斯全集》第 42 卷，人民出版社 1979 年版，第 96 页。
⑤ 《马克思恩格斯全集》第 42 卷，人民出版社 1979 年版，第 141—142 页。
⑥ 《马克思恩格斯文集》第 9 卷，人民出版社 2009 年版，第 120 页。

能活动。人的生产实践活动并不以肉体需要为唯一原因，人甚至把脱离了肉体需要的生产才看作是"真正的生产"①。理性思维的运用与理性认识的积淀使人们有能力作出合规律性与合目的性的决策与行动，使人们能够在正确地认识世界的基础上能动地改造世界。在理性的指导下，人的实践活动是全面的，是以整个自然界、人类社会为对象的，"人懂得处处都把固有的尺度运用于对象"，懂得"按照美的规律来构造"。②在工业的历史中，人对于对象世界的认识与改造能力得到了充分体现，自然科学获得的科学认知被人投入生产，不断改造人的生产生活。可见，理性的运用促进人的实践活动的发展，"尽管它不得不直接地使非人化充分发展"③，但依旧为人的解放作了历史性准备。

最后，理性是人们基于对历史、现实与规律的综合考量，在一定程度上实现对自身实践活动结果的合理预见，实现对自然、社会与人类思维发展趋势的推测和设想。马克思、恩格斯强调的主体理性的预见作用并不是"从世界形成之前就久远地存在于某个地方的模式、方案或范畴中，来构造现实世界"④，而是"从现实本身推导出现实"⑤，是从现实的基础出发，根据那些"符合自然界和历史的情况"⑥ 的原则来实现对现实的合理超越。在不具备一定的生产力基础时，解决当前弊病并追求更高级的社会只能在理性的构想中进行，因为可行的方案"还隐藏在不发达的经济关系之中"，"社会所表现出来的只是弊病"⑦。尽管新的理论在形成之初可能陷入空想，但是其进步性也是不可否认的。恩格斯在《社会主义从空想到科学的发展》中肯定了空想社会主义作出的贡献，

① 《马克思恩格斯文集》第 1 卷，人民出版社 2009 年版，第 162 页。
② 《马克思恩格斯文集》第 1 卷，人民出版社 2009 年版，第 163 页。
③ 《马克思恩格斯文集》第 1 卷，人民出版社 2009 年版，第 193 页。
④ 《马克思恩格斯文集》第 9 卷，人民出版社 2009 年版，第 38 页。
⑤ 《马克思恩格斯文集》第 9 卷，人民出版社 2009 年版，第 101 页。
⑥ 《马克思恩格斯文集》第 9 卷，人民出版社 2009 年版，第 38 页。
⑦ 《马克思恩格斯文集》第 9 卷，人民出版社 2009 年版，第 274 页。

指出空想社会主义揭露了"由'理性的胜利'建立起来的社会制度和政治制度竟是一幅令人极度失望的讽刺画"①，在资产阶级意识形态家以华丽词句构建理性的虚假图画时，以不成熟但充满力量的理论提供了新的可能，并且通过宣传和典型示范为社会带来进步因素。可以说，理性的解释、指导、预见作用的发挥就在于获得关于客观世界的真理性认识，就在于为人们提供认识世界与改造世界的知识依据与理想框架。

2. 非理性在人的活动中发挥必要补充作用

相对于理性来说，非理性是一种具有自发性、即时性、灵活性、非逻辑性的心理形式，在人们认识世界、改造世界的实践活动中发挥着必要的补充性作用，并且在人的需要、情感、意志强化到一定程度的特殊情况下，这些非理性因素也会发挥出对人的思想与行为具有决定性意义的关键作用。正是因为非理性因素的存在，人的精神世界才能有序而丰富、严谨而生动，人才能"获得个性，并造成各种特殊的差异"②，人才能"感到自己是一个真正的人"③。具体来看，非理性因素的必要补充作用主要体现在三个方面，分别是对人的活动的激发与诱导作用、对人的活动的选择与定向作用以及对人的活动的驱动与控制作用。

首先，主体性的需要、情感、意志等非理性因素对人的认识与实践活动具有激发与诱导作用。人的认识与实践活动并不都是出于理性的思考，而往往是非理性的选择。正如恩格斯在《路德维希·费尔巴哈和德国古典哲学的终结》中所指出的，人们"总是通过每一个人追求他自己的、自觉预期的目的来创造他们的历史"④，但许多单个人的预期有不同的决定因素。"愿望是由激情或思虑来决定的"，直接决定激情或思虑

---

① 《马克思恩格斯文集》第 9 卷，人民出版社 2009 年版，第 273 页。
② 《马克思恩格斯文集》第 1 卷，人民出版社 2009 年版，第 331 页。
③ 《马克思恩格斯全集》第 29 卷，人民出版社 1972 年版，第 515 页。
④ 《马克思恩格斯文集》第 4 卷，人民出版社 2009 年版，第 302 页。

的杠杆是各式各样的："有的可能是外界的事物，有的可能是精神方面的动机，如功名心、'对真理和正义的热忱'、个人的憎恶，或者甚至是各种纯粹个人的怪想。"① 因此，这种激情和任意的选择往往是历史事件的直接决定性因素，是历史的必要构成。同时，在偶然的、突发的、强烈的非理性因素的刺激下，人们能够在一定时间内保持"精力的振奋和焕发"②。非理性可以刺激保持理性思维紧张、活跃、敏锐的觉醒状态。在非理性状态下的人可以产生极强的突破力、上升力和创造力，从而能够打破固有思维框架的限制，将理性思考的长期积淀以直觉、灵感、顿悟、想象、猜测等非理性的形式呈现出来，在此过程中实现人的认识水平与实践能力的跳跃式发展，对实践有关键的触发和推动作用。

其次，非理性因素体现着强烈的主体意愿，对人的认识与实践活动的选择与定向具有重要影响。内心世界的需要、情感、意志塑造着人的主观性价值尺度，对人的活动发生重要的作用。在《英国工人阶级状况》中，恩格斯就将勇气与激情作为工人运动发展的必要条件。恩格斯写道："罢工也需要有勇气，甚至比暴动需要更大更多的勇气，需要更果敢和更坚定的决心，这是显而易见的。"③ 在罢工中，无产阶级和家人所遭遇的是"长达数月地忍受饥饿和匮乏"，却始终"坚强刚毅、毫不动摇"，为了不受到资产阶级的压迫，为了争取到自身和本阶级应有的基本权利，无产阶级"宁可冒着总有一天资产阶级肯定要复仇的危险"，"宁可慢慢地饿死"。④ 因此，恩格斯毫不掩饰对于革命的人们的敬佩："正是在这种沉着镇静的坚忍精神中，在这种每天都要经受上百次考验的不可动摇的决心中，英国工人显示出自身品格的最值得尊敬的一面。"⑤ 革命无产阶级所展现的顽强的、无可战胜的英勇气概就是这

---

① 《马克思恩格斯文集》第 4 卷，人民出版社 2009 年版，第 302 页。
② 《马克思恩格斯文集》第 5 卷，人民出版社 2009 年版，第 395 页。
③ 《马克思恩格斯文集》第 1 卷，人民出版社 2009 年版，第 460 页。
④ 《马克思恩格斯文集》第 1 卷，人民出版社 2009 年版，第 460 页。
⑤ 《马克思恩格斯文集》第 1 卷，人民出版社 2009 年版，第 460 页。

样一种精神，在人的活动中扮演着重要的作用，支撑着人在苦难考验中前进，夺取最终的胜利。可见，非理性因素构成的价值尺度会成为理性思维活动的重要参照，会成为主体行为的内在遵循，从而直接影响着人们认识与实践的路径、方向和目标的选择。

最后，非理性因素在人的认识与实践活动中发挥着重要的驱动与控制作用。需要的满足、情感的倾向、意志的支撑都指向了外在于人的对象世界，因而这些非理性因素就构成了促使人们排除一切干扰与阻碍、积极投入对象性活动、探索对象世界本质与规律、实现人的社会性本质的驱动力与控制力。非理性因素的必要补充作用具有鲜明的两面性，积极的、肯定的非理性因素在人的认识与实践过程中能够发挥正向的激发与诱导、选择与定向、驱动与控制作用，但消极的、否定的非理性因素则会干扰、限制甚至削弱人作为主体的认识能力与实践能力。例如，在革命实践中，非理性因素既有积极的一面，也有消极的一面。资产阶级面对无产阶级群众"就像对待无理性的动物一样"，以"残忍的、不能服人而只能威吓人的暴力"压迫和剥削工人。如果工人"驯顺地让人把挽轭套在脖子上，只想把挽轭下的生活弄得比较舒适些"，而"不想打碎挽轭"，那工人就真的成了"牲口"，只剩下和动物无异的肉体欲望；如果工人对资产阶级感到愤怒和仇恨，这样"永不熄灭的内心愤慨"就能帮助工人在牲口一般的悲催生活中保持"合乎人性的意识和情感"，并在革命中将这一情感转化为强大的意志力和行动力，拿起武器打碎给人带来重压的锁链，在彻底的解放中构建起新的社会，实现自身与全人类的新生。①

3. 理性与非理性的辩证统一构成人的精神世界

现实的人是理性与非理性的统一体，但理性的思维形式与非理性的

---

① 《马克思恩格斯文集》第 1 卷，人民出版社 2009 年版，第 428 页。

心理形式不是各行其是、相互独立的。人的思维与心理实质上都是理性与非理性的辩证统一，都是理性与非理性共同作用的结果，不存在完全脱离理性的非理性，也不存在完全脱离非理性的理性，二者互有区别而又相互渗透、同频共振，共同构成了人的内在的自我环境，构成了完整意义上人的精神世界，构成了人的行为的"动机和出发点"。

一方面，理性需要非理性的激活、导向与驱动。非理性为其提供"冲动、活力、张力"，提供人本身"内部所固有的、活生生的、本质的力量"①。在致燕妮的信中，马克思曾经写道，只有在爱情中，在这集中了他"所有精力和全部感情"的爱情中，他"感到了一种强烈的热情"，才"又一次感到自己是一个真正的人"②。面对怀疑主义的冲击和理性主义的机械影响，人往往在繁杂交错的社会生活中迷失，而只有在这样倾注了人的情感，充分展示人的生命力，引起人的激情的非理性中，人才能获得放松，使人之为人，而不是理性的机器。理性一旦脱离非理性，就会走向机械化、绝对化、抽象化的误区。《神圣家族》中马克思、恩格斯所批判的思辨理性就是如此，沉迷于抽象的哲学讨论，在寻找所谓的共同的本质时忽视了感性的存在，在苹果、梨、扁桃中提炼出"果品"的单纯概念，以虚幻的果实代替了满足人的需要与欲望的现实的果实。③ 绝不应该忽视非理性或贬低非理性，更不能把非理性作为人未脱离动物的落后表现。在《德意志意识形态》中，马克思、恩格斯批判了当时的一种否认人的需要与欲求的意识形态，认为这样畸形抽象的观念"粗暴地排斥一般的正常的欲望"以"加强对思维的控制"④，使得人的思维和生活都遭到抽象化和片面化，被局限在可怜的极小范围内。可见，理性一旦"粗暴地排斥一般地正常的欲望"、极端

---

① 《马克思恩格斯文集》第 1 卷，人民出版社 2009 年版，第 331 页。
② 《马克思恩格斯全集》第 29 卷，人民出版社 1972 年版，第 515 页。
③ 《马克思恩格斯文集》第 1 卷，人民出版社 2009 年版，第 276—277 页。
④ 《马克思恩格斯全集》第 3 卷，人民出版社 1960 年版，第 297 页。

地加强"对思维的控制"①，那么就会成为"漠视人的、毫无血肉的"绝对"理智之物"②。现实的人不仅要在实践中创造理性的智慧、发展理性的能力，而且要在实践中获取非理性的感知、优化非理性的力量，要在理性的解释、指导、预见作用下有计划、有条理、有步骤地认识世界与改造世界。例如，在革命运动中，理性指导下的非理性就是强大的力量，可以唤起革命的热火。在从事批判时，批判的文字不是"解剖刀"而是"武器"，以"愤怒"为情感，以"揭露"为形式，向批判对象猛烈开火；在进行斗争时，"感情的冲动"与"理智的呼声"结合起来，"建立在稳固的信念和精神力量上面的运动"将会成为黑暗与混乱中的"牢靠灯塔"，在暴风雨中为革命群众照亮前进的道路，摧毁统治阶级的权势，带来胜利的光明。③

另一方面，非理性需要理性的协调、引导与规约。非理性需要理性来强化其积极作用、弱化其消极作用，从而使人形成合理的现实需求、正向的情感表达、积极的意志品质、坚定的理想信念。恩格斯因此指出，理性的教育对于无产阶级来说是十分重要的，是抵御"各种无法理解的教条和神学上的奥义"④ 和"教派的仇恨和狂热的迷信"⑤ 的必要手段。非理性一旦脱离了理性，一旦"脱离了人的其他活动，并使它们成为最后的和唯一的终极目的，那么，在这种抽象中，它们就是动物的机能"⑥，它们就会沦为"病态的欲望"与"最下流的意念"⑦。尤其是自私有制产生以来，"工业的宦官""更厚颜无耻地"以"更卑鄙"的手段利用人的欲望，"产品和需要的范围的扩大"使人成为"非人的、

---

① 《马克思恩格斯全集》第 3 卷，人民出版社 1960 年版，第 297 页。
② 《马克思恩格斯文集》第 1 卷，人民出版社 2009 年版，第 331 页。
③ 《马克思恩格斯全集》第 9 卷，人民出版社 1961 年版，第 195 页。
④ 《马克思恩格斯文集》第 1 卷，人民出版社 2009 年版，第 424 页。
⑤ 《马克思恩格斯文集》第 1 卷，人民出版社 2009 年版，第 425 页。
⑥ 《马克思恩格斯全集》第 42 卷，人民出版社 1979 年版，第 94 页。
⑦ 《马克思恩格斯全集》第 42 卷，人民出版社 1979 年版，第 133 页。

精致的、非自然的和幻想出来的欲望"的"机敏地而且总是精打细算"
的奴隶，走向了"堕落、腐化"。沉迷于肉体享受的欲望而没有理性的
约束与规制，"被名利迷住了心窍的人"只会"一头栽进那不可抗拒的
欲念召唤他去的地方"①，陷入痛苦和悔恨，消解人生的意义。并且，
非理性的因素很可能造成一种假象，让人被迷惑而误以为自己的选择是
内心的真正声音。因此，决不能只强调非理性而否定理性，只有经过理
性的引导与提升，非理性才真正具有现实意义，才能成为"真正的人的
机能"②。因此，正如马克思所说，只有"经过冷静的考察"，"了解它
的困难以后，仍然对它充满热情，仍然爱它"③，才能作出真正合适的
和愉快的选择。在革命实践中，为了防止革命变成"暂时的热情和表面
的热潮"④，也应当以科学的理论教育和引导群众，在唤起群众革命热
情并扩大革命队伍的同时，以理性反思巩固队伍并加强组织，形成真正
代表普遍利益的强大革命力量。现实的人要在非理性的激发、导向与驱
动作用下积极能动地实现"自觉的意图"与"预期的目的"⑤。只有坚
持理性与非理性的辩证统一，人才能真正成为活生生的现实的人，才能
"作为一个完整的人，占有自己的全面的本质"⑥，才能实现"有原则高
度的实践"⑦、有生命力和创造力的实践。

　　理性与非理性是思想政治教育过程中关注个体时需要考察的一对重
要范畴，是新时代开展思想政治教育工作必须要关注和把握的对象结
构。马克思恩格斯经典文本中关于理性与非理性的论述，为思想政治教

① 《马克思恩格斯全集》第 1 卷，人民出版社 1995 年版，第 456 页。
② 《马克思恩格斯全集》第 42 卷，人民出版社 1979 年版，第 94 页。
③ 《马克思恩格斯全集》第 1 卷，人民出版社 1995 年版，第 457 页。
④ 《马克思恩格斯全集》第 2 卷，人民出版社 1957 年版，第 104 页。
⑤ 《马克思恩格斯文集》第 4 卷，人民出版社 2009 年版，第 302 页。
⑥ 《马克思恩格斯文集》第 1 卷，人民出版社 2009 年版，第 189 页。
⑦ 《马克思恩格斯文集》第 1 卷，人民出版社 2009 年版，第 11 页。

育深入考察人的物质活动背后的精神过程，准确把握人的理性与非理性的辩证统一关系，实现人的思想、心理与行为一体化构建提供了重要的理论依据与观念启迪。

一是坚守理性，提升理性，以彻底的科学理论击中"素朴的人民园地"①。理性因素最终指向人的思想活动领域，新时代思想政治教育必须充分尊重人民群众的理论感，不断培育和强化人民群众的理性思维能力，坚持用科学理论成果武装人民群众的头脑，引导和帮助人民群众深入学习党史、新中国史、改革开放史、社会主义发展史，不断提升人民群众对中国特色社会主义历史逻辑、理论逻辑与实践逻辑的认识，不断深化人民群众对共产党执政规律、社会主义建设规律、人类社会发展规律的把握，从而在人民群众中确立起对党和国家、对中国特色社会主义的高度理论认同。

二是触及心灵，引领非理性，以坚定的理想信念铸育人民群众的精神家园。非理性因素最终指向人的心理活动领域，思想政治教育对主体非理性因素的激发与引领必须要落实到对人民群众的心理感染与信念铸造上来。习近平强调："我们必须把人民对美好生活的向往作为我们的奋斗目标，既解决实际问题又解决思想问题，更好强信心、聚民心、暖人心、筑同心。"② 新时代思想政治教育必须坚定地站在最广大人民群众的立场上，从人民群众现实的利益诉求出发，有效回应人民群众的现实关切，做到与人民群众情感相连、意志相通，从而在非理性层面切实增强人民群众对马克思主义的信仰、对中国特色社会主义的信念、对实现中华民族伟大复兴中国梦的信心。

三是坚持实践导向，在实践中推动理性与非理性的有机统一与有效转化，将人民群众的思想认同、情感认同转化为建设中国特色社会主

---

① 《马克思恩格斯文集》第 1 卷，人民出版社 2009 年版，第 17—18 页。

② 《习近平在全国宣传思想工作会议上强调 举旗帜聚民心育新人兴文化展形象 更好完成新形势下宣传思想工作使命任务》，《人民日报》2018 年 08 月 23 日。

义、实现中华民族伟大复兴中国梦的强大物质力量。人的一切理性因素与非理性因素都来源于实践、发展于实践，最终也必须要依靠实践得到具体表达。思想政治教育必须要在实践引领中推动理性与非理性的一体化构建，促成人民群众思想、心理与行为的整体联动，必须要充分调动起人民群众投身于社会主义现代化强国建设的积极性、主动性与创造性，不断鼓舞人民群众将爱国情、强国志转化为报国行，将"理性的认识"与"非理性的冲动"转化为实现中华民族伟大复兴的实践力量，共同书写新时代的壮丽篇章。

第六章　理论与实践

理论与实践是思想政治教育中的一对基本范畴①，关系到思想政治教育的哲学基础和革命实践。理论与实践的"同一性"问题，是近代以来哲学家特别关注并着力解决的基本问题，在马克思之前的哲学家始终没能正确而彻底地解决这个问题。马克思、恩格斯关于理论与实践的系列论述，不仅揭示了二者的内涵与关系，也蕴涵着深刻的思想政治教育理念，对新时代思想政治教育的深化发展具有重要启迪。

在《〈黑格尔法哲学批判〉导言》中，马克思把实践作为解决时代课题的关键，提出"光是思想力求成为现实是不够的，现实本身应当力求趋向思想"②，第一次在无产阶级"有原则高度的实践"③ 意义上使理论与实践走向和解。在《1844年经济学哲学手稿》中，马克思分析了理论和实践的社会性，指出具有普遍性的理论"不过是以现实共同体、社会存在物为生动形态的那个东西的理论形态"④，是人在社会性的实践中生产创造出的产物，并且对异化阶段的理论与实践的特征进行了分析，尝试从现实的实践活动出发，运用辩证法扬弃已有理论，厘清理论与实践之间的作用机理。《神圣家族》中，马克思、恩格斯批判把思辨理论作为主体而贬低从事实践的群众的鲍威尔等人，指出尽管理论具有相对独立性，但对于实践的被决定性是不容否认的，"在任何情况下，思想所能超出的只是旧世界秩序的思想范围"⑤。在对旧哲学进行批判的同时，马克思、恩格斯也逐渐建构起新哲学，为理论与实践的和解构筑了坚实的哲学基础。在

---

① 　本章是在思想与现实的内涵语义上使用理论与实践范畴的。
② 　《马克思恩格斯文集》第1卷，人民出版社2009年版，第13页。
③ 　《马克思恩格斯文集》第1卷，人民出版社2009年版，第11页。
④ 　《马克思恩格斯文集》第1卷，人民出版社2009年版，第188页。
⑤ 　《马克思恩格斯文集》第1卷，人民出版社2009年版，第320页。

《关于费尔巴哈的提纲》这一"包含着新世界观的天才萌芽的第一个文献"① 中，马克思指出，"人的思维是否具有客观的真理性，这不是一个理论的问题，而是一个实践的问题"②。在《德意志意识形态》中，马克思、恩格斯在对唯物史观的基本原理进行阐述，批判颠倒理论与实践关系的青年黑格尔派和割裂理论与主体的意识形态家时，阐明了社会存在决定社会意识，明确了理论与实践的主体是"处在现实的、可以通过经验观察到的、在一定条件下进行的发展过程中的人"③，其基础是"他们的活动和他们的物质生活条件，包括他们已有的和由他们自己的活动创造出来的物质生活条件"④，其中实践"这种连续不断的感性劳动和创造、这种生产"构成了"整个现存的感性世界的基础"⑤。在《路德维希·费尔巴哈与德国古典哲学的终结》中，恩格斯对理论与实践的关系问题背后的思维与存在哲学基本问题进行了系统梳理，分析脱离实践的理论的具体起源和哲学家力图解决问题的不同尝试，总结马克思主义对理论与实践问题的探索过程，说明"关于现实的人及其历史发展"⑥ 的科学必然在社会历史实践发展的基础上产生，以"关于外部世界和人类思维的运动的一般规律"⑦ 指导实践，推动实践与理论的不断发展。

一、理论与实践的内涵

"理论需要是否会直接成为实践需要呢？光是思想力求成为现实是

---

① 《马克思恩格斯文集》第 4 卷，人民出版社 2009 年版，第 266 页。
② 《马克思恩格斯文集》第 1 卷，人民出版社 2009 年版，第 500 页。
③ 《马克思恩格斯文集》第 1 卷，人民出版社 2009 年版，第 525 页。
④ 《马克思恩格斯文集》第 1 卷，人民出版社 2009 年版，第 519 页。
⑤ 《马克思恩格斯文集》第 1 卷，人民出版社 2009 年版，第 529 页。
⑥ 《马克思恩格斯文集》第 4 卷，人民出版社 2009 年版，第 295 页。
⑦ 《马克思恩格斯文集》第 4 卷，人民出版社 2009 年版，第 298 页。

不够的，现实本身应当力求趋向思想。"① 这是马克思在《〈黑格尔法哲学批判〉导言》中提出的蕴涵着深刻思想政治教育本质观的经典论断。要理解这一论断中所包含的理论与实践关系，深化关于思想政治教育本原问题的研究，就应当回归马克思恩格斯文本原著，特别是围绕《莱茵报》和《德法年鉴》时期的早期文献，结合成熟时期的文献，梳理理论渊源，解析内涵逻辑，明确理论与实践范畴的内涵意义。

1. 理论是主体观念意识的升华

在对理论内涵的考察过程中，马克思、恩格斯首先从新唯物主义的角度明确了他们的出发点，也就是"从事实际活动的人"②，"是他们的活动和他们的物质生活条件，包括他们已有的和由他们自己的活动创造出来的物质生活条件"③。不同于唯心主义和旧唯物主义从"人们头脑中的模糊幻想"或是"处在某种虚幻的离群索居和固定不变状态中的人"出发，马克思、恩格斯关注的是"处在现实的、可以通过经验观察到的、在一定条件下进行的发展过程中的人"④ 的能动的生活过程。因此，马克思、恩格斯对于思想的考察不是"一些僵死的事实的汇集"，也不是"想象的主体的想象活动"⑤，而是有生命的现实的人所生产出的观念与思想。由此，思想就不再是独立的主体了，思想是思维着的人的产物，不能将思想与它们的生产者割裂开来，要把思想作为历史和现实的主体。如果在考察思想的过程中，把思想同"产生这些思想的条件和它们的生产者"割裂，"就很容易从这些不同的思想中抽象出'思想'、观念等等，并把它们当做历史上占统治地位的东西，从而把所有

---

① 《马克思恩格斯文集》第 1 卷，人民出版社 2009 年版，第 13 页。
② 《马克思恩格斯文集》第 1 卷，人民出版社 2009 年版，第 525 页。
③ 《马克思恩格斯文集》第 1 卷，人民出版社 2009 年版，第 519 页。
④ 《马克思恩格斯文集》第 1 卷，人民出版社 2009 年版，第 525 页。
⑤ 《马克思恩格斯文集》第 1 卷，人民出版社 2009 年版，第 526 页。

这些个别的思想和概念说成是历史上发展着的概念的'自我规定'。在这种情况下，从人的概念、想象中的人、人的本质、人中能引申出人们的一切关系，也就很自然了"①。在这里，马克思、恩格斯所批判的实际上就是把思想本身当作历史主体，而仅仅从思想出发考察思想的唯心主义思辨哲学。在思辨哲学那里，思维着的意识是最高的存在，它不仅是现实的主体，而且是自生自满的，是世界的创造者，在思维的活动中设定人的生活。而在新唯物主义看来，思想的根源并不是思想自身，而是人的社会实践，是人的现实生活。

理论是对意识的总结和升华，而意识一开始就"并非'纯粹的'意识"，受到来自物质世界的"纠缠"②。在《德意志意识形态》中，马克思、恩格斯明确指出，作为思想开端的意识"起初只是对直接的可感知的环境的一种意识，是对处于开始意识到自身的个人之外的其他人和其他物的狭隘联系的一种意识"③。在这种意识的指导下，人"意识到必须和周围的个人来往"④，人的本能生活成为有意识的生活，成为社会的生活。在现实的人的社会生活实践中，社会使人具备生产思想的能力，为人提供了生产思想的条件。对哲学来说，现实社会是其生成的基础，"哲学本身就属于这个世界"，而且是这个世界的"观念的补充"⑤。正如马克思在《1844年经济学哲学手稿》中指出的，甚至思想家进行活动的语言也是"作为社会的产品"⑥ 出现的。对于科学思想来说也同样如此，关于人、社会、自然界的科学思想都直接生长在物质生活之上。科学只有从自然界出发，才是现实的科学。可见，全部历史是为了使"人"成为感性意识的对象和使"人作为人"的需要而作准备

---

① 《马克思恩格斯文集》第 1 卷，人民出版社 2009 年版，第 553 页。
② 《马克思恩格斯文集》第 1 卷，人民出版社 2009 年版，第 533 页。
③ 《马克思恩格斯文集》第 1 卷，人民出版社 2009 年版，第 533—534 页。
④ 《马克思恩格斯文集》第 1 卷，人民出版社 2009 年版，第 534 页。
⑤ 《马克思恩格斯文集》第 1 卷，人民出版社 2009 年版，第 10 页。
⑥ 《马克思恩格斯文集》第 1 卷，人民出版社 2009 年版，第 188 页。

的历史（发展的历史）。历史本身是自然史的一个现实部分，即自然界生成人这一过程的一个现实部分。① 那么，为什么思想会在发展中脱离自己的物质基础，甚至与物质基础相对立呢？实际上，这一状况之所以能够发生，依旧是因为社会实践活动为思想提供了动力。物质世界的发展带来了社会分工的不断发展，由起初的性行为方面的分工发展为天赋、需要、偶然性等方面的分工。② 也正是因为分工的发展，才使得思想获得了与物质基础分离的可能性："分工只是从物质劳动和精神劳动分离的时候起才真正成为分工。从这时候起意识才能现实地想象：它是和现存实践的意识不同的某种东西；它不用想象某种现实的东西就能现实地想象某种东西。从这时候起，意识才能摆脱世界而去构造'纯粹的'理论、神学、哲学、道德等等。"③

　　理论的相对独立性也直接表现为理论与实践之间存在的张力。思想的发展与物质基础的发展并不是严格对应的一致关系，往往会出现"惊人的不一致"，产生"时代的错乱"。在《〈黑格尔法哲学批判〉导言》中，马克思就从这一角度对德国的现状进行了分析，他指出，"正像古代各民族是在想象中、在神话中经历了自己的史前时期一样，我们德国人在思想中、在哲学中经历了自己的未来的历史""我们是当代的哲学同时代人，而不是当代的历史同时代人"④。德国没有在现实中由封建专制国家走向资本主义现代国家，却在观念上开启了对时代中心问题的反思与批判，在观念中对现代国家进行否定，萌生出走向未来的胚芽。如此一定程度上的超前性也为思想指导实践提供了可能，尽管"思想中已经认识到的那正在进行自我扬弃的运动"，"在现实中将经历一个极其艰难漫长的过程"，但是这样的先进的意识依旧是"现实的进步"。⑤ 但

① 《马克思恩格斯文集》第 1 卷，人民出版社 2009 年版，第 194 页。
② 《马克思恩格斯文集》第 1 卷，人民出版社 2009 年版，第 534 页。
③ 《马克思恩格斯文集》第 1 卷，人民出版社 2009 年版，第 534 页。
④ 《马克思恩格斯文集》第 1 卷，人民出版社 2009 年版，第 9 页。
⑤ 《马克思恩格斯文集》第 1 卷，人民出版社 2009 年版，第 232 页。

是，对于一定超前性的思想的肯定并不意味着马克思、恩格斯将思想视为推动社会进步的革命，实际上，马克思、恩格斯多次强调，思想的生成和发展有一定的实践基础。德国人之所以获得了思想上批判反思现代国家的可能性，是因为资本主义发展以来普遍建立的现代国家以及欧洲各国联系的日益紧密，观念上的资本主义现代国家对他们来说"在观察邻近各国的生活的时候几乎已经经历过了"①。并且，思想的状况实际上也是对德国现实状况的反映："如果思辨的法哲学，这种关于现代国家—它的现实仍然是彼岸世界，虽然这个彼岸世界也只在莱茵河彼岸—的抽象而不切实际的思维，只是在德国才有可能产生，那么反过来说，德国人那种置现实的人于不顾的关于现代国家的思想形象之所以可能产生，也只是因为现代国家本身置现实的人于不顾，或者只凭虚构的方式满足整个的人"②。可见，"思想永远不能超出旧世界秩序的范围，在任何情况下，思想所能超出的只是旧世界秩序的思想范围"③。思想所取得的先进性实际上是相对于思想的理论基础的先进性，而不是对日益成为整体的此岸世界基础的先进性。

2. 实践是主体对现实世界的感性活动

恩格斯这样总结新唯物主义理解现实的方式："人们决心在理解现实世界（自然界和历史）时按照它本身在每一个不以先入为主的唯心主义怪想来对待它的人面前所呈现的那样来理解；他们决心毫不怜惜地抛弃一切同事实（从事实本身的联系而不是从幻想的联系来把握的事实）不相符合的唯心主义怪想。"④ 在处理何为实践这一问题上，马克思、恩格斯首先面对的是"唯心主义怪想"，也就是唯心主义中将思想视为

① 《马克思恩格斯文集》第 1 卷，人民出版社 2009 年版，第 9 页。
② 《马克思恩格斯文集》第 1 卷，人民出版社 2009 年版，第 10—11 页。
③ 《马克思恩格斯文集》第 1 卷，人民出版社 2009 年版，第 320 页。
④ 《马克思恩格斯文集》第 4 卷，人民出版社 2009 年版，第 297 页。

现实世界创造者、将现实看作精神的外化和自我完成的观点。例如，黑格尔就认为精神世界才是真正的人的世界，而现实世界则是精神世界的异在，是精神世界为了恢复自身存在而不断否定的对象。因此，精神世界与现实世界的不一致甚至对立在黑格尔那里统统被归结为现实世界的缺陷："就自然界不同于抽象而言，自然界是个有缺陷的存在物。"① 在这种"自我外化并加以扬弃"② 的过程中，由于黑格尔将意识和精神设定为主体，所以对现实世界的扬弃过程"也不外是对这种无内容的抽象进行抽的、无内容的扬弃"③。青年黑格尔派更是直接"用范畴的形式夺得整个现实"，"并把人的一切活动消融在思辨的辩证法中之后"④，"它又用思辨的辩证法重新创造世界"。⑤ 现实世界的物质运动被青年黑格尔派看作"观念运动、自我意识的运动，即纯粹思想的运动"的假象存在，认为"现实的宇宙运动只有作为独立于物质和摆脱了物质即独立于现实和摆脱了现实的、自我意识的观念运动，才是真正的和现实的"。⑥ 对此，马克思、恩格斯指出，现实并不是哲学家想象中作为"实体"的精神产品，也不是神化后的"自我意识"和"绝对精神"。"'幽灵'、'枷锁'、'最高存在物'、'概念'、'疑虑'显然只是孤立的个人的一种观念上的、思辨的、精神的表现，只是他的观念"⑦，实际上，现实世界是由"一定的物质结果""一定的生产力总和"⑧"人对自然以及个人之间历史地形成的关系"⑨ 共同组成的每一历史阶段的人所进行生产实践的基础条件。

---

① 《马克思恩格斯文集》第 1 卷，人民出版社 2009 年版，第 222 页。
② 《马克思恩格斯文集》第 1 卷，人民出版社 2009 年版，第 213 页。
③ 《马克思恩格斯文集》第 1 卷，人民出版社 2009 年版，第 218 页。
④ 《马克思恩格斯文集》第 1 卷，人民出版社 2009 年版，第 274—275 页。
⑤ 《马克思恩格斯文集》第 1 卷，人民出版社 2009 年版，第 275 页。
⑥ 《马克思恩格斯文集》第 1 卷，人民出版社 2009 年版，第 344 页。
⑦ 《马克思恩格斯文集》第 1 卷，人民出版社 2009 年版，第 535 页。
⑧ 《马克思恩格斯文集》第 1 卷，人民出版社 2009 年版，第 544 页。
⑨ 《马克思恩格斯文集》第 1 卷，人民出版社 2009 年版，第 544—545 页。

　　如果仅仅将现实世界看作物质存在，那就只是和唯心主义世界观划清了界限，而没有与旧唯物主义区别开来。旧唯物主义同样把物看作现实世界的本原，但其没有意识到，现实世界并不是"某种开天辟地以来就直接存在的、始终如一的东西"①。现实世界并非不变的、僵死的，而是处在一个不断生成和灭亡的无止境上升过程中。正因如此，恩格斯才会写道："黑格尔不是简单地被放在一边，恰恰相反，上面所阐述的他的革命方面即辩证方法被接过来了。"② 现实世界不再是概念世界的翻版，辩证法也不再是概念的自我运动规律，而是关于外部世界和人类思维的一般规律的科学。值得注意的是，在马克思和恩格斯看来，现实世界并不局限于自然界或者局限于人的身外世界，而是充分包含了人的存在，包含了人的因素。费尔巴哈同样强调现实和人，但费尔巴哈所强调的人却"不是生活在现实的、历史地发生和历史地确定了的世界里面；虽然他同其他的人来往，但是任何一个其他的人也和他本人一样是抽象的"③。所以费尔巴哈一边强调人，另一边却忽略了现实的人的实践活动对于现实世界的作用力，忽视社会这一现实世界的重要组成部分。自然界并不是"与人分隔开来的"④，而是在作为人的实践活动的基础同时也为人所改变，构成社会的物质基础。没有人的自然界只有在抽象的思辨中存在，对于现实的人来说毫无意义。"我们不仅生活在自然界中，而且生活在人类社会中"。⑤ 社会中的人互相之间也发生"一定的、必然的、不以他们的意志为转移的关系"⑥，这个总和构成一定的经济结构，并在之上形成一定的法律、政治的上层建筑。现实世界是世世代代的人的实践活动的成果，是人的"这种连续不断的感性劳动和

---

① 《马克思恩格斯文集》第 1 卷，人民出版社 2009 年版，第 528 页。
② 《马克思恩格斯文集》第 4 卷，人民出版社 2009 年版，第 297 页。
③ 《马克思恩格斯文集》第 4 卷，人民出版社 2009 年版，第 290 页。
④ 《马克思恩格斯文集》第 1 卷，人民出版社 2009 年版，第 220 页。
⑤ 《马克思恩格斯文集》第 4 卷，人民出版社 2009 年版，第 284 页。
⑥ 《马克思恩格斯文集》第 2 卷，人民出版社 2009 年版，第 591 页。

创造、这种生产"构成了"整个现存的感性世界的基础"①。

马克思、恩格斯也对现实世界运行与发展的规律进行了考察。在《〈政治经济学批判〉序言》中，马克思这样总结现实世界的构成："人们在自己生活的社会生产中发生一定的、必然的、不以他们的意志为转移的关系，即同他们的物质生产力的一定发展阶段相适合的生产关系。这些生产关系的总和构成社会的经济结构，即有法律的和政治的上层建筑竖立其上并有一定的社会意识形式与之相适应的现实基础。"② 其中，生产力与生产关系之间的矛盾是影响现实世界的核心矛盾，当二者发生矛盾，生产关系已经无法满足生产力的发展需求并成为生产力发展的限制时，就需要通过革命等形式打破旧的生产关系。上层建筑和思想观念的变革也是由现实的变革引起的，思想和观念并不是现实世界的使命追求，而是对不同阶段现实的理论抽象。如果思想同现实发生矛盾，也不过是因为存在现实矛盾，这一矛盾既可以是同一范围内的矛盾，也可以是不同范围之间的矛盾。正如马克思在《论犹太人问题》中所分析的，思想意识中的二重生活产生于现实生活的二重性：政治共同体中的人作为公人，在市民生活中"作为私人进行活动，把他人看做工具，把自己也降为工具，并成为异己力量的玩物"③。不是思想压迫导致了现实压迫，而是现实的枷锁带来了精神上的枷锁。现实状况决定思想状况，对思想的生成与发展起到根本作用。正如马克思所说的："不是人们的意识决定人们的存在，相反，是人们的社会存在决定人们的意识。"④ 马克思、恩格斯指出，"统治阶级的思想在每一时代都是占统治地位的思想"，就是因为在现实世界中占据统治地位的阶级掌控了物质和精神的生产，是社会的主导力量，"占统治地位的思想不过是占统治地位的

---

① 《马克思恩格斯文集》第 1 卷，人民出版社 2009 年版，第 529 页。
② 《马克思恩格斯文集》第 2 卷，人民出版社 2009 年版，第 591 页。
③ 《马克思恩格斯文集》第 1 卷，人民出版社 2009 年版，第 30 页。
④ 《马克思恩格斯文集》第 2 卷，人民出版社 2009 年版，第 591 页。

物质关系在观念上的表现，不过是以思想的形式表现出来的占统治地位的物质关系"。① 因此，想要消灭思想上表现出的剥削压迫，就不应当沉迷于范畴世界里的词句斗争，而应当对准"十分实际、十分具体"的现实，"用实际的和具体的方式来消灭它们"②，构筑起现实的新世界。

二、理论与实践的分离

"全部哲学，特别是近代哲学的重大的基本问题，是思维和存在的关系问题。"③ 理论与实践的关系问题本质上所关涉的也正是这一问题。古代哲学在本体论的探讨中以观念论和神学掩盖了这一问题，随着现实世界的发展，人在确证自身能力的同时也日益认识到自身能力的界限，理论与实践之间的差异和矛盾使得怀疑论的影响力与日俱增。理论与实践走向分离，现实社会也出现了矛盾与错乱，如何解释并弥合理论与实践的鸿沟因此成为近代哲学的重要问题。如黑格尔所说："近代哲学的出发点，是古代哲学最后所达到的那个原则，即现实自我意识的立场；总之，它是以呈现在自己面前的精神为原则的。中世纪的观点认为思想中的东西与实存的宇宙有差异，近代哲学则把这个差异发展成为对立，并且以消除这一对立作为自己的任务。"④

1. 分离问题源自思维与存在难题

在《路德维希·费尔巴哈与德国古典哲学的终结》中，恩格斯对理论与实践的关系问题进行了系统的梳理。人们对于二者关系的讨论在人类历史初期就已经开始了，"在远古时代，人们还完全不知道自己身体

① 《马克思恩格斯文集》第 1 卷，人民出版社 2009 年版，第 550—551 页。
② 《马克思恩格斯文集》第 1 卷，人民出版社 2009 年版，第 273 页。
③ 《马克思恩格斯文集》第 4 卷，人民出版社 2009 年版，第 277 页。
④ ［德］黑格尔：《哲学史讲演录》第 4 卷，贺麟、王太庆译，商务印书馆 1995 年版，第 6 页。

的构造，并且受梦中景象的影响，于是就产生一种观念：他们的思维和感觉不是他们身体的活动，而是一种独特的、寓于这个身体之中而在人死亡时就离开身体的灵魂的活动"①。关于灵魂的种种争论不只是对人的宗教安慰，更是无法抗拒现实世界的无奈，而不得不将异己的力量人格化和超自然化，神的观念就是由此产生的。对此，恩格斯总结道，"思维对存在、精神对自然界的关系问题，全部哲学的最高问题，像一切宗教一样，其根源在于蒙昧时代的愚昧无知的观念"②。直到哲学发展到一定的程度，在中世纪的教父哲学和经院哲学中，理论与实践的问题才被明确提出。为了证明世界的神创，弥合神学理论与现实世界之间存在的矛盾，这一问题成为哲学家运用思维逻辑进行理论证明的对象。例如，英国的经院哲学家邓斯·司各脱就曾经追问过物质能否思维这一问题。但是，中世纪的哲学和神学都未能提出具有说服力的答案，更没有找到弥合理论与实践分离的可行路径。因此，"为了使这种奇迹能够实现"，哲学家和神学家只能"求助于上帝的万能"③，或是赋予人自身的思维和意识以无限认识能力。中世纪后，打破宗教神学限制的哲学进一步发展起来，"自我意识"的觉醒使哲学开始了认识论转向，从思考世界是什么转变为思考我们的思想是否跟现实相符合，"思想中的东西与实存的宇宙"的"差异发展成为对立"。因而，整个近代哲学的根本任务就是解决这个"对立"。"经验论"和"唯理论"在这个问题的解决思路与答案上各持己见、针锋相对，走向"独断论"和"怀疑论"。英国的唯物主义者抓住了感性的现实材料和理性的经验科学，却在系统化唯物主义的同时也走向了片面化和机械化，现实和人成为理智的牺牲品。实证科学独立后的形而上学也变得乏味枯燥了，"只剩下思想之类

---

① 《马克思恩格斯文集》第 4 卷，人民出版社 2009 年版，第 277 页。
② 《马克思恩格斯文集》第 4 卷，人民出版社 2009 年版，第 278 页。
③ 《马克思恩格斯文集》第 1 卷，人民出版社 2009 年版，第 331 页。

的东西和天国的事物"①，在怀疑论和讲究现实的法国唯物主义攻击下，形而上学和自然科学的基础面临被摧毁的危机。如恩格斯《英国状况。十八世纪》中所说："反对基督教的抽象主体性的斗争促使18世纪的哲学走向相互对立的片面性；客体性同主体性相对立，自然同精神相对立，唯物主义同唯灵论相对立，抽象普遍、实体同抽象单一相对立。"②

康德为了"重建形而上学"，给自然科学奠定"理性的根基"，把"知识依照对象"变革为"对象依照知识"③，开启从"形式逻辑"到"先验逻辑"的"哥白尼式的革命"。康德通过设定"物自体"来"悬置""理性"和"知识"，为"道德"和"信仰""留出底盘"，把"思想"与"现实"的一致性限制在"现象世界"，从而有所保留地解决了"思想"与"现实"的"同一性"问题。为了克服"康德方案"的自相矛盾，彻底解决这个问题，费希特、谢林先后做了努力，但无论是"自我"还是"绝对自我"都没有取得令人满意的结果。黑格尔作为德国古典哲学的集大成者，他在唯心主义的立场上"倒立着"解决了"思想"与"现实"的"同一性"问题。黑格尔提出："一切问题的关键在于：不仅把真实的东西或真理理解和表述为实体，而且同样理解和表述为主体。同时还必须注意到，实体性自身既包含着共相（或者普遍）或知识的直接性，也包含着存在或作为知识之对象的直接性。"④ 黑格尔的《现象学》及其最后成果——辩证法，作为推动原则和创造原则的否定性的伟大之处首先在于，黑格尔把人的自我产生看作一个过程。黑格尔赋予"实体"能动性和直性，赋予"主体"真实性和普遍性，把"实体"和"主体"看作"绝对精神"否定性的原则运动的两个方面，强

---

① 《马克思恩格斯文集》第1卷，人民出版社2009年版，第329页。
② 《马克思恩格斯文集》第1卷，人民出版社2009年版，第88页。
③ 邓晓芒：《康德〈纯粹理想批判〉句读》（上），人民出版社2007年版，第33页。
④ ［德］黑格尔：《精神现象学》上卷，贺麟、王玖兴译，商务印书馆1978年版，第12页。

调"真实的东西"就是"实体"和"主体"的辩证统一,实质就是把"思想"和"现实"同一到"自我意识"的"神秘运动"中,而这个"神秘运动"是以"否定性的辩证法"作为"推动原则和创造原则"。①黑格尔主义者(包括早年的马克思)的信条是"凡是现实的都是合乎理性的,凡是合乎理性的都是现实的"②,他们认为通过"无情的批判"就能"使世界哲学化",就能把"尘世间的实在"从它的"非哲学状况"中解救出来③,"批判"因此成为青年黑格尔学派的"座右铭","改造社会的事业被归结为批判的批判的大脑活动"④,群众则被归结为盲目的和肤浅的存在。而"历史的活动和思想就是群众的思想和活动",青年黑格尔派实际上否定了全部的现实历史,并"用批判的历史取而代之"⑤。这样否定现实的答案,依旧没有解决理论与实践的分离难题。

2. 分离问题反映社会生活的现实矛盾

"如果这种理论、神学、哲学、道德等等同现存的关系发生矛盾,那么,这仅仅是因为现存的社会关系同现存的生产力发生了矛盾。"⑥理论上的难题并不是与现实无关的存在,其所映照的恰恰是现实中的矛盾和冲突,是现实社会中人与人的分裂,是新旧制度之间的交错混杂。理论与实践的关系问题越突出,其越成为哲学所争论的中心问题,也就意味着社会矛盾的不断激化。不仅封建神学的意识形态遭到攻击,启蒙运动以来高扬的理性王国也暴露出其资产阶级价值追求本性,在德国等发展较为落后的国家则往往形成各种势力交织控制下的时代错乱,给人

---

① 《马克思恩格斯文集》第 1 卷,人民出版社 2009 年版,第 205 页。
② 《马克思恩格斯文集》第 4 卷,人民出版社 2009 年版,第 268 页。
③ [美] 罗伯特·C. 塔克:《卡尔·马克思的哲学与神话》,刘钰森、陈开华译,天津人民出版社 2018 年版,第 78 页。
④ 《马克思恩格斯文集》第 1 卷,人民出版社 2009 年版,第 293 页。
⑤ 《马克思恩格斯文集》第 1 卷,人民出版社 2009 年版,第 286 页。
⑥ 《马克思恩格斯文集》第 1 卷,人民出版社 2009 年版,第 534—535 页。

民带来多重的压迫和苦难。

启蒙运动以来，在英国等资本主义发达国家中资产阶级展现出一定的革命性，"他们不承认任何外界的权威，不管这种权威是什么样的。宗教、自然观、社会、国家制度，一切都受到了最无情的批判"，一切现存的事物要么"在理性的法庭面前为自己的存在作辩护"，要么就自觉走向灭亡。① 仿佛从此之后，"迷信、非正义、特权和压迫，必将为永恒的真理、永恒的正义、基于自然的平等和不可剥夺的人权所取代"②。废除封建制度并建立起现代国家的资产阶级所构建的理性王国在现实的痛苦面前，依旧暴露出越发严重的矛盾。在《英国状况。十八世纪》中恩格斯就指出，资产阶级表面上否定了封建国家，但实际上却重新恢复了国家，"在封建主义的废墟上产生了基督教国家，这是基督教世界秩序在政治方面达到的顶点"，"由于利益被升格为普遍原则，这个基督教世界秩序也在另一方面达到了顶点"。③ 主体的、利己的、单个的利益变成了维系人与人之间关系的纽带，"现代生意经世界的奴役，即一种完善、发达而普遍的出卖，比封建时代的农奴制更不合乎人性、更无所不包"④。取代了"神圣形象"的"非神圣形象"更加肆无忌惮，"用公开的、无耻的、直接的、露骨的剥削代替了由宗教幻想和政治幻想掩盖着的剥削"⑤。为了实现利益的不断积累和资本的无限扩张，资产阶级对于无产阶级的剥削日益严重。财富集中于极少数人手中的同时，人数不断增长的最广大群体也就是无产阶级却正在承受着贫穷，基本需求被压制到动物的程度。正如恩格斯在《社会主义从空想到科学的发展》中总结的："理性的王国不过是资产阶级的理想化的王国；永恒的正义在资产阶级的司法中得到实现；平等归结为法律面前的资产阶级的平等；

---

① 《马克思恩格斯文集》第 9 卷，人民出版社 2009 年版，第 19 页。
② 《马克思恩格斯文集》第 3 卷，人民出版社 2009 年版，第 524 页。
③ 《马克思恩格斯文集》第 1 卷，人民出版社 2009 年版，第 94 页。
④ 《马克思恩格斯文集》第 1 卷，人民出版社 2009 年版，第 95 页。
⑤ 《马克思恩格斯文集》第 2 卷，人民出版社 2009 年版，第 34 页。

被宣布为最主要的人权之一的是资产阶级的所有权；而理性的国家、卢梭的社会契约在实践中表现为，而且也只能表现为资产阶级的民主共和国。"①

而在资本主义不够发达的国家中，现实矛盾则变得更加复杂。马克思在《〈黑格尔法哲学批判〉导言》中明确指出："现代德国制度是时代错乱，它公然违反普遍承认的公理。"② 19 世纪 40 年代，德国君主专制的国家制度同文艺复兴、宗教改革、启蒙运动以来形成的资产阶级思想之间的矛盾日益突出。发达灿烂的"德国的法哲学和国家哲学"③同日益"陈旧腐朽的制度"④ 形成了鲜明对比，"德国人在思想中、在哲学中经历了自己的未来的历史"，"我们是当代哲学的哲学同时代人，而不是当代的历史同时代人"⑤。政教合一、公国割据、工业孱弱、商业衰败、人民苦难深重，德国远远落后于同时期的英国、法国等早已完成了资产阶级革命、确立了资本主义政治制度和经济发展道路的先进国家。遗憾的是，普鲁士的王公贵族非但没有图强求变，反而开起了"历史的倒车"，进一步强化君主专制、宗教压迫、加重税负、禁锢思想、限制自由、残酷剥削，各种与日俱增的倒行逆施使德国已经成为"低于历史水平"⑥ 的"旧制度的公开的完成"⑦。作为德国官方哲学的旗手代表，黑格尔在为普鲁士专制国家表征"绝对精神"完满体现所做的辩护中振臂高呼："理性和自由永远是我们的口号"⑧。历史法学派回到"史前的条顿原始森林去寻找我们的自由历史"⑨，实践派"以为哲学低于

---

①　《马克思恩格斯文集》第 3 卷，人民出版社 2009 年版，第 524 页。
②　《马克思恩格斯文集》第 1 卷，人民出版社 2009 年版，第 7 页。
③　《马克思恩格斯文集》第 1 卷，人民出版社 2009 年版，第 9 页。
④　《马克思恩格斯文集》第 1 卷，人民出版社 2009 年版，第 8 页。
⑤　《马克思恩格斯文集》第 1 卷，人民出版社 2009 年版，第 9 页。
⑥　《马克思恩格斯文集》第 1 卷，人民出版社 2009 年版，第 6 页。
⑦　《马克思恩格斯文集》第 1 卷，人民出版社 2009 年版，第 7 页。
⑧　苗力田译编：《黑格尔通信百封》，中国人民大学出版社 2015 年版，第 38 页。
⑨　《马克思恩格斯文集》第 1 卷，人民出版社 2009 年版，第 5 页。

德国的实践"并以为"只要背对着哲学，并且扭过头去对哲学嘟囔几句陈腐的气话，对哲学的否定就实现了"①，理论派意识到理论与实践的矛盾却沉迷于词句的斗争。但是，面对德国社会在理论发展和制度现实之间发生的"时代错乱"，马克思给出的判词却是："自由主义的华丽外衣掉下来了，可恶至极的专制制度已赤裸裸地呈现在全世界面前。"②德国社会的"时代错乱"表明，德国哲学家们的"思想需要"没有成为"现实需要"，"自由理性"并没有外化出"理想世界"。这也给尚且属于青年黑格尔学派阵营期待着"自我意识"现实化和"哲学实现"的马克思带来了"苦恼的疑问"，为了弄清和解决使他"苦恼的疑问"，他决心"从社会舞台退回到书房"，探寻自由解放之路。

三、理论与实践的统一

在分析理论与实践的内涵、探求理论与实践和解之路的过程中，马克思不仅回应了"苦恼的疑问"，也重新厘清并正确解决了理论与实践的关系问题。在批判旧哲学与创立新哲学的过程中，马克思、恩格斯不仅实现了理论与实践在观念上的和解，并且把"哲学实现"和"普遍的解放"置于无产阶级开展的"彻底的革命"的"有原则高度的实践"中，揭示了思想政治教育活动使理论与实践相统一的根本功能，提供了实现这种统一的路径。

1. 在解决"苦恼的疑问"中剖析理论与实践的关系

马克思在 1859 年撰写的《〈政治经济学批判〉序言》中回忆"自己研究政治经济学的经过"时明确说道："为了解决使我苦恼的疑问，我写的第一部著作是对黑格尔法哲学的批判性的分析，这部著作的导言曾

---

① 《马克思恩格斯文集》第 1 卷，人民出版社 2009 年版，第 10 页。
② 《马克思恩格斯文集》第 10 卷，人民出版社 2009 年版，第 5 页。

发表在 1844 年巴黎出版的《德法年鉴》上。"① 可见，《黑格尔法哲学批判》及《〈黑格尔法哲学批判〉导言》是马克思解决自己"苦恼的疑问"的首个理论成果。马克思把这个"理论成果"概括为"这样一个结果"："法的关系正像国家的形式一样，既不能从它们本身来理解，也不能从所谓人类精神的一般发展来理解，相反，它们根源于物质的生活关系，这种物质的生活关系的总和，黑格尔按照 18 世纪的英国人和法国人的先例，概括为'市民社会'，而对市民社会的解剖应该到政治经济学中去寻求。"② 正是"苦恼的疑问"促使马克思去研究历史学和黑格尔法哲学，并通过撰写《黑格尔法哲学批判》及《〈黑格尔法哲学批判〉导言》尝试解决疑问，获得了跟黑格尔关于"市民社会"与"国家的形式"内在关系截然相反的结论。这个结论立即让马克思意识到——他对黑格尔法哲学的批判仅仅是"作为副本的批判"，要想真正解决"对所谓物质利益发表意见的难事"，必须深入"原本批判"，即"对市民社会的解剖"，马克思由此走上了研究政治经济学的道路。也就是说，是"苦恼的疑问"促使马克思从"副本批判"转向"原本批判"，发表在《德法年鉴》上的《论犹太人问题》和《〈黑格尔法哲学批判〉导言》表明这种转向的开启，前者提出了"人的解放"问题，后者提出要把"对天国的批判变成对尘世的批判，对宗教的批判变成对法的批判，对神学的批判变成对政治的批判"③。

马克思在这一时期针对黑格尔关于"思想"与"现实"的同一问题作出的"颠倒"不是偶然的。一方面，在《莱茵报》工作期间的实践经历让马克思深刻意识到，"不是国家的有机理性，而是私人利益的切身需要，才是等级制度的建筑师"，物质利益对个人和国家具有决定意义。另一方面，费尔巴哈《基督教的本质》《未来哲学原理》等著作

---

① 《马克思恩格斯文集》第 2 卷，人民出版社 2009 年版，第 591 页。
② 《马克思恩格斯文集》第 2 卷，人民出版社 2009 年版，第 591 页。
③ 《马克思恩格斯文集》第 1 卷，人民出版社 2009 年版，第 4 页。

的出版被马克思热忱接纳，马克思赞赏费尔巴哈批判黑格尔哲学的基本立场，逐渐接纳和形成了人本主义的唯物主义哲学立场。与此同时，为了解决"苦恼的疑问"，马克思在克罗茨纳赫研读了诸多历史学和政治学著作，启发他着手"副本批判"，在对社会结构异化的分析和批判中提出"市民社会"是决定"法的关系"和"国家的形式"的根源性"物质生活关系"。因此，在《〈黑格尔法哲学批判〉导言》中，马克思郑重地宣告了新哲学的"迫切任务"：在"原本批判"中"确立此岸世界的真理"，既揭穿"人的自我异化的神圣形象"，也"揭露具有非神圣形象的自我异化"①。同时，在一定意义上讲，正是因为马克思作为一个激进的青年黑格尔派分子，高扬过"人的自我意识""具有最高的神性"，强调过"不是理性自由的实现的国家就是坏的国家"，"要把自由理性当作世界的统治者"②，喊出过"表示它反对不承认人的自我意识是最高神性的一切天上的和地上的神"③，期许过用理性批判扫荡世界的非理性存在，使"定在自由"的思想现实化，他才会在德国社会的"时代错乱"中强烈感受到自由理性同现实困局的不同步，由于德国现实并没有显示为理性意识的发展史，才逼迫他在"苦恼的疑问"中迷惘、质疑、反思并最终批判和清算一切"旧哲学"。

在对旧哲学进行批判的同时，马克思、恩格斯也逐渐建构起新哲学，为理论与实践的和解构筑了坚实的哲学基础。马克思指出，"人的思维是否具有客观的真理性，这不是一个理论的问题，而是一个实践的问题"④。此时，马克思已经深刻认识到，不能仅仅停留在思维领域研究理论与实践的关系问题，而应当进入人所生活的真实世界，在感性的人的实践活动中探寻并证实思想的真理性和此岸性。在这一问题上，旧

---

① 《马克思恩格斯文集》第 1 卷，人民出版社 2009 年版，第 4 页。
② 《马克思恩格斯全集》第 1 卷，人民出版社 1995 年版，第 224 页。
③ 《马克思恩格斯全集》第 1 卷，人民出版社 1995 年版，第 12 页。
④ 《马克思恩格斯文集》第 1 卷，人民出版社 2009 年版，第 500 页。

唯物主义"对对象、现实、感性，只是从客体的或者直观的形式去理解"，唯心主义在发展思维能动性的同时依旧是"不知道现实的、感性的活动本身的"①，这些走向抽象和片面的哲学对思想的现实性或非现实性的争论，与"纯粹经院哲学的问题"② 别无二致。在此意义上，马克思肯定费尔巴哈"把宗教世界归结于它的世俗基础"，也进一步指出，对于思想分裂的说明应当从现实基础"自身中、从它的矛盾中去理解"，并从"实践中使之发生革命"，再次强调现实对于思想的基础作用。在新哲学观和世界观的指导下，马克思投入了政治经济学的研究，从现实的人出发，对资本主义生产关系进行了系统而深入的考察，结合历史事实与辩证逻辑，抽象考察了理论与实践的历史发展过程，抓住了生产力与生产关系这一对矛盾，揭示了资本主义社会运行的规律，以思想解释现实并走向现实，实现理论与实践的统一。这一过程也是马克思、恩格斯完成由自身所确立的新哲学任务的过程，批判神圣形象异化的同时也揭露非神圣形象异化，在针对"原本"的批判中"确立此岸世界的真理"③，引领和推动社会革命的发展。

2. 理论与实践的真正和解实现于思想与现实的相互趋近

德国社会的"时代错乱"，《莱茵报》被查封前后的亲身经历，对无产阶级现实生活状况的考察使马克思、恩格斯在理论难题中较早地清醒过来，从唯心主义和革命民主主义走向唯物主义和共产主义，完成了对黑格尔"绝对即主体"命题的初步"颠倒"，在观念上作出使理论与实践和解尝试的同时，也努力探索了这一和解的实现路径："光是思想力求成为现实是不够的，现实本身应当力求趋向思想。"

对于理论与实践统一的可能路径，马克思给出了与思辨哲学家截然

---

① 《马克思恩格斯文集》第 1 卷，人民出版社 2009 年版，第 499 页。
② 《马克思恩格斯文集》第 1 卷，人民出版社 2009 年版，第 500 页。
③ 《马克思恩格斯文集》第 1 卷，人民出版社 2009 年版，第 4 页。

不同的回答。从康德的"人为自然立法"到黑格尔的"依照思想建筑现实"，理性在"有目的行动"中获得了"绝对"的力量。在黑格尔看来，"绝对"作为"真理"和"科学"，是"精神的现实"，是"精神在其自己的因素里为自己所建造的王国"①。按照这种观点，所谓"现实"就是"绝对的实现"，就是"真理的全体"，就是"思想的完成"。而早在大学时期，马克思就显示出现实主义情怀，他在写给父亲的诗篇中说道，"康德和费希特喜欢在太空翱翔，寻找一个遥远的未知国度；而我只求能真正领悟在街头巷尾遇到的日常事物"②。同康德和黑格尔等思辨哲学家所不同的是，马克思把现实理解为人的世界，并且明确将成为现实看作思想的本性追求，特别是那些作为"意识形态"的思想。"意识形态"总是致力于加工人们"现有的观念材料"进而影响和塑造人们的社会活动，从而达成作为"思想"的意识形态目的。到这里，基本上已经可以推导出"思想力求成为现实"这一论断。但是，任何思想和"意识形态"既不能直接作用于"现实"，也不能自动转化为社会成员的观念共识。就像马克思后来所说的，"思想本身根本不能实现什么东西。思想要得到实现，就要有使用实践力量的人"③。思想要"成为现实"就必须借助思想政治教育，通过人来影响和塑造人，创生出"改变世界"的强大"物质力量"。可以说，全部思想政治教育存在发展的根本原因就在于，总是有这样那样的反映一定"物质生活关系"的"思想"和"意识形态"，必须借助并通过思想政治教育的观念塑造、铸魂育人功能来"成为现实"。因此，对思想政治教育来说，其本质追求也就是让"思想力求成为现实"。

趋向现实是思想的本质追求，但是这一追求的实现却不能仅仅依靠

---

① ［德］黑格尔：《精神现象学》上卷，贺麟、王玖兴译，商务印书馆 1978 年版，第 19 页。
② 《马克思恩格斯全集》第 1 卷，人民出版社 1995 年版，第 736 页。
③ 《马克思恩格斯文集》第 1 卷，人民出版社 2009 年版，第 320 页。

思想政治教育，而需要使现实趋近思想。德意志意识形态家们致力于教会人们"批判地对待这些臆想""用符合人的本质的思想来代替这些臆想""从头脑里抛掉这些臆想"①，以为如此一来现实就会自行崩溃。马克思、恩格斯指出，正如抛弃重力思想并不能使人"避免任何溺死的危险"②，青年黑格尔派哲学的核心观点都是"天真的幼稚的空想"③。思想趋向现实的追求是否可以达成，关键在于现实有没有实现思想的意图和要求。但是，不仅现实不会自动地依照思想来构筑自己，毕竟思想不会自动进入现实，人又总是在现实中行动，人的思想政治教育活动也只是"现实的人"的行动；而且，即便是现实决心趋向思想，也极有可能只是盲目地行动。如此一来，让"思想成为现实"作为思想政治教育的本质追求就转换成让"现实趋向思想"这个根本任务，"思想成为现实"归根到底是让"现实趋向思想"。因此，想要把一定时代的思想和"意识形态"转化实现为这个社会时代的现实，从根本上来说，必须通过影响和塑造这个社会时代人们的思想观念，引导人们按照一定的思想和"意识形态"要求来开展实践活动，也就是用理论指导实践，最终使"社会改造事业"逐渐符合思想和"意识形态"的理论诉求。如果说让"思想力求成为现实"是思想政治教育的理想图景，那么，让"现实趋向思想"就是思想政治教育的存在形态，是理论与实践相统一的现实方式。换言之，让"现实趋向思想"，就要把一定的思想和"意识形态"转化为社会成员的思想共识和行动自觉，使"彻底的革命"符合"彻底需要的革命"，在革命实践中实现理论与实践的辩证统一。

　　"思想力求成为现实"与"现实力求趋向思想"构成了理论与实践"同一性"的两个方面，分别从本质追求和根本任务，或者说从应然与实然两个角度，在"有原则高度的实践"意义上表征了思想政治教育对

---

① 《马克思恩格斯文集》第 1 卷，人民出版社 2009 年版，第 509 页。
② 《马克思恩格斯文集》第 1 卷，人民出版社 2009 年版，第 510 页。
③ 《马克思恩格斯文集》第 1 卷，人民出版社 2009 年版，第 509 页。

"思想"与"现实"的统合能力，揭示了思想政治教育在理论与实践统一过程中的关键地位。通过思想政治教育，思想被"使用实践力量的人"所掌握并运用于实践改造，现实则获得了"批判的武器"和"武器的批判"。经由思想政治教育这个中间环节，思想成为现实性的思想，现实成为能动性的现实，理论与实践在相互区别中实现统一。究其根本，是因为思想政治教育具有一项至关重要的本质性功能，这就是马克思在《〈黑格尔法哲学批判〉导言》中指出的："批判的武器当然不能代替武器的批判，物质力量只能用物质力量来摧毁；但是理论一经掌握群众，也会变成物质力量。"① 在马克思看来，思想毕竟是由"物质力量"所决定的，实现一种思想，关键在于实现这种思想背后的"物质力量"。因此，思想要成为现实，现实要趋向思想，必须借助于"理论掌握群众"这个关键环节，使"批判的武器"变成"武器的批判"，使"思想的闪电"彻底击中无产阶级"这块素朴的人民园地"，迸发出巨大的精神力量和物质力量，推进彻底的人的普遍解放。要完成这种转化，必须真正实现"理论一经掌握群众"。马克思接着指出：理论掌握于群众的前提是"理论彻底"，彻底的根据在于"抓住根本"，"人本身"就是这个根本。可见，到这里，思想又被"事物的根本"和"人本身"这个现实性所规定。正是因为这个现实性规定，思想才有可能经由"现实的人"转化出"实践力量"和"物质力量"，进而成为实现了的"思想"和"理论"。在此意义上讲，即使通过思想政治教育这一路径，也只有抵达根本的思想，才会成为现实的思想，才会是现实所要趋近的思想。

3. 在人的实践以及对这种实践的理解中把握运用理论

"我们的主观思维和客观世界遵循同一些规律，因而两者的结果最

---

① 《马克思恩格斯文集》第 1 卷，人民出版社 2009 年版，第 11 页。

终不能互相矛盾，而必须彼此一致，这个事实绝对地支配着我们的整个理论思维。"① 如果说理论与实践的"同一性问题"在康德那里处于"现象界"，在黑格尔那里陷入"绝对精神"，在费尔巴哈那里停留于"感性直观"，那么在马克思、恩格斯这里，理论与实践的"同一性"第一次被归结为革命的实践命题，被看作"理论思维的不以意识为转移的和无条件的前提"②，并贯彻在马克思、恩格斯的革命实践活动中。

在马克思、恩格斯看来，理论与实践只有在"人的实践中以及对这种实践的理解中"③ 才能达成辩证统一。想要避免思想沦为"乌托邦式的梦想"④ 而现实成为违背公理的"时代错乱"⑤，其根本就在于抓住实践，以革命的实践活动推进理论与实践的相互趋近。一方面，思想应当力求在"实践需要"中得以实现；另一方面，现实本身也应当在实践活动中主动地趋向思想。"思想力求成为现实"和"现实力求趋向思想"实际上构成了"有原则高度的实践"的两个方面：思想由"物质的生活关系"所决定，思想被无产阶级运用到改造"物质的生活关系"实现"普遍的解放"的革命现实中；现实是不以"上帝启示"和"国家理性"为前提的"现实的人"活动着的直接存在，现实在无产阶级的"彻底革命"中改造着"物质的生活关系"的同时，也改造着人民群众的自我意识和理论武器。因此，马克思和恩格斯多次强调，离开"实践力量"和"物质力量"，仅仅在"理论的任务"和"思辨的革命"中对不合理的"思想要求"和"制度现实"进行批判，是不能真正抵达现实的，因为"它的现实仍然是彼岸世界"⑥。"理论的对立本身的解决，

---

① 《马克思恩格斯文集》第9卷，人民出版社2009年版，第538页。
② 《马克思恩格斯文集》第9卷，人民出版社2009年版，第538页。
③ 《马克思恩格斯文集》第1卷，人民出版社2009年版，第506页。
④ 《马克思恩格斯文集》第1卷，人民出版社2009年版，第14页。
⑤ 《马克思恩格斯文集》第1卷，人民出版社2009年版，第7页。
⑥ 《马克思恩格斯文集》第1卷，人民出版社2009年版，第10页。

只有通过实践方式，只有借助于人的实践力量，才是可能的"①。因此，理论与实践对立的解决决不只是认识的任务，决不只是思想政治教育的任务，而是现实的生活的任务，是革命实践的任务。思辨的哲学未能完成这个任务，正因为它把这仅仅看作理论的任务，忽视甚至是否认了实践的物质力量。

由此可见，马克思、恩格斯关于理论与实践关系问题的说明是具有革命性意义的，并且对实践有实际的指导作用，不仅根本区别于黑格尔唯心主义的同一性理解，也区别于费尔巴哈人本主义的同一性理解。由于费尔巴哈的唯物主义是"半截子"的唯物主义，虽然他开启了针对黑格尔"绝对即主体"命题的"颠倒"，但是仅仅恢复了同时期的唯物主义水平，而没有真正拓展唯物主义的时代精神，所以后来马克思说费尔巴哈同黑格尔相比是"极其匮乏的"。因此，费尔巴哈关于理论与实践同一性的理解也是不彻底的。马克思、恩格斯区别于费尔巴哈的地方就在于，他们看到了无产阶级这个使用实践力量的群体，而不是生活于抽象思维中的"类存在的人"。事实上，包括费尔巴哈、鲍威尔等人在内的青年黑格尔派，他们往往都只是把"人的本质"理解为"单个人所固有的抽象物"，看不到"人的本质"在其现实性上"是一切社会关系的总和"②，看不到"人民群众"才是推动历史发展的主体力量，看不到人类解放的"心脏是无产阶级"③。在马克思、恩格斯那里，"人"不仅是"现实的"，并且进一步具化为革命的无产阶级，哲学的实现变成了消灭哲学，"使世界哲学化"变成了"实现彻底的革命实践"。通过无产阶级革命实践，马克思科学地解决了理论与实践的关系问题，并把革命的无产阶级嵌入这个"同一性"关系中。思想问题归结为这样一个崭新的现实呼声："哲学不消灭无产阶级，就不能成为现实；无产阶级不

---

① 《马克思恩格斯文集》第 1 卷，人民出版社 2009 年版，第 192 页。
② 《马克思恩格斯文集》第 1 卷，人民出版社 2009 年版，第 501 页。
③ 《马克思恩格斯文集》第 1 卷，人民出版社 2009 年版，第 18 页。

把哲学变成现实，就不可能消灭自身。"①

实际上，也正是在切身经验和观察中，而不是在脱离现实的书斋和学院中，马克思、恩格斯牢牢抓住了实践，抓住了物质力量，抓住了革命斗争，而没有走上思辨哲学家的老路。《德法年鉴》之前，马克思就在切身经验，特别是在他抵达巴黎融入法国的无产阶级队伍及其革命运动之后的经历的反思中，结合对历史学、政治学著作以及对黑格尔法哲学的研读、反思和批判，逐步开始了从唯心主义向唯物主义、从革命民主主义向共产主义的思想转变。这个思想转变在《德法年鉴》上的两篇经典著作中愈加清晰，并结出了正确的果实。在马克思看来，要实现"人的解放"，不仅要有"批判的武器"，还要有"武器的批判"，不仅要"确立此岸世界的真理"，还需要"被动因素，需要物质基础"和"物质力量"。这个"物质力量"当然不是"绝对精神"的"神秘活动"，也不是"批判的批判"的"思辨革命"，而是无产阶级开展的"有原则高度的实践"，即致力于"推翻一切使人成为被侮辱、被奴役、被遗弃和被蔑视的东西的一切关系"，实现"普遍人的解放"的"彻底的革命"。青年恩格斯"放弃了资产阶级的社交活动和宴会、波尔图酒和香槟酒，把自己的空闲时间几乎全部用来和普通工人交往"，并与英国无产阶级同吃同住了相当长的时间，亲身观察并体验了工人群众的苦难，"亲眼看看你们为反抗你们的压迫者的社会统治和政治统治而进行的斗争"②。结合日常生活过程中对资产阶级的观察，恩格斯敏锐地认识到无产阶级革命斗争的进步意义，对工人运动从破坏工具到组织武装的历史进行梳理，肯定革命的无产阶级"身上蕴蓄着民族的力量和推进民族发展的才能"③。

在建构马克思主义的过程中，马克思和恩格斯时刻保持着对革命斗

---

① 《马克思恩格斯文集》第 1 卷，人民出版社 2009 年版，第 18 页。
② 《马克思恩格斯文集》第 1 卷，人民出版社 2009 年版，第 382 页。
③ 《马克思恩格斯文集》第 1 卷，人民出版社 2009 年版，第 475 页。

争的高度关注，将思想与理论同无产阶级相结合，同无产阶级的革命实践相结合，力求将"思想的要求"① 变成"现实的要求"。马克思、恩格斯在实践中贯彻了《〈黑格尔法哲学批判〉导言》中提出的"开火"和"搏斗"，以"批判的武器"对统治阶级压迫和剥削无产阶级的行为进行揭露，激起无产阶级的革命热情与勇气；以"思想的闪电"唤醒被资产阶级意识形态迷惑和麻痹的人民，使更多的人加入革命斗争的行列中。唯物史观和剩余价值理论的提出，使社会主义理论从空想变成了科学，不再是"用个别学究的头脑活动来代替共同的社会生产""不顾这个社会的现实而力求实现自己的理想"② 的空论的社会主义了，而是把握社会发展规律、抓住时代的需求，对实现革命目标可行手段的科学分析。正如马克思、恩格斯在《德意志意识形态》中所指明的，"共产主义对我们来说不是应当确立的状况，不是现实应当与之相适应的理想"，而是"由现有的前提产生的""那种消灭现存状况的现实的运动"。③ 在参与革命实践的过程中，马克思和恩格斯"深入考察这一事业的历史条件以及这一事业的性质本身"④，不断总结革命经验，根据现实状况调整革命策略、完善革命理论，并为革命活动提供直接的指导。恩格斯就曾在信件中批评了部分革命报刊不切实际的空话和对马克思主义的歪曲理解，指出这样的幻想冲动"或许会给不屈不挠的年轻人的勇气带来容易"，但是，如果这样的幻想被运用到现实，"则可能把一个甚至最强大的、拥有数百万成员的党，在所有敌视它的人的完全合情的嘲笑中毁灭掉"⑤。在与各种社会思潮的论战中，马克思、恩格斯以一针见血的批判削弱了错误思想对无产阶级的影响，防止人民群众掉入统治阶级的陷阱之中而走向内部瓦解。例如，面对德国政府针对无产阶级的"胡萝卜

① 《马克思恩格斯文集》第 1 卷，人民出版社 2009 年版，第 13 页。
② 《马克思恩格斯文集》第 2 卷，人民出版社 2009 年版，第 166 页。
③ 《马克思恩格斯文集》第 1 卷，人民出版社 2009 年版，第 539 页。
④ 《马克思恩格斯文集》第 3 卷，人民出版社 2009 年版，第 566 页。
⑤ 《马克思恩格斯文集》第 4 卷，人民出版社 2009 年版，第 396 页。

加大棒"政策带来的无产阶级政党高层腐化与分裂,马克思、恩格斯通过《哥达纲领批判》及相关信件对当时德国所流行的、对德国工人政党产生巨大影响的拉萨尔主义思潮进行了全面、深刻而彻底的批判,揭露拉萨尔派观点的机会主义实质,反对无产阶级政党为了实现"团结"而对机会主义者的无原则妥协。也正是具有紧密结合革命实践的这一特点,使得马克思主义成为彻底的理论,彻底击中人民群众,得以将理论的彻底性转化为实践的彻底性,在不断推动实践发展的过程中实现理论与现实的相互趋近。

回到文本不是为了停留于文本,而是为了经过文本、深入文本,实现返本开新,用经典著作所蕴含的思想政治教育理念来观照现实、启迪当下。中国特色社会主义进入新时代,"彻底的革命"对于我们来说,就是要毫不动摇地坚持和发展中国特色社会主义,全面建设社会主义现代化强国,实现中华民族伟大复兴。让人民有信仰、国家有力量、民族有希望,为中国特色社会主义伟大事业强基固本、凝魂聚力、育才树人,成为新时代思想政治教育的本质追求和主要任务。在此意义上,用马克思、恩格斯关于理论与实践经典论断的理论逻辑、本质理念来衡量新时代的思想政治教育,至少能够获得以下三方面启迪。

其一,思想政治教育要不断推动习近平新时代中国特色社会主义思想入脑入心、化行见效。理论与实践相互靠近的前提就是要让先进理论掌握于群众,使之成为人民群众的内心认同、精神武器和行动纲领。一方面,习近平新时代中国特色社会主义思想是马克思主义中国化时代化的最新成果,是对"时代之问"和"世界之惑"的正确回答,拥有独具特色的理论品质和富有感召力的思想力量,理应成为指引全国人民勠力同心、胜利前行的"思想之旗"和"精神之魂"。思想政治教育应当在理论宣讲、思想传播、精神转化和实践应用等方面着力发挥自身优势,引导和增强全国各族人民对习近平新时代中国特色社会主义思想的政治认同、思想认同、理论认同和情感认同。另一方面，习近平新时代中国特色社会主义思想回答了"培养什么人、怎样培养人、为谁培养人"的教育根本问题，为新时代立德树人确立了根本遵循。思想政治教育应当紧紧围绕用习近平新时代中国特色社会主义思想铸魂育人这个中心环节来展开理论研究和实践工作，推进基本理论创新和理论谱系建设，完善思想政治教育学，用习近平新时代中国特色社会主义思想育人启智、立心铸魂，培养能够担当民族复兴大任的时代新人。

其二，思想政治教育要不断增强自身的彻底性、说服力，深化规律研究，满足人们对思想政治教育理论与实践的内容渴望。不仅思想政治教育所传播转化的思想内容要抵达根本，思想政治教育理论建设也要抵达根本。人们对思想政治教育理论与实践的内容渴望既凝结着人们对思想政治教育进一步提升说服力、亲和力和感染力的期许要求，也反映了思想政治教育本原运动在新时代走向深处的理论担当和实践自觉。这个本原运动要求思想政治教育立足事情本身来研究理论、建设学科、培养队伍和谋划发展。为此，新时代的思想政治教育要着力满足人们对知识性内容、观念性内容、艺术性内容的时代渴望。其中，"知识性内容"要求理论彻底、有理讲理，"观念性内容"要求触及灵魂、涵育信仰，"艺术性内容"要求遵循美的规律，既使思想政治教育契合对象需要，也使对象契合思想政治教育需要。

其三，思想政治教育要不断面向并力求把握时代发展和个体生命运动的规律趋势，拓展思想政治教育功能，促进人的自由全面发展，实现人民对美好生活的向往。思想成为现实需要的思想，现实成为思想主张的现实，有意识的生命活动是推动和完成这个过程的根本力量。但是这个根本力量作为由无数个"现实个人"在社会生产生活中聚合而成的整体形式，正在发生变化。这种变化不是力量的性质在变化，而是力量的主体处境在变化。尽管这种变化还带有过渡时代的总体特征，但却是不可逆地积累着、潜行着。一方面，就"人是特殊的个体"来说，人们在

"物的依赖关系"中丰富着物质生活资料的同时，越发要求精神生活、精神生命得到关怀、观照和发展，以此填充和抚慰由于竞争、物化、挫折、困厄造成的精神空洞、心灵创伤和信仰迷失。另一方面，就"人也是总体，是观念的总体"① 来说，面对百年未有之大变局，中国理念、中国道路、中国故事更加彰显出世界历史意义，"物质的生产是如此，精神的生产也是如此"②，从而我们时代的思想政治教育也要与实现中华民族伟大复兴、构建人类命运共同体所承载的天下道义和人类担当相适应。因此，思想政治教育既要轻车简行，回归事情本身，聚焦主责主业，也要负重前行、担当使命，凸显优势、拓展功能，把治国安邦和安身立命统一起来，把中国特色社会主义共同理想和共产主义远大理想统一起来。归根到底，还是要不断促进人的自由全面发展，引领和实现人民对美好生活的向往。

---

① 《马克思恩格斯文集》第 1 卷，人民出版社 2009 年版，第 188 页。
② 《马克思恩格斯文集》第 2 卷，人民出版社 2009 年版，第 35 页。

第七章　教育与环境

　　教育与环境是思想政治教育的基本范畴，在马克思、恩格斯创立和构建马克思主义理论体系过程中多次出场。在对已有教育与环境理论的反思性批判中，马克思、恩格斯从现实的个人活动出发，以唯物辩证法和实践的观点理解教育与环境，结合资本主义社会与无产阶级革命的现状，形成了对教育和环境范畴及二者辩证关系的深刻理解。马克思、恩格斯对于教育与环境范畴的经典论述，不仅是当前认识教育与环境的重要指导，更是应当在实践中贯彻并发展的重要理论。追本溯源，回归经典文本，立足于马克思、恩格斯对教育与环境范畴的直接论述与深层阐释，梳理基本范畴的概念内涵，厘清二者复杂关系，有助于对马克思恩格斯重要论述的内在逻辑作深刻解读。在本原意义上不断明晰马克思、恩格斯对于教育与环境范畴的理解，也是深化思想政治教育规律论研究的必然要求。

　　对教育与环境的相关论述贯穿了马克思、恩格斯的研究历程。《德法年鉴》时期，马克思、恩格斯分析了物质环境对社会历史所具有的决定作用，提出"革命需要被动因素，需要物质基础"[①]。在强调物质力量的同时，他们也充分肯定了环境和教育的理论，认为教育使"思想的闪电"得以"彻底击中这块素朴的人民园地"[②]，让"受现实压迫的人意识到压迫"，不让其"有一时片刻去自欺欺人和俯首听命"[③]，使无产阶级群众学习并掌握革命的理论，拿起武器参与社会革命。在《1844年经济学哲学手稿》中，马克思尝试从新哲学的角度分析环境的内涵与地位，提出自然环境和社会环境是"工人的劳动得以实现、工人的劳动在

---

① 《马克思恩格斯文集》第 1 卷，人民出版社 2009 年版，第 12 页。
② 《马克思恩格斯文集》第 1 卷，人民出版社 2009 年版，第 17—18 页。
③ 《马克思恩格斯文集》第 1 卷，人民出版社 2009 年版，第 6 页。

其中活动、工人的劳动从中生产出和借以生产出自己的产品的材料"①。在《关于费尔巴哈的提纲》中，马克思分析了包括费尔巴哈在内的旧唯物主义者在环境和教育问题方面的缺陷，指出费尔巴哈强调了自然的决定性却忽视了人的实践对自然环境所具有的能动性，相信环境和教育决定论的唯物主义则忘记"环境是由人来改变的，而教育者本人一定是受教育的"②，导致旧唯物主义在社会历史方面陷入唯心主义。

在《德意志意识形态》中，马克思、恩格斯在论述社会存在决定社会意识的原理时，初步阐述了环境和教育的内涵及关系。他们一方面肯定了环境作为人的实践的前提和基础，提出"人创造环境，同样，环境也创造人"③，批判唯心主义环境观使某一时代想象自己是由纯粹观念动因决定的而忽视环境的必然性作用，认为包含"人们自身的生理特性"，"人们所处的各种自然条件——地质条件、山岳水文地理条件、气候条件以及其他条件"，"个人的肉体组织"④ 以及由此产生的个人与自然的关系和人与人之间的关系，都应当作为人类历史的前提进行考察，在人作为主体的能动的关系中进行把握。另一方面，他们也分析了统治阶级意识形态控制人的现象，指出支配物质生产资料的阶级"同时也支配着精神生产资料"⑤，由于只能在统治阶级的控制下受到教育，失去精神生产资料的人的思想自然也是隶属于统治阶级的，在教育和传统中成为意识形态的观念服从者。

在《共产党宣言》中，马克思、恩格斯在关于无产阶级教育主张的阐述中论述了教育的社会历史性及其在阶级社会中的阶级属性，指出资产阶级的教育是由"进行教育时所处的那种社会关系决定的"⑥，只服

① 《马克思恩格斯文集》第1卷，人民出版社2009年版，第158页。
② 《马克思恩格斯文集》第1卷，人民出版社2009年版，第500页。
③ 《马克思恩格斯文集》第1卷，人民出版社2009年版，第545页。
④ 《马克思恩格斯文集》第1卷，人民出版社2009年版，第519页。
⑤ 《马克思恩格斯文集》第1卷，人民出版社2009年版，第550页。
⑥ 《马克思恩格斯文集》第2卷，人民出版社2009年版，第49页。

务于资产阶级的利益。恩格斯早期在《英国工人阶级状况》和后期在《德国农民战争》序言中也都揭露了这一点，"英国资产阶级由于自私自利竟这样冷酷"，"不肯花一点力气把现代道德，即资产阶级为了自身的利益、为了自身的保障而炮制出来的道德灌输给工人！"① "政府和贵族十分清楚地知道"农业无产阶级的潜在革命力量，"故意使教育事业凋敝，好让这个阶级继续处于愚昧无知的状态"②。对于资产阶级的教育，马克思、恩格斯也没有一味否定，肯定了其在传播现代科学技术和知识技能方面的文明作用。在《资本论》中，马克思结合资本主义社会现实状况分析了教育与生产相互促进的现象，"资本主义生产方式越是使教学方法等等面向实践"，"随着科学和国民教育的进步，基础教育、商业知识和语言知识等等，就会越来越迅速地、容易地、普遍地、便宜地再生产出来"③，在促进教育发展的同时也会更好地满足个人与社会的需要。在《自然辩证法》中，恩格斯系统地分析了人与环境的关系，指出人不仅会对环境施加影响，而且知道自身为什么要对环境施加影响、如何更好地对环境施加影响，并且通过教育的方式不断发展自身的主观能动性，使社会历史中既有"被动的、接受作用的"，更有把握环境作用规律基础上"主动的、发生作用的"④ 的能动部分。

一、教育

马克思、恩格斯在致力于构建马克思主义理论与推进无产阶级革命实践的过程中形成了马克思主义的教育思想。尽管马克思、恩格斯没有专门撰写著作对自己的教育观进行系统的阐释，但无论是在社会科学理

---

① 《马克思恩格斯文集》第 1 卷，人民出版社 2009 年版，第 427—428 页。
② 《马克思恩格斯文集》第 2 卷，人民出版社 2009 年版，第 211 页。
③ 《马克思恩格斯文集》第 7 卷，人民出版社 2009 年版，第 335 页。
④ 《马克思恩格斯文集》第 9 卷，人民出版社 2009 年版，第 526 页。

论中，还是在哲学理论成果中，都有较多与教育直接或间接相关的论述，对于教育的概念内涵进行了多维度、多层次的讨论，对于教育的本质、教育的根源、教育的属性以及教育与人的关系作出了诸多有指导意义的判断。应当注意，马克思和恩格斯所讨论的教育从不是抽象的、静止的教育，而是现实的、发展的教育；不是可以脱离社会、经济、政治等因素的独立的教育，而是受到一切社会存在因素影响的教育；不是仅存在于观念意识彼岸世界的精神活动，而是发生在感性的此岸世界的实践活动。综合梳理马克思和恩格斯的文章、著作与通信，可以发现他们不仅对于教育有过直接而明确的阐释，并且结合无产阶级运动的现实情况与具体问题提出了诸多与教育相关的经典论述，对这些论述进行梳理总结，可以对马克思和恩格斯关于"教育"范畴的认识有系统的理解。

1. 教育是人类特有的精神生产与再生产的实践活动

"教育的本质是什么"不仅是教育研究中不可越过的理论元问题，也是指向教育实践的关键问题。对于教育本质的认识直接影响参与教育活动主体的观念与行为，而对于教育本质的认识偏差反映到现实的教育实践活动中，会或多或少地影响教育效果。自 20 世纪 30 年代，我国开始从马克思主义理论角度对教育本质问题展开讨论，历经近一世纪的发展形成了"劳动说""上层建筑说""生产活动说""统一说"与"多属性说"等关于教育本质的观点，也提出了诸多对教育本质问题的反思，但并未形成一个具有共识性的意见。回归马克思、恩格斯关于教育的相关论述，可以总结出，马克思、恩格斯所认识的教育本质上是一种特殊的实践活动。

教育首先是人类所特有的活动。教育活动必须具有的三因素是教育者、受教育者与教育内容，教育者对教育内容进行传播，受教育者对教育内容进行学习。就此三因素来看，似乎动物也可以进行"教育"活动。但教育之所以是人类所特有的实践活动，就是因为人类的教育行为是有意识的实践。马克思指出，人类之所以与动物直接区别开，就是因为人可以认识对象世界，改造对象世界，在实践中确证"人类具有有意识的生命活动"。与人类相比，尽管动物也进行生产，但"动物只生产它自己或它的幼仔所直接需要的东西"，是在"直接的肉体需要的支配下生产"①。因此，就"教育"参与者而言，动物的"教育"行为是根据自身生存繁殖的需要作出的反映，是"直接肉体需要"的支配，"只按照它所属的种的需要"进行。而人的教育活动则是不以生存繁衍为唯一需求的，作为教育者和受教育者的人类甚至不受肉体的需要也会进行教育活动。教育对于人不仅是生存的手段，更是人寻求自身发展、寻求社会发展的方式，人甚至只将"不受肉体需要的影响也进行"的教育当作"真正的"教育。② 可见，教育是人类所特有的一种活动，展现出人与动物的重大区别。

就教育的根源来说，教育是人类实践发展的社会产物。"全部社会生活在本质上是实践的"③，教育作为人类所特有的活动，毫无疑问也是实践的。一切人类生存的第一个前提就是必须能够生活，而人并不是天生就会生产所有满足生活需要的资料的。在最初的人的依赖关系阶段，人不得不依赖群体的实践以求得生存，以满足最基本的生存需要，在人与人的生产与交往中社会产生，人类也开始再生产自身，也就是繁殖。人口的增长和生存需要的满足又引起新的需要。为了满足这些新的需要，人不断进行生产以提升自身技能，具有不同才智的人发展出不同类型的技能，在族群里和家庭里对技能与规律的相互传播与习得过程中，教育也就随之而生了，并且随着人类实践的发展不断走向更高级和更多样的形式。在教育内容上，"人懂得把握任何一个种的尺度并处处把所获得的尺度运用于对象"，并通过教育活动使得更多的人具备把握、

---

① 《马克思恩格斯文集》第 1 卷，人民出版社 2009 年版，第 162 页。
② 《马克思恩格斯文集》第 1 卷，人民出版社 2009 年版，第 162 页。
③ 《马克思恩格斯文集》第 1 卷，人民出版社 2009 年版，第 501 页。

运用和不断发现规律的能力。人"也按照美的规律来构造"①，这也说明在对生存繁衍规律的追求之上，人发展出了对美和善的更高价值追求。马克思在《资本论》中指出，"综合技术学校和农业学校是这种变革过程在大工业基础上自然发展起来的一个要素；职业学校是另一个要素"②，可见，随着人类实践的发展，教育的内容和形式都会不断变化，形成符合实践需要的教育模式。

教育也是传播精神产品、作用于精神世界的实践活动。教育不是单纯发生在物质世界的客观物质交换或生产的实践活动。尽管精神产品往往需要一定的物质载体，但不可否认的是，就教育的直接发生地和直接传播内容来看，教育主要是发生在精神世界、作用于精神世界、传播精神产品的，对于客观物质世界的影响也是借由对精神世界的影响而产生的。教育传授的知识不是客观世界的直观，而是经过人类思维反思凝练加工后的思想材料，甚至是对观念的再加工和再抽象。任何教育内容首先都是从一定的思想材料出发，"虽然它的根子深深扎在物质的经济的事实中"③。人通过教育获得的知识与感觉都不是以人的意志为转移的客观物质性存在，而是意识形态的作用和人类思维的成果。人所找寻的真理和真知也不是直接显现于客观世界中的，而是隐藏在一系列复杂的关系背后，在人的实践生活中发挥作用以显示自身存在。因此，想要获得真理性的认识，想要找到解决问题的办法，往往只能依靠头脑的力量和思维的力量，在具体的考察中获得不同认识并对认识成果进行归纳、抽象和反思，找到其中相同和具有本质性特点的内容，经过实践的确证成为具有真理性的成果，最后再通过教育进行传播。正如恩格斯在《反杜林论》中所说的，"社会所表现出来的只是弊病，消除这些弊病是思

---

① 《马克思恩格斯文集》第 1 卷，人民出版社 2009 年版，第 163 页。
② 《马克思恩格斯文集》第 5 卷，人民出版社 2009 年版，第 561 页。
③ 《马克思恩格斯文集》第 3 卷，人民出版社 2009 年版，第 523 页。

维着的理性的任务"①。因此，综合马克思、恩格斯对教育作出的论述可以推导，教育从本质上来看是一种人类社会所独有的对精神产品进行传播与学习的实践活动。

2. 教育具有传递性、历史性、社会性和相对独立性

就属性而言，马克思和恩格斯揭示了教育具有传递性、历史性、社会性和相对独立性。首先，教育具有传递性。以语言、文字、图像等为载体，通过人与人之间的传递，教育将人类在实践中所获得并发展的精神成果如知识、技能、文化等在不同时间、空间和领域中进行传播。教育的传递性直接体现在教育者与受教育者这一对教育活动的基本要素上。教育者与受教育者相互作用，二者发生的思想交流是双向的互动。在教育者的传播与受教育者的接收中，教育完成了对精神产品的传递。缺少了教育者或受教育者任意一方，都无法完成传递，只能称作信息的单向输出，不存在教育行为。教育完成的思想理论的传递也是解决社会问题、推动社会进步的有效方式。在《反杜林论》中，恩格斯就在此意义上肯定了空想社会主义者的贡献。尽管他们的理论不够成熟，但依旧富含教育意义，因为"解决社会问题的办法还隐藏在不发达的经济关系中，所以只有从头脑中产生出来"②。此时，"就需要发明一套新的更完善的社会制度，并且通过宣传，可能时通过典型示范，从外面强加于社会"③。恩格斯所说的宣传、示范和外部强加就是这样一种精神产品的传递行为，也就是传递性这一教育性质的实践体现。

其次，教育具有历史性。教育并不是每一时代从头开始的新片段，而是充满了历史因素的连续剧。各个时代中"表现独特的情感、幻想、

---

① 《马克思恩格斯文集》第 9 卷，人民出版社 2009 年版，第 274 页。
② 《马克思恩格斯文集》第 9 卷，人民出版社 2009 年版，第 274 页。
③ 《马克思恩格斯文集》第 3 卷，人民出版社 2009 年版，第 528 页。

思想方式和人生观构成的整个上层建筑"①，各个时代的上层建筑和其物质的社会生存条件一同影响人，成为下一代以及之后各代人的物质精神生活基础，以传统尤其是教育的方式使得下一代的个人接受这些观点。每一代人都会以受教育的方式习得前一代人在实践活动中积累的智慧，并且在自身的学习与实践中创造和构建新的精神成果，续写教育的历史。同时，教育也不是永恒不变的。每一时代的教育目标、内容、形式、载体都有所不同，因此也会展现出不同的特质，带有不同时代的印记。教育是发展的，随着历史前进而不断进步的教育才是符合人类生存发展需要的教育，否认教育的历史性、否认教育发展的观点既不符合教育本身的历史，也不符合人类的实践需要。

再次，教育具有社会性。教育的传递性说明，教育必须完成一定的观念意识在一定社会的成员中传播的任务。马克思在《关于费尔巴哈的提纲》中对人的本质作了如下论述："人的本质不是单个人所固有的抽象物，在其现实性上，它是一切社会关系的总和。"② 现实的教育活动主体的社会性赋予了教育本身以社会性。在《共产党宣言》中，马克思、恩格斯在阐释无产阶级的教育主张时也直接指出，资产阶级的教育是由进行教育时所处的社会关系决定的。在阶级社会中，教育不可避免地带有阶级属性。"统治阶级的思想在每一时代都是占统治地位的思想"，"支配物质生产资料的阶级同时也支配着精神生产资料"，教育所传播的精神资料因此也受到统治阶级意志的支配。由于只能在统治阶级的控制下受到教育，失去精神生产资料的人的思想自然也"一般地是隶属于这个阶级的"③。应当认识到，教育不是独立于社会之外的孤立活动，而是具有明显的社会性。不应否认社会对于教育的作用，有时社

---

① 《马克思恩格斯文集》第 2 卷，人民出版社 2009 年版，第 498 页。
② 《马克思恩格斯文集》第 1 卷，人民出版社 2009 年版，第 505 页。
③ 《马克思恩格斯文集》第 1 卷，人民出版社 2009 年版，第 550 页。

会"通过学校等等进行的直接的或间接的干涉"① 也会影响和改变教育。

最后，教育具有相对独立性。马克思、恩格斯深刻认识到，教育与社会物质基础并不是完全对应的，二者之间具有一种微妙的不平衡关系，体现出教育的相对独立性。教育的内容作为精神产品，正如"艺术的一定繁盛时期不是同社会的一般发展成比例的"，也不是与"仿佛是社会组织的骨骼的物质基础的一般发展成比例的"②。比如德国虽然经济上资本主义不够发展、政治上深受封建统治制约，但是在哲学领域却与时代同行，甚至作出超越时代的批判，为德国社会乃至整个人类社会带来进步的教育因素。但是，必须明确教育的独立性始终是相对的，作为希腊艺术前提的希腊神话实际上是"通过人民的幻想用一种不自觉的艺术方式加工过的自然和社会形式本身"，中世纪的教育活动中无论如何也无法出现走锭精纺机、铁道、机车和电报。③可见，在认识到生产力与生产关系的基础性决定作用时也不应把教育当成与时代发展严格对应的活动，忽视教育的相对独立性而过分强调经济关系的决定作用并不是马克思主义的观点，而是机械片面的经济决定论。

3. 教育具有重要的个体与社会功能

马克思、恩格斯对教育的功能进行了分析，说明教育具有培养知识技能、塑造价值观念、服务阶级统治和促进社会革命等功能。教育的功能指的是教育对于参与教育的不同主体的思想意识与实践活动所发挥的作用或影响，是教育的本质属性在实践中的展现。只有正确认识教育的功能，才能在教育活动中充分发挥教育的作用，实现一定的教育目的。

---

① 《马克思恩格斯文集》第 2 卷，人民出版社 2009 年版，第 49 页。
② 《马克思恩格斯文集》第 8 卷，人民出版社 2009 年版，第 34 页。
③ 《马克思恩格斯文集》第 8 卷，人民出版社 2009 年版，第 35 页。

根据教育功能的作用领域，可以将教育的功能分为经济功能、政治功能、文化功能；根据教育功能的作用范围，可以将教育的功能分为个体性功能和社会性功能；根据教育功能的影响方向，可以将教育的功能分为积极功能和消极功能。教育的功能是在现实的教育活动中展现的，马克思和恩格斯对于教育功能的论述是与具体的教育活动相结合的，从资本主义教育的现状以及教育的历史发展状况中对教育的功能进行分析。综合来看，马克思和恩格斯肯定了教育对人知识技能培养的作用，重视教育对人的价值观念的塑造，强调在阶级社会中教育为阶级统治服务的角色，并要求教育应回归其本质角色，将教育作为逐渐走向共产主义、实现人的自由全面发展的有效方式。

首先，教育具有培养知识技能，满足人类生存与发展需要的功能。教育是满足个体生存与发展需要的不可或缺的一部分。"人们为了能够创造，必须能够生活"，为了生活，"首先就需要吃喝住穿以及其他一些东西"，第一个历史活动也因此是生产满足人生存需要的资料。"已经得到满足的第一个需要本身、满足需要的活动和已经获得的为满足需要而用的工具又引起新的需要"①，也就是进一步的生存和发展需要，人类因此需要不断地实践以满足自身的需要。人类不是全知全能的，在人类的实践活动中必然会出现主体与对象之间的矛盾冲突，这些矛盾可能是人与自然、人与人之间的矛盾，也可能是人与自身的矛盾。教育活动的功能就是传播每一代人在满足自身生存与发展过程中所积累的解决矛盾的经验、知识、技能，培养人的劳动生产能力，提升人的实践能力，进而帮助人更有效地解决现实生活中面对的矛盾冲突，使得人在解决矛盾的过程中更好地满足自身生存与发展的需要。教育对个人生产实践能力的提升也可以促进社会整体的生产力提升，以社会整体的发展为个体的生产与发展提供更好的基础条件。马克思在《资本论》中就分析了教育

---

① 《马克思恩格斯文集》第 1 卷，人民出版社 2009 年版，第 531 页。

与生产相互促进的现象。马克思指出，劳动实践的教育使得工人的劳动越发熟练，并会随着分工的发展而变得更迅速，这不仅是因为分工使得劳动的复杂程度降低，也是由于"资本主义生产方式使教学方法等等面向实践"。同时，"随着科学和国民教育的进步，基础教育、商业知识和语言知识等等，就会越来越迅速地、容易地、普遍地、便宜地再生产出来"，国民教育的普及也使得更多原先受不到教育训练的工人具备一定的技能，"他们的劳动能力提高了"①，就可以投入资本主义的生产中，促进生产的扩大发展。可以说，在满足人的需要的同时，教育和人的生产生活也都走向了进一步发展。

其次，教育具有塑造价值观念，影响个体思想品德与人格的功能。人在物质生活之外，也不可否认地有精神生活，有对彼岸世界和更高意义的追求。人在道德与价值方面追求除了通过人自身的意义建构得到满足，教育也发挥着重要的作用。教育活动是直接作用于精神世界的活动，作用于人的思维意识，在人与人的思维意识交流中完成思想观念的传递。尽管根本来源是客观世界，但由于思想观念的主观性和创造与传播它的主体具有能动性，教育则不可避免地带上了一定的价值观念，对主体施加影响。人类也发展出来专门的道德教育，负责对人的世界观、人生观、价值观进行塑造，使受教育者将一定的道德原则和行为规范内化，并在实践中外化。教育也会对人的行为起到一定的规范作用，通过一定的价值观念对人的品德与人格进行规范，防止失范行为。作为人思想品德与人格发展的重要的因素，没有经历过教育的人也更容易在现实生活中走向堕落沉沦。在《资本论》第一卷中，马克思在考察机器和大工业生产对工人的直接影响时指出，少年工人往往是儿童时期就在工厂中从事看管机器的劳动，从未受到过与道德、理性相关的教育，当他们长大到不适于儿童劳动被解雇时，就"成为罪犯的补充队"，除了无知、

---

① 《马克思恩格斯文集》第 7 卷，人民出版社 2009 年版，第 335 页。

粗野和体力衰退，精神的堕落也使得他们之后的工作尝试都遭到失败。思想品德与人格方面的负面影响也会通过教育传承。当精神堕落的儿童长大成人并为人父母，"他们既对我们称为道德的东西，也对学校教育、宗教和自然的家庭之爱毫无所知"①，那么他们的孩子的思想品质与道德水平也不难想象了。教育对价值观念的塑造作用也不局限于受教育者，而是涵盖参与教育活动的所有人。甚至，不仅无产阶级的精神能力变成了牺牲品，精神空虚的资产者也"为他自己的资本和利润欲所奴役；法学家为他的僵化的法律观念所奴役，这种观念作为独立的力量支配着他；一切'有教养的等级'都为各式各样的地方局限性和片面性所奴役，为他们自己的肉体上和精神上的短视所奴役"②。因此，想要使教育更好地满足人的精神需要，就应当重视教育在塑造人价值观念方面的功能，充分发挥教育的价值化效用，使受教育者形成一定的精神境界与人格心理，从而实现精神生活与物质生活方面的双重满足。

再次，教育具有服务统治阶级，建立或维护一定阶级地位的功能。教育在训练人的实践能力和培养思想素质方面的重要作用使得教育本身在社会发展的过程中也有意无意地扮演了服务权力的工具角色。统治阶级的思想之所以能在社会成员中占据主导地位，一个主要的手段就是教育。统治阶级对精神生产资料的控制使得这一时代的精神生产活动为其所主导，在此基础上形成了符合统治阶级利益的一系列道德理论和价值体系，并通过控制教育灌输到社会成员的头脑中，将社会成员在精神上培养成契合既有社会制度的所谓"人才"，以实现对自身统治的维护。不论是封建国家还是资产阶级政府，都深谙此道。恩格斯在《德国农民战争》1870年第二版序言中揭露了德国封建统治者对于教育的主导和利用，直言"政府和贵族十分清楚地知道"农业无产阶级的潜在革命力

---

① 《马克思恩格斯文集》第5卷，人民出版社2009年版，第566页。
② 《马克思恩格斯文集》第9卷，人民出版社2009年版，第309页。

量，为了维护自身的统治，统治者"故意使教育事业凋敝，好让这个阶级处于愚昧无知的状态"，保证农业无产阶级在选举中"把许多封建主和容克选入国会"①，阻止其向城市工业工人的靠近，资产阶级只允许无产阶级受到符合资产阶级自身利益的教育。马克思在《路易·波拿巴的雾月十八日》中指出，如果教育也作为一种自由权利，"资产阶级完全禁止'他人'享受这些自由，或是允许'他人'在某些条件下享受这些自由"，而这所谓的享受也"仅仅为了保证'公共安全'，也就是为了保证资产阶级的安全"②。

最后，教育也可以在社会变革中发挥积极作用。教育既然能为封建贵族和资产阶级所利用，同样也能为无产阶级革命者所运用。马克思、恩格斯十分重视教育在无产阶级革命中发挥的作用，他们多次强调，要实现无产阶级的启蒙、唤醒人民的力量、使群众武装起来，不能没有教育。尽管工人没有接受到资产阶级那样系统的学校教育，但"幸而这个阶级的生活状况给了他们一种实际的教育"，这种实际的教育成为无产阶级接受革命教育唤醒的基础，不但代替了资产阶级那一套"专横而毫无根据的训令的宗教形式"的教育，而且也实际上清除了资产阶级炮制出的为自身服务的"现代道德"③对无产阶级的影响。资产阶级也会为无产阶级教育带来积极的因素，间接或直接地促进无产阶级教育。资产阶级中的觉醒成员与在两极分化的生产中被迫抛入无产阶级的社会成员一道，"自己就把自己的教育因素即反对自身的武器给予了无产阶级"④。然而，"批判的武器当然不能代替武器的批判"，作为武器的革命的理论如果不被无产阶级掌握，就无法将自身的理论力量转变为物质力量。教育就是这一转变过程中的关键角色，使得"思想的闪电"得以

① 《马克思恩格斯文集》第 2 卷，人民出版社 2009 年版，第 211 页。
② 《马克思恩格斯文集》第 2 卷，人民出版社 2009 年版，第 484 页。
③ 《马克思恩格斯文集》第 1 卷，人民出版社 2009 年版，第 427 页。
④ 《马克思恩格斯文集》第 2 卷，人民出版社 2009 年版，第 41 页。

"彻底击中素朴的人民园地"。教育通过彻底的革命理论彻底地说服人，可以使得"受现实压迫的人意识到压迫"，不让其"有一时片刻去自欺欺人和俯首听命"[①]，使无产阶级学习并掌握革命的理论，拿起武器参与社会革命。因此，教育同时也可以对无产阶级革命带来积极因素，不断提升无产阶级的物质生产能力与精神生产能力。受到革命教育的无产阶级得以建构起自己的物质与精神生活，不再沦为机器生产的附属品，而是砸碎束缚自身的锁链，将哲学当作自己的精神武器，使革命理论力量转变为实践力量，以物质力量摧毁物质力量，推进无产阶级革命，为实现共产主义和人的自由全面发展而不断奋斗。

二、环境

马克思、恩格斯在考察人类社会历史与现实的过程中确立了区别于唯心主义和旧唯物主义的新唯物主义世界观，其中就包括有关环境的重要思想。马克思、恩格斯从唯物史观的角度出发对环境以及人与环境的关系进行考察，以现实的人的实践为出发点，始终站在历史与现实的基础上，将人与环境作为一个整体，既看到环境对人的作用，也看到人对环境的作用，认识到环境的改变与人的改变统一于实践。马克思、恩格斯对于环境的内涵、环境的属性以及环境与人的关系进行了多方面、多角度的讨论，为如何把握环境、如何利用环境提供了丰富的理论与实践指导，既突破了唯心主义对于环境的观念性理解，又超越了旧唯物主义机械的环境观。综合梳理马克思和恩格斯的著作，可以发现他们不仅对环境的概念有过直接的阐释，而且多次结合社会现实与具体问题，提出诸多与环境相关的经典论述。对于马克思、恩格斯有关环境的论述进行梳理总结，可以更加系统地认识"环境"这一思想政治教育重

[①] 《马克思恩格斯文集》第 1 卷，人民出版社 2009 年版，第 6 页。

要范畴。

1. 环境是作用于人并成为人的对象的外在条件

"环境的内涵是什么"是环境研究所必须回答的问题，在对这一问题不同回答的基础上也就形成了不同的环境观。在历史实践中，人早早意识到环境在生产生活中的角色，发觉实践中自身"预定的目的和达到的结果之间还总是存在着极大的出入"，总是"未能预见的作用占据优势""未能控制的力量比有计划运用的力量强大得多"①。恩格斯在《自然辩证法》中所说的"未能预见的作用"和"未能控制的力量"就是环境的力量。但是，尽管人和人的实践活动深受环境的限制，人依旧可以在实践中逐步认识环境，并且不断深化这一认识。原始人将环境的力量当作"某种异己的、神秘的、压倒一切的东西"；在社会发展到一定阶段后，人又企图"用人格化的方式来同化"环境，赋予环境以主观的意志并因此创造了神；近代科学发展起来后，人在进行科学研究时才逐渐走出"人格化"的环境认识，开始"把各种神或上帝相继地从各个地方撵走"②。就理论价值而言，不同时期的人所形成的不同环境观不仅是环境理论的基础，也是人对自身存在前提的考察记录。马克思指出，"人们自身的生理特性"，"人们所处的各种自然条件——地质条件、山岳水文地理条件、气候条件以及其他条件"，"由人的肉体组织"以及由此产生的个人对自然的关系和人与人之间的关系应当被作为人类历史的前提进行考察，"任何历史记载都应当从这些自然基础以及它们在历史进程中由于人们的活动而发生的变更出发"③。

马克思、恩格斯深刻认识到，如何认识环境的内涵不仅是一个理论问题，其本质上是一个实践问题。认识直接影响在环境中的主体的行

---

① 《马克思恩格斯文集》第9卷，人民出版社2009年版，第422页。
② 《马克思恩格斯文集》第9卷，人民出版社2009年版，第356页。
③ 《马克思恩格斯文集》第1卷，人民出版社2009年版，第519页。

为，对于环境内涵的认识偏差反映到实践中，往往表现为对环境的不恰当作用，不仅会影响实践，使人无法达到自身目的，更可能对环境和人本身造成伤害。自 18 世纪中后期工业革命以来，"机器劳动在英国工业的各主要部门战胜了手工劳动"，为了实现产业扩张，工业不断将财产和资源集中到少数人手中，导致社会一方面是"商业和工业日益繁荣"①，另一方面却是无产阶级人数的迅速增长、越发尖锐的社会矛盾以及日益严峻的环境形势。根据恩格斯在《英国工人阶级状况》中对英国的几个主要工业城市的环境状况的描述，当时伦敦、曼彻斯特、格拉斯哥等地的环境已经被不合理的工业生产严重污染。"在四周全是建筑物、新鲜空气全被隔绝了的街巷和大杂院里，情况就完全不同了。一切腐烂的肉类和蔬菜都散发着对健康绝对有害的臭气"，这些臭气的散播与工厂的黑烟一起造成空气污染；垃圾和死水洼散发出"制造疾病的毒气"，所有的废弃物、垃圾、脏水和令人作呕的污物和粪便被倾倒在街上或是河水中，"至于被污染的河流，也散发出同样的气体"②。对于环境的错误认知也对社会环境造成了不良影响，使得动物的生存法则成为人类社会的原则。大工业和世界市场使得生存斗争愈发普遍化，在工人之间、在资本家之间、在工业部门之间以及在国家之间，"生死存亡都取决于天然的或人为的生产条件的优劣"，"失败者被无情地淘汰掉"。恩格斯指出，这是"从自然界加倍疯狂地搬到社会中来的达尔文的个体生存斗争"，将"动物的自然状态"当成"人类发展的顶点"。因此，树立正确的环境观，不仅是理论建构的需要，更是实践发展的必要。

在肯定环境观研究理论重要性与实践必要性的基础上，马克思、恩格斯系统地考察了旧有的环境观，继承其中积极合理的因素并对缺陷与不足进行批判，在超越旧环境观的同时确立了马克思主义的新环境观，从历史唯物主义的角度阐释了环境的内涵。马克思、恩格斯所面对

---

① 《马克思恩格斯文集》第 1 卷，人民出版社 2009 年版，第 393 页。
② 《马克思恩格斯文集》第 1 卷，人民出版社 2009 年版，第 410 页。

的具有较大影响的旧环境观主要有两类，一是唯心主义环境观，二是旧唯物主义环境观。

　　唯心主义环境观主要有两种代表性观点，一种观点忽视客观环境的存在或将环境看作观念的集合，另一种观点则赋予环境以主观性。唯心主义重视观念与精神的力量，强调人的能动性，认为某种精神的力量对于环境有着绝对性的决定作用。这种决定性的精神力量可以来自人自身、"自我"，也可以来自"上帝""绝对精神"或是某一位创世神，总之，不是现实的环境。马克思在《关于费尔巴哈的提纲》中批判唯心主义是"不知道现实的、感性的活动本身的"①，自然也是不承认现实的作用于人的环境的。在唯心主义看来，实践的历史不过是观念运动的历史，只有观念才是具有决定性的因素，占据世界的主导。马克思、恩格斯在《德意志意识形态》中集中批判了唯心主义的环境观，指出对于客观环境的忽视使得"特定的人的想象和观念变成了支配和决定人的实践的唯一起决定作用的和积极的力量"，漠视外部的环境动因，出现"某一时代想象自己是由纯粹观念动因决定"的情况。"这种历史观只能在历史上看到重大政治历史事件"，而且在每次描述某一历史时代的时候，"它都不得不赞同这一时代的幻想"②。

　　自然科学发展起来后，人的实践能力与认识能力都有了大大提升，然而唯心主义环境观依旧占据着统治地位，正如恩格斯在《自然辩证法》中对合目的论环境观的批评："18 世纪上半叶以来的自然科学家在对环境材料的把握和一般的自然观上大大低于希腊古代。"在希腊哲学家看来"本质上是某种从混沌中产生出来的东西，是某种发展起来的东西、某种生成的东西"的环境，变成了"某种僵化的东西、某种不变的东西，而在他们中的大多数人看来，是某种一下子就造成的东西"③。

---

① 《马克思恩格斯文集》第 1 卷，人民出版社 2009 年版，第 499 页。
② 《马克思恩格斯文集》第 1 卷，人民出版社 2009 年版，第 545 页。
③ 《马克思恩格斯文集》第 9 卷，人民出版社 2009 年版，第 412 页。

部分自然科学家即使看到了环境的力量，肯定了环境的现实存在，却依旧没有跳出神学的禁锢，依旧在为环境寻找一个最后的推动原因。对此，恩格斯写道，对于环境的运动与变化，"自然科学往往只能以万物的创造者对此负责来回答，哥白尼在这一时期之初向神学下了挑战书，牛顿却以神的第一推动这一假设结束了这个时期"。在《反杜林论》中，恩格斯对杜林的唯心主义目的论环境观作了批判。杜林的环境观不仅赋予对象世界以主观创造力，也使得自然环境具有目的性，环境不仅从事创造行为本身，更知道自身为什么要创造这个或那个东西。在杜林看来，即使是自然环境也具有自己的意志，甚至可以具有"纤巧性"这一作为主观自觉思维的美好品质。对此，恩格斯一针见血地指出，在如此唯心主义的环境观之下，"我们就到达了一个自觉地思维和行动的自然界"[1]，已经从泛神论走向了自然神论。在唯心主义环境观占据统治地位的时期，只有机械唯物主义者在此时取得了最大的成就——"坚持从世界本身来说明世界，并把细节的证明留给未来的自然科学"[2]。

旧唯物主义环境观以机械论环境观为代表。机械论环境观萌芽自古希腊，当时的哲学家尝试以单一的元素作为环境的本质，以水、火、原子解释环境以及环境的变化过程，为机械论环境观的发展奠定了基础。但是，并不能将古希腊哲学家关于环境的理论等同于机械论环境观，因为前者只能作为"天才的直觉"，其认为构成环境的元素也往往有"灵魂"和"观念"。自然科学的发展不仅为自然神论环境观提供了思想材料，更为机械论环境观的发展拉开了大幕。数学化和科学化的环境成为机械论环境观的主要观点，环境被看作纯粹物质的存在而非能动的有机体，不具有生命和意志，而是像机器一样自动运转。机械论对于环境的理解是直观的，使得环境成为人之外的另一个世界，环境和人好像变成相互对立的。马克思和恩格斯在批判费尔巴哈时，就对费尔巴哈所持有

① 《马克思恩格斯文集》第 9 卷，人民出版社 2009 年版，第 72 页。
② 《马克思恩格斯文集》第 9 卷，人民出版社 2009 年版，第 413 页。

的机械论环境观进行了批评，他们指出费尔巴哈对环境的理解"仅仅局限于对这一世界的单纯的直观"①。在这样的情况下，由于人的感觉与环境本身所固然存在的差异，机械论环境观将使得"他不可避免地碰到与他的意识和他的感觉相矛盾的东西"②，从而为了解决这一矛盾"他不得不求助于某种二重性的直观"③。马克思、恩格斯揭露了机械论环境观忽视人的感性活动的错误。人在实践活动中认识环境，改变环境。机械论环境观没有意识到，在自然科学对自然环境的直观之外，人们的感性实践也是环境生成与改变的重要因素。"但是如果没有工业和商业，哪里会有自然科学呢？甚至这个'纯粹的'自然科学也只是由于商业和工业，由于人们的感性活动才达到自己的目的和获得自己的材料的。"④马克思、恩格斯指出，机械论环境观没有看到，其"周围的感性世界决不是某种开天辟地以来就直接存在的、始终如一的东西"⑤。环境是在不断运动变化中生成的"世世代代活动的结果"⑥，每一代人的活动都立足前一代人所奠定的环境基础上，并在此基础上为下一代人的实践活动营造一定的环境。

　　对于旧环境观产生的原因，马克思和恩格斯从两方面进行了分析。一方面，一切不成熟的思想都是与一定的环境相适应的。关于环境内涵的每个思想映象，"总是在客观上受到历史状况和现实环境的限制"，"在主观上受到得出该思想映象的人的肉体状况和精神状况的限制"⑦。因此，在科学并不发达的时代，人的认识能力与实践能力都没有达到可以较好把握环境、证实环境理论的程度。有限的知识让人们认识到机器

---

① 《马克思恩格斯文集》第 1 卷，人民出版社 2009 年版，第 528 页。
② 《马克思恩格斯文集》第 1 卷，人民出版社 2009 年版，第 528 页。
③ 《马克思恩格斯文集》第 1 卷，人民出版社 2009 年版，第 528 页。
④ 《马克思恩格斯文集》第 1 卷，人民出版社 2009 年版，第 529 页。
⑤ 《马克思恩格斯文集》第 1 卷，人民出版社 2009 年版，第 528 页。
⑥ 《马克思恩格斯文集》第 1 卷，人民出版社 2009 年版，第 528 页。
⑦ 《马克思恩格斯文集》第 9 卷，人民出版社 2009 年版，第 40 页。

式运转的环境，数学逻辑和自然科学成为把握环境的主要方式，而为了满足对环境的整体性观念建构的需要，为了解决人的认识与环境现实之间存在的矛盾，人自然而然地会向观念和精神的力量寻求帮助，以"创世神"的绝对力量使理论得以自圆其说，抑或是寄希望于未来的自然科学，希冀科学的实证可以填平认识论的断裂。另一方面，不同的环境观是不同理论体系的前提性支撑，理论体系的发展反过来也为环境观提供确证。唯心主义环境观是唯心主义存在合理性的支撑。如果头脑并不是环境的生成根源，"如果存在的原则都是从实际存在的事物中得来的"，当观念和精神被当作从环境中产生的，人们所需要的就会是"关于世界和世界中所发生的事情的实证知识"①，也就是关于环境和环境的改变以及环境中人的感性实践活动的实证研究。那么环境就取代了观念成为更具重要性的影响因素，唯心主义哲学体系就不再被需要了。因此，为了维持自身的合理性，即使在科学有所发展的时代，唯心主义环境观依旧是哲学界占据重要地位的环境观之一。面对唯心主义的冲击，机械论环境观想要坚持唯物主义并跨过思维与存在之间的鸿沟，只能强调客观的物质环境和人对于环境的直观。马克思、恩格斯想要树立新环境观，不仅要超越唯心主义过分强调人或观念的决定作用、忽视环境并将环境当作被观念决定的被动因素的环境观，也要超越机械唯物主义对环境的缺少能动性的理解、直观地理解环境的僵死的片面的环境观。

马克思、恩格斯在看到旧环境观缺陷的同时，也看到了其中的肯定性理论内涵。唯心主义环境观认识到人在环境中积极的能动作用，抓住了环境的运动与变化，将人类社会与人的精神观念也纳入考察范围；唯物主义环境观重视自然环境，看到了环境对人具有的强大基础性作用，把握了环境所具有的规定性。在对旧环境理论继承与发展的基础上，马克思、恩格斯从现实的人出发，确立并不断发展历史唯物主义环境

①　《马克思恩格斯文集》第 9 卷，人民出版社 2009 年版，第 39 页。

观，明确了环境的内涵。在马克思、恩格斯看来，环境是对人和人的实践活动发生作用并成为人的对象的一切条件，实际上也就是人的自然生活环境和人的社会生活环境。就理论意义而言，环境"一方面是自然科学的对象，一方面也是艺术创作的对象"，是人的精神的环境；从实践意义来说，环境是"人的生活和人的活动的一部分，人在肉体上只有靠这些自然产品才能生活"①，是人的物质身体的一部分。人在环境中进行实践活动，由于人的"这种连续不断的感性劳动和创造"②，在改变人本身的同时也对自然环境带来了巨大的变化。在原始的自然界之上，人类以劳动和意识与动物区分，在实践中形成了一定的社会关系，由人所创造的社会环境也随自然环境发展起来，并成为人们更直接的生产生活环境。无论是自然环境还是社会环境，二者都不是固定的、僵死的、事先被创造的，而是不断运动的，是在人的生产实践中不断发展的。环境在每一阶段构成一定的生产生活基础，既为前一代人的实践所改变，又预先规定着下一代人的生产生活，使下一代人在一定的条件下对环境进行改造，使环境本身得到发展。正如马克思和恩格斯在《德意志意识形态》中所说的，"人创造环境，同样，环境也创造人"③。

2. 环境具有动态性、对象性、特定性和可变性

就环境的属性而言，马克思、恩格斯揭示了环境所具有的动态性、对象性、特定性和可变性。首先，环境具有动态性。环境中的各个要素以及各个要素之间的关系都始终处于运动变化中。马克思、恩格斯指出，环境并不是固定不变的，而是时刻处在运动变化中。在科学发展的进程中，人们逐渐认识到自然环境"不是存在着，而是生成着和消逝着"。近代地质学产生后，"它不仅揭示了相继形成和逐次累积起来的地

---

① 《马克思恩格斯文集》第 1 卷，人民出版社 2009 年版，第 161 页。
② 《马克思恩格斯文集》第 1 卷，人民出版社 2009 年版，第 529 页。
③ 《马克思恩格斯文集》第 1 卷，人民出版社 2009 年版，第 545 页。

层"，"人们不得不下决心承认：不仅整个地球，而且地球现今的表面以及在这一表面上生存的植物和动物，也都有时间上的历史"①。物理学家证明了从热到机械力和从机械力到热的转化，对于物理学的单纯整理甚至已经证明一切物理的力，也就是环境的力，在一定条件下都可以相互转化。化学的惊人发展也说明适用于无机物的化学定律对于有机物同样适用，生物学和解剖学的发展更是填补了人类对有机体认识的空白。在这样的背景下，从前对于环境的机械论认知就站在了被消解的危险边缘，环境的动态性成为无可否认的事实。新环境观的基本观点已经基本完备，"一切僵硬的东西溶解了，一切固定的东西消散了，一切被当做永恒存在的特殊的东西变成了转瞬即逝的东西"，环境被证明处在"永恒的流动和循环中运动着"②。与自然环境相比，动态性在集中体现人类主观能动性的社会环境中更为明显。无论是经济环境、政治环境还是文化环境，在人类实践的作用下，随着社会生产力和生产关系的发展都迎来了巨大的改变。马克思、恩格斯在《德意志意识形态》中就指出被费尔巴哈忽视的社会环境变化发展速度远超其认知："打个比方说，费尔巴哈在曼彻斯特只看见一些工厂和机器，而 100 年以前在那里只能看见脚踏纺车和织布机；或者，他在罗马的坎帕尼亚只发现一些牧场和沼泽，而在奥古斯都时代在那里只能发现罗马富豪的葡萄园和别墅。"③可见，环境是持续运动变化的，这一动态性不仅来自自然环境的循环变动，更来自人类的实践活动。

其次，环境具有对象性。马克思、恩格斯敏锐地看到人与环境所构成的对象性关系，自然界和社会之所以被称作"环境"，并不是因为自然界与社会本身的存在，而是因为自然界与社会处在与人的对象性关系中，人在对环境的对象性活动中存在。只有在改造对象世界也就是环境

① 《马克思恩格斯文集》第 9 卷，人民出版社 2009 年版，第 415 页。
② 《马克思恩格斯文集》第 9 卷，人民出版社 2009 年版，第 418 页。
③ 《马克思恩格斯文集》第 1 卷，人民出版社 2009 年版，第 529 页。

的过程中，人才真正地证明了自身的存在，因为人只有在关系中，即对他来说是对象性和现实的关系中才能把握自身。因此，人需要将环境作为自己的对象，与环境发生对象作用以超越狭义动物的存在。人手的专业化和工具的出现意味着人对环境能动改造的反作用的开始。与动物相比，动物也在环境中活动，"但是它们的生产对周围自然界的作用在自然界面前只等于零"①。只有人能够做到给环境打上自己的印记，"因为他们不仅迁移动植物，而且也改变了他们的居住地的面貌、气候，甚至还改变了动植物本身"② 以及人自身。在人的对象化行动中，环境既是人的实践对象，又是人的认识对象。"随着手的发展，头脑也一步一步地发展起来"，人将环境作为认识的对象，在具体的实践活动中首先产生"在环境中取得某些实际效益的条件的意识"，在此基础上产生了对"制约着这些条件的自然规律的理解"，并且随着人对环境认识知识的迅速增加，人对环境发生作用的方式和程度也增加了。③ 在人的对象性认识活动和实践活动中，环境走向人化，在人的对象性活动中不断变化、生成与发展。环境的对象性也说明环境对人的必然的限制与规定。环境不是由人的主观意志所决定的某种观念性存在，而是人想要生存与发展所必需的对象因素。自然环境为人的生产生活提供必需的物质资料，并为人的精神生活提供物质基础，社会环境中的生产与交往活动支撑着人类社会的前进与发展，成为人生存与发展的前提基础。因此，环境的对象性也就证明了人离不开环境，人想要生存发展必须正视环境的对象性，在自身与环境的对象关系中认识环境、把握环境，实现人自身与环境的和谐。

再次，环境具有特定性。环境不是一个简单的单一整体，而是一个复杂的立体、动态体系，由各种不同层次、不同类型的环境因素相互联系、相互作用，产生各种不同的具体环境。在认识到环境整体与复杂影

① 《马克思恩格斯文集》第 9 卷，人民出版社 2009 年版，第 421 页。
② 《马克思恩格斯文集》第 9 卷，人民出版社 2009 年版，第 421 页。
③ 《马克思恩格斯文集》第 9 卷，人民出版社 2009 年版，第 421 页。

响的同时，马克思、恩格斯没有陷入对环境的单纯思辨抽象，而是深刻地认识到环境所具有的特定性。人的生产生活总是在特定的环境中发生的，受到具体环境因素的影响。在不同的环境中，作为实践主体的人会获得不同的生产资料和生活资料，所以人的生产方式、生存方式以及创造出的产品也就因为环境的特定性而各不相同。因此，在考察环境对人的作用时，应当注意到特定环境的特征，根据不同的环境作出不同的考察。马克思、恩格斯尤其注意环境的特定性，多次强调具体的理论不是适用于一切环境的。马克思在给《祖国纪事》杂志编辑部的信中指出，只有十分有限的概述能够从资本主义发展的西欧各国应用到俄国，而批评家们却总是想要把"关于西欧资本主义起源的历史概述变成一般发展道路的历史哲学理论"，仿佛"一切民族，不管它们所处的历史环境如何，都注定要走这条道路"①，也就是资本主义的发展道路。实际上，只要有对现实生产生活的充分考察就可以认识到，实现某一发展目标、达到某一发展状态，并不是只有一种单一的方式。马克思在《资本论》中就列举了古代罗马平民的命运，说明不同环境中相似的命运并不走向同一结局。"古罗马平民原本是耕种自己小块土地的独立经营的自由农民"，在罗马历史发展的过程"同他们的生产资料和生存资料相分离"，一方面是"除自己的劳动力外一切都被剥夺的自由人"，另一方面是形成了"蕴含着大地产和大货币资本"产生发展的局面。但是，古罗马的平民并没有变成雇佣工人，"却成为无所事事的游民"，"和他们同时发展起来的生产方式不是资本主义的，而是奴隶制的"。② 因此，对于环境的把握必须看到其中的特定性，认识到不同环境中发生的不同演变过程。无视环境的特定性，而使用"一般历史哲学理论这一把万能钥匙"，永远达不到正确把握环境的目的，只有在对特定环境的研究基础上，

---

① 《马克思恩格斯文集》第 3 卷，人民出版社 2009 年版，第 466 页。
② 《马克思恩格斯文集》第 3 卷，人民出版社 2009 年版，第 466 页。

"再把它们加以比较"，才可以找到理解环境的"钥匙"①。

最后，环境具有可变性。可变性指的是人的实践活动可以使环境根据一定的目的发生改变，达成所追求的目标。人在受到环境的影响和制约的同时，也可以以能动的实践活动反作用于环境，在一定程度上影响环境、改变环境，甚至创造环境。但是，环境的可变性往往不能被正确地认识，自然科学和哲学一方面只知道自然界，另一方面又只知道思想观念，从不考察人是怎样引起环境变化的，是怎样学会改变环境的。在此意义上，恩格斯批判了自然主义的环境观和历史观，指出这样的片面观点认为"只有自然界作用于人""只是自然条件到处决定人的历史发展""忘记了人也反作用于自然界"②。忽视人的实践活动、忽视人在实践活动基础上形成的社会，都是忽视环境可变性的观点。实际上，人可以能动地改变环境，为自己创造新的生产生活条件。正如恩格斯所说的，自从人类的实践以来，整个环境都发生了巨大的变化。"日耳曼人移入时期的德意志的'自然界'，现在剩下的已经微乎其微了。"③ 人的实践活动已经深刻地改变了环境，为环境打上了人类的印迹。"地球的表面、气候、植物界、动物界以及人本身都发生了无限的变化，并且这一切都是由于人的活动"，对于自然环境和社会环境来说，未经人的干预而发生的变化，"简直微小得无法计算"。④ 在社会环境中，环境的可变性更加明显。社会环境本身就是人在直接的物质生产基础上创造的。人在实践中不仅受到现成的环境的制约，也将现成的环境作为证明自身实践能力的对象，对环境进行创造性的改变，直接成为下一代人的实践所要面对的环境。人甚至可以在一定的环境基础上，为了一定的实践目的，根据特定的环境状况，合理运用环境提供的生产生活资料和自身的

---

① 《马克思恩格斯文集》第 3 卷，人民出版社 2009 年版，第 467 页。
② 《马克思恩格斯文集》第 9 卷，人民出版社 2009 年版，第 483—484 页。
③ 《马克思恩格斯文集》第 9 卷，人民出版社 2009 年版，第 484 页。
④ 《马克思恩格斯文集》第 9 卷，人民出版社 2009 年版，第 484 页。

能动的创造力和实践能力来营造新的环境，例如家庭环境、学校环境、社区环境等。因此，应当认识到环境的可变性，在重视环境对人的影响的同时，看到人具有的实践能力可以改变环境。

3. 环境与人是相互作用的整体

第一，环境是人生存发展的必要基础。没有感性的外部世界，没有环境，人类历史的第一前提即人的生存需求就无法满足，更不必说在生存需求基础上发展起其他更高需求。

首先，环境为人提供了生产生活资料。正如马克思在《1844 年经济学哲学手稿》中所写，自然界是人的无机身体，自然环境不仅作为人的直接的生活资料，还"作为人的生命活动的对象（材料）和工具"①。环境是人的劳动得以实现、在其中活动、从中生产出和借以生产出自己的产品的对象。在更加狭义的意义上，人"依靠环境给予的维持肉体生存的手段而活"。自然环境与社会环境共同构成人实践的基础。"历史不外是各个世代的依次交替"，每一时代的人都会在以前各代所进行生产生活的环境基础上继续从事生产活动，"利用以前各代遗留下来的材料、资金和生产力"②，作为新一代生产生活的基础资料。

其次，环境为人的生产生活提供规定。人们用以生产自己的生活资料的方式，往往取决于人类的需要和"需要再生产的生活资料的本身的特性"，而这正是环境的特性。"不同的共同体在各自的环境中找到了不同的生产资料和不同的生活资料"，自然差别使得生活于其中并以此为劳动基础的人发展出不同的适应环境的生产生活方式，创造出不同的产品，"在共同体互相接触时引起了产品的互相交换"③。环境对人以及人的实践的规定也不是突然发生的，而是有一定的作用机制。恩格斯在说

---

① 《马克思恩格斯文集》第 1 卷，人民出版社 2009 年版，第 161 页。
② 《马克思恩格斯文集》第 1 卷，人民出版社 2009 年版，第 540 页。
③ 《马克思恩格斯文集》第 5 卷，人民出版社 2009 年版，第 407 页。

明经济基础决定作用时写道，"我们视之为社会历史的决定性基础的经济关系，是指一定社会的人们生产生活资料和彼此交换产品（在有分工的条件下）的方式"，包括了"生产和运输的全部技术""这些关系赖以发展的地理基础和事实上由过去沿袭下来的先前各经济发展阶段的残余（这些残余往往只是由于传统或惰性才继续保存着）"，以及"围绕着这一社会形式的外部环境"①。可见，在马克思、恩格斯看来，自然环境与社会环境不仅作为人生产实践活动的直接发生地对人的活动给予限制，也通过作用于在社会发展中起根本作用的经济关系规定着人，在氏族社会解体后直接或间接地对"阶级的划分，决定着统治关系和奴役关系，决定着国家、政治、法等等"② 起着重要作用。环境的差别也会影响人的认识水平。"他们在获得知识时所处的环境"和人本身的认知水平都会对人的认识构成限制。对人和生产生活构成影响的也不止局限于物质性的环境，恩格斯在 1875 年致彼得·拉甫罗夫的信中写道，"我们每一个人都或多或少地受着我们主要在其中活动的精神环境的影响"③。可见，人们并不是随心所欲地创造自己的历史，而是在既定的、制约着他们的物质环境和精神环境中，"在现有的现实关系的基础上进行创造的"④。

最后，环境的变革是人类社会变革的关键因素。在一定的环境中，不断积累和发展的实践成果孕育了可以诱发社会革命的积极因素。环境为人的生存发展提供资料，也就是为社会发展不断提供资料。一方面，当在环境中从事生产生活的人的实践发展来到这样的阶段，使社会生产力超出了一定环境中的生产关系，也就是说作为社会环境要素之一的生产关系不足以促进社会生产力的进一步发展。当生产关系已经成为人和

① 《马克思恩格斯文集》第 10 卷，人民出版社 2009 年版，第 667 页。
② 《马克思恩格斯文集》第 10 卷，人民出版社 2009 年版，第 667 页。
③ 《马克思恩格斯文集》第 10 卷，人民出版社 2009 年版，第 411 页。
④ 《马克思恩格斯文集》第 10 卷，人民出版社 2009 年版，第 668 页。

环境的发展都不能忍受的桎梏时，"实行社会革命就成了唯一可能的出路了"。环境孕育了社会革命，也为社会革命的进行提供了物质资料与精神资料，环境也就成了社会革命直接的和间接的推动力。另一方面，环境的变革与否是社会革命能否成功的关键。马克思、恩格斯在《德意志意识形态》中指出，环境不仅决定着人的生产实践，也决定着这样的情况："历史上周期性地重演的革命动荡是否强大到足以摧毁现存一切的基础；如果还没有具备这些实行全面变革的物质因素，就是说，一方面还没有一定的生产力，另一方面还没有形成不仅反抗旧社会的个别条件，而且反抗旧的'生活生产'本身、反抗旧社会所依据的'总和活动'的革命群众，那么，正如共产主义的历史所证明的，尽管这种变革的观念已经表述过千百次，但这对于实际发展没有任何意义。"① 因此，想要真正地实现社会变革，以革命的形式推动发展，必须针对具有基础性作用的环境采取行动，以物质基础的改变为革命创造条件，唤起具有强大实践力量的革命群体参与到革命活动中，完成物质和观念意义上的革命。

第二，人是可以改变环境的能动部分。面对环境，人并不是完全受动的存在，而是具有积极的能动作用。人通过实践活动可以获得关于环境的认识，并且使得这一认识不断发展，以此促进实践发展。人对环境的认识以及在此指导下的实践活动可以反作用于环境，使环境按照人的目的发生改变。

首先，人的能动的实践是人改造环境的首要前提。动物也可以对周围的环境产生影响，但动物的活动之所以不能改造环境而人的活动可以，是因为人所具有的实践能力。恩格斯在《自然辩证法》中这样区分过人与动物活动在影响环境上的区别："如果说动物对周围环境发生持久的影响，那么，这是无意的，而且对于这些动物本身来说是某种偶然

①《马克思恩格斯文集》第1卷，人民出版社2009年版，第545页。

的事情；而人离开动物越远，他们对自然界的影响就越带有经过事先思考的、有计划的、以事先知道的一定目标为取向的行为的特征。"① 人的实践活动是有组织、有计划、有目的的活动，人不仅会对环境施加影响，而且知道自身为什么要对环境施加影响、如何更好地对环境施加影响。"动物在消灭某一地带的植物时，并不明白它们是在干什么；人消灭植物，是为了腾出土地播种五谷，或者种植树木和葡萄，他们知道这样可以得到多倍的收获。他们把有用植物和家畜从一个地区移到另一个地区，这样就把各大洲动植物的生活都改变了。不仅如此，植物和动物经过人工培养后，在人的手下变得再也认不出它们本来的样子了。"② 相比动物"仅仅利用外部自然界，简单地通过自身的存在在自然界中引起变化"，人则懂得"通过他所作出的改变来使自然界为自己的目的服务"③，反作用于环境。因此，如果人不发挥主观能动性，面对环境选择消极不作为或随波逐流，那么也不能实现自身的发展需求，会成为和动物一样的受动存在。

其次，人对环境规律的把握是人改造环境的必要保证。人之所以脱离动物界，一方面是由于人的劳动实践，另一方面是人发展出的意识能力。在实践中，人可以认识自身所处的环境，形成对环境的规律性认识，并以此指导实践活动。当人还处于半动物状态时，人之所以"像动物一样贫困""生产能力也未必比动物强"④，是因为人还不能认识自己的力量和环境的力量。而当人类认识到自身的力量，情况就完全不一样了。在人类历史初期，人"发现了从机械运动到热的转化，即摩擦生火"；到马克思、恩格斯所处的时代，"发现了从热到机械运动的转化，即蒸汽机"⑤，在社会领域中实现了巨大的解放性的变革。恩格斯将摩

① 《马克思恩格斯文集》第 9 卷，人民出版社 2009 年版，第 558 页。
② 《马克思恩格斯文集》第 9 卷，人民出版社 2009 年版，第 558 页。
③ 《马克思恩格斯文集》第 9 卷，人民出版社 2009 年版，第 559 页。
④ 《马克思恩格斯文集》第 9 卷，人民出版社 2009 年版，第 186 页。
⑤ 《马克思恩格斯文集》第 9 卷，人民出版社 2009 年版，第 121 页。

擦生火作为具有世界性意义的解放行为，正是在此过程中人学会了认识环境，认识自身，懂得利用环境的力量满足自身的生存发展需要。人对环境的认识也是在实践中不断前进发展的。恩格斯在《反杜林论》中肯定了人的认识能力，指出尽管意识"就像在天体演化学、地质学和人类历史中一样，由于历史材料不足，甚至永远是有缺陷的和不完善的"，"但是认识就其本性而言，或者对漫长的世代系列来说是相对的而且必然是逐步趋于完善的"。① 即使是"要求个人不犯错误"，"以真正的、不变的、最后的终极的真理的标准来衡量认识"都是荒谬的，是对人类认识能力的无知，是对人类实践成果的漠视。人不仅能认识环境的规律，并且能在实践中不断深化自身的认识，"从而能够有计划地使自然规律为一定的目的服务"②。无论是"外部自然的规律"，也就是自然环境规律；还是"支配人本身的肉体存在和精神存在的规律"，也就是人类社会规律，都是可以被人逐步认识的。并且，人从必然世界迈向自由王国的程度也可以用人对环境的认识程度和使环境为人所作用的程度来衡量。因为，"人对一定问题的判断越是自由，这个判断的内容所具有的必然性就越大；而犹豫不决是以不知为基础的，它看来好像是在许多不同的和相互矛盾的可能的决定中任意进行选择，但恰好由此证明它的不自由，证明它被正好应该由它支配的对象所支配"③。可见，人对环境的认识是人利用环境、改造环境，从不自由走向自由的重要条件。

最后，把握规律利用环境是革命成功的关键条件。环境对于革命活动有重要作用，是社会运动中的关键力量。马克思、恩格斯深刻认识到环境在无产阶级革命和工人运动中的角色。在国际工人协会成立七周年的集会上，马克思明确说道，"国际的努力至今所以取得了巨大的成就"，决不能仅"归之于参与工作的人们的努力"，因为"这不是哪一

① 《马克思恩格斯文集》第 9 卷，人民出版社 2009 年版，第 96 页。
② 《马克思恩格斯文集》第 9 卷，人民出版社 2009 年版，第 120 页。
③ 《马克思恩格斯文集》第 9 卷，人民出版社 2009 年版，第 120 页。

批能干的政治家的事","世界上所有的政治家都创造不出使国际获得成就所必需的那种局面和环境";国际的任务就是"组织劳动力量,团结各种各样的工人运动,使它们联合起来";使得国际发展的原因就在于这样一种环境:"全世界的劳动人民越来越遭受压迫;而这就是获得成功的秘密所在。"① 因此,马克思、恩格斯多次强调,必须要顺应环境、顺势而为,在不同的环境中应当有不同的策略。面对一定的环境,只有积极作为,认识环境、利用环境,才能把握住机会以实现革命成功。恩格斯在《德国的革命和反革命》中分析了德国资产阶级革命失败的原因。时代环境与自身能力发展使得德国的小资产阶级民主派原本有机会登上历史舞台,"在德国建立一个稳定的政府"以代表"小资产阶级利益和部分的农民利益",但是却最终"失去了欧洲所有起义的真正战斗力量——工人阶级的信任",遭到彻底的失败。"与其说是由于环境不利",不如说是由于小资产阶级本身"在革命爆发以来的一切紧急关头一贯畏缩不前","在政治上也同样目光短浅、畏首畏尾和动摇不定"②。如果小资产阶级认清环境、把握形势,"坚决地勇敢地行动起来",德国"各小邦三分之二的军队,普鲁士三分之一的军队,铺路石后备军包括预备队或民军的大多数都准备和他们一致行动"。也是在此意义上,恩格斯指出,"起义也正如战争或其他各种艺术一样,是一种艺术,它要遵守一定的规则,这些规则如果被忽视,那么忽视它们的政党就会遭到灭亡"③。恩格斯所说的要遵守的这些规则,就是"从各政党的性质和在这种情况下所要对待的环境的性质中产生的逻辑推论"④,也就是对环境的规律的把握。在进行革命实践时,如果忽视环境的规律,就会像不遵守规律的政党一样在失败中走向灭亡。

---

① 《马克思恩格斯文集》第 3 卷,人民出版社 2009 年版,第 618 页。
② 《马克思恩格斯文集》第 2 卷,人民出版社 2009 年版,第 458 页。
③ 《马克思恩格斯文集》第 2 卷,人民出版社 2009 年版,第 446 页。
④ 《马克思恩格斯文集》第 2 卷,人民出版社 2009 年版,第 446 页。

　　第三，人与环境是一体化的，环境的改变与人的改变统一于革命的实践。在分析人与环境的关系时，旧环境观往往将人与环境割裂，造成对人与环境任意一方的忽视和对另一方的过多强调。马克思、恩格斯指出，从前的哲学世界观不是完全忽视了环境这一历史的基础，"就是把它仅仅看成与历史进程没有任何联系的附带因素"，导致人的历史总是在脱离人的现实生活的基础上编写，人的自然生活环境和社会生活环境都被忽视了，被排除在了人的生活之外，而"某种处于世界之外和超乎世界之上的东西"① 成了决定性的尺度。这样，不仅忽视了社会环境，将人与自然环境的关系从历史中排除了，更造成了自然环境与人的对立。理论上的错误在实践中也往往会造成极为严重的后果。曾经，人类一度认为自身可以任意地在环境中进行生产实践活动，但实际上每一次人对环境的所谓胜利，"起初确实取得了所预期的结果，但是往后和再往后却发生完全不同的、出乎预料的影响，常常把最初的结果又消除了"②。恩格斯在《自然辩证法》中举出了大量的例子以说明人忽视自身与环境一体化关系的后果："美索不达米亚、希腊、小亚细亚以及其他各地的居民，为了得到耕地，毁灭了森林，但是他们做梦也想不到，这些地方今天竟因此而成为不毛之地，因为他们使这些地方失去了森林，也就失去了水分的积聚中心和贮藏库。阿尔卑斯山的意大利人，当他们在山南坡把那些在山北坡得到精心保护的枞树林砍光用尽时，没有预料到，这样一来，他们就把本地区的高山畜牧业的根基毁掉了；他们更没有预料到，他们这样做，竟使山泉在一年中的大部分时间内枯竭了，同时在雨季又使更加凶猛的洪水倾泻到平原上。"③

　　对此，马克思、恩格斯指出，人与环境实际是一体化的关系。人是环境的产物，环境不仅为人提供肉体生存与发展所必需的生产资料和活

① 《马克思恩格斯文集》第 1 卷，人民出版社 2009 年版，第 545 页。
② 《马克思恩格斯文集》第 9 卷，人民出版社 2009 年版，第 584 页。
③ 《马克思恩格斯文集》第 9 卷，人民出版社 2009 年版，第 560 页。

动场所，也在更狭义的基础上产生人。人的思维和意识并不是先天存在的。在追问它们是从哪里来的时候就会发现：人的观念意识都是人脑的产物，是在人所处的环境中并且是和环境的发展一起发展起来的。不言而喻，归根到底意识和思维都是自然界产物的人脑的产物。人与环境的一体化关系也使得人具有认识环境的能力，使得意识和自然、思维和存在、思维规律与环境规律可以相适应，而不是陷入矛盾冲突。在认识环境、改变环境的过程中，人创造了自己的历史，而人的历史也是环境的历史。环境以人的自然生活与社会生活的形式参与到人的历史的每一个部分中，在这一有自我意识的机体的发展过程中扮演着重要角色，成为人的一切历史的必需背景色。不应将环境当作任人支配的所有物，简化或蔑视环境的作用。马克思在《哥达纲领批判》的开篇就强调自然界也是自然环境的作用："劳动不是一切财富的源泉。自然界同劳动一样也是使用价值（而物质财富就是由使用价值构成的！）的源泉，劳动本身不过是一种自然力即人的劳动力的表现。"①只有把自然界这个一切劳动资料和劳动对象的第一源泉当作自身所有物的人才会只强调人的角色而忽视自然环境和社会环境的作用。在《反杜林论》中，恩格斯也对杜林将自然环境当作人类所有物的错误观点进行批判，指出自然并不是人的所有物，农业活动和工业活动不能随心所欲地支配环境。应当认识到，人是环境的产物，是环境的一部分，人的实践活动发生在环境中，人的一切生产生活都要依靠环境提供的生产资料。自然环境是人的无机身体，社会环境是人的生活基础，人与环境的命运是同一的。

　　人与环境的辩证统一关系直接体现在人类的实践活动中。在人的实践活动中，人与环境之间产生的是双向作用的力，而不是单向的。恩格斯在《自然辩证法》中写道："一切自然过程都有两个方面，它们建立在至少两个发生作用的部分的关系上，建立在作用和反作用上。"②

① 《马克思恩格斯文集》第 3 卷，人民出版社 2009 年版，第 428 页。
② 《马克思恩格斯文集》第 9 卷，人民出版社 2009 年版，第 526 页。

传统的力的观念"来源于人的机体对外界的作用"和"地球上的力学"，因此"只有一个部分是主动的、发生作用的，而另一部分是被动的、接受作用的"。① 因此，在关于人与环境关系的讨论上，人们总是会将一方作为主动，而将另一方作为被动。当人作为主动的一方时，就会走向主观唯心主义，而当环境作为主动的一方时，结局就会是"自然神论""环境决定论"或是其他机械唯物主义的观点。实际上，人与环境的关系并不是单向力的作用。在实践中，人一方面感受到来自环境的外力，成为环境的作用对象，另一方面也可以通过能动的实践活动对环境施加自身的力，将环境作为对象，在改造环境的过程中证明自身的存在，证明人的精神的活动，人也随之完成了越来越复杂的实践，提出并达到越来越高的目的，更加深刻并广泛地使自身的力量作用于环境。因此，在实践的过程中同时发生了来自环境与来自人的力的作用，既对人和人的活动产生影响，也对环境产生影响。人的改变与环境的改变是在人的实践活动中统一的，作为同一过程的两个方面。因此，"环境的改变和人的活动或自我改变的一致，只能被看做是并合理地理解为革命的实践"②。

三、教育与环境的本质联系

教育是人按照一定的需要与目的培养人的实践活动，环境是人进行实践以满足生存发展需要的各种外部因素的总和。教育作为一种人的实践活动，发生在一定的环境中；环境作为一切人类教育活动的发生地，不仅作用于人的教育活动，对于参与教育活动的人也有直接的影响。作为思想政治教育学的一对重要范畴，厘清教育与环境的关系不仅具有理论上的意义，对人的教育活动以及改造环境的实践活动也有重要影响。

---

① 《马克思恩格斯文集》第9卷，人民出版社2009年版，第526页。
② 《马克思恩格斯文集》第1卷，人民出版社2009年版，第500页。

马克思和恩格斯在建构马克思主义理论的过程中，批判性继承了关于教育与环境的优秀理论，扬弃了旧哲学理论中的局限与缺憾，为认识教育与环境的关系提供许多有价值的思想。综合看来，马克思、恩格斯认为环境深刻影响教育，教育能动地改造环境，二者统一于人的实践活动。

1. 环境深刻地影响教育

人是环境中的人，无法脱离环境而生存发展。教育活动作为人的活动，自然也无法脱离环境。就自然环境而言，自然环境为教育提供必要的物质资料，是教育实践发展的基础性条件。就社会环境而言，以经济环境为基础的政治、法、哲学、宗教、艺术的环境也都会互相作用并对发生在其中的教育产生深刻影响。正如恩格斯晚年在信中所写："人们创造自己的历史，但是他们是在既定的、制约着他们的环境中，是在现有的现实关系的基础上进行创造的"，在这些现实关系中，经济、政治、意识形态都会产生巨大的影响，而归根结底，在社会环境中发挥基础性作用的是经济环境，对于教育具有决定性意义的是经济环境，经济环境"构成一条贯穿始终的、唯一有助于理解的红线"①。自然环境与社会环境之和构成了教育的决定性基础，在环境之上发展出来的生产力与生产关系的矛盾运动是推动教育活动发展的根本动力。具体而言，环境影响教育的内容、教育的形式、教育的主体和教育的效果。

首先，环境影响教育的内容。教育的内容是一定群体根据一定的教育目的，通过一定的教育方式，传递给受教育者的信息。从产生来看，教育的内容是在人类实践中习得与发展的思想观念，必然受到发展环境的潜移默化的影响。从目的来看，不同的环境作为不同的社会发展基础，使生活在其中的人产生不同的需求，为了满足人基本生存需求之上差异化的发展需求，教育作为一种发展手段，也会根据差异化的需求提

---

① 《马克思恩格斯文集》第 10 卷，人民出版社 2009 年版，第 668 页。

供差异化的内容。在资本主义生产条件下自然科学本身以及自然科学教育的快速发展就是环境对于教育内容影响的典型例子。正如马克思在《政治经济学批判（1861—1863 年手稿）》中分析指出，"随着资本主义生产的扩展，科学因素第一次被有意识地和广泛地加以发展、应用"①，科学知识的应用与发展成为资本家的致富秘诀，为自然科学创造研究、观察、实验的物质手段。自然科学教育也就不再被宗教教育排斥和打击，成为学校教育的重要内容和专门的学科。

其次，环境影响教育的形式。教育过程中，教育者要完成教育内容的传递以对受教育者施加影响，必须借助一定的形式，包括教育的各种方式、手段和载体。教育的形式是保证教育效果的重要条件，为了适应不同的教育环境，教育形式需要有不同程度的发展以满足不同的教育需求。在神学掌控一切的历史环境中，为了完成宗教灌输，催生出严格的宗教教育体系，形成理论学习、仪式强制和权威控制等教育形式。资产阶级革命后，宗教教育形式在改良后转变成社会教育与学校教育的形式。分工细化也带来了教育门类的细化，专门的教育机构与技术学校就是在此环境基础上发展出来的，国民教育与义务教育也在资本主义社会环境的发展过程中逐步实现。从工厂生产的环境中产生了劳动与教育结合的形式，马克思和恩格斯将这种教育形式作为未来教育的幼芽，以"生产劳动同智育和体育的结合"在"提高社会生产"的同时"造就全面发展的人"②。

再次，环境影响教育的主体。受环境影响的教育主体不仅是受教育者，也包括教育者以及教育主导者。尽管社会上占统治地位的人控制了精神生产也就是教育内容的生产，并且把现状以习惯和传统等形式不断生产出来，但是，正如马克思和恩格斯在著作中多次强调的，每一代人的生活和实践都是在历史上的每一代人的参与塑造与改变环境基础上展

---

① 《马克思恩格斯文集》第 8 卷，人民出版社 2009 年版，第 359 页。
② 《马克思恩格斯文集》第 5 卷，人民出版社 2009 年版，第 557 页。

开的，从前的环境成为"预先规定新的一代本身的生活条件"，塑造每一个教育活动的参与者，使教育以及参与者本身"得到一定的发展和具有特殊的性质"①。而人所形成的历史观却总是倾向于忽略历史环境对自身的影响，将传统与历史的影响当作自己真实的出发点，和路易·波拿巴一样，拒绝承认自身作用的日益增长是环境造成的，反而相信"这仅仅是由于他的名字有魔力和他一贯模仿拿破仑的缘故"②。教育发生于一定的环境内并受环境影响的事实不容否认，应当正视环境对教育主体带来的影响，把握其中的规律，以恰当的方式发挥环境对教育主体的积极影响，降低消极影响，在一定的环境中实现教育目标。

最后，环境影响教育的效果。物质生活环境发生的事件会直接作用于教育主体的肉体与精神生活，制约人类实践活动。因此，无论是自然环境还是社会环境，都会对参与教育活动的主体以及教育活动本身产生影响，从而对教育活动的有效性产生影响。一定的经济生活条件对于教育主体的物质生活和精神生活有直接的影响。受教育时间的早或晚、可以接触的教育资源的质与量、受教育程度的高低等往往与教育主体所处的社会经济环境直接相关。在《政治经济学批判（1861—1863 年手稿）》中，马克思以在工厂中从事生产的工人为例，说明资本主义工厂中高强度的劳动环境对工人教育效果的影响。在高强度的生产环境中，工人缺少可自由支配的时间，在接受教育方面效果较差。而当生产发展到更高阶段，工人的劳动强度相对降低，劳动的绝对时间减少，工人获得了更多的自由休息时间，生活、工作、学习的环境得到了一定优化，"如统计学所证明的——对于改善英国工人阶级的体力、道德和智力的状况，产生了非常有利的影响"③。可见，环境对于教育效果的影响是十分明显的，好的教育环境可以放大教育的优势效果，产生积极作用，

---

① 《马克思恩格斯文集》第 1 卷，人民出版社 2009 年版，第 545 页。
② 《马克思恩格斯文集》第 2 卷，人民出版社 2009 年版，第 184 页。
③ 《马克思恩格斯文集》第 8 卷，人民出版社 2009 年版，第 321—322 页。

而较差的教育环境则会起到相反的作用，使得教育效果受损。

2. 教育能动地改造环境

在环境面前，人不是完全受动的存在，环境的限制并不能完全束缚人的实践活动，尤其是以思想意识活动为主要内容的教育活动。恩格斯在《论俄国的社会问题》中曾谈到思想教育所具有的能动空间，例如俄国的思想封锁和书报的严格检查并没有束缚车尔尼雪夫斯基的精神活动，在落后的环境中他依然形成了对俄国走上共产主义道路有借鉴和教育意义的思想。同时，教育是人的实践活动，人的实践活动作为一种对象性的活动，可以直接和间接地改变环境甚至创造环境。具体而言，教育不仅可以作用于环境的影响，也可以直接作用于环境，或是通过使人认识环境、掌握改变环境的方法间接地改造环境。

教育首先可以作用于人的精神世界，以削弱或加强环境对人的影响。教育可以塑造人的道德品格，使人认同一定的价值规范，在面对外部环境的影响时，人的行为会因内心道德规范的约束与价值偏好的变化而发生改变。在仅有的一点资产阶级宗教教育的混乱专横之外，工人阶级在劳动生产实践和现实的社会生活中获得了真正的教育，这些教育使他们免遭教条与传统思想的荼毒。"虽然他们不会算，可是他们对国民经济学概念的理解足以使他们看穿主张废除谷物法的资产者，并且驳倒他们。虽然他们完全不了解教士们费尽心机给他们讲的天国的问题，但是他们却因此而更加深刻地了解尘世的政治和社会问题。"[1] 工人在极端恶劣的生存与生产条件下没有全部走向道德堕落，反而表现出了更多的善意。恩格斯在《英国工人阶级状况》一文中引用了曼彻斯特的教士帕金森的言论说明工人在各个方面的仁慈："穷人给穷人的要比富人给穷人的多"，"每年穷人们相互给予的总数超过了同期富人给予穷人的数

---

[1] 《马克思恩格斯文集》第 1 卷，人民出版社 2009 年版，第 427 页。

目"，因为在他们看来，"每一个人都是人"。①

其次，教育可以通过直接对象性的活动作用于环境，例如空想社会主义者欧文在新拉纳克工厂进行的与生产劳动结合的教育，就在直接作用于工厂小环境的同时也间接地改变了地区大环境。新拉纳克工厂原本只是苏格兰拉纳克城附近的一个棉纺厂。英国工业革命的迅速变革使得大批原先的中间等级被抛入无产阶级，"无家可归的人挤在大城市的贫民窟里；一切传统的血缘关系、宗法从属关系、家庭关系都解体了；劳动时间，特别是女工和童工的劳动时间延长到可怕的程度；突然被抛到全新的环境中的劳动阶级大批地堕落了"②。而当欧文成为工厂厂主后，带着"像孩子一样单纯的高尚的性格"的他"接受了唯物主义启蒙学者的学说"，以教育和有序的生产将新拉纳克区从一个满是社会"极其堕落分子"的地方变成了"一个完善的模范移民区"，"酗酒、警察、刑事法官、诉讼、贫困救济和慈善事业都绝迹了"。③ 欧文的事业不仅营造了良好的工厂环境，在改变新拉纳克地区社会环境方面也发挥了不可轻视的作用。因此，人的教育不是全部决定于环境，而是可以在一定程度上突破环境制约，利用环境影响，从积极营造小范围环境，走向大规模改造环境，在实现教育目的的同时为人的生存发展创造更好的物质与精神环境。

最后，人可以通过教育获得对环境规律的认识，并在知识理论的指导下改造环境。在《社会主义从空想到科学的发展》中，恩格斯指出，人在实践中感受到了环境的力量并且认识了环境，"理解了它们的活动、方向和作用"，"认识了生产力的本性和性质"④，在此基础上形成了一定的知识。教育则是传递这些知识的主要方式，当受教育的人掌握了规

---

① 《马克思恩格斯文集》第 1 卷，人民出版社 2009 年版，第 438 页。
② 《马克思恩格斯文集》第 9 卷，人民出版社 2009 年版，第 392 页。
③ 《马克思恩格斯文集》第 9 卷，人民出版社 2009 年版，第 277—278 页。
④ 《马克思恩格斯文集》第 9 卷，人民出版社 2009 年版，第 296 页。

律，那么最初"在我们还没有认识和考虑到"起着"盲目的、强制的和破坏的作用"的自然力就不再起"违反我们、反对我们的作用，要把我们置于它的统治之下"，"这里的区别正像雷电中的电的破坏力同电报机和弧光灯的被驯服的电之间的区别一样，正像火灾同供人使用的火之间的区别一样"①。正是教育使得更多的人有能力并更擅长利用环境来达到人类实践的目的。不仅自然环境如此，社会环境也是具有一定规律的。恩格斯以构成社会环境基础的生产力为例，说明其也是可以被认识从而被利用的。资本主义生产方式抗拒对社会环境力量的认识，仅将利益最大化和资本增值作为标准，无视环境规律，在自然环境里导致生态破坏，在社会环境中导致社会矛盾深重，两极分化，以及周期性的毁灭生产力和产品的经济危机。如此忽视环境、漠视规律的观念正是教育需要面对的对象，教育所追求的是使人认识并理解由一代代人实践积累并确证的规律，扩大能够把握环境规律的实践者的范围，推动人类对环境的理解走向广阔和深入。

3. 教育与环境统一于实践

认识到环境深刻影响教育和教育能动地改变环境并不是马克思和恩格斯的独特贡献所在。就教育与环境的影响而言，自德谟克里特的"环境与教育形成人的第二本性"到孟德斯鸠"气候、地理环境影响人思想道德"的判断，从洛克的观念知识"白板论"到爱尔维修的"教育决定论"，以及欧文在新拉纳克对教育或环境的决定论的实践，不难看出，西方思想家实际从来都较为重视教育与环境对人知识水平和思想品德的影响。但是，从前的思想家的局限在于，他们往往没有意识到教育与环境二者之间的深层互动关系，未看到最深层次起根本性作用的因素，仅以"教育"或是"环境"作为人和社会的决定性条件，最终走

---

① 《马克思恩格斯文集》第 9 卷，人民出版社 2009 年版，第 296 页。

向"教育万能论"或"环境决定论"。马克思、恩格斯的独特贡献在于以实践的观点对环境和教育进行考察，看到了教育与环境之间相互改变相互创造的过程，环境的改变和教育活动在人的实践中实现了统一。其实，早在 1845 年春，马克思就在《关于费尔巴哈的提纲》第三条中以提纲挈领式的文字阐明了环境与教育的关系。

19 世纪以来，在欧洲资本主义普遍发展，资产阶级现代国家确立的大背景下，德国没有同现代各国一起经历革命，却同它们一起经历复辟，势力强大的封建制度使德国成为时代的错乱。在思想领域中经历未来历史的德国，在哲学上与时代同行，在哲学领域中以宗教批判和对主流意识形态也就是黑格尔法哲学的批判开启了德国革命。宗教批判揭示了是人创造宗教，而不是宗教创造人，成为"对苦难尘世——宗教是它的神圣光环——的批判的胚芽"，开启了"人的自我异化的神圣形象"被揭穿后的"非神圣形象的自我异化"[1] 的揭露。在声势浩大的宗教批判中，费尔巴哈举起了唯物主义的旗帜，将神的本质还原为人的本质；处于唯心主义阵营的青年黑格尔派则宣称，"他们在幻象、观念、教条和臆想的存在物的枷锁下日渐萎靡消沉，我们要把他们从中解放出来"，以为"教会人批判地对待人头脑中的幻象、观念、教条和臆想"，"当前的现实就会崩溃"[2]。然而，充满英雄气概的哲学家们却没有意识到自身已经沦为"用词句来反对这些词句"的"最大的保守派"[3]，沉迷于理论上的相互攻击。在《关于费尔巴哈的提纲》写作之前，德国的哲学界正以青年黑格尔派为主，围绕施蒂纳《唯一者及其所有物》一文对费尔巴哈的唯物主义和人本主义进行猛烈攻击，产生了较坏的理论影响。施蒂纳对于费尔巴哈的批判集中在费尔巴哈对感性的人的忽略上，认为费尔巴哈的哲学尝试依旧是先验的和神学的，不过是以人的概念取代了

---

① 《马克思恩格斯文集》第 1 卷，人民出版社 2009 年版，第 4 页。
② 《马克思恩格斯文集》第 1 卷，人民出版社 2009 年版，第 509 页。
③ 《马克思恩格斯文集》第 1 卷，人民出版社 2009 年版，第 516 页。

神的概念，忘记人对感性世界的权力。在马克思和恩格斯看来，青年黑格尔派对于费尔巴哈的批判算不上对费尔巴哈的超越。施蒂纳和青年黑格尔派的观点相比于费尔巴哈的唯物主义，实际上是另一种以主体权力为中心的唯心主义，强调感性的人的活动。正如马克思在《关于费尔巴哈的提纲》第一条所概括的，"从前的一切唯物主义（包括费尔巴哈的唯物主义）的主要缺点是：对对象、现实、感性，只是从客体的或者直观的形式去理解，而不是把它们当做感性的人的活动，当做实践去理解，不是从主体方面去理解"，"不知道现实的、感性的活动本身"的唯心主义"却把能动的方面抽象地发展了"①。可见，马克思写作《关于费尔巴哈的提纲》一文不仅仅是对旧唯物主义的超越，也是对企图批判唯物主义的唯心主义的超越。从哲学史的角度来看，自启蒙运动以来，法国唯物主义者所支持的环境和教育的决定论是旧唯物主义中的代表性理论，被视作唯物主义发展的最高成就，不仅对当时的唯物主义者，而且对社会主义者的影响也是十分深远的。因此，完成对"教育万能论"和"环境决定论"的回应和超越也是马克思想要突破旧唯物主义，树立科学理论所必须要做的工作。

首先，马克思和恩格斯在肯定旧哲学理论贡献的基础上，吸收科学内容并突破理论局限，以实践的观点统一了感性的人与现实世界，实现了对旧哲学的超越。就费尔巴哈而言，马克思肯定费尔巴哈是"唯一对黑格尔辩证法采取严肃的、批判的态度的人"②，"证明了哲学不过是变成思想的并且通过思维加以阐明的宗教"③，创立了真正的唯物主义和实在的科学。对于法国唯物主义也就是"环境决定论"与"教育决定论"，马克思、恩格斯在《神圣家族》中进行了专门的讨论，指出法国人"赋予唯物主义以机智，使它有血有肉、能言善辩"，"将唯物主义运

①　《马克思恩格斯文集》第 1 卷，人民出版社 2009 年版，第 499 页。
②　《马克思恩格斯文集》第 1 卷，人民出版社 2009 年版，第 199 页。
③　《马克思恩格斯文集》第 1 卷，人民出版社 2009 年版，第 200 页。

用到了社会生活方面"，肯定法国唯物主义"关于人性本善和人们天资平等，关于经验、习惯、教育的万能，关于外部环境对人的影响，关于工业的重大意义，关于享乐的合理性等等学说"，对于以社会力量衡量人和造就环境发展天性等理论与实践的发展有着重要作用，"同共产主义和社会主义有着必然的联系"①。但是，费尔巴哈的唯物主义和法国唯物主义都有没有突破历史观和社会领域的局限。对于感性的人的活动的忽视和对于外部环境影响的过度重视都说明旧唯物主义对人的能动性的忽略，将人作为环境或教育的消极产物，因此也受到唯心主义者的攻击。马克思、恩格斯吸取了唯心主义中对现实的人的能动性的强调，将抽象的人还原为现实的人，从人的社会实践角度出发，以彻底的唯物主义进入社会历史领域，开启对旧哲学世界观的超越。

具体而言，马克思在《关于费尔巴哈的提纲》中批评了旧唯物主义关于教育和环境学说的理论错误，说明旧唯物主义在教育和环境学说中的理论错误在现实实践中的后果，并在此基础上阐明环境与教育的关系。马克思首先指出："关于环境和教育起改变作用的唯物主义学说忘记了：环境是由人来改变的，而教育者本人一定是受教育的。"② 一方面，"环境是由人来改变的"承接了对旧唯物主义客体直观的批判，点明了旧唯物主义环境决定论没有看到人对环境的能动作用，没有看到作为主体的人的实践活动可以改变、塑造甚至创造环境，应当在重视环境等外部因素的同时关注人的活动，认识到人对环境的作用。另一方面，"教育者本人一定是受教育的"指出了"教育决定论"的危险之处，即逻辑上的无限循环。教育决定论将人后天所受的教育作为决定性因素，那么承担教育工作的教育者就成为实际上的决定性因素，"教育决定论"因此也成为"教育者决定论"。但是，教育者也是受教育的，也有受教育者的角色，是受教育决定的。因此，以教育为决定性因素只能陷入教

---

① 《马克思恩格斯文集》第 1 卷，人民出版社 2009 年版，第 334 页。
② 《马克思恩格斯文集》第 1 卷，人民出版社 2009 年版，第 500 页。

育决定人而人又决定教育的逻辑循环。应当认识到教育活动发生在一定的自然、历史、社会环境中，无论是教育活动还是人的改变都受到一定环境的影响。

其次，马克思指出了"环境决定论"与"教育万能论"对于环境与教育关系错误认识的现实后果："这种学说必然会把社会分成两部分，其中一部分凌驾于社会之上。"① 就"教育万能论"而言，教育者以一定的理论教育人、改变人的观念意识，那么想要实现环境的改变就应当以教育清除人头脑中的概念。因此，创造理论的"社会天才""各式各样先知"才是理性的化身，没有接受过良好教育的群众则被扣上了"非理性"的帽子，肩负着教育人、改变人伟大职责的这一部分人就自然地拥有了统治另一部分人、凌驾于社会之上的合法权利。就环境决定论而言，"既然是环境造就人，那就必须以合乎人性的方式去造就环境"②，那么谁是具有造就环境能力的人呢？哲学家们找到的依旧是"英雄"等"伟大人物"，将环境的改变归结为占有支配地位的少数人，实际上也就是在社会中掌控了物质生产和精神生产的统治阶级。因此，错误理论在现实世界中往往为封建势力和资产阶级所利用，维护了阶级统治，企图否认广大人民群众的能动力量，掩盖实际的社会矛盾，不仅没有实现符合人性的环境改造，反而成为迷惑人、奴役人、压迫人的帮手。

最后，马克思直截了当地揭示了理解教育与环境及二者关系的正确路径——革命的实践。环境改变和人的活动或自我改变的一致只能被看作并合理地理解为革命的实践。革命的实践观点是马克思主义哲学与旧哲学区别最大的地方。人存在于环境中，人和人的活动不可避免地受到环境的影响。教育是人的实践活动之一，也会受到环境的影响。同时，教育等人的活动在受到环境影响时也会对环境和实践的人产生作用，使环境改变和人自身改变。也就是说，在实践活动中，人可以实现教育也

① 《马克思恩格斯文集》第 1 卷，人民出版社 2009 年版，第 500 页。
② 《马克思恩格斯文集》第 1 卷，人民出版社 2009 年版，第 335 页。

就是自我改变，也可以改变环境。并且，人可以利用教育使人的改变作用于环境，带来环境的进一步改变。在实践的过程中，环境的改变与人的改变（也就是教育的目的）实现了统一。在旧哲学中，旧唯物主义以客观世界为出发点，唯心主义片面强调人的因素，都陷入了理论的矛盾，未能厘清环境与教育的关系。而马克思创立的新哲学观，也就是实践的哲学观，在以实践统一环境的改变与人的活动或自我改变的同时，将人的现实生活从少数人的精神意识活动还原为人类社会的实践活动，跳出了主体与客体的对立，从解释世界走向了以革命的实践改变世界。

　　教育与环境是思想政治教育学中的重要范畴。明确二者的内涵、厘清二者的关系，无论是在思想政治教育理论建设中，还是在思想政治教育实践活动中都具有重大意义。马克思、恩格斯在创立马克思主义理论体系、参与无产阶级革命运动的过程中，形成了马克思主义关于教育与环境关系的理论，对于思想政治教育理论建构来说极富价值，对于思想政治教育实践也有重大作用。从马克思、恩格斯的教育与环境关系思想中提炼出思想政治教育意蕴，对于完善当前的思想政治教育基础理论，不断推进思想政治教育发展有重要意义。

　　思想政治教育应当从实践的角度把握思想政治教育环境。一方面，环境作为人的实践的场所，对人的思想和行为都有着深刻的影响。思想政治教育活动作为一种实践活动，也必然发生在一定环境中，受环境因素的影响。在富强民主文明和谐美丽的社会环境中，思想政治教育更容易开展，思想政治教育有效性相对较高；而在社会矛盾尖锐、社会秩序混乱、社会道德败坏的环境中，进行思想政治教育的困难更大，面对的干扰因素和负面力量更多，思想政治教育有效性相对较低。当前，中国特色社会主义进入新时代，社会生产力发展水平大幅度提升，人民生活水平显著提高，党领导人民取得的一系列成就在思想政治教育中都是十分积极的因素，既为思想政治教育创造了良好的环境与氛围，又是对思想政治教育内容的事实明证。但是，发展方式和结构的不合理也带来了不平衡和不充分的问题，自然环境和社会环境方面也有不少问题存在。同时，国外环境更加复杂，国际形势风云变幻，矛盾冲突频发，不稳定性与日俱增，意识形态领域的斗争更是从未停止。百年未有之大变局对思想政治教育来说，既是机遇，也是挑战。思想政治教育应当充分把握当前环境，提升对环境的认识能力，制定与环境相协调的思想政治教育策略，抓住矛盾的核心。同时，思想政治教育工作要看到环境的影响，对环境进行优化，改变环境、创造环境，使环境与教育双向发力。另一方面，人的实践能力说明人可以能动地改变环境，使得环境为自身目的服务。思想政治教育在重视环境的同时也要看到实践的作用，认识到人通过实践活动是可以优化思想政治教育环境，创造良好的思想政治教育环境的。思想政治教育环境的优化不仅是推动思想政治教育发展的手段，也是思想政治教育的目的之一。思想政治教育应当充分调动主体的主观能动性，在认识环境、把握环境的同时改变环境、创造环境，在开展教育的实践活动中实现人的成长发展和人与环境的和谐共生。

思想政治教育应当从革命实践的角度认识自身。一方面，无产阶级的思想政治教育并不是普通的实践活动，而应当是革命的实践活动。马克思在强调教育与环境的关系时使用的是"革命的实践"一词，突出的就是无产阶级思想政治教育活动的革命性。无产阶级的思想政治教育不是宗教的思想政治教育，以虚幻的世界麻痹人、抚慰人，诱惑人去采摘虚幻的花朵；无产阶级的思想政治教育也不是资本主义的思想政治教育，以普遍"理想"的准则欺骗人压迫人，为了资本的利益不择手段。无产阶级的思想政治教育指向的是真正的人的解放，不仅要撕碎锁链上的花朵，也要教育人去采摘真实的花朵；不仅要揭露"神圣形象"的异化，更要破解"非神圣形象"的异化；不仅要消除彼岸世界的所谓真理，也要确立此岸世界的真理，以彻底的理论击中人民、唤醒人民，在革命中消灭剥削和压迫，促进现实人的自由全面发展。因此，思想政治教育不能局限于一般的教育活动和实践活动而必须清楚地认识到自身的革命性，认清自身肩负的革命任务，积极发挥主观能动性，坚持以彻底的理论掌握群众，面对错误社会思潮勇于揭露和批判，对历史和现实都应加以批判和超越，促进革命目标的实现，展现无产阶级思想政治教育的先进性。另一方面，思想政治教育也应当认识到，教育不是万能的，思想政治教育也不是万能的。理论界一度出现的"思政万能论"倾向就陷入了马克思所批判的"教育决定论"陷阱，过分夸大了教育的作用和人的作用，将精神和观念的改变作为决定性因素，忽视了客观的现实世界，没有意识到思想政治教育环境和环境本身的重要作用。因此，思想政治教育应当明确自身的作用范围与作用效力，在启发人、教育人、培养人的同时注重与其他方面工作配合，形成多方面、多层次的合力，在共同努力下推进新时代思想政治教育工作的开展。

第八章　副本与原本

　　"副本"与"原本"是马克思恩格斯思想政治教育理论中的一对基本范畴，大致对应"社会意识"和"社会存在"，关系到无产阶级思想政治教育和革命斗争的批判对象。在《〈黑格尔法哲学批判〉导言》中，马克思提出，"随导言之后将要作的探讨——这是为这项工作尽的一份力——首先不是联系原本，而是联系副本即联系德国的国家哲学和法哲学来进行的"①。在这里，马克思首次提出了副本与原本范畴，将副本批判与原本批判看作使真理的彼岸世界消逝和确立起属于现实的此岸世界真理的必要工作，并依据此制度制订了批判工作的开展计划。在副本批判与原本批判中，马克思、恩格斯融贯"批判的武器"与"武器的批判"，在二者的统一中以理论斗争与武装斗争共同推动批判工作和革命实践走向彻底。马克思、恩格斯在进行副本批判与原本批判过程中也积累了大量的理论成果与实践经验，对于新时代的思想政治教育实现理论彻底与说服彻底具有重要的借鉴意义。

　　对"副本"与"原本"的相关论述进行梳理可以发现，马克思在《〈黑格尔法哲学批判〉导言》中针对二者的明确阐述是以"重回书房"后对德国法哲学理论副本展开批判的理论成果为基础的。在《论犹太人问题》中，马克思就对布鲁诺·鲍威尔的宗教批判和政治解放思想进行了批判性研究，要求将批判从宗教领域转向政治领域，指向国家本身，认为："它必须提出问题：这里指的是哪一类解放？人们所要求的解放的本质要有哪些条件?"② 马克思在《〈黑格尔法哲学批判〉导言》中尝试回答这些问题，在分析"批判的武器"与"武器的批判"的关系时，肯定副本批判的前导性作用和原本批判的根本性地位，指出副本批判与

---

① 《马克思恩格斯文集》第 1 卷，人民出版社 2009 年版，第 4 页。
② 《马克思恩格斯文集》第 1 卷，人民出版社 2009 年版，第 25 页。

原本批判是相互融合、相辅相成的关系，二者共同将精神武器与物质武器的批判推向彻底。在《神圣家族》中，马克思、恩格斯将副本批判的目标扩大，指向以布鲁诺·鲍威尔为首的德国青年黑格尔派理论家，指出唯心主义的副本崇尚"自我意识"反对"群众历史"，"把思维和感觉、灵魂和肉体、自身和世界分开"①。在《德意志意识形态》中，马克思、恩格斯所批判的副本的内涵已经从《〈黑格尔法哲学批判〉导言》中笼统的德国国家哲学和法哲学走向了更加准确的表达——"意识形态"，并且在阐述新世界观基本原理时对副本与原本的关系作出清晰界定，提出"不是从观念出发来解释实践，而是从物质实践出发来解释各种观念形态"②。在《政治经济学批判序言》中，这一观点得到了更经典的概括——"物质生活的生产方式制约着整个社会生活、政治生活和精神生活的过程"，"不是人们的意识决定人们的存在，相反，是人们的社会存在决定人们的意识"③，只有联系原本才能获得对副本的正确认识，从中抽象出反映原本运动规律的思想内容。将这一成果运用于政治经济学研究中，马克思、恩格斯揭示了资本主义社会原本的运行发展规律，从政治原本、社会原本走向最为根源的经济原本，抓住物质生活的生产和再生产，破解了资本通过压迫和剥削实现自身增殖的密码，为革命的无产阶级穿过副本的思想迷雾，抓住事物的根本提供了强有力的支持。

一、副本

根据马克思在《〈黑格尔法哲学批判〉导言》中对副本的明确论述——"副本即德国的国家哲学和法哲学"可知，在《德法年鉴》时

① 《马克思恩格斯文集》第 1 卷，人民出版社 2009 年版，第 350 页。
② 《马克思恩格斯文集》第 1 卷，人民出版社 2009 年版，第 544 页。
③ 《马克思恩格斯文集》第 2 卷，人民出版社 2009 年版，第 591 页。

期，马克思直接将德国的法哲学理论看作德国现实的副本内容，指出副本是"为历史服务的哲学"，在揭穿"人的自我异化的神圣形象"之后进一步揭露"非神圣形象的自我异化"所必须进行批判的内容。随着批判性研究活动的进行，马克思、恩格斯对于副本的认识也不断走向深入，揭示副本的本质内涵，进一步分析了副本在各个社会历史时期的具体表现，结合副本的性质和时代特点展开了对副本的批判，为现实的革命实践提供科学指导。

1. 副本在本质上是生成于社会实践的意识形态

纵观经典著作文本群，可以发现马克思、恩格斯对于副本的研究并不是在短时间内集中完成的，而是经历了一定的过程，从具体副本走向一定时间和范围内的副本集合体，最终进入对于副本内涵的一般性讨论。马克思、恩格斯对副本的研究首先开始于具体的理论对象。在对不同领域具体思想家的理论进行考察时，马克思和恩格斯敏锐地发现这些思想理论在解释现实方面的无力。例如，在《论犹太人问题》中，马克思就对布鲁诺·鲍威尔的宗教批判和政治解放思想进行了批判性研究，肯定鲍威尔"分析了犹太教和基督教的宗教对立，他说明了基督教国家的本质，——他把这一切都做得大胆、尖锐、机智、透彻，而且文笔贴切、洗练和雄健有力"①，并将其对宗教问题的解决总结为在政治上废除宗教。但是，只讨论废除宗教、将政治国家从宗教中解放出来是不够的。对此，马克思指出："它必须提出问题：这里指的是哪一类解放？人们所要求的解放的本质要有哪些条件？"② 只有针对政治解放本身的批判，才是对时代现实问题的批判，才是"当代的普遍问题"，而不是对几乎已经被"未敷粉的发辫"所替代的"敷粉的发辫"的否定。在对具体理论副本进行研究的基础上，马克思、恩格斯也逐渐形成了对

---

① 《马克思恩格斯文集》第 1 卷，人民出版社 2009 年版，第 23 页。
② 《马克思恩格斯文集》第 1 卷，人民出版社 2009 年版，第 25 页。

一定范围内意识形态副本的总体认识。并且，由于产生于一定的现实基础、共享一定的思想理论和社会传统历史，这些意识形态本身也具有相似的特征，有其一致性。在此意义上，马克思和恩格斯将不同的具体副本置于一个理论整体中，从其生成、演变、互动的角度，结合现实世界的历史，从联系的角度进行考察，提炼出其所共有的规律，指出其共通的缺陷和时代带来的限制，对一定范围内的意识形态副本整体进行批判。在《神圣家族》中，马克思、恩格斯将目标指向了以布鲁诺·鲍威尔为首的德国青年黑格尔派理论家，指出唯心主义理论家崇尚"自我意识"反对"群众历史"世界观的立场错误，"把思维和感觉、灵魂和肉体、自身和世界分开一样"。① 这一类唯心主义理论副本的共同点就在于，"认为历史的诞生地不是地上的粗糙的物质生产，而是天上的迷蒙的云兴雾聚之处"②。

从理论渊源和社会历史的角度，马克思、恩格斯联系副本生成的社会实践基础，揭示其在理论面具下所隐藏的意识形态本质。在对具体理论副本的考察过程中，马克思、恩格斯由具体走向一般，发现了理论副本生成、发展、互动并最终走向现实，力求统摄现实的内在规律。马克思、恩格斯的这一研究成果首先体现在《德意志意识形态》中。在《德意志意识形态》中，副本的内涵已经从《〈黑格尔法哲学批判〉导言》中笼统的德国国家哲学和法哲学走向更加准确的表达——"意识形态"。马克思、恩格斯指出，"德国唯心主义和其他一切民族的意识形态没有任何特殊的区别"，同样都认为"世界是受观念支配的，思想和概念是决定性的本原，一定的思想是只有哲学家们才能理解的物质世界的奥秘"③。实际上，一般意识形态的现实前提不是被瓦解而又重组的"绝对精神"，而是"现实的个人，是他们的活动和他们的物质生活条

---

① 《马克思恩格斯文集》第 1 卷，人民出版社 2009 年版，第 350 页。
② 《马克思恩格斯文集》第 1 卷，人民出版社 2009 年版，第 350—351 页。
③ 《马克思恩格斯文集》第 1 卷，人民出版社 2009 年版，第 510 页。

件，包括他们已有的和由他们自己的活动创造出来的物质生活条件"①。意识形态不是永恒不变的，而是历史的，产生于各个时代的物质生产基础，是由从事现实生产实践的人所创造出的观念体系。创造意识形态副本的人本身的能动性也使得意识形态必然与现实存在一定张力，被赋予一定独立性的意识形态，也因此在一定程度上反映并可以反作用于社会存在。在对分工的考察中，马克思、恩格斯揭示了意识形态获得"独立性的外观"② 的历史过程：当体力劳动与脑力劳动分离的时候，物质生产与精神生产也走向分离，人们开始以为意识形态是一个独立王国，但实际上，意识形态不过是现实物质生产世界的副本。自阶级社会以来，"统治阶级的思想在每一时代都是占统治地位的思想"③，是现实物质关系在观念上的反映。统治阶级通过对一些事实的遮掩，通过把意识形态与现实世界、自身分离，实现对观念和现实、社会生活的各个领域统治关系的不断建构。马克思、恩格斯因此强调，对于意识形态的考察决不能仅以副本本身为依据，而是要"从物质生活的矛盾中，从社会生产力和生产关系之间的现存冲突中去解释"④。

　　认识到意识形态本身不具有独立的历史、其所反映的矛盾冲突也不过是现实世界矛盾冲突的反映后，马克思和恩格斯也就在理论上与作为意识形态副本的旧哲学划清了界限。意识形态家想通过"把哲学、神学、实体和一切废物消融在'自我意识'中"来将人从"词句的统治"中解放出来；马克思、恩格斯则深刻认识到，"只有在现实的世界中并使用现实的手段才能实现真正的解放"。⑤ 马克思、恩格斯之所以对副本展开研究、对副本进行批判，并不是要通过批判副本来消灭副本，而

---

① 《马克思恩格斯文集》第 1 卷，人民出版社 2009 年版，第 519 页。
② 《马克思恩格斯文集》第 1 卷，人民出版社 2009 年版，第 525 页。
③ 《马克思恩格斯文集》第 1 卷，人民出版社 2009 年版，第 550 页。
④ 《马克思恩格斯文集》第 2 卷，人民出版社 2009 年版，第 592 页。
⑤ 《马克思恩格斯文集》第 1 卷，人民出版社 2009 年版，第 526 页。

是以对现实副本的研究引向对原本的研究，促进对原本的批判。副本批判即意识形态批判的目的并不只是为了实现理论上的反思和超越，更是指向现实世界的真正改变。德国的近代哲学已经基本完成对宗教观念的批判，资本主义现代国家也从宗教中将自身解放出来，但是在宗教层面将德国人还原为人和在政治层面使得国家成为政治国家，既没有真正使人回到现实世界，也没有使国家摆脱宗教影响，反而使人陷入非神圣形象的自我异化、国家成为真正的基督教国家。人依旧未"从幻想、观念、教条和想象的存在物中解放出来"，依旧是"在自己的固定思想的威力下呻吟的人类"①。想要实现人的解放，首先要将对思辨的批判普遍化，使其指向社会现实的各个领域，对副本的整体即意识形态整体进行批判以破除各领域的精神枷锁。在对意识形态整体的反抗中，破除各个方面的精神枷锁，清除意识形态副本对人的不良影响。更重要的是，想要实现对意识形态这一副本的清算，不仅要着力于副本，也必须从其产生的理论前提和现实根源入手，进入社会现实本身这一原本，在对其原本的研究与批判中实现革命实践目标。可见，通过对意识形态副本的内涵定义进行研究，揭示其本质，马克思、恩格斯所力求实现的是对观念和现实双重枷锁的揭露，引导人们对观念和现实双重枷锁进行反抗，使人们获得宗教解放、政治解放、经济解放后的真正解放。

2. 副本主要采取宗教、政治和哲学等意识形式

就意识形态副本的具体表现而言，结合马克思、恩格斯对其进行的批判性研究，可以将副本的内容分为三个方面：宗教意识形态副本、政治意识形态副本和哲学意识形态副本。其中，宗教意识形态是受到马克思、恩格斯批判的首类副本，是副本研究的前提性内容；政治意识形态作为副本的主体内容，是社会现实矛盾的集中体现；哲学意识形态

---

① 《马克思恩格斯文集》第 1 卷，人民出版社 2009 年版，第 510 页。

是对社会现实的抽象发挥，具有一定的理论基础性和现实超越性，是最远离原本的意识形态副本。

马克思、恩格斯对表现为宗教意识形态副本的研究实际上始于德国理论界对宗教的批判。在《〈黑格尔法哲学批判〉导言》中，马克思就在开篇之处肯定了"德国对宗教的批判基本上已经结束"，当"谬误在天国为神所作的雄辩一经驳倒"，宗教在德国的存在仿佛就"声誉扫地"了。① 宗教批判将宗教还原为人的创造物，马克思、恩格斯则进一步指出，创造宗教的人"不是抽象的蛰居于世界之外的存在物"，而是生活在一定国家、一定社会中的现实的人，事实是"这个国家、这个社会产生了宗教，一种颠倒的世界意识"②。马克思对宗教的功能进行了分析，肯定宗教"是这个世界的总理论，是它的包罗万象的纲要"③。宗教意识形态为现实世界提供理论支撑和道德准则，宗教也可以作为受苦难人民的精神慰藉，是人民的鸦片。宗教同时也是对现实的批判性反思，"既是现实的苦难的表现，又是对这种现实的苦难的抗议"④。因此，对宗教的批判是对其他一切批判的前提，对宗教的批判也应当回到宗教苦难产生的现实世界。在对德国宗教批判的批判性研究中，在理论副本与现实的矛盾冲突中，马克思、恩格斯认识到，德国的宗教批判只是摘去了装饰在锁链上的虚幻花朵，仅仅局限于宗教神学领域，例如认为"犹太人问题是宗教问题"⑤。然而，宗教副本对现实社会的影响不是来自宗教本身，而是产生宗教的市民社会。只有从现实社会切入，对市民社会进行批判，才能实现对宗教的彻底批判。这也是鲍威尔、施蒂纳、费尔巴哈等德国哲学家明明已经揭示了"人创造了宗教，而不是宗教创

① 《马克思恩格斯文集》第1卷，人民出版社2009年版，第3页。
② 《马克思恩格斯文集》第1卷，人民出版社2009年版，第3页。
③ 《马克思恩格斯文集》第1卷，人民出版社2009年版，第3页。
④ 《马克思恩格斯文集》第1卷，人民出版社2009年版，第4页。
⑤ 《马克思恩格斯文集》第1卷，人民出版社2009年版，第306页。

造人"①，但却没有使宗教幻想真正走向消亡的原因。仅仅从理论角度对宗教进行批判并不能真正使人摆脱宗教。想要使人摆脱宗教意识形态副本建构的种种幻象，"使人能够作为不抱幻想而具有理智的人来思考，来行动，来建立自己的现实"②，不仅要对宗教本身进行批判，也必须对其产生的原本进行批判，消除宗教副本生成的现实基础。

在以揭露"人的自我异化神圣形象"为主要目的的宗教意识形态副本研究之后，马克思和恩格斯的研究重点逐渐转向"非神圣形象的自我异化"，"对天国的批判变成对尘世的批判，对宗教的批判变成对法的批判"③，对法、政治、道德等与社会现实直接相关的副本的原则性批判。在《〈黑格尔法哲学批判〉导言》中，马克思所针对的政治意识形态副本主要有三：历史法学派、实践政治派和理论政治派。历史法学派反对资产阶级民主主义的法律思想，推崇民族精神和历史传统。马克思指出，历史法学派"以昨天的卑鄙行为来说明今天的卑鄙行为是合法的"④ 是对德国落后制度的维护与辩护，而只有向德国制度开火，进行揭露和批判才能实现发展。实践政治派和理论政治派是《莱茵报》时期马克思对反封建统治的两个政治派别所做的划分，实践政治派的政治要求是争取君主立宪制或民主主义的共和制，理论政治派则专注于对哲学理论的批判，想通过对哲学理论的批判达成现实政治目标，带有浓厚的青年黑格尔派特征。马克思指出，实践政治派的错误在于没有意识到德国哲学的真正现实性，把与时代同步的德国哲学当作落后于社会的内容，理论政治派则过度相信哲学的力量，把哲学的世界当成真正现实的世界，因此其内容、要求都停留在观念领域，无法完成真正现实的变革。这些政治思想提出的客体只有一个解决办法，那就是实践。马克思

---

① 《马克思恩格斯文集》第 1 卷，人民出版社 2009 年版，第 3 页。
② 《马克思恩格斯文集》第 1 卷，人民出版社 2009 年版，第 4 页。
③ 《马克思恩格斯文集》第 1 卷，人民出版社 2009 年版，第 4 页。
④ 《马克思恩格斯文集》第 1 卷，人民出版社 2009 年版，第 5 页。

也对导致政治意识形态副本的传统道德根源和社会现实根源进行了分析，在对生成历史的考察中把握政治意识形态的规律，揭示其本质。马克思曾对德国盛行的传统道德观念进行研究，指出这种有节制的利己主义不仅影响到德国人的日常生活，也使得德国缺少革命性和进步性，革命的阶级往往"未等克服面前的障碍，就有了自己的障碍"①，对德国的阶级斗争造成了不良影响。

哲学理论是意识形态副本的第三类表现。哲学意识形态之所以可以被看作"接触了问题中心"的副本，并不是因为唯心主义者所认为的只有哲学理论才是真理、才是真正的历史，而是因为哲学是人对原本进行思辨的最高形态，在对当前理论与现实的批判性反思中既带有历史的回声，又包含未来方向的探索。因此，正如马克思在《〈黑格尔法哲学批判〉导言》中解释将黑格尔哲学作为研究和批判对象的原因时所写的，对哲学的批判"既是对现代国家以及同它相联系的现实所作的批判性分析，又是对迄今为止的德国政治意识和法意识的整个形式的坚决否定"②，"德国的哲学是德国历史在观念上的延续"③，也是资本主义社会现实的反映，哲学中包含的矛盾恰恰是资本主义世界内部存在的分裂。作为德国国家哲学和法哲学的最系统、丰富而完整表述的黑格尔哲学，也就因此成为马克思研究的主要哲学意识形态副本。通过把事物把握成联系、运动、过程，黑格尔将整个自然的、历史的和精神的世界描绘成一个运动过程，形成了一套完整的社会观、国家观和历史观。在《1844 年经济学哲学手稿》中，马克思对黑格尔的思辨哲学进行分析，揭示了黑格尔哲学的唯心世界观，并通过生产和劳动的观点将黑格尔哲学中绝对精神的历史还原为现实世界的生产历史。在与恩格斯合著的《神圣家族》中，马克思从现实的社会实践出发对历史

① 《马克思恩格斯文集》第 1 卷，人民出版社 2009 年版，第 16 页。
② 《马克思恩格斯文集》第 1 卷，人民出版社 2009 年版，第 10 页。
③ 《马克思恩格斯文集》第 1 卷，人民出版社 2009 年版，第 9 页。

和现实进行研究，将辩证法发展出来，提出了新的唯物主义哲学要求。除了对以黑格尔为代表的唯心哲学进行批判外，马克思也对以费尔巴哈为代表的旧唯物主义哲学进行批判，指出其把人当成抽象的而不是从事生产实践的人，没有把现实当作感性的人的实践活动。没有找到感性人的生产实践这一基础，青年黑格尔派和一切旧哲学就无法回到现实的生活，只能成为现实世界的虚假副本。正是在对哲学意识形态副本的扬弃中，马克思超越了旧哲学，确立起实践的新哲学观和世界观，为推进哲学革命以及对文学艺术和政治经济学等一系列副本的批判奠定了基础。

3. 副本批判是意识形态批判的有力武器

对马克思、恩格斯来说，揭示副本的内涵本质并不是目的，对副本进行批判，以"批判的武器"追求和实现人的真正解放才是最终目的，因为"意识的一切形式和产物不是可以通过精神的批判来消灭的"①。但是，马克思、恩格斯并没有因此就忽视对副本的研究和批判，而是将副本批判同样看作实现彻底革命的重要方面，高度重视对意识形态副本的揭露与批判。

马克思、恩格斯充分肯定了副本批判的意义。首先，对于意识形态副本来说，对其进行批判的武器扮演了解剖刀的角色。通过对意识形态的细致分析，"批判的武器"驳倒它的对象的精神，也就是当前统治阶级的意识形态的精神内核，使得被批判对象清楚呈现在世人面前。马克思和恩格斯在《德意志意识形态》中写到，要说明占据人头脑的旧观念和方法，说明它为什么会与时代发展方向相悖，就"必须从它与一切意识形态家的幻想，例如，与法学家、政治家的幻想的联系出发，必须从这些家伙的独断的玄想和曲解出发"②。在对意识形态

---

① 《马克思恩格斯文集》第 1 卷，人民出版社 2009 年版，第 544 页。
② 《马克思恩格斯文集》第 1 卷，人民出版社 2009 年版，第 554 页。

虚假幻想的研究中，清晰而富有逻辑的批判使人意识到当前意识形态并非独立的、自然的、永恒不灭的，提醒人不要对看似已经发展了的现实俯首听命。其次，对副本进行批判的也是武器本身。对于已经被驳倒但依旧在苟延残喘并伺机反扑的旧世界的意识形态，"批判的武器"向它们开火、对它们进行最彻底的揭露。"批判的武器"① 的意义是世界性的、全局性的，而不是局限于一国或一种意识形态之内，因为落后国家是旧制度的公开完成，是"现代国家的隐蔽的缺陷"②。旧世界的枷锁在落后国家表现为实体，在发展了的国家则会是躲藏在观念中或现实角落的力量，作为过去的回忆依旧困扰着所有国家。这些回忆的枷锁是必然要走向灭亡的，因为"批判的武器"就是给予它们最后一击的重要力量，为旧制度这种喜剧的再现"争取的也正是这样一个愉快的历史结局"③。在精神武器与物质武器的联合中，对意识形态副本进行彻底批判。

那么，马克思、恩格斯是如何实现意识形态副本批判的彻底性的呢？就副本批判的"武器"而言，马克思、恩格斯使用的武器是新世界观。在《〈黑格尔法哲学批判〉导言》中，马克思就已经指出，不在现实中实现观念，就无法实现对观念的扬弃，必须对市民社会本身进行批判，进入从事现实生产实践的人的此岸世界。在《德意志意识形态》中，马克思、恩格斯第一次对新唯物主义历史观进行了较为完整的阐述，将自身的研究方法表述为"从直接生活的物质生产出发阐述现实的生产过程，把同这种生产方式相联系的、它所产生的交往形式即各个不同阶段上的市民社会理解为整个历史的基础"，"从市民社会出发阐明意识的所有各种不同的理论产物和形式，如宗教、哲学、道德等等，而且

① 《马克思恩格斯文集》第 1 卷，人民出版社 2009 年版，第 11 页。
② 《马克思恩格斯文集》第 1 卷，人民出版社 2009 年版，第 7 页。
③ 《马克思恩格斯文集》第 1 卷，人民出版社 2009 年版，第 8 页。

追溯它们产生的过程"①。在《政治经济学批判序言》中，马克思对自己自《黑格尔法哲学批判》以来得到并运用于工作的成果进行了概括，这一概括也成为唯物史观的经典表达："物质生活的生产方式制约着整个社会生活、政治生活和精神生活的过程"，"不是人们的意识决定人们的存在，相反，是人们的社会存在决定人们的意识。"② 恩格斯在《英国工人阶级状况》和《国民经济学批判大纲》中也阐释了这一新世界观的原理精神。通过确立唯物史观，马克思和恩格斯确立了历史的真正主体，不是思维着的绝对精神，而是从事现实生产的感性的人，历史不再"被看成是某种脱离日常生活的东西，某种处于世界之外和超乎世界之上的东西"③。历史是现实的人的生产实践的历史，是在一代又一代人的生产实践基础上发展起来的历史。马克思和恩格斯在对副本进行批判时所做的就是这样一件事：运用唯物史观和辩证法对现实世界的副本进行科学研究，揭示其运动变化的规律，揭示偶然性中包含的必然性，并将其中的规律适用于原本研究和革命实践中，推动批判活动走向彻底，争取普遍的人的解放。

二、原　本

想要实现人的真正解放，批判必须从副本走向原本。德国社会的物质利益问题，德国社会中政治经济学和社会主义的理论准备不足，以及在实践考察中获得的经验使得马克思、恩格斯逐渐从副本转向原本，揭示原本的本质意涵，在对原本的研究与批判中把握社会历史更深层次的根本矛盾运动规律。马克思、恩格斯对原本的研究不仅使脱离实际原本的微弱哲学回声变成了指导人们认识世界、改变世界的科学指南，也直

---

① 《马克思恩格斯文集》第 1 卷，人民出版社 2009 年版，第 544 页。
② 《马克思恩格斯文集》第 2 卷，人民出版社 2009 年版，第 591 页。
③ 《马克思恩格斯文集》第 1 卷，人民出版社 2009 年版，第 545 页。

接推动了无产阶级争取解放的革命实践。

1. 原本指向社会现实状况本身

马克思、恩格斯对原本本质意蕴的研究同样经历了一定的过程，在持续深入的探索和批判中不断深化自身对原本的认识。根据马克思在《〈政治经济学批判〉序言》中对自己早期研究的回顾与梳理可以合理推导得知，19 世纪 40 年代德国经济领域有关物质利益的一系列社会问题，如"当时的莱茵省总督冯·沙培尔先生就摩泽尔农民状况同《莱茵报》展开的官方论战，最后，关于自由贸易和保护关税的辩论"，是促使马克思开始原本探索的"最初动因"。[①] 同时，工人运动的蓬勃发展，以及与之相比远落后于实践的"带着微弱哲学色彩的回声"的"肤浅言论"也使马克思意识到建构具有彻底性理论的重要性。[②] 因此，马克思批判性研究的重心从副本转向原本，逐步进入问题的根源之处。在《〈黑格尔法哲学批判〉导言》中，马克思将"德国的现状本身"作为原本，而随着理论研究的深入和对现实革命运动的参与，马克思和恩格斯所指的原本主要是作为现实世界基础的社会存在。针对原本展开的研究和批判也不是单纯以物质力量对物质力量的斗争，而是既有"批判的武器"，又有"武器的批判"，是精神武器与物质武器结合起来的针对事物的根源、针对事物的本质进行的批判。在这一批判过程中，马克思和恩格斯对原本所进行的研究也是循序渐进的，在从特殊走向一般，从具象走向本质，从现存走向现实的批判逻辑中走向彻底。

综合梳理原本研究的相关文本，结合马克思、恩格斯对于德国现实和资本主义社会现实的考察，以及在研究中得出的理论成果与实践经验，不难看出，马克思和恩格斯认为一切政治上层建筑，包含其中的资本主义社会关系、资产阶级所有制都蕴含了一个决定性因素，就是一定

---

① 《马克思恩格斯文集》第 2 卷，人民出版社 2009 年版，第 588 页。
② 《马克思恩格斯文集》第 2 卷，人民出版社 2009 年版，第 591 页。

社会生产力基础上形成的生产方式。因此，马克思、恩格斯对于原本的研究也主要体现为对生产力与生产关系这一社会根本矛盾运动的研究。生产关系是一定社会的人们在生产中发生的一定的、必然的、不以他们意志为转移的关系，经济基础由这些生产关系的总和所构成，并作为政治上层建筑和观念上层建筑的基础。生产关系产生后就必然具有一定的客观性与相对独立性。生产关系的形成与发展需要一定的生产资料、生产工具和从事生产的主体，这些条件直接取决于生产力的发展状况。因此，先进的生产关系对生产力来说具有促进作用，有利于推动生产力的发展，但是当生产力的发展程度达到一定阶段后，"起初是自主活动的条件，后来却变成了自主活动的桎梏"①，成为桎梏的生产关系已经不能满足生产力向前发展的需求，必然与生产力产生矛盾，使得生产力转变成为对生产关系的破坏力量。在这样的状况下，社会变革运动就应运而生了。如马克思、恩格斯在《德意志意识形态》中所总结的，"生产力和交往形式之间的这种矛盾——正如我们所见到的，它在迄今为止的历史中曾多次发生过，然而并没有威胁交往形式的基础——，每一次都不免要爆发为革命，同时也采取各种附带形式，如冲突的总和，不同阶级之间的冲突，意识的矛盾，思想斗争，政治斗争，等等"。② 在这样的革命斗争中，革命群体建立起符合生产力状况的新生产关系，推动社会历史进一步发展。这也是马克思、恩格斯认为"一切历史冲突都根源于生产力和交往关系形式之间的矛盾"③ 的原因。

马克思、恩格斯对原本展开研究的目的在于通过揭示原本运动变化的规律来指导革命实践，尽可能减少时代进步过程中的阵痛，推动社会历史向前发展。对马克思、恩格斯来说，找寻原本的规律不是目的本身，引起原本批判、指导原本批判、以彻底的革命实现全人类的真正解

---

① 《马克思恩格斯文集》第 1 卷，人民出版社 2009 年版，第 575 页。
② 《马克思恩格斯文集》第 1 卷，人民出版社 2009 年版，第 567 页。
③ 《马克思恩格斯文集》第 1 卷，人民出版社 2009 年版，第 567—568 页。

放才是目的。"所谓彻底，就是抓住事物的根本。"① 只有针对事物本身的原本研究才是指向事物本质实在的研究。不论是作为政治制度存在的国家、政府机构，还是作为经济制度的所有制、生产制度、分配制度等，原本指向的皆是现实世界的客观事物，指向的是现实世界中对人进行控制、压迫、剥削的枷锁。统治人的不是观念、思想、概念，枷锁也不是绝对精神和自我意识的产物，而是"现实的现存世界"。要带领人民群众挣脱这些桎梏并确立新的适应进步个人的生产关系，决不能像青年黑格尔派一样"要求用另一种方式来解释存在的东西，也就是说，借助于另外的解释来承认它"，"尽管满口讲的都是所谓'震撼世界的'词句，却是最大的保守派"②。对此，马克思、恩格斯指出，"要真正地、实际地消灭这些词句，从人们意识中消除这些观念，就要靠改变了的环境而不是靠理论上的演绎来实现"③。只有通过对原本的深刻研究，把握其表现、提炼其规律，并且在此真理性认识的指导下进行实践，开展对原本的现实批判，以"武器的批判"砸碎原本，才是真正具有彻底性的社会变革推动力。正如马克思在《〈黑格尔法哲学批判〉导言》中所说，对原本的研究是对实际问题的研究，是对苦难尘世生成原因的科学探寻，不仅撕碎压迫人锁链上的虚幻花朵，更力图引导人打碎锁链本身，结束异化的人的历史，实现人的真正解放，开启真正的人的历史。

2. 原本主要包含政治、社会和经济等形式

就原本的具体表现而言，结合马克思、恩格斯对其进行的批判性研究，可以将原本主要分为三个方面：政治原本、社会原本和经济原本。其中，占据根源性地位的是经济原本，社会原本是作为政治、经济、文

① 《马克思恩格斯文集》第 1 卷，人民出版社 2009 年版，第 11 页。
② 《马克思恩格斯文集》第 1 卷，人民出版社 2009 年版，第 516 页。
③ 《马克思恩格斯文集》第 1 卷，人民出版社 2009 年版，第 547 页。

化生长的现实基础，政治原本主要由政治国家构成，集中体现了公共生活层面的矛盾冲突。

政治原本指的是表现为政治制度和法的形式的政治上层建筑，包含了现实的国家及政府等权力机关以及法律法规等已经确立的强制规范。作为阶级斗争与阶级关系的直接展现，政治原本是冲突最为激烈的领域，描述了"各个社会领域相互施加的无形压力，描述普遍无所事事的沉闷情绪，描述既表现为自大又表现为自卑的狭隘性"①。国家制度是政治原本的主要代表，是马克思意图以"批判的武器"进行批判的对象。在《〈黑格尔法哲学批判〉导言》中，马克思所批判的政治原本是"靠维护一切卑劣事物为生的，它本身无非是以政府的形式表现出来的卑劣事物"②的德国政治制度及其机构内部的一切设定。马克思直言"德国制度是时代错乱，它公然违反普遍承认的公理，它向全世界展示旧制度毫不中用"③，揭露了德国政治制度与欧洲普遍的由封建制度走向资本主义制度这一发展趋势相背离的旧事物身份，说明其现代政治领域的文明缺陷同旧制度的野蛮缺陷相结合的本质。对于这样落后于时代的批判对象，不应当自欺欺人或俯首听命，而应当向其猛烈地开火，从精神上和物质形态上对其进行消灭。马克思、恩格斯所进行的政治原本批判没有局限于一国，也没有停留在已被驳倒精神的落后制度上，而是进入具有普遍意义的作为发展方向的现代国家，也就是资产阶级国家。在针对资产阶级国家的批判中，马克思找到了市民社会这一现代国家的产生之源，认识到现代国家不过是市民社会的一种与封建传统力量相冲突的异化，其官僚机构的实质也不过是国家的"同业公会"。马克思揭露了资本主义政治制度价值的虚伪性和维护资产阶级社会统治的工具性本质，国家等政治制度都是历史的、阶级的，产生于一定的市民社会之

---

① 《马克思恩格斯文集》第1卷，人民出版社2009年版，第6页。
② 《马克思恩格斯文集》第1卷，人民出版社2009年版，第6页。
③ 《马克思恩格斯文集》第1卷，人民出版社2009年版，第7页。

上，必将随着市民社会的发展而走向消亡。

在对政治原本的批判中，马克思、恩格斯认识到，政治原本的生成根源不在政治本身，而是在社会原本。因而，将研究重心由政治原本转向社会原本是十分必要的。马克思、恩格斯所进行的社会原本研究主要围绕市民社会概念进行，因此，马克思、恩格斯对社会原本的批判性研究也可以被称为市民社会批判理论。在对市民社会的批判中，马克思和恩格斯梳理了市民社会产生的历史，揭示其本质内容，把握其规律。在《黑格尔法哲学批判》中，马克思研究了市民社会与国家的分裂，在黑格尔的基础上将"市民社会"定义为资产阶级及其社会关系。市民社会一词在德语中与资产阶级社会相同，都是 bürgerliche Gesellschaft，马克思也在双重意义上使用市民社会一词。在《〈黑格尔法哲学批判〉导言》中，市民社会已经具有两层含义，一层代指混杂了地主阶级、小资产阶级、资产阶级、无产阶级等阶级的德国社会，另一层指的则是主要由资产阶级组成的社会群体。通过对发达市民社会如英国、法国社会，和不发达市民社会如德国社会的考察，结合已有的关于市民社会的思辨材料，马克思、恩格斯对市民社会原本的批判在《德意志意识形态》中走向成熟。马克思、恩格斯首先梳理了资产阶级市民社会产生的历史和生产力与生产关系基础，将市民社会作为"全部历史的真正发源地和舞台"，指出市民社会是受到"迄今为止一切历史阶段的生产力制约同时又反过来制约生产力的交往形式"。① 市民社会在内容上包含了"各个人在生产力发展的一定阶段上的一切物质交往"，也就是产生于一定生产力基础上的生产关系与社会关系的总和，既包括国家和民族的政治关系，也包括"整个商业生活和工业生活"。② 从本质上说，市民社会是生产关系和社会关系的总和。由此，市民社会批判的对象从资本主义社会的特殊表现形式走向了社会关系一般，社会原本研究的对象从不够明

---

① 《马克思恩格斯文集》第 1 卷，人民出版社 2009 年版，第 540 页。
② 《马克思恩格斯文集》第 1 卷，人民出版社 2009 年版，第 582 页。

确的市民社会概念走向了社会经济关系这一精确表达，原本批判也逐渐进入更加根本而具有决定性意义的生产方式层面。

在经济原本之上形成了一定的经济关系，生长出政治的和观念的上层建筑，进而产生了完整的人类社会。因此，对于经济原本的研究是对决定性领域的研究，也是马克思最为主要和具有代表性的工作。马克思早期所做的经济原本研究主要集中在几部手稿和政治经济学文本中，在这些著作中，马克思"通过完全经验的、以对国民经济学进行认真的批判研究为基础的分析"① 得出了诸多结论，形成了对经济原本的批判性认识。一方面，这些实证的批判工作是以社会经济事实和已有经济理论为基础的；另一方面，联系马克思在《1844 年经济学哲学手稿》序言中关于"从费尔巴哈起才开始了实证的人道主义的和自然主义的批判""对黑格尔的辩证法和整个哲学的剖析，是完全必要的"② 等相关论述，也可以合理推导出，费尔巴哈对哲学本质的唯物主义发现和具有理论革命意义的黑格尔的辩证法，以及整个西方哲学经典传统，都可以作为经济原本批判的理论前提，是经济原本的理论支撑。在对经济原本的理论前提与现实基础进行批判性分析后，马克思开始了对资本主义经济关系的直接研究，指出资本主义经济关系的性质与地位，其成果集中展现在《政治经济学批判》《资本论》等著作中。马克思指出资产阶级生产方式不只是对经济活动和产品的反映，也是对经济活动参与者与产品所有者之间关系的反映，具有社会历史性。资本主义经济关系包含生产、交换、分配、消费各环节，各环节也蕴含了不同的经济关系，并共同作为一个市民社会统一体的各个环节。结合资本主义社会的不同交往关系与交换关系，在对各个经济环节的具体考察与整体性研究中，马克思、恩格斯逐渐认识到经济基础中还有一个更加根本的存在，即经济关系中占据决定性地位的生产关系，它揭示了经济关系的本质。确定生产关系

---

① 《马克思恩格斯文集》第 1 卷，人民出版社 2009 年版，第 111 页。
② 《马克思恩格斯文集》第 1 卷，人民出版社 2009 年版，第 112 页。

的根本地位后，马克思和恩格斯对经济原本的批判更加集中和有针对性，在对资本主义生产关系的批判中，最终破解了资本通过压迫和剥削实现自身增殖的密码。

3. 原本批判是深化意识形态批判的本质追求

在《德意志意识形态》中，马克思、恩格斯多次强调"理论上的空中楼阁"并不能实现人的解放，"全部问题只在于从现存的现实关系出发来说明这些理论词句"①。从现实关系出发，也就意味着从原本出发，通过对原本的批判性研究获得具有现实解释力的认识，成为对原本批判的指导，通过对原本的武器批判打碎旧世界的基础。那么，马克思、恩格斯是如何实现原本批判彻底性的呢？

就精神武器而言，马克思、恩格斯创立了科学的理论——马克思主义。马克思在《〈黑格尔法哲学批判〉导言》的结尾处写道："哲学把无产阶级当做自己的物质武器，同样，无产阶级也把哲学当做自己的精神武器。"② 此处的哲学指代的就是科学的理论。但当时的哲学还不足以称为科学的理论，因此马克思和恩格斯必须创立科学的理论。1844 年时，哲学还以为自己是一个独立的王国，还没有真正走向现实世界。英国的唯物主义者吸收了自然科学的发展而走向形而上学，黑格尔找到了辩证法但没有褪去唯心主义和泛逻辑主义，青年黑格尔派意识到黑格尔的缺点但也陷入以词句反对词句的误区。英国古典政治经济学在资本主义社会矛盾面前缺乏解释力。虽然社会主义和共产主义的理论正在形成，但混杂着对现实的批评和对未来的畅想，这些依旧信奉绝对真理和直接解放的理论没有超出自己的时代，最终沦为空想。可见，要想使"哲学"真正成为可以对原本进行批判的精神武器，创立科学的理论就是一项迫在眉睫的历史任务。因此，马克思、恩格斯还原了辩证法的革

---

① 《马克思恩格斯文集》第 1 卷，人民出版社 2009 年版，第 547 页。
② 《马克思恩格斯文集》第 1 卷，人民出版社 2009 年版，第 17 页。

命内核，确立唯物史观并以此为科学的世界观，从生产力与生产关系、经济基础与上层建筑的矛盾运动中对资本主义生产方式进行考察，揭示剩余价值的秘密，把握资本主义产生、发展和必然走向灭亡的规律，将社会主义理论置于现实基础之上，使社会主义由空想变成科学。

就从事原本批判的物质力量而言，马克思、恩格斯找到了革命的群体——无产阶级。解放的实际可能性不在于单纯形成一种科学的理论，而在于解放的需要和解放的力量。在资本主义占据世界统治地位的过程中，"资产阶级不仅锻造了置自身于死地的武器；还产生了将要运用这种武器的人"①——具有普遍性和革命性的无产阶级。无产阶级产生于资本主义生产关系中，"承担社会的一切重负，而不能享受社会的福利，被排斥于社会之外，因而不得不同其他一切阶级发生最激烈的对立"②，是具有市民社会普遍性的阶级。无产阶级所受苦难的普遍性不仅指受苦领域的普遍，也指受苦群体的普遍。与此同时，"工业的进步把统治阶级的整批成员抛到无产阶级队伍里去，或者至少也使他们的生活条件受到威胁"③，无产阶级的普遍性也随着资本主义的不断发展而进一步扩大。当越来越多的人被抛入无产阶级，反对资产阶级的力量也在不断壮大。

三、副本批判与原本批判的理论联系

在《〈黑格尔法哲学批判〉导言》中有这样一段经典论述："批判的武器当然不能代替武器的批判，物质力量只能用物质力量来摧毁；但是理论一经掌握群众，也会变成物质力量。"④ 在这里，马克思对"批判

---

① 《马克思恩格斯文集》第 2 卷，人民出版社 2009 年版，第 38 页。
② 《马克思恩格斯文集》第 1 卷，人民出版社 2009 年版，第 542 页。
③ 《马克思恩格斯文集》第 2 卷，人民出版社 2009 年版，第 41 页。
④ 《马克思恩格斯文集》第 1 卷，人民出版社 2009 年版，第 11 页。

的武器"与"武器的批判"的关系进行了阐释,在肯定物质武器的批判力量时也强调了理论武器的重要作用。马克思同时揭示了副本批判与原本批判的关系,指出二者与理论斗争和物质斗争并不是简单的对应,而是在与精神武器和物质武器的结合中相互融合、相辅相成,共同推进彻底的批判的两个必要部分。

1. 副本批判与原本批判相互交融

副本批判与原本批判之所以是相互融合的,其原因首先来自副本和原本本身。作为副本的意识形态与作为原本的现实本就不是界限分明的两个相互分离的部分,二者之间存在着千丝万缕的联系,共同构成了人所生活的世界。从意识形态副本的角度出发,其终极追求在于走向原本、影响原本。意识形态并不是无意识地在社会中发生作用,而是被统治阶级有意识地利用。占据统治地位的阶级有目的地"调节着自己时代的思想的生产和分配",并且在统治阶级内部,"一部分人是作为该阶级的思想家出现的,他们是这一阶级的积极的、有概括能力的意识形态家,他们把编造这一阶级关于自身的幻想当做主要的谋生之道"。[①] 可见,意识形态从其产生之初,就是来自原本的,并且以作用于原本为目标追求,通过建立精神世界的统治巩固物质世界的统治。从社会生产关系的角度出发,生产关系不仅是人与物的关系,更是人本身的关系,其构成以社会的人为前提。生产关系本身也直接体现为人的对象性关系,在人与人的交往中展开,在人的生产实践中发展。参与生产并在生产实践中创造社会历史的不是思维着的绝对精神,也不是全知全能的虚构上帝或神。正如马克思、恩格斯在《神圣家族》中对绝对的批判的揭露:"历史什么事情也没有做,它'不拥有任何惊人的丰富性',它'没有进行任何战斗'!其实,正是人,现实的、活生生的人在创造这一切,

---

① 《马克思恩格斯文集》第1卷,人民出版社2009年版,第551页。

拥有这一切并且进行战斗。并不是'历史'把人当做手段来达到自己——仿佛历史是一个独具魅力的人——的目的。历史不过是追求着自己目的的人的活动而已。"① 人作为主体，也正是意识形态和社会关系相融合的根本所在。无论是副本还是原本，究其根本，二者都是现实的人的实践的产物，都融合于构成世界的个人的现实行动中。

就副本批判与原本批判融合的现实可能而言，只有在革命实践的过程中，科学的理论、现实的武器与受压迫的人的结合才能得到实现。在从事批判的过程中，马克思、恩格斯多次强调，革命实践是使得人类解放的任务向前推进的关键力量。起初，无产阶级的斗争是单独的，是分散的小部分无产阶级进行的毁坏机器等生产工具的暴力斗争。直到资本主义发展到一定程度，无产阶级力量不断壮大，利用自身的斗争经验开始成立反对资产阶级的同盟与工联，组织起来，并且渴望理论的指导。此时，理论的任务就是促进无产阶级的联合扩大，帮助联合起来的革命无产阶级进一步组织成具有更强革命力量的无产阶级政党。在科学理论的指导下，无产阶级革命政党不会被资产阶级的残酷镇压打倒，而是会在实践中不断发展，"并且一次比一次更强大、更坚固、更有力"②。共产党就是这样最坚决、最彻底的无产阶级政党，没有任何同无产阶级根本不同的利益，他们在革命中始终起推动作用。革命不仅需要无产阶级，需要武器，同时也需要一定的策略。革命在不同时期有不同的表现内容，针对不同的对象也有不同的开展方式。因此，必须以一定的社会历史条件为革命的基础，制定出符合现实条件的革命策略。在此意义上，共产党人在实现共产主义理想的过程中，要十分注重结合各国无产阶级的条件和利益。正如《共产党宣言》所说，共产党人"在法国同社会主义民主党联合起来反对保守的和激进的资产阶级""在瑞士支持激进派""在波兰人中间，共产党人支持那个把土地革命当做民族解放的

① 《马克思恩格斯文集》第 1 卷，人民出版社 2009 年版，第 295 页。
② 《马克思恩格斯文集》第 2 卷，人民出版社 2009 年版，第 40—41 页。

条件的政党"①。工联工会、暴力革命、议会斗争、无产阶级专政等革命形式都可以为无产阶级所利用，甚至无产阶级专政建立后也不能立刻放弃革命，而要不断进行自我革命，剔除旧世界胎胞带来的陈腐因素。在马克思、恩格斯看来，暴力革命和和平方式都是革命的手段，是面对不同社会现实中阶级斗争状况采取的不同策略，其目标都是无产阶级专政和无产阶级国家的建立。因为，革命"远不能以一次重大的打击取得胜利，而不得不慢慢向前推进，在严酷顽强的斗争中夺取一个一个的阵地"②。必须使用灵活多样的策略，从各个领域推进革命，时刻为彻底的革命作准备，以武装斗争彻底打碎压制在人身上的枷锁。

"批判的武器"与"武器的批判"本身的相互融合也可以为副本批判与原本批判的相互融合提供支持证据。根据"批判的武器"一句的德文原文，结合对上下文的考察可以推断，"批判的武器"内含于"武器的批判"，副本批判与原本批判不是相互隔离的两个独立部分。"批判的武器当然不能代替武器的批判"③，这一论断既包含对物质力量的强调，也包含对理论力量的肯定。"批判的武器当然不能代替武器的批判"这一论断的德文原文是"Die Waffe der Kritik kann allerdings die Kritik der Waffen nicht ersetzen"④。在"批判的武器"（die Waffe der Kritik）中，武器一词"waffe"使用的是单数，在"武器的批判"（die Kritik der Waffen）中，武器一词使用的则是复数"waffen"。在德语中使用"waffe"这一单数形式时通常指抽象武器或手段，指称具体的武器时一般使用复数形式"waffen"。从马克思在此处对武器一词使用的单复数差异，可以合理推断："批判的武器"指的是抽象的武器，"武器的批判"

---

① 《马克思恩格斯文集》第 2 卷，人民出版社 2009 年版，第 65 页。
② 《马克思恩格斯文集》第 4 卷，人民出版社 2009 年版，第 541 页。
③ 《马克思恩格斯文集》第 1 卷，人民出版社 2009 年版，第 11 页。
④ Karl Marx/ Friedrich Engels — Werke. （Karl）Dietz Verlag, Berlin. Band 1. Berlin/ DDR. 1976. S. 378—391.《Deutsch—Französische Jahrbücher》, Paris 1844.

指的是具体的武器。"武器的批判"使用的具体武器可以包含各个层面的武器，既包括抽象的、精神的"批判的武器"，也包括现实的、物质的具体武器，对二者不能以"精神武器"和"物质武器"进行简单区分。被译作"当然的"（allerdings）一词在德语中有两种含义，一种表示强烈的肯定，即"当然"；另一种含义表示有让步的肯定，类似"即使"。结合这一论断的完整内容："但是理论一经掌握群众，也会变成物质力量"①，不难看出其转折意味。马克思其后进行的也是对理论作用的分析，并举出德国宗教改革这一历史事件说明理论解放的实际意义。因此可以合理推断，马克思在本论断中的意涵有两层意思，一层是"当然"，即对物质力量批判的强调；另一层是"即使"，即对理论力量的肯定。可见，"批判的武器"与"武器的批判"本就融合了精神武器与物质武器，使得以"批判的武器"与"武器的批判"为批判工具的副本批判和原本批判在进行的过程中也就自然而然地成为两项相互融合的任务。

2. 副本批判与原本批判相辅相成

在相互融合之外，副本批判与原本批判也是相辅相成的，在"批判的武器"与"武器的批判"的合作中共同助力革命实践，互为补充，互相推进。副本批判为原本批判奠定基础，为原本批判提供思想准备和主体准备，帮助原本批判清除意识形态障碍。原本批判为副本批判提供支撑，以真理之光为副本批判提供理论武器，以现实的斗争深化副本批判的效力。

正像宗教批判是对苦难尘世批判的胚芽，对副本的批判也是对原本批判的胚芽。副本批判首先为原本批判清除思想上的障碍，通过对时代错乱的揭露与猛烈开火，揭穿意识形态产品的虚伪面纱，使人对虚幻的幸福不抱幻想，不再去天国或物欲横流的资本世界寻找本质意义。副本

---

① 《马克思恩格斯文集》第1卷，人民出版社2009年版，第11页。

批判的过程也是理论掌握群众的过程，在人们心中埋下了觉醒的种子，为原本批判积蓄力量。副本批判帮助新的原本主体获得思想上的发展，为原本的发展从主体上作准备。现实的人之所以是现实的而不是抽象的，就是因为其也是在一定的社会历史环境中生长起来的，自知与否都必然受到旧的原本和副本的影响，头脑中也带有陈旧东西的枷锁。这些陈旧的东西时时刻刻准备从头脑中重新走向现实。因此，在副本批判的过程中，主体自身也作为经受批判的对象，在批判的过程获得成长，实现自身的否定之否定，完成扬弃，才能更好地建立新的原本。同时，进行副本批判的过程也是破除理论迷雾、穿越错误理论阻碍、把握和认识客观规律的过程。在与意识形态副本斗争的过程中，无产阶级革命者排除了错误的干扰，掌握了科学的方法，也就有了科学的指导，武装了自身的头脑，提高了自身进一步打碎旧原本、建立新原本的能力。所以副本批判也可以作为促进原本发展的积极力量，打击缠绕现实的旧日梦魇，为建立新原本的工作破除了主要的意识形态障碍，创造更适宜的意识形态环境。并且，副本批判同时为原本批判提供理论、策略与方法，是继续进行副本批判和原本批判的有力支持。马克思和恩格斯的副本批判过程，实际上也是与错误思潮斗争的过程，例如在《论权威》《政治冷淡主义》中对巴枯宁无政府主义的批判，在《哥达纲领批判》中对拉萨尔机会主义的批判。在与党内党外的各种错误思潮斗争的过程中，马克思、恩格斯一方面批评了错误观点，增强了无产阶级对错误思想的免疫力；另一方面也为原本批判积累了经验与教训，防止批判的革命实践在反动力量的打压和分化下半途而废，推进彻底的革命实践。

对副本批判来说，原本批判是它走向深入和彻底的必要保证。原本批判是对副本生成根源的批判，使人从精神上意识到现实的压迫并产生推翻压迫的需要。没有原本批判，这种需要在走向现实的道路上不仅会受到旧事物及其维护力量的压制，也会受到自己给自己带来的虚幻限制，最终获得和青年黑格尔派词句斗争一般的结局。如果马克思和恩格斯仅仅停留在教人从头脑中抛掉对当前的和从前的幻想，那他们和青年黑格尔派也就没有区别了。马克思和恩格斯的革命性正在于他们没有只局限于理论，而是走向了实践，走向了原本批判。驳倒和批判本身不是目的，使受到批判的对象在现实中走向灭亡，使人在现实世界中解放才是目的。意识形态只有在其走向现实时，才能真正彻底发挥出自身所蕴含的力量。原本批判带来的现实性不仅使得革命需求成为现实，也同时以实践的方式提升"批判的武器"使用者的理论结合实践的能力，体现了"批判的武器"的现实阐释力，增强了"批判的武器"的影响力，促进其发展，使副本批判走向彻底。物质力量只能用物质力量来摧毁，革命需要物质基础。原本批判可以催化并引导无产阶级拿起物质武器，在革命实践中指导无产阶级从事批判，并且直接将自身作为武器，加入针对意识形态副本的批判斗争中，在理论和实践上为自身和全人类的解放献力。在革命未达高潮时，如果副本批判是带来希望方向的黎明前微光，那么原本批判就是有燎原之势的无数星火。社会变革从来不是一瞬间就可以发生的，"无论哪一个社会形态，在它所能容纳的全部生产力发挥出来以前，是决不会灭亡的"①。但是，人所具有的能动性也不容否认。在进行原本批判的过程中，原本批判直接推动社会进步，它一方面可以完成对原本精神的解构与驳倒，助力副本批判；另一方面也可以在现实中对原本进行攻击，不仅消除副本生成的基础，更为受压迫的广大无产阶级争取更好的生产生活条件，为无产阶级革命作理论与实践的双重准备，缩短人民受压迫的时间，减少人民所经受的痛苦，使人早日挣脱束缚的锁链。

3. 两种批判共同指向彻底的批判

彻底的批判指的是"批判的武器"与"武器的批判"结合而成的

---

① 《马克思恩格斯文集》第 2 卷，人民出版社 2009 年版，第 592 页。

彻底革命，而要实现这一彻底的革命，副本批判和原本批判就要统一，也正是在副本批判与原本批判的融合中，彻底的批判才能实现。彻底的批判所要求的人的高度的革命也意味着它的普遍性和彻底性：不是一部分人的解放或者是部分领域的解放，而是由一个取得了普遍性的被戴上彻底锁链的群体争取全体人民在一切社会领域的彻底解放。副本批判和原本批判共同保证了批判活动在理论教育与革命实践等方面的彻底性。

作为精神武器的理论彻底性，是彻底批判的逻辑起点。理论彻底要求对原有理论基础的扬弃、对错误理论的解构和对先进理论的建构。而想要实现理论彻底，副本批判与原本批判都是必不可少的。副本批判针对的是意识形态领域中已经占据人们头脑的观念与意识，其中混沌地包含了陈旧的内容和可以促进革命新生的积极内容。这些意识也同样在觉醒的革命者头脑中存在。批判的武器对意识形态进行扬弃，为革命者自身的思想革命、理论创造，为彻底理论对革命群众的掌握打下基础，这在革命的萌芽阶段尤为重要。武器的批判登上历史舞台的主要阶段是革命的发展阶段。"人的思维是否具有客观的真理性，这不是一个理论的问题，而是一个实践的问题。"[①] 理论的彻底性要在实践中确证和检验。在革命中，理论的彻底性将展现为现实的批判力。原本批判的实践也使得革命者自身与革命群众直面压迫，一方面显示出理论分析的透彻与科学，使人对理论的理解加深；另一方面革命者在使用武器进行批判时也在不断确证、丰富、发展理论，使理论在辩论与斗争中走向彻底。

作为现实斗争的革命的彻底性，是彻底批判的现实起点。在实践彻底的实现过程中，革命者以在副本批判和原本批判过程中得来的彻底的理论领导群众使用"批判的武器"与真正的武器对压迫自身的沉重锁链进行批判。通过革命实践，革命者"在自身和群众中激起瞬间的狂热"[②]，使理论发挥出彻底性，运用革命斗争的强大爆发力和破坏力与

---

① 《马克思恩格斯文集》第 1 卷，人民出版社 2009 年版，第 500 页。
② 《马克思恩格斯文集》第 1 卷，人民出版社 2009 年版，第 14 页。

旧制度和观念进行彻底的决裂。只有在实践中才能真正将理论的彻底性转化为实践的彻底性。理论的彻底使得科学的理论具有现实性，但是理论现实性的确证与实现都必须经历实践，否则理论的彻底性只能停留于革命理论创造者自身头脑中。实践彻底一方面要求科学理性的理论指导，另一方面要求激情的批判搏斗。彻底的理论是实践批判的行动指南，提出实践的目标，指引实践找到革命的对象，"必须推翻使人成为被侮辱、被奴役、被遗弃和被蔑视的东西的一切关系"①。但是，找到革命对象并不足以实现实践彻底，正像宗教改革虽然正确地提出了问题，但没有真正解决问题，德国并没有因理论的部分彻底性实现彻底的革命。因此，实践彻底还需要彻底的批判方式和可以贯彻革命彻底性的群体。只有当理论的彻底性在彻底说服的条件下实现了对人民园地的彻底击中，才可以使这块素朴之地中蕴含的强大反抗力量得到发挥，激发摧枯拉朽般的革命浪潮，推进实践的彻底性。

　　彻底说服是副本批判和原本批判向革命实践转化的关键环节，是批判彻底性能否实现的必要保证。彻底说服首先是革命彻底性本身的要求。只有通过彻底说服，副本批判和原本批判才能获得源源不断的力量，在批判的实践中实现彻底性目标。理论力量转化为物质力量的关键是理论掌握群众，而理论掌握群众的关键就在于说服。虚假的意识形态和其他错误理论均有通过说服群众、掌握群众而转变为物质力量寻求现实性的冲动和能力，但其固有的虚假性缺点必然导致与现实的冲突，这样的冲突和脱节也就为革命思想留下了空间。革命家与之争抢人民的园地，所发挥的就是自身理论的彻底性。通过以批判的武器和武器的批判对人民进行理论灌输与实践激活，革命的无产阶级力求实现对群众头脑的彻底武装，壮大革命力量的同时也增强革命实力。说服彻底是革命的基础要求。"理论在一个国家实现的程度，总是取决于理论满足这个国

---

① 《马克思恩格斯文集》第1卷，人民出版社2009年版，第11页。

家的需要的程度。"① 要使理论需要成为现实的实践需要，必须进行说服，破除虚假意识形态对社会的压制，唤起社会对革命的真实需要，从而使思想在力求成为现实的同时，"现实本身应当力求趋向思想"②。面对在各个领域皆占据统治地位的强大革命对象，仅凭群众自己发现思想而向思想靠拢是不够的。革命的无产阶级一方面必须始终坚持对群众进行说服教育，另一方面也要通过原本批判不断进行现实的反抗斗争，与占有统治地位的旧事物相决裂，实现彻底的革命。

针对副本的"批判的武器"与针对原本的"武器的批判"互相融合、互相成就是理论、实践和历史的必然结果，将二者割裂意味着将副本批判与原本批判割裂。对于思想政治教育这一联结理论与群众的关键活动来说，孤立的副本批判和原本批判会导致理论内容的不彻底和思想政治教育实践的不彻底。因而，思想政治教育在追求副本批判彻底性与助力原本批判彻底性时，必须将副本批判与原本批判有机结合，使二者相互补充、相辅相成，抓住事物的根本，抓住人的本质，从而进行最彻底的革命，实现对旧世界最彻底的批判。

彻底的批判不仅要求理论的彻底性，更要求实践的彻底性。理论的彻底性要求思想政治教育以现实的人为出发点。首先，现实的世界才是人所生活的世界，想要真正解释人的生活，就必须从人真正的实践生活出发。应当抓住人的一般特质与不同社会环境的具体特质，从整体上和现实上把握人的肉体生活和精神生活。其次，理论必须以实践为旨归。脱离了实践的理论只会走向神秘主义，而"凡是把理论引向神秘主义的神秘东西，都能在人的实践中以及对这种实践的理解中得到合理的解决"③。只有在实践中，理论才可以实现对自身真理性的明证，才可以走向现实，使自身成为现实。最后，要注重在联系中把握人。"各个人

① 《马克思恩格斯文集》第 1 卷，人民出版社 2009 年版，第 12 页。
② 《马克思恩格斯文集》第 1 卷，人民出版社 2009 年版，第 13 页。
③ 《马克思恩格斯文集》第 1 卷，人民出版社 2009 年版，第 501 页。

的出发点总是他们自己，不过当然是处于既有的历史条件和关系范围之内的自己"①，在进行批判时必须明确并不存在抽象的纯粹个人，应结合一定的社会历史背景考察人与不同事物之间的联系，在人与环境、人与社会、人与人的关系中对二者进行分析判断。因此，理论上的根本要求是对唯物史观和辩证法的坚持。不能像从前的史学家一样，"不是完全忽视了历史的这一现实基础，就是把它仅仅看成与历史进程没有任何联系的附带因素"②，也不能像从前的旧唯物主义者一样忽视了感性的人的生产活动，只从客体的或直观的形式去理解。既要意识到生产力与生产关系的根本性作用，也要意识到上层建筑的相对独立性，明确经济基础与上层建筑的相互作用；既承认必然性，也承认偶然性，从二者的同一中灵活地理解事物的发展，从多个个体的相互作用中分析历史，解释历史的客观性，才能实现理论的彻底。

实践的彻底性对思想政治教育提出了全面性、普遍性和先进性的要求。全面性指的是思想政治教育面对的领域和范围是全面的。无产阶级革命实践是全面的，思想政治教育自然也应当是全面的，其批判对象包含了经济、政治、文化等各个领域压迫人的关系。不应仅仅将革命局限于对物质力量的批判而忽视了理论思想本身的现实性、思想政治教育活动的重要性，应当认识到"理论的解放对德国也有特殊的实践意义"③，脱离"批判的武器"而空谈不全面的"武器"的批判会导致武装斗争和思想政治教育实践的不彻底。普遍性对思想政治教育来说则意味着人民性。体现在目标上，思想政治教育所服务的彻底革命是以全体人的解放为目标的。正如《共产党宣言》向全世界宣告的，无产阶级彻底革命的目标是形成这样一个联合体，"在那里，每个人的自由发展是一切人

---

① 《马克思恩格斯文集》第 1 卷，人民出版社 2009 年版，第 571 页。
② 《马克思恩格斯文集》第 1 卷，人民出版社 2009 年版，第 545 页。
③ 《马克思恩格斯文集》第 1 卷，人民出版社 2009 年版，第 12 页。

的自由发展的条件"①。在实践群体上，彻底的实践要求形成一个真正代表社会普遍利益的群体，这种普遍性一方面是革命发展历史的必然趋势，是生产力发展带来的必然联合；另一方面也是革命的实践者所努力争取的。无产阶级思想政治教育想要实现这种普遍性，就必须时刻以人民为中心，以实践行动展现自身代表的是整个无产阶级和共产主义运动，代表的是人民的需要和人民的利益。先进性则要求无产阶级的思想政治教育超越资产阶级的思想政治教育，坚持共产主义远大理想，引导人民走向解放。无产阶级思想政治教育必须展现出自身的先进性与超越性，而不能停留于资产阶级民主派或者国家主义、无政府主义等理论层面。如果只空谈民主、平等、自由，而不谈共产主义社会、不谈资本主义社会向共产主义社会过渡时期的无产阶级专政，只会使自身落后于资产阶级民主派，丝毫未体现自身的先进性与超越性。

思想政治教育必须从人的需求出发，以多种方式和方法灵活运用批判的武器与武器的批判，使理论得以为群众所彻底掌握。想要彻底说服无产阶级群众和更广大的群体，思想政治教育者必须主动以革命的理论为"批判的武器"对其从外部进行灌输，使其受到革命理论的激发转化为革命者，拿起"武器"进行革命批判。在此过程中，思想政治教育要想用理论说服人，首先要以"思想的闪电"击中人，激起人民的勇气，带领人民用"武器"对旧事物进行批判。革命有感性的一面，也有理性的一面。仅依靠革命激情并不能彻底说服群众，当瞬间的革命激情消逝后，如果没有理性思维的支撑，群众很容易就转身投入其他的力量。因此，必须将感性的激情与理性的反思内化结合，才能真正保证说服的彻底。说服的真正彻底是以理论的彻底性与科学性为基础的。人的本质就其现实性上来说是社会关系的总和，意味着人的社会地位、阶级属性、经济生产地位乃至个人特殊条件都会对其产生影响。在进行说服时，一

---

① 《马克思恩格斯文集》第 2 卷，人民出版社 2009 年版，第 53 页。

方面应当注重结合说服对象的具体情况，结合说服对象的生活实践，结合其现实生活的物质需要与精神需要；另一方面也要从整体性上对说服对象进行分析，找到其作为群体一员的特性。揭露其所受到的压迫和耻辱，"让受现实压迫的人意识到压迫"，才能唤起其真实的革命需要，不让革命群众"有一时片刻去自欺欺人和俯首听命"[①]，不让革命群众轻易动摇而脱离革命。同时，思想政治教育也应当将理论说服与现实激发相结合，注重说服对象本身所具有的能动性与创造力，以实践作为回应和确证理论说服的关键一步，促使说服对象自己内化理论并在实践中外化理论，从而将理论彻底刻入革命群众的头脑，充分调动其作为说服对象的主体性，进行更加深刻和广泛的"批判的武器"与"武器的批判"相结合的革命实践。

---

① 《马克思恩格斯文集》第 1 卷，人民出版社 2009 年版，第 6 页。

第九章　神圣形象与非神圣形象

　　神圣形象与非神圣形象是马克思在《〈黑格尔法哲学批判〉导言》中提出的一对思想政治教育范畴，是无产阶级思想政治教育所要揭露和批判的两个重要对象。马克思关于神圣形象与非神圣形象的相关论断揭示了无产阶级思想政治教育工作的重要功能和使命，即揭露并批判以神圣形象为代表的封建宗族意识形态和以非神圣形象为代表的资产阶级意识形态。尽管非神圣形象已经取代了神圣形象的主导地位，但马克思、恩格斯深刻认识到，仅仅依靠一时的揭露和批判并不能使二者走向消亡，传统的意识形态依旧困扰着现实的人。因此，二者同样是马克思、恩格斯持续批判的对象，贯穿了马克思和恩格斯长期以来的批判工作。通过对神圣形象和非神圣形象的批判，马克思、恩格斯为无产阶级革命运动和人类普遍解放"确立此岸世界的真理"，用"彻底的理论"和"思想的闪电""彻底击中素朴的人民园地"，为无产阶级提供科学的精神武器。

　　虽然马克思、恩格斯站在新世界观立场上对神圣形象和非神圣形象的揭露和批判始于思想转变后期，但在批判宗教的德国哲学的影响下，他们对神圣形象的反思早已开启，例如马克思在博士论文中就从黑格尔对神的证明出发，指出对神的存在问题的证明"不外是空洞的同义反复"[1]，是人对自身本质的"自我意识存在的逻辑说明"[2]。在《〈黑格尔法哲学批判〉导言》中，马克思对德国的宗教批判进行批判的同时也肯定其把神圣形象还原为对人的本质的映象以"撕碎锁链上那些虚幻的花朵"[3]，在此基础上以格言式的表达确立无产阶级的两大揭露对象，指出"人的自我异化的神圣形象被揭穿以后，揭露具有非神圣形象的自我异化，就成了

---

[1]　《马克思恩格斯全集》第 1 卷，人民出版社 1995 年版，第 100 页。
[2]　《马克思恩格斯全集》第 1 卷，人民出版社 2009 年版，第 101 页。
[3]　《马克思恩格斯文集》第 1 卷，人民出版社 2009 年版，第 4 页。

为历史服务的哲学的迫切任务"①。在《论犹太人问题》中，马克思批评鲍威尔将现实的政治问题化为宗教问题，指出用消灭宗教的方式并不能消灭现实压迫，宗教的消亡是人类解放的结果而不是前提，在金钱和利益控制的世界，人"没有摆脱宗教，他取得了信仰宗教的自由"，"没有摆脱财产，他取得了占有财产的自由"，"没有摆脱经营的利己主义，他取得了经营的自由"②。在《1844 年经济学哲学手稿》中，马克思对非神圣形象的现实表现进行了批判，从异化的角度对非神圣形象进行了揭露，认为工人和资本家都成了财富的奴隶而归于片面化和简单化。在《德意志意识形态》中，马克思、恩格斯进一步阐述了这一思想，指出"从施特劳斯到施蒂纳的整个德国哲学批判都局限于对宗教观念的批判"③，也就是在神圣形象中没有一个哲学家"想到要提出关于德国哲学和德国现实之间的联系问题"④，反而把反对词句的斗争直接当成反对现实的现存世界的斗争。马克思、恩格斯创立的新世界观正是从现实出发，指出两种形象共有的社会历史性和意识形态属性，从其根源分析二者相互联系、相互作用的关系，持续进行宗教批判揭露的同时将解剖刀对准非神圣形象所掩盖的资本主义现代社会。在《共产党宣言》中，马克思和恩格斯提出国家、法律、道德，甚至是宗教，都处于非神圣形象的统治下，包含的"全都是资产阶级偏见"，隐藏在非神圣形象背后的"全都是资产阶级利益"⑤。《资本论》对非神圣形象的批判揭露有更加深刻而充分的表达，非神圣形象在资本主义社会的表现形象被马克思具体化为商品拜物教和货币拜物教，"当一般等价形式同一种特殊商品的自然形式结合在一起，即结晶为货币形式的时候"，货币的形式成为"一切

---

① 《马克思恩格斯文集》第 1 卷，人民出版社 2009 年版，第 4 页。
② 《马克思恩格斯全集》第 1 卷，人民出版社 2009 年版，第 45 页。
③ 《马克思恩格斯全集》第 1 卷，人民出版社 2009 年版，第 514 页。
④ 《马克思恩格斯全集》第 1 卷，人民出版社 2009 年版，第 516 页。
⑤ 《马克思恩格斯全集》第 2 卷，人民出版社 2009 年版，第 42 页。

人类劳动的直接化身"①, 人的关系"表现为人们之间的物的关系和物之间的社会关系"②。可见, 马克思、恩格斯在提供批判的武器并唤起武器的批判的同时, 也不断深化发展对神圣形象和非神圣形象的批判揭露。

一、神圣形象

统摄人心的神圣形象自中世纪宗教神学发展以来就长期占据统治地位, 以关于天国、关于神、关于绝对、关于宗教信仰、关于彼岸世界的"颠倒的世界意识"构筑了麻痹人民的观念世界。哲学在这一时期也沦为神圣形象的仆从, 为神学服务, 使神的存在绝对化, 使神学真理化。宗教与哲学的联合完成了对上帝存在的神学与逻辑推论, 以神圣形象遮蔽了现实的人。所以, 神圣形象统治下的世界是无情的、想象的、虚幻的、颠倒的, 是带着锁链和奴役的"虚幻的花朵"。文艺复兴、宗教改革以来, 伴随着启蒙运动和资产阶级政治革命, 资产阶级的猛烈攻击使神圣形象遭到批判和解构, 似乎要被非神圣形象所替代。但神圣形象的消亡并不是一蹴而就的, 过去的梦魇作为沉疴旧疾依然困扰着现实的社会和人, 时刻期望着恢复封建时代的统治荣光。马克思、恩格斯深刻认识到, 资产阶级理论家对神圣形象的批判是不彻底的, 不仅以非神圣形象的异化取代神圣形象以实现对人的控制, 甚至对神圣形象进行加工, 改造为巩固非神圣形象统治的工具。因此, 对肩负着开创新时代使命的无产阶级来说, 分析神圣形象的内涵表现、揭露其本质规定、深化对非神圣形象的批判是一项不可忽视的重要工作。

1. 神圣形象的核心构成是宗教意识形态

揭露神圣形象这一"彼岸世界的真理"的真实本质, 解构神圣形

---

① 《马克思恩格斯全集》第 5 卷, 人民出版社 2009 年版, 第 112 页。
② 《马克思恩格斯全集》第 5 卷, 人民出版社 2009 年版, 第 90 页。

象，是资产阶级走上历史舞台，反抗宗教神学统治、反抗封建专制要完成的直接理论任务。自文艺复兴以来，神圣形象在思想文化领域的地位首先受到冲击。在人文主义思想传播奠定的基础上，由马丁·路德掀起的宗教改革旋风"把僧侣变成了世俗人"①，动摇了教会对于信仰和社会各领域的绝对统治，带来了神圣形象内部的分裂，使束缚社会的神圣形象受到市民社会的反抗。随着自然科学的发展，关注世界运动变化规律的自然哲学即使仍然带有神学的色彩，但已富有唯物主义思想的色彩，以科学的革命向代表神圣形象的教会提出挑战，力图将科学与哲学从神圣形象的统治下解放出来。资产阶级革命以来，伴随着发展起来的资产阶级近代哲学逐渐跳出神学的体系，经院哲学和神学式微，神圣形象不再是哲学的唯一对象，人的理性、人的权利成了哲学关注的对象，神圣形象和其背后所代表的封建意识形态为资产阶级哲学家所拒斥，神圣形象被贬斥为阻碍社会进步的空论。培根将神圣形象看作"剧场假象"，支撑神圣形象的混杂了迷信与神学崇敬的哲学将人与神的东西糅合成不良的混合物，对哲学体系和社会都造成了广泛的危害。霍布斯将关于神的学说排除在哲学之外，不可思议的永恒的神、既物体又非物体特性的天使、来自神的恩惠而非理性推理的内容、通过教会权威认识到的学说都不足以作为知识，而只能作为信仰。神圣形象统治的领域被归入心灵与天国，上帝的归上帝，恺撒的归恺撒，神圣形象脱离了现实政治统治而只能作为信仰领域的存在。新兴资产阶级已经认识到神圣形象的本质规定不仅包含着宗教和神学的意义，更包含着对于封建社会统治权力的支持与维护，限制着资产阶级的思想文化发展，成为资产阶级发展生产、实现政治解放的阻碍。

18 世纪以来，对神圣形象本质的揭露走向深入，批判的对象不只是神学本身，同时开始转向作为现实基础的封建专制统治。实现结合的贵

---

① 《马克思恩格斯文集》第 1 卷，人民出版社 2009 年版，第 12 页。

族和教会对土地和财产的特权占有激化了社会矛盾，反对神圣形象背后的教会与封建专制的启蒙运动兴起。梅利耶将神圣形象看作强权为了愚弄人民而捏造出来的虚幻，以荒唐的迷信实现对人民的统治，要求对自身的崇拜和绝对服从，揭露了神圣形象实际是封建权力巩固自身统治、教会维护特权私利的思想工具。伏尔泰将神职人员称为"两足禽兽"和"流氓""小人"，天主教会是利用上帝观念对人实行迷信统治的专职机构，神学构建的神圣形象历史被看作充满谎言和想象的拙劣模仿本。孟德斯鸠否认神学的"三位一体""原罪"等理论，将教皇看作迷惑人心的"魔法师"，猛烈地抨击基督教国家中的宗教迫害与斗争。法国唯物主义将对神圣形象的反对从反对教会和上帝推向无神论，以物质学说取代创世学说，解构神圣形象的存在论基础。拉美特利反对将物质心灵化的唯灵论，指出神学家的一切观点不过是将一切解释归结于假设的神，以晦涩的学问把人引到宗教狂热中。霍尔巴赫揭露宗教所依靠的是习以为常的欺骗、人对自然的无知和对宗教传统和权威的轻信，是使暴君权力合法化的维护专制政权的证明体系，只会不断地给人类社会带来灾难。

德国古典哲学的发展，尤其是黑格尔哲学中革命性的辩证元素和费尔巴哈的人本主义哲学，对维系宗教的"真理的彼岸世界"也展开了猛烈地攻击，在理论上揭露了宗教"真理的彼岸世界"作为"颠倒的世界意识"的唯心主义本质，使神圣形象变成了一个"声名狼藉的题目"。马克思在博士论文中，就从黑格尔对神的证明出发，指出对神的存在问题的证明"不外是空洞的同义反复"[1]，或者说，已经被哲学转变为"对人的本质的自我意识存在的证明"或"对自我意识存在的逻辑说明"[2]。费尔巴哈指出，神圣形象不过是"幻想的天堂的统治者"，"把

---

[1] 《马克思恩格斯全集》第 1 卷，人民出版社 2009 年版，第 100 页。
[2] 《马克思恩格斯全集》第 1 卷，人民出版社 2009 年版，第 101 页。

宗教的本质归结于人的本质"①，上帝作为戏剧性的实体其实是人格的实体，宗教创造出的形象都不过是同一时代中人的形象，上帝的本质就是人的本质，神学就其本质来说是人学。可见，对神圣形象本质的揭露不仅包含宗教与哲学领域的理论解构，也表现为对封建专制的攻击，神圣形象的世俗秘密被发现了。

就其本质而言，马克思、恩格斯指出，神圣形象并不是"上帝""圣母"或某一位宗教中的神，也不是宗教本身或宗教的精神内核，而是以宗教为代表的封建统治阶级的意识形态。在宗教与哲学的支撑下，神圣形象代替统治阶级出场，神学论证和权力控制使它看起来是那么合乎逻辑、理所当然，遮蔽了"压迫生灵的叹息"，成为"无情世界"的"情感"，实际上是为教权统治和封建专制进行粉饰与辩护的唯灵论狂热臆想。神圣形象在自文艺复兴以来的宗教批判的努力下还原为颠倒的市民社会，是"人的本质在幻想中的实现"，是封建社会的"通俗形式的逻辑""道德约束""庄严补充"和"求得辩护的总的根据"。早在《论犹太人问题》中，马克思就写道，"因为宗教的定在是一种缺陷的定在，那么这种缺陷的根源就只能到国家自身的本质中去寻找"②。神圣形象的束缚实际是现实社会中束缚的表现，对于迷信的问题应当用历史来说明。神圣形象作为封建意识形态受到的冲击不只是观念的、精神的冲突，还是现存社会冲突在意识形态领域的表现。通过树立以神圣形象为代表的封建意识形态，封建统治权力首先实现了对自身统治合理性与合法性的证明。教会成为上帝的代理人，世俗国家的权力被神化为上帝的旨意，以"神授"为借口迫使人民服从教会和封建国家的统治，保证教会和封建国家对人民的绝对特权。神圣形象也使得封建专制政权走向幕后，隐身于宗教之后，把神圣形象这一"统治阶级的思想和统治阶级本

---

① 《马克思恩格斯文集》第 1 卷，人民出版社 2009 年版，第 501 页。
② 《马克思恩格斯文集》第 1 卷，人民出版社 2009 年版，第 27 页。

身分割开来"①，以宗教神学的权力掩饰封建专制的权力，以信仰中的区分说明现实的等级。同时，神圣形象也发挥了"鸦片"的欺骗作用，以人为编织的虚幻幸福麻痹群众，误导群众陷入美好的想象中而不再在现实中进行反抗，成为神圣形象的恭顺信徒而"自欺欺人"和"俯首听命"②。通过神圣形象的意识形态统治，封建统治阶级在思想文化领域中实现了对人的控制。封建统治阶级积极地编造以神圣形象为代表的"关于自身的幻想"与"这些思想和幻想"③，不断在人的头脑中建构陈旧与腐朽的观点，形成符合封建统治阶级利益的主体，实现封建统治阶级在精神与物质方面对人的双重控制。神圣形象与世俗国家政权的融合既保证了教会在精神统治方面的绝对权力，也保证了封建国家进行专制统治的稳固性，二者相互支撑、相互促进，以"宗教幻想"和"政治幻想"④ 掩盖剥削，以"宗教虔诚"和"骑士热忱"⑤ 迷惑人，以封建的关系束缚社会。

2. 神圣形象嵌入社会意识和上层建筑

从神圣形象的表征来看，它并不是具有独立性的存在，而是深深结构于社会意识领域和政治上层建筑体系。具体来说，在哲学领域，经院哲学体系为神圣形象提供了学理上的支撑，在精神意识领域论证了神圣形象的所谓"真实存在"。在现实世界中，世俗政权为神圣形象提供了政治的强制力量保证，神圣形象则将自己的神光加予封建统治者，令封建统治阶级成为神圣形象的人间执行者，使得封建权力也成为自己的代言人。为了实现神圣形象的延续，传统意识形态以习俗与教育的模式对

---

① 《马克思恩格斯文集》第 1 卷，人民出版社 2009 年版，第 552 页。
② 《马克思恩格斯文集》第 1 卷，人民出版社 2009 年版，第 6 页。
③ 《马克思恩格斯文集》第 1 卷，人民出版社 2009 年版，第 551 页。
④ 《马克思恩格斯文集》第 1 卷，人民出版社 2009 年版，第 546 页。
⑤ 《马克思恩格斯文集》第 1 卷，人民出版社 2009 年版，第 34 页。

人进行潜移默化的影响，不断在人的头脑中实现再生产，以巩固自身的统治地位，使得其在遭到非神圣形象冲击后依旧能发挥出强大作用，成为梦魇不断困扰着资本主义现代国家。

首先，神圣形象的确立不仅需要符号化的象征，更需要完备而系统的理论作为支撑，以逻辑推理和哲学分析证明自身的合理性与合法性，因此形成了经院哲学等神学理论。教父对神学理论进行丰富和发展，对《圣经》进行翻译和阐释，回答教徒针对神圣形象提出的问题。例如，奥古斯丁就在《上帝之城》中阐释了教权与政权的关系，认为只有上帝之城才是完满的永恒存在，它通过教会在现实中实现，世俗的政权不足以与上帝之城相提并论。在教父哲学的基础上，经院哲学进一步发展起来，以哲学思辨论证宗教问题，如"针尖上可以站几个天使""上帝是否只有一个""亚当是否得救"等。经院哲学在抽象的神学论争中构建起神圣形象的哲学基础，从哲学角度对上帝存在进行了证明。坎特伯雷的安瑟尔谟就曾将辩证法的逻辑分析作为神学研究的工具，从本体论的角度给出了上帝存在的证明。大学中的神学院也为经院哲学的发展提供了新的平台，成为神学和经院哲学发展的新中心，例如，巴黎大学和牛津大学都在欧洲的神学与哲学发展浪潮中起到过引领作用。神学和经院哲学都是神圣形象的理论和信仰支撑，从各自的角度，或是天启，或是思辨，讨论神学道理和宗教规范，分析和证明"三位一体""原罪"等关于神圣形象的问题，为上帝存在提供更加丰富的学理支撑。

其次，神圣形象通过给予封建统治阶级"神圣力量"而利用封建制度保证自身的权威。18世纪的法国哲学家霍尔巴赫在《健全的思想》中就指出，虚构出宗教的唯一目的在于奴役人民和使人民处于专制政权的统治之下。仅凭宗教的能力，并不足以支撑神圣形象长期占据统治的地位，只有在世俗政权的支持下，神圣形象才能获得稳固的地位。从基督教的起源来看，罗马帝国为早期基督教的传播和发展提供了相对稳定而广阔的基础，教会主动向统治阶级靠拢，表现出对帝国政权的支持，使得基督教从被镇压的对象转变为被接纳和扶植的"国教",被政权确立为官方信仰的神圣形象从此开始迅速扩张。进入中世纪以来,教会与政权的结合更加紧密。封建统治阶级看重教会的影响力与整合作用,教会则力图借助新兴的世俗权力巩固自身势力,神圣形象就此与封建权力相互融合,教士成为封建等级社会中的上层贵族,封建专制制度则在宗教神学的加持下获得了神圣的灵光。正如恩格斯在《德国农民战争》中所描写的,僧侣中的封建特权阶级构成了"贵族阶级","包括主教和大主教、修道院院长、副院长以及其他教士","或者本身就是帝国诸侯","或者以封建主身份控制着大片土地","拥有许多农奴"。编造神圣形象的封建教会权贵熟练地运用宗教与专制的力量,以"严刑拷打"等"残酷的暴力"和威胁"革除教籍"或"拒绝赦罪"等"宗教上的刁钻伎俩"来榨取臣民身上的"最后一文钱"以满足奢侈的欲望。① 因此,对神圣形象的最早反抗往往是从反对教会封建势力的剥削开始的,要求没收教会财产,反对在封建专制制度中大饱私囊的封建教会诸侯。

最后,神圣形象通过传统和教育实现了自身的延续。作为封建统治阶级维护自身地位的工具,神圣形象不是一个空壳,而是统治阶级所编织的"这个世界的总理论",是"包罗万象的纲要",是"具有通俗形式的逻辑"②,在作为封建统治理论支撑的同时也扮演了封建社会的道德约束角色。通过宗教仪式和宗教教育,传统的原则和教义成为信教群众的行为准则,因此道德教育与宗教教育惯常是结合在一起的,调节人与人之间关系的原则与宗教原理相互融合,呈现为"一种专横而毫无根据的训令的宗教形式"③。一方面,宗教形式对人的影响在教会的权威下不断加深和扩大,成为所谓的"传统";另一方面,宗教律令通过封建国家的权力被固定为世俗的法律法规,实行着直接的统治。因此,

---

① 《马克思恩格斯文集》第 2 卷,人民出版社 2009 年版,第 226 页。
② 《马克思恩格斯文集》第 1 卷,人民出版社 2009 年版,第 3 页。
③ 《马克思恩格斯文集》第 1 卷,人民出版社 2009 年版,第 427 页。

"通过传统和教育承受了这些情感和观点的个人"，会以为神圣形象所包含的"情感、幻想、思想方式和人生观"是自身的"真实动机和出发点"①。不仅在封建社会，在资本主义社会中，神圣形象也作为传统教育的主要内容被植入被统治阶级，以宗教的狂热和对科学知识的愚昧无知压制被统治阶级的反抗。在《英国工人阶级状况》中，恩格斯就揭露了资产阶级通过宗教教育对无产阶级精神世界的残害。资产阶级看到了无产阶级内部所包含的反对与抗争力量，为了维护自身利益而"只允许工人接受符合资产阶级本身利益的那一点点教育"，教育也就因此由各个教会所负责，"宗教，而且恰好是宗教的最无聊的一面，即对异教教义的辩驳，成了最主要的课程"②。而各个教派此时正"为争夺最高的统治权而争吵"③，为了争取更多的信众而在"孩子们脑子里塞满了各种无法理解的教条和神学上的奥义"④，"教派的仇恨"和"狂热的迷信"取代了"理性的、精神的、道德的教育"⑤，"被人们用宗教教条硬灌了四五年"⑥ 的孩子最终作为完美的受统治对象被当成资本增值的工具。

3. 神圣形象批判要以现实批判为根本

在对神圣形象批判的批判中，马克思、恩格斯对神圣形象的把握逐渐走向深入，认识到神圣形象不仅仅是宗教、封建国家本身，也包含着一切依靠人的自我异化的幻想维持自身统治的传统意识形态。在《〈黑格尔法哲学批判〉导言》中，马克思这样总结了从前对神圣形象的批判："反宗教的批判的根据是：人创造了宗教，而不是宗教创造人。就是说，

---

① 《马克思恩格斯文集》第 2 卷，人民出版社 2009 年版，第 498 页。
② 《马克思恩格斯文集》第 1 卷，人民出版社 2009 年版，第 423—424 页。
③ 《马克思恩格斯文集》第 1 卷，人民出版社 2009 年版，第 425 页。
④ 《马克思恩格斯文集》第 1 卷，人民出版社 2009 年版，第 424 页。
⑤ 《马克思恩格斯文集》第 1 卷，人民出版社 2009 年版，第 425 页。
⑥ 《马克思恩格斯文集》第 1 卷，人民出版社 2009 年版，第 426 页。

宗教是还没有获得自身或已经再度丧失自身的人的自我意识和自我感觉。"① 对神圣形象的批判自文艺复兴以来就持续进行，在黑格尔以来的德国哲学界，青年黑格尔派和费尔巴哈更使神圣形象批判获得了空前发展，马克思甚至写道："就德国来说，对宗教的批判基本上已经结束。"② 马克思、恩格斯充分肯定了对神圣形象批判的意义，指出这种批判导致"真理的彼岸世界"和"神圣形象"解体。

在理论事实方面，神圣形象批判获得的最为重要的意义在于两点：第一，理性被确立为"批判的武器"。哲学获得了走出神学的前提可能，理性获得了审思神学、审视人类生活的真理力量，"使人不抱幻想，使人能够作为不抱幻想而具有理智的人来思考，来建立自己的现实；使他能够围绕着自身和自己现实的太阳转动"③。就是说，哲学再次成为观照现实生活的精神力量，再次成为"批判的武器"，批判宗教的哲学不仅可以批判宗教赖以存在的经济和制度基础，还可以批判宗教的哲学批判本身（这就是为什么马克思、恩格斯后来在《神圣家族》中说要对"批判的批判"进行"批判"的原因）。哲学如果没有获得这种理性审思力量，它就不可能在批判和终结"真理的彼岸世界"和"神圣形象"之后继续批判事业，对"非神圣形象的自我异化"展开批判，从而"确立此岸世界的真理"，把理论批判引向现实和制度批判。理性作为宗教批判的核心主题被树立起来，成为时代精神的主题，被确立为"批判的武器"。第二，发现了人。宗教批判的结果获得了这样一个原则性的理论学说——"人是人的最高本质"④。人不是抽象的存在物，"人就是人的世界，就是国家，社会"⑤。神的本质是人的异化，是人创造了神和

---

① 《马克思恩格斯文集》第 1 卷，人民出版社 2009 年版，第 3 页。
② 《马克思恩格斯文集》第 1 卷，人民出版社 2009 年版，第 3 页。
③ 《马克思恩格斯文集》第 1 卷，人民出版社 2009 年版，第 4 页。
④ 《马克思恩格斯文集》第 1 卷，人民出版社 2009 年版，第 11 页。
⑤ 《马克思恩格斯文集》第 1 卷，人民出版社 2009 年版，第 3 页。

宗教，人才是神的根据，人也是自己生命活动的根据。哲学家们从神学的樊笼中把人解放出来，把神的本质复归为人的本质，使得"在天国的幻想中寻找超人"的人只能找到"他自身的反映"，解释神圣形象不过是人"自身的假象"，是"非人"的存在。① 马克思、恩格斯看到了宗教批判所获得的这两个意义的进步之处，认识到如果理性没有作为批判的前提，人们就没有理论武器，如果不是对人的本质的揭示，就不会获得"人创造了宗教，而不是宗教创造人"② 这个反宗教的根据。

已有的对神圣形象的批判并没有在理论上完成，神圣形象也并没有随着资产阶级占据统治地位而走向消亡。马克思、恩格斯在肯定神圣形象批判的意义的同时，也指出了已有批判的局限性和不彻底性，以及这一缺陷在现实中的后果。以德国哲学界所做的宗教批判为例，即便有那么一些理性的声音表达出对专制和剥削的反抗和批判，也只是仅仅停留于口头和词句的反抗和批判本身，最终陷入了用词句反对词句的观念斗争。在《德意志意识形态》中，马克思、恩格斯指出，"从施特劳斯到施蒂纳的整个德国哲学批判都局限于对宗教观念的批判"③，也就是把神圣形象中将占统治地位的"形而上学观念、政治观念、法律观念、道德观念以及其他观念"都归入宗教神学观念领域，想要以对宗教神圣形象的批判实现对意识形态"一劳永逸地把它葬送"④，以对头脑中词句的消除实现人的解放。然而，却没有一个哲学家"想到要提出关于哲学和现实之间的联系问题"，反而把"反对词句的斗争"直接当成了"反对现实的现存世界的斗争"。因此，这样的批判所能达到的唯一结果就是"从宗教史上对基督教作一些说明"⑤。鲍威尔看到了市民社会中的宗教问题，将政治上的解放视为彻底解决宗教问题的方式，只批判了尚

---

① 《马克思恩格斯文集》第 1 卷，人民出版社 2009 年版，第 3 页。
② 《马克思恩格斯文集》第 1 卷，人民出版社 2009 年版，第 3 页。
③ 《马克思恩格斯文集》第 1 卷，人民出版社 2009 年版，第 514 页。
④ 《马克思恩格斯文集》第 1 卷，人民出版社 2009 年版，第 515 页。
⑤ 《马克思恩格斯文集》第 1 卷，人民出版社 2009 年版，第 516 页。

未脱离宗教统治的国家，而没有批判"国家本身"，将政治解放与人的解放混为一谈。马克思深刻认识到，"国家从宗教中解放出来并不等于现实的人从宗教中解放出来"①。从前的神圣形象批判是有限度的，这种限度就表现在"即使人还没有真正摆脱某种限制，国家也可以摆脱这种限制，即使人还不是自由人，国家也可以成为自由国家"②。费尔巴哈找到了神圣形象背后的世俗基础，将宗教的本质归结为人的本质，但他却把人片面化为抽象的、孤立的个人，没有认识到人是感性的现实的从事对象性活动的主体，也忽视了自然之外的人类社会，没有看到"'宗教感情'本身是社会的产物"③。因此，费尔巴哈只能"撇开历史的进程"而把"宗教情感固定为独立的东西"，把人的本质看作"内在的、无声的、把许多个人自然地联系起来的"普遍性"类"本质。④

　　实际上，将"现代国家"从神圣形象的统治中解放出来的神圣形象批判只是用抽象终结抽象。在以理性把人们从宗教愚昧的神圣形象中解救出来后，批判却又迅速将人们淹没在劳动异化的非神圣形象中，以非神圣形象的统治取代了神圣形象的统治，并将神圣形象一同熔铸于自身，神化了对人的压迫与统治。正如马克思一针见血地指出的："的确，路德战胜了虔信造成的奴役制，是因为他用信念造成的奴役制代替了它。他破除了对权威的信仰，是因为他恢复了信仰的权威。他把僧侣变成了世俗人，是因为他把世俗人变成了僧侣。他把人从外在的宗教笃诚解放出来，是因为他把宗教笃诚变成了人的内在世界。他把肉体从锁链中解放出来，是因为他给人的心灵套上了锁链。"⑤ 对神圣形象的批判解放了世俗教皇和王公贵族，使得神圣形象变成统治阶级的"忠顺奴

---

① 《马克思恩格斯文集》第 1 卷，人民出版社 2009 年版，第 38 页。
② 《马克思恩格斯文集》第 1 卷，人民出版社 2009 年版，第 28 页。
③ 《马克思恩格斯文集》第 1 卷，人民出版社 2009 年版，第 501 页。
④ 《马克思恩格斯文集》第 1 卷，人民出版社 2009 年版，第 501 页。
⑤ 《马克思恩格斯文集》第 1 卷，人民出版社 2009 年版，第 12 页。

仆"①，以政治解放的形式将国家从国教中解放出来，也就是使"国家作为一个国家"而"不信奉任何宗教"，只信奉"作为国家的自身"。② 但是，国家的解放与人的解放并不是同步的，神圣形象在完成了资产阶级革命的国家依旧是"生气勃勃的、富有生命力的存在"③。神圣形象在资产阶级占据统治地位的社会已经发展出了新的形式，成为非神圣形象的精神补充，作为资产阶级统治的工具。如果只从神圣形象出发进行批判，"结果依然是时代的错乱"，"即使我否定了敷粉的发辫"④，也要同"没有敷粉的发辫打交道"⑤。批判的高度不应当停留在政治解放，而应当追求人的解放；不应当只撕碎锁链上的虚幻花朵，而应当砸碎锁链本身，对时刻从锁链上生长出的神圣形象花朵斩草除根。因此，在不断推进对神圣形象批判走向深入和彻底的基础上，马克思指出了无产阶级在神圣形象批判外肩负的一项新任务："真理的彼岸世界消逝以后，历史的任务就是确立此岸世界的真理。人的自我异化的神圣形象被揭穿以后，揭露具有非神圣形象的自我异化，就成了为历史服务的哲学的迫切任务。于是，对天国的批判变成对尘世的批判，对宗教的批判变成对法的批判，对神学的批判变成对政治的批判。"⑥

二、非神圣形象

神圣形象批判为非神圣形象确立的前提是理性精神的确立和人的发现，理性虽然解构了谬误为天国所作辩护的"神圣形象"，却走向了神秘和绝对，发生了异化。理性与资本逻辑融合在一起，以"非神圣形

---

① 《马克思恩格斯文集》第 1 卷，人民出版社 2009 年版，第 12 页。
② 《马克思恩格斯文集》第 1 卷，人民出版社 2009 年版，第 28 页。
③ 《马克思恩格斯文集》第 1 卷，人民出版社 2009 年版，第 27 页。
④ 《马克思恩格斯文集》第 1 卷，人民出版社 2009 年版，第 4 页。
⑤ 《马克思恩格斯文集》第 1 卷，人民出版社 2009 年版，第 4—5 页。
⑥ 《马克思恩格斯文集》第 1 卷，人民出版社 2009 年版，第 4 页。

象"的意识样态异化为统摄人们的新精神枷锁——资本主义现代性，使人们在"非神圣形象"中看不清现实、认不清自己、辨不清方向。人"受抽象统治"①，而统治人的那些"抽象或观念，无非是那些统治个人的物质关系的理论表现"②。就是说，理性祛除了宗教信仰的权威，却恢复了自身信仰的权威，这种权威并不指向人的解放，而是走向神秘、抽象和绝对，并为剥削制度辩护。因此，分析非神圣形象的本质内涵，揭露其不同的表现形式，对于非神圣形象所代表的资产阶级意识形态进行批判是实现无产阶级和全人类解放的必要工作。

1. 非神圣形象的核心内涵是资产阶级意识形态

对神圣形象的批判以理性的抽象和思辨祛除了统治阶级的灵光圈，打倒了藏身于神圣形象之后的封建统治权力，"把政治国家组成为普遍事务"③，摧毁一切以封建关系维系的等级制度，使市民社会摆脱了政治的桎梏，"也就是摆脱束缚住市民社会利己精神的枷锁"④。当封建社会走向瓦解，只剩下"利己的人"作为政治国家的"真正基础"。"人没有摆脱宗教，他取得了信仰宗教的自由"；"他没有摆脱财产，他取得了占有财产的自由"；"他没有摆脱经营的利己主义，他取得了经营的自由"。驱除神圣形象后，资本这一来源于非神圣世俗生活的物被资产阶级重新置于统治地位。理论家们强调要复归人的本质，实则并没有复归普通人的本质；强调要争取人的权利，实则争取的是资产阶级市民社会成员的权利。资产阶级理论家所倡导的人的本质原则也只是"类存在"意义上的抽象人、思辨人、神秘人、绝对人、英雄人，而不是现实生活着的遭受"神圣形象"和"非神圣形象"双重奴役的人民群众。神圣

---

① 《马克思恩格斯文集》第 8 卷，人民出版社 2009 年版，第 59 页。
② 《马克思恩格斯文集》第 8 卷，人民出版社 2009 年版，第 59 页。
③ 《马克思恩格斯文集》第 1 卷，人民出版社 2009 年版，第 44 页。
④ 《马克思恩格斯文集》第 1 卷，人民出版社 2009 年版，第 45 页。

形象批判中所确立的理性不仅是形而上学的，更是戴着枷锁而来的；批判中所确立的人的本质复归不是人本质的真正复归，而只是想象中的倒立着的人本质的思辨复归。这样的批判除了实现作为统治阶级的资产阶级的部分解放，什么都没有做；除了将市民社会从宗教国家中解放出来，对于受资本主义社会现实制度压迫的群众而言，这样的复归对现实的苦难没有任何改变。就是说，资产阶级理论家脱离法来批判宗教，脱离政治来批判神学，脱离现实尘世来进行理论构造，即便再彻底也只是悬设的批判，再理性也只是奴隶的理性，再完美也只是修辞的完美，再革命也只是要求资产阶级统治的革命。这种脱离现实和运动的理论，对于身处苦难、追寻普遍解放的劳动人民来说完全无济于事。然而，当时大量的批判家们却在神圣形象批判的逻辑链条处沾沾自喜、停滞不前，自认为先进和超前，实际上只是在维护资产阶级统治权力，为资产阶级不断编织意识形态的幻梦，以非神圣形象作为新的"神圣形象"控制人。

对此，马克思、恩格斯指出，非神圣形象就其本质而言所代表的实际是资产阶级意识形态。为了取代神圣形象的统治，资产阶级在寻求政治革命的同时也不得不创造出一种可以与之抗衡的思想，赋予自身思想以普遍性，"把它们描绘成唯一合乎理性的、有普遍意义的思想"①。非神圣形象就是资产阶级找到的意识形态幻象，以理性、平等、自由等看似永恒的价值吸引其他社会阶级加入以壮大自身力量，而一旦当资产阶级占据了统治地位后，抽象价值背后的资本力量就直白而赤裸地暴露出来了。"封建奴役制的废除使'现金支付成为人们之间唯一的纽带'，这样一来，财产，这个同人的、精神的要素相对立的自然的、无精神内容的要素，就被捧上宝座"②。资本不仅控制着物质资料的生产，也控制着精神资料的生产，不断再生产出符合资产阶级利益的社会关系。资本

① 《马克思恩格斯文集》第 1 卷，人民出版社 2009 年版，第 552 页。
② 《马克思恩格斯文集》第 1 卷，人民出版社 2009 年版，第 94 页。

控制了意识形态、宗教、道德，使自然科学也成为自己的仆从。马克思、恩格斯多次强调，非神圣形象在物质生产方面的统治早已扩展到精神生产方面。"一个阶级是社会上占统治地位的物质力量，同时也是社会上占统治地位的精神力量。"① 资产阶级理论家也就是非神圣形象的生产者并不如他们所以为的"不代表任何群体的特殊利益"而"代表真理的要求"②，而是资产阶级的喉舌，在理论上为非神圣形象统治提供合法性证明，实现资本主义社会关系的观念重现。通过资产阶级的教育，被赋予虚假普遍性的关于"理性、自由、民主、正义"的观念和理论广为传播，在资产阶级空话的影响下，被统治阶级被训练成机器，被变成"单纯的商品和劳动工具"③，不再有时间从事精神生产，从而只能消极和被动地接受资产阶级的非神圣形象理论创造，或者成为非神圣形象的顺服臣民以求得生存，或者妄图反抗非神圣形象统治而走向更加深沉的苦难。正是因此，马克思才强调光揭穿和解构"神圣形象"还不够，更要批判取代"神圣形象"继续奴役人、压迫人、剥削人的"非神圣形象"的自我异化，应当进入政治批判，进入法的关系批判，进入社会现实批判，彻底揭露非神圣形象的资产阶级意识形态本质。

　　从社会现实状况出发，通过对资本主义产生与发展历史过程的分析，马克思、恩格斯揭露了非神圣形象生成、发展、占据统治地位并重新利用神圣形象的过程，也就是资产阶级意识形态成为统治阶级意识形态的过程。资产阶级产生于中世纪初期城市中的"城关市民"，"美洲的发现""绕过非洲的航行""东印度和中国的市场"和殖民地贸易带来的市场、交换手段以及商品的增加，这些使工商业空前高涨，"给新兴的资产阶级开辟了新天地"④。随着工商业市场贸易的扩张，资产阶级

① 《马克思恩格斯文集》第 1 卷，人民出版社 2009 年版，第 550 页。
② 《马克思恩格斯文集》第 2 卷，人民出版社 2009 年版，第 58 页。
③ 《马克思恩格斯文集》第 2 卷，人民出版社 2009 年版，第 49 页。
④ 《马克思恩格斯文集》第 2 卷，人民出版社 2009 年版，第 32 页。

也"在同一程度上发展起来","增加自身资本",积蓄着推翻封建专制统治的力量，一步一步实现自身在政治上的解放："它在封建主统治下是被压迫的等级，在公社里是武装的和自治的团体，在一些地方组成独立的城市共和国，在另一些地方组成君主国中的纳税的第三等级；后来，在工场手工业时期，它是等级君主国或专制君主国中同贵族抗衡的势力，而且是大君主国的主要基础；最后，从大工业和世界市场建立的时候起，它在现代的代议制国家里夺得了独占的政治统治。"① 当封建社会的社会制度与传统观念与资产阶级发展的需要不相适应时，它们就被资产阶级通过现实的政治革命与对神圣形象的猛烈攻击炸毁了，取而代之的是适合资本主义发展、符合资产阶级利益的一整套新的社会制度和观念体系，也就是非神圣形象，配合资产阶级的生产关系和交换关系对人进行物质与精神方面的双重控制。在资产阶级取得统治地位后，从前掩盖矛盾冲突的神秘面纱和幻想都被剥除了，人的价值只剩下交换，人与人之间只剩下"赤裸裸的利害关系"和"冷酷无情的'现金交易'"，即使是家庭关系也成为"纯粹的金钱关系"，"公开的、无耻的、直接的、露骨的"② 非神圣形象统治代替了幻想的神圣形象统治。在非神圣形象的统治下，一切与封建专制制度相关的"素被尊崇的观念和见解都被消除了"③，"一切神圣的东西都被亵渎了"④。国家、法律、道德甚至宗教，都处于这一统治下，包含着的"全都是资产阶级偏见"，隐藏在非神圣形象背后的"全都是资产阶级利益"⑤。在资本主义社会中，只有非神圣形象——也就是资本——才"具有独立性和个性"⑥，感性的现实的人却沦为资本的附属，失去

---

① 《马克思恩格斯文集》第 2 卷，人民出版社 2009 年版，第 33 页。
② 《马克思恩格斯文集》第 2 卷，人民出版社 2009 年版，第 34 页。
③ 《马克思恩格斯文集》第 2 卷，人民出版社 2009 年版，第 34 页。
④ 《马克思恩格斯文集》第 2 卷，人民出版社 2009 年版，第 35 页。
⑤ 《马克思恩格斯文集》第 2 卷，人民出版社 2009 年版，第 42 页。
⑥ 《马克思恩格斯文集》第 2 卷，人民出版社 2009 年版，第 46 页。

独立性与个性。

2. 非神圣形象是维护资产阶级利益的现代意识形态

非神圣形象在理论上主要表现为以理性为核心价值的近代哲学和政治经济学理论。就哲学理论而言，政治解放使其跳出了宗教神学的藩篱。在继承文艺复兴、启蒙运动以来的发展成果的基础上，近代哲学开启了属于理性的时代，理性甚至被当作真正的主体。在《路德维希·费尔巴哈与德国古典哲学的终结》中，恩格斯将近代哲学的重大基本问题概括为"思维和存在的关系问题"。人的理性是否能够认识现实世界？理性能不能正确反映现实？英国哲学未能用理性解决思维与存在的问题，"在为解决矛盾而进行了一切徒劳的尝试以后"[1]，只能宣布"理性是不能胜任的"[2]，转而求教于宗教和经验。面对这一断裂，康德在肯定人的理性的同时也为理性划定了界限，设置了自在之物的彼岸世界和理性认识的此岸世界。理性自我矛盾带来的矛盾直接反映在现象世界与本体世界的矛盾中，使得对规律性问题的认识都存在完全相反的正题和反题。康德力图建立科学的形而上学，却留下相互矛盾的"二律背反"。黑格尔从纯粹的思辨开始，以辩证法实现了理性的"合题"，将此岸世界与彼岸世界融合于绝对精神的自我运动，将整个自然的、历史的、精神的发展过程都把握成一个不断运动、变化、发展的绝对精神走向完成的过程。在黑格尔那里，哲学体系包含了"以前任何哲学体系所不可比拟的广大领域"，"阐发了现在还令人惊奇的丰富思想"[3]。黑格尔在各个领域中都意图找出贯穿始终的发展线索，"在自己的体系中以最宏伟的方式概括了哲学的全部发展"[4]，以绝对精神的运动弥合理论与现实

---

① 《马克思恩格斯文集》第 1 卷，人民出版社 2009 年版，第 90 页。
② 《马克思恩格斯文集》第 1 卷，人民出版社 2009 年版，第 91 页。
③ 《马克思恩格斯文集》第 4 卷，人民出版社 2009 年版，第 272 页。
④ 《马克思恩格斯文集》第 4 卷，人民出版社 2009 年版，第 273 页。

的断裂，并成为德意志的官方哲学，受到统治者的青睐。在政治经济学方面，利己的人被确认为自然的产物，资产阶级被当成永恒的存在，历史的成就被归结于人类应用理性的必然结果。由于非神圣形象体现在人本身中，人本身就被认为是非神圣形象的本质，"从而人本身被设定为私有财产的规定"①。正如马克思在《1844 年经济学哲学手稿》中所批判的："以劳动为原则的国民经济学表面上承认人，其实是彻底实现对人的否定，因为人本身已不再同私有财产的外在本质处于外部的紧张关系中，而是人本身成了私有财产的这种紧张的本质。以前是自身之外的存在——人的真正外化——的东西，现在仅仅变成了外化的行为，变成了外在化。"② 资产阶级经济理论家对经济现象的考察都只局限于资本主义社会范围，他们所构建的理论不过是对资本主义生产关系合理性的论证，是对资本主义经济关系在理论上的修补和反映。尽管其理论对解释资本主义经济现象有诸多贡献和成就，但依旧是与现实冲突的，依旧遮掩着资本主义经济本质的自我矛盾。

就现实表现而言，正如恩格斯在《社会主义从空想到科学的发展》中所揭露的，由非神圣形象构筑的理性的王国不过是资产阶级的理想王国，是受资本统治的非神圣形象异化的世界。"永恒的正义在资产阶级的司法中得到实现；平等归结为法律面前的资产阶级的平等；被宣布为最主要的人权之一的是资产阶级的所有权；而理性的国家、卢梭的社会契约在实践中表现为，而且也只能表现为资产阶级的民主共和国。"③ 非神圣形象表现为社会生产生活领域的人的异化，体现为商品拜物教和货币拜物教。早在《1844 年经济学哲学手稿》中，马克思就对非神圣形象现实表现进行了批判，从异化的角度对非神圣形象进行了揭露。在私有制范围内，"每个人都力图创造出一种支配他人的、异己的本质力

---

① 《马克思恩格斯文集》第 1 卷，人民出版社 2009 年版，第 179 页。
② 《马克思恩格斯文集》第 1 卷，人民出版社 2009 年版，第 179 页。
③ 《马克思恩格斯文集》第 9 卷，人民出版社 2009 年版，第 20 页。

量，以便从这里面获得他自己的利己需要的满足"①。在非神圣形象的统治下，奴役人的王国随着生产的发展而不断扩展，"工业的宦官"以更加卑鄙的手段骗取利益，一方面引诱出不懂节制的欲望，另一方面将工人的基本需要的满足"牲畜般的野蛮化和彻底的、粗陋的、抽象的简单化"②。没有发育成熟的儿童被变成劳动工具，"而工人则变成了无人照管的儿童"③。对于无产阶级来说，"肮脏、人的这种堕落、腐化、文明的阴沟（就这个词的本义而言）"，"完全违反自然的荒芜，日益腐败的自然界"④，成了他们的生活要素。无产阶级的任何感觉都不再以人的方式存在了，"而且不再以非人的方式因而甚至不再以动物的方式存在"⑤。作为享受和支持非神圣形象的人，资本家也没有脱离异化，同样处于非人的力量统治之下：他所希冀得到的东西不是他自己的劳动产品，而是别人的努力劳动和血汗成果；对人的蔑视和任意糟蹋同时也带来对其自身本质的贬低，使财富成为"凌驾于自己之上的完全异己的力量"⑥。不仅无产阶级处于非神圣形象统治的深重苦难中，看似是财富主人的资产阶级实际上也是财富的奴隶，是非神圣形象的臣民。

3. 非神圣形象批判要在现实斗争中深入展开

19世纪以来，欧洲社会意识领域中各种思想潮流涌动，资产阶级理论家大行其道，借助资本主义快速扩张的东风进行理论宣传，为非神圣形象的统治提供理论支撑。而此时期关于工人运动、社会主义和共产主义的学说又参差不齐，往往沉迷于对神圣形象的批判，停留于宗教批判和封建专制批判，没有抓住时代的中心课题。各种理论你方唱罢我登

---

① 《马克思恩格斯文集》第1卷，人民出版社2009年版，第223页。
② 《马克思恩格斯文集》第1卷，人民出版社2009年版，第225页。
③ 《马克思恩格斯文集》第1卷，人民出版社2009年版，第226页。
④ 《马克思恩格斯全集》第3卷，人民出版社2002年版，第225页。
⑤ 《马克思恩格斯文集》第1卷，人民出版社2009年版，第225页。
⑥ 《马克思恩格斯文集》第1卷，人民出版社2009年版，第234页。

场，为实现人的解放提供了不同的答案，却鲜有人将矛头对准非神圣形象，人们只能苦痛于没有彻底而科学的理论作为实现自身解放和幸福的思想指导。在这种情况下，马克思、恩格斯敏锐地觉察到对非神圣形象批判的重要性和必要性，分别在现实的新闻工作中和实践的考察中开启了对非神圣形象的批判。关于非神圣形象所高扬的核心价值，马克思和恩格斯毫不犹豫地进行了揭露。例如，非神圣形象统治下的自由权利是资产阶级的自由权利，而不是属于全体人的自由权利。"一方面，安全被宣布为人权，一方面侵犯通信秘密已公然成为风气。一方面'不受限制的新闻出版自由'作为人权的个人自由的结果而得到保证，一方面新闻出版自由又被完全取缔，因为'新闻出版自由危及公共自由，是不许可的'。"①当自由等价值和权利与现实的统治阶级利益发生冲突时，统治阶级就会毫不犹豫地抛弃这些"阻碍"。因此，非神圣形象所构筑的理论实际上处在与社会现实状况极大的矛盾之中，其内容的支离破碎就是这一充满矛盾状况的真实反映。对于这一矛盾产生的原因，资产阶级理论家们却从来避而不谈，并把非神圣形象和其背后的资本主义生产方式看成"不言而喻的自然必然性"② 结果。

在批判的过程中，马克思、恩格斯超越资产阶级理论家，探求非神圣形象产生的原因，逐渐接近其社会现实根源，开启了对尘世、对法、对政治的批判。在《〈黑格尔法哲学批判〉导言》中，马克思对德国政治制度进行了批判，直指颠倒的理论是颠倒的社会的反映，德国制度是现代政治领域的文明缺陷同旧制度的野蛮缺陷的结合，是时代的错乱，要通过彻底的革命将受其压迫的德国人解放出来。在《论犹太人问题》中，马克思在批驳鲍威尔宗教解放理论的同时，超越了宗教批判，对实现了政治解放的资本主义国家本身进行了批判，指出政治解放只为市民社会解除了宗教和封建桎梏，人的解放并不能在现代国家中实现。在

---

① 《马克思恩格斯文集》第 1 卷，人民出版社 2009 年版，第 43 页。
② 《马克思恩格斯文集》第 5 卷，人民出版社 2009 年版，第 99 页。

《英国工人阶级状况》中，恩格斯以英国社会作为非神圣形象统治下的典型，考察因受压迫和剥削而处于深重苦难的英国无产阶级状况，揭露资本主义社会日益尖锐的社会矛盾和愈发严重的社会弊病。在这一过程中，马克思、恩格斯也更加明确要实现对非神圣形象的彻底批判，不仅要对过往和现存意识形态本身进行批判，更要对其掩蔽下的生产方式和制度安排进行揭露与批判，对非神圣形象异化社会的现实基础展开批判。在《德意志意识形态》中，马克思、恩格斯对非神圣形象的批判进入了市民社会领域。通过对分工、交换关系的历史考察，马克思、恩格斯不仅找到了意识形态的规律，揭示了其生成与发展的秘密，也触到了生产力与生产关系领域。其中，新历史观的确立为进一步的政治经济学研究提供了世界观和方法论上的指导。非神圣形象这一资产阶级意识形态的历史基础不再是所谓的观念，而是"现实的物质生产过程"和"同这种生产方式相联系的、它所产生的交往形式即各个不同阶段上的市民社会"。① "不是意识决定生活，而是生活决定意识。"② 不是非神圣形象决定资本主义社会，而是资本主义社会本身决定非神圣形象。

在政治经济学研究中，马克思、恩格斯系统地对资本主义社会进行了分析，对于非神圣形象统治的社会有了更深刻的认识，推进批判工作走向深入。在《1844 年经济学哲学手稿》中，马克思写道："你自己不能办到的一切，你的货币都能办到：它能吃，能喝，能赴舞会，能去剧院，它能获得艺术、学识、历史珍品、政治权力，它能旅行，它能为你占有这一切；它能购买这一切；它是真正的能力。"③ 这一观点在《资本论》中得到了更加深刻的阐述，非神圣形象在资本主义社会的表现形象被马克思具体化为商品拜物教和货币拜物教。商品起初好像是一种"简单而平凡的东西"，却在交换和商业贸易中展现出了"形而上学的微

---

① 《马克思恩格斯文集》第 1 卷，人民出版社 2009 年版，第 544 页。
② 《马克思恩格斯文集》第 1 卷，人民出版社 2009 年版，第 525 页。
③ 《马克思恩格斯文集》第 1 卷，人民出版社 2009 年版，第 227 页。

妙和神学的怪诞"①。这种拜物教的神秘形式并不来源于商品作为劳动产品的使用价值，而是来源于商品形式本身。

商品形式的奥秘就在于："商品形式在人们面前把人们本身劳动的社会性质反映成劳动产品本身的物的性质，反映成这些物的天然的社会属性，从而把生产者同总劳动的社会关系反映成存在于生产者之外的物与物之间的社会关系。由于这种转换，劳动产品成了商品，成了可感觉而又超感觉的物或社会的物。"② 也就是在这样的转换中，原本是人与人之间的社会关系，"在人们面前采取了物与物的关系的虚幻形式"，"不是表现为人们在自己劳动中的直接的社会关系，而是表现为人们之间的物的关系和物之间的社会关系"。③ 因此，为了描述这种表现为有生命且彼此发生关系并同人发生关系的独立存在的人的产物，只能采取宗教的方式称之为拜物教。而随着商品交换的发展，"当一般等价形式同一种特殊商品的自然形式结合在一起，即结晶为货币形式的时候"，商品不再通过它自身或其他商品来表现自身的价值，而通过货币表现，以货币的形式作为"一切人类劳动的直接化身"④。此时，货币拜物教的假象也形成了，并使得商品拜物教的秘密更加明显而耀眼。

在这一批判过程中，马克思也充分认识到，科学的认识产生于一定基础，只有当生产力发展到一定的水平时，"才能从经验本身得出科学的认识，理解到彼此独立进行的，但作为自然形成的社会分工部分而互相全面依赖的私人劳动，不断地被化为它们的社会的比例尺度"⑤。并且，正如价值量由劳动时间决定这一秘密的发现无法消除"价值量的决定所采取的物的形式"，仅仅揭露非神圣形象的秘密也无法消除非神圣

---

① 《马克思恩格斯文集》第 5 卷，人民出版社 2009 年版，第 88 页。
② 《马克思恩格斯文集》第 5 卷，人民出版社 2009 年版，第 89 页。
③ 《马克思恩格斯文集》第 5 卷，人民出版社 2009 年版，第 90 页。
④ 《马克思恩格斯文集》第 5 卷，人民出版社 2009 年版，第 112 页。
⑤ 《马克思恩格斯文集》第 5 卷，人民出版社 2009 年版，第 92 页。

形象的统治。想要在现实中消灭非神圣形象，必须靠并且只有靠现实的斗争。

三、神圣形象与非神圣形象的意识形态联系

神圣形象在封建统治者的利用下成为占统治地位的意识形态，非神圣形象随着资产阶级产生和发展也不断壮大，并在资产阶级取得统治地位后登上神坛，接续神圣形象成为迷惑人、压迫人的精神主导。神圣形象也不甘示弱，通过新的转化形式对现实社会施加影响，实现对人的控制。但是，在这一过程中，神圣形象与非神圣形象的发展并不是前后分离的两个阶段，或完全独立的体系。尽管"旧思想的瓦解是同旧生活条件的瓦解步调一致"①，但二者并不是严格对应的关系。在变革尚未完成的阶段，神圣形象与非神圣形象往往是相互斗争、相互利用的，但二者也相互联系、相互作用，为了各自的利益而争夺人民群众的头脑，呈现出复杂的关系。因此，梳理神圣形象与非神圣形象的关系，分析二者之间的联系，是无产阶级反抗神圣形象与非神圣形象双重压迫、对神圣形象与非神圣形象作出彻底批判的必要工作。

1. 神圣形象与非神圣形象彼此嵌入

首先，就神圣形象与非神圣形象之间的联系而言，二者作为统治阶级的意识形态在本质上都是社会实践的产物，其生成、变化与发展都与社会实践相联系。神圣形象与非神圣形象都不是纯粹意识的创造，而是社会的产物，是在一定生产力基础上产生的观念与意识发展到一定阶段的产物。生产并利用神圣形象与非神圣形象的人是社会的，是从事实践活动的。人想要生存就必须与其他个体进行来往，"他们想要进行生产

---

① 《马克思恩格斯文集》第 2 卷，人民出版社 2009 年版，第 51 页。

只有以一定的方式共同活动和互相交换其活动"，因此"就要发生一定的联系和关系"，"只有在这些社会联系和社会关系的范围内，才会有他们对自然界的影响，才会有生产"。① 承载了"宗教精神本身"的人也是属于一定的社会形式的，神圣形象所鼓吹的宗教精神只能是"人的精神某一发展阶段的非世俗形式"②。对非神圣形象来说，给一切事物打上价值标签以把一切产品转化为"象形文字"背后的秘密不是什么神秘的力量，而是"像语言一样，是人们的社会产物"③。原始的自然环境差异造成物质生产工具和文明创造工具的差异，随着需求的增长和分工的发展，人与自然之间的交换已经不能满足人的需要，人与人之间的交换开始了，也正是为了使所有者之间的交换顺利完成，货币作为第三者才得以出现。在交换和社会生产中形成的关系的总和也就构成了决定意识形态的社会基础。在生产力发展的基础上，封建等级社会走向资本主义社会后，非神圣形象才逐渐形成并发展起来，最终成为在资本主义社会占据统治地位的力量。社会实践也是神圣形象与非神圣形象不断发展迭代的推动力，使得二者在不同的社会发展阶段展现出不同的关系。

正如马克思在《论犹太人问题》中所揭示的，犹太教之所以在基督教社会中获得发展，"犹太人的实际精神成了基督教各国人民的实际精神"，并不是因为犹太教本身的秘密，而是因为犹太教的精神契合了市民社会的现实，是金钱通过犹太人或者其他人成了世界势力，使得崇拜"金钱"、沉迷于"经商牟利"的精神脱离了压制欲望、崇尚节制的宗教限制，在同样唯利是图、追逐金钱的资产阶级市民社会成员中获得了发展，最终以非神圣形象的形式出场，对人实行控制与压迫。④ 因此，对于神圣形象和非神圣形象，不能仅仅从其自身的历史进行把握，不能

① 《马克思恩格斯文集》第 1 卷，人民出版社 2009 年版，第 724 页。
② 《马克思恩格斯文集》第 1 卷，人民出版社 2009 年版，第 36 页。
③ 《马克思恩格斯文集》第 5 卷，人民出版社 2009 年版，第 91 页。
④ 《马克思恩格斯文集》第 1 卷，人民出版社 2009 年版，第 50 页。

只看到神圣形象在中世纪占据统治地位、非神圣形象在资本主义社会占据统治地位就以为二者是真正起决定作用的因素。恰恰相反，"中世纪不能靠天主教生活"，"古代世界不能靠政治生活"①，意识形态之下一定有对其具有根本决定性和制约性的现实基础。

其次，就神圣形象与非神圣形象的属性而言，二者都是历史的存在，而不是所谓的"自然的""永恒的"存在。神圣形象与非神圣形象都是不同历史阶段的存在，是"通过历史、在历史中并且同历史一起保存下来和发展起来的"②，会经历产生、发展、消亡的过程，在不同的历史时期展现出不同的面貌。以宗教这一神圣形象中的代表为例，封建主义时期的人信奉宗教与资本主义时期的人信奉宗教的原因和方式是有区别的，现代国家的人信奉宗教不再是统治力量的强制要求，而是由于"个人生活和类生活之间、市民社会生活和政治生活之间的二元性"③，是为了抚慰受非人的关系控制的丧失自我的现实，因为只有在宗教中人才能实现资产阶级所许诺的那种"永恒价值"，只有在幻想中，"人，不仅一个人，而且每一个人，是享有主权的，是最高的存在物"④。因此，在资本主义国家，宗教才基本脱离封建主义时期的政治意义，回到了宗教的形式中将纷繁至极的教义与观念进行梳理分析，带来了更多的宗教多样性。神圣形象与非神圣形象的历史性也决定，二者必然在历史发展的进程中走向消亡。意识形态存在不是世界所固有的，而是在社会生活中、在历史进程中不断产生出来的，是历史的一部分，是会随着历史的前进走向消亡的。曾经起到革命意义的阶级在不断发展的生产力面前也只能"像一个魔法师一样不能再支配自己用法术呼唤出来的魔鬼了"⑤。但是，"无论哪一个社会形态，在它所能容纳的全部生产力发挥出来以

---

① 《马克思恩格斯文集》第 5 卷，人民出版社 2009 年版，第 100 页。
② 《马克思恩格斯文集》第 1 卷，人民出版社 2009 年版，第 308 页。
③ 《马克思恩格斯文集》第 1 卷，人民出版社 2009 年版，第 36 页。
④ 《马克思恩格斯文集》第 1 卷，人民出版社 2009 年版，第 37 页。
⑤ 《马克思恩格斯文集》第 2 卷，人民出版社 2009 年版，第 37 页。

前，是决不会灭亡的；而新的更高的生产关系，在它的物质存在条件在旧社会的胎胞里成熟以前，是决不会出现的"①。对于本身就具有一定相对独立性的意识形态来说更是如此，意识形态上层建筑的变革对于经济基础的变化来说，总是或快或慢的。变革所需要的社会物质基础或一系列物质生存条件"是长期的、痛苦的发展史的自然产物"②。在资本主义社会依旧普遍繁荣的情况下，"即在资产阶级社会的生产力正以在整个资产阶级关系范围内所能达到的速度蓬勃发展的时候"③，也就很难实现真正的彻底革命。因此，无产阶级想要通过揭露和批判使神圣形象与非神圣形象走向消亡，必须要认识到这将是一个持续而漫长的历史过程。彻底的革命只有经历一定的历史发展阶段才可能发生，但是，如神圣形象与非神圣形象注定走向消亡一样，革命的胜利也肯定会来临。

最后，就神圣形象与非神圣形象所展露出的特点而言，为了尽可能有力地从各个方面实现对群众的控制，二者都包含了较为完备的世界观体系，为被统治者编织出一幅虚假而完整的图像。神圣形象与非神圣形象都不只是单薄的符号象征，而是系统庞大的理论体系与世界图景，直指人们思想灵魂世界的精神建构活动。不管神圣形象和非神圣形象所采取的具体手段是宗教仪式还是教育宣传，是思想控制还是争辩攻击，其根本目的都是要在人们的思想灵魂世界清除其他意识形态的影响，建构起符合统治阶级利益的观念体系，而这种观念体系的本质就是关于人类社会发展和生活现实的世界图景。这个世界图景构成了人们关于社会历史、生命历程及其社会交往活动的本体论、认识论、价值论等进路的追问和回答，交代人们从哪里来、时代境遇、精神纽带、价值坐标和理想愿景，不仅教育人如何看待自身和对象世界，更直接影响人的生产生活方式。无论是封建统治者还是资产阶级统治者，二者都认识到，如果不

---

① 《马克思恩格斯文集》第 2 卷，人民出版社 2009 年版，第 592 页。
② 《马克思恩格斯文集》第 5 卷，人民出版社 2009 年版，第 97 页。
③ 《马克思恩格斯文集》第 4 卷，人民出版社 2009 年版，第 243 页。

致力于世界图景构建，仅凭借强制权力的控制，并不能实现对人思想的绝对控制，因为它无法阻止现实的苦难和社会矛盾引起人们对自身状况的反思和对压迫剥削的反抗，神圣形象和非神圣形象作为完整的虚假图像必然会出场。因此，从本体论的角度看，无产阶级既要建构"此岸世界"的真理，还要建构"彼岸世界"的真理，要为人们提供替代神圣形象与非神圣形象虚假内容的终极追问和终极意义；从认识论的角度看，无产阶级既要破除"神圣形象"建构的"真理世界"，又要破除"非神圣形象"建构的"信仰世界"；从价值论的角度看，无产阶级既要立足个体现实和主体需求建构"自为世界"，又要立足社会整体和制度安排建构"自在世界"，在击碎旧世界假象后建立代表未来的新世界。

2. 神圣形象与非神圣形象相互支撑

对非神圣形象来说，神圣形象既是生成的基础又是发展的桎梏，在非神圣形象取得统治地位后依旧是隐藏的弊病，时刻伺机反扑。在封建社会，神圣形象的自我异化以抽象的主体性，也就是以"任意、内在性、唯灵论"为基本原则，这种片面的主体性形象理论必然带来对主体的奴役，后果就是"抽象的内在性变成了抽象的外在性，即人的贬低和外在化"①。资产阶级此时受到来自专制制度和宗教信仰的双重压迫，只能在教会和王权之下苦苦挣扎。在神圣形象的统治下，"古代文明、古代哲学、政治和法学一扫而光"，知识和教育被神圣形象掌握，"一切都按照神学中适用的原则来处理"，"教会的教条同时就是政治信条"②。这一时期，尽管人民反抗教会的尝试时常出现，"或者是以神秘主义的形式出现，或者是以公开的异教的形式出现，或者是以武装起义的形式出现"③，但几乎都在集合于神圣形象之后的封建贵族、僧侣的打压下

---

① 《马克思恩格斯文集》第 1 卷，人民出版社 2009 年版，第 93 页。
② 《马克思恩格斯文集》第 2 卷，人民出版社 2009 年版，第 235 页。
③ 《马克思恩格斯文集》第 2 卷，人民出版社 2009 年版，第 236 页。

走向失败。直到路德开启了宗教改革，以及随之而来的政治解放运动，资产阶级对于神圣形象的斗争才开始占据上风，非神圣形象逐渐走向主导。但是，资产阶级政治革命以来，不论是在时代错乱的德国，还是在资产阶级占据统治地位的现代各国中，神圣形象也没有被彻底消灭。马克思在《〈黑格尔法哲学批判〉导言》中揭露过这一现象："正像在罗马的万神庙可以看到一切民族的神一样，在德意志神圣罗马帝国可以看到一切国家形式的罪恶"，"这个国王想扮演王权的一切角色——封建的和官僚的，专制的和立宪的，独裁的和民主的"。① 在革命不彻底的国度，神圣形象和非神圣形象之间的对抗使得受其统治的人不得不承受封建的和资本主义的双重的压迫，而在完成资产阶级革命的国度，神圣形象作为"过去的回忆"也依旧困扰着这些国家。作为现代国家"肉中刺"② 的神圣形象时刻准备"违反普遍承认的公理"，"同新生的世界进行斗争"，"求助于伪善和诡辩"，以"异己本质的假象"掩盖自己的真实存在。③

在神圣形象压制非神圣形象发展的同时，非神圣形象所代表的资产阶级意识形态并不是坐以待毙，而是作为新生世界的力量不断地与作为现存世界制度的神圣形象进行斗争。资产阶级意识形态高扬起人的旗帜和理性的旗帜，对于宗教和封建专制进行猛烈攻击，在理论上反对神圣形象的一切主要观点，在现实中以政治革命推翻封建王朝的统治。并且，非神圣形象在代替神圣形象占据统治地位后，对神圣形象进行"扬弃"，将神圣形象转变成为自身服务的工具。在非神圣形象的异化中，实际上就包含了对神圣形象异化的扬弃。私有财产作为"异化了的人的生命的物质的、感性的表现"，实际也是"人的实现或人的现实"④。以

① 《马克思恩格斯文集》第 1 卷，人民出版社 2009 年版，第 14 页。
② 《马克思恩格斯文集》第 1 卷，人民出版社 2009 年版，第 11 页。
③ 《马克思恩格斯文集》第 1 卷，人民出版社 2009 年版，第 7 页。
④ 《马克思恩格斯文集》第 1 卷，人民出版社 2009 年版，第 186 页。

私有财产、资本等对宗教的批判实际上也是以异化了的人的现实对人的"意识领域"和"内心领域"异化的扬弃，是以现实生活异化替代信仰生活异化的尝试。但是，非神圣形象对神圣形象的扬弃是不彻底的。正如马克思在《论犹太人问题》中所指出的："在政治国家作为政治国家通过暴力从市民社会内部产生的时期，在人的自我解放力求以政治自我解放的形式进行的时期，国家才是能够而且必定会做到废除宗教、根除宗教的。"① 对于实现了政治解放之后的现代国家来说，神圣形象的彻底消亡不是批判的目的，为其服务才是目的，因而神圣形象对非神圣形象来说也"必然成为手段"。封建国家之所以需要神圣形象，"是为了充实自己而成为国家"，而资产阶级的民主国家"已经用世俗方式实现了宗教的人的基础"②，并不需要宗教给予政治上的支持，因此神圣形象就被踢出了政治领域，"从公法领域驱逐到私法领域"③。甚至于，只有在非神圣形象统治的社会中，神圣形象才能脱离政治获得真正的实现。在这样的条件下，曾经作为神圣形象主要内容的宗教就变成了"市民社会的、利己主义领域的、一切人反对一切人的战争的精神"④，恰恰契合了在非神圣形象异化下分裂的、对立的人的需要，适合于受金钱统治的资本主义社会。正如马克思总结的："基督教的幻象、幻梦和基本要求，即人的主权——不过人是作为一种不同于现实人的、异己的存在物——在民主制中，却是感性的现实性、现代性、世俗准则。"⑤ 神圣形象构造的幻梦只是被非神圣形象超越，并发展为更普遍和彻底的压迫。

3. 神圣形象与非神圣形象构成意识形态批判的双重维度

对于无产阶级来说，神圣形象和非神圣形象都是揭露和批判的对

---

① 《马克思恩格斯文集》第1卷，人民出版社2009年版，第33页。
② 《马克思恩格斯文集》第1卷，人民出版社2009年版，第34页。
③ 《马克思恩格斯文集》第1卷，人民出版社2009年版，第32页。
④ 《马克思恩格斯文集》第1卷，人民出版社2009年版，第32页。
⑤ 《马克思恩格斯文集》第1卷，人民出版社2009年版，第37页。

象。意识形态的消亡并不是与社会现实同步的，无产阶级想要获得自身的解放，不仅要对资产阶级意识形态进行揭露和批判，也要对封建意识形态进行批判。经历过神圣形象批判的宗教不仅没有走向消亡，反而在"现代国家"获得了真正发展。在黑格尔哲学中，"扬弃了的私法＝道德，扬弃了的道德＝家庭，扬弃了的家庭＝市民社会，扬弃了的市民社会＝国家，扬弃了的国家＝世界历史"，而在现实世界中，"私法、道德、家庭、市民社会、国家等等依然存在着，它们只是变成环节"①，从直接感性的现实转入人的头脑，在意识形态领域攻城略地，成为精神世界的重要组成部分，并且时刻准备东山再起，重回旧日的荣光。并且，就无产阶级的革命立场而言，对神圣形象和非神圣形象的批判都是彻底的革命性的要求。马克思、恩格斯从不满足于宗教批判的理论成果，而是看到宗教批判中的局限与不彻底性，不仅批判宗教，还批判"宗教的批判"。马克思和恩格斯不满足于政治解放的既有实践成果，而是看到政治解放中隐含的剥削与压迫，不停留于资产阶级的解放，而是追求对人的本质的真正实现的全人类自由全面发展的社会，要求人的解放。要把对尘世的批判具体到对法的关系批判、对政治制度的批判、对经济生活的批判。唯有如此，劳动人民才能明白他们遭受不幸的真正原因，才能寻获"思想的闪电"对精神园地的真正击中。因此，无产阶级不仅要批判宗教构建的"神圣形象"，还要批判在理论上消除宗教异化后由其赖以存在的现实生活基础所构建的"非神圣形象"，将二者都作为斗争对象，猛烈地向其"开火"。

就彻底批判的实现条件而言，彻底的理论是对神圣形象和非神圣形象彻底批判的必要前提。马克思在《〈黑格尔法哲学批判〉导言》中写道："真理的彼岸世界消逝以后，历史的任务就是确立此岸世界的真理。"这一论断所强调的内涵是，无产阶级思想政治教育实现对神圣形

---

① 《马克思恩格斯文集》第 1 卷，人民出版社 2009 年版，第 214 页。

象和非神圣形象揭露和批判工作的前提是实现"理论彻底",即"确立此岸世界的真理"。马克思所说的"此岸世界的真理"就是彻底的理论,是批判和革命斗争的科学指导。那么,这种理论的彻底要如何才能获得?马克思在后文继续说明:"理论只要说服人,就能掌握群众;而理论只要彻底,就能说服人。所谓彻底,就是抓住事物的根本。而人的根本就是人本身。"① 正如马克思强调的,只有抓住人本身的理论才是彻底的。构建彻底理论的工作要抓住"人的根本就是人本身"这一彻底需要,开展彻底的理论研究,要围绕人的生活开展研究,也就是要研究跟人的生存发展密切关联的"尘世""法的关系""制度"和"政治"。因此,彻底理论也必然要求对神圣形象和非神圣形象的批判,要在揭露"神圣形象"的基础上,揭露"非神圣形象"的自我异化,并以这种异化来分析人们现实生活的苦难以及造成这种苦难的根源,也就不得不诉诸对"尘世的批判""法的批判""政治的批判"乃至"对批判的批判所做的批判"。事实上,马克思和恩格斯深刻认识到,不管是在哪个社会历史时期,不管是从事批判和揭露,还是从事建构和宣传,理论彻底性都是一个根本前提。一方面,只有对理论基础进行彻底的批判,才能使得新理论摆脱旧的胎胞,真正构建起来;另一方面,如果不能首先"确立此岸世界的真理",就无法揭穿"神圣形象"和"非神圣形象"及其掩盖下经济政治制度的剥削本质,更不能真正完成批判和教育引导的使命。

彻底的革命实践是对神圣形象和非神圣形象彻底批判的现实保证。在《德意志意识形态》中,马克思、恩格斯明确指出:"历史的动力以及宗教、哲学和任何其他理论的动力是革命,而不是批判。"② 神圣形象和非神圣形象不是在精神的批判下就可以走向彻底的,而只有通过对其产生根源也就是现实的社会关系的实际的批判才能实现。因此,想要

---

① 《马克思恩格斯文集》第 1 卷,人民出版社 2009 年版,第 11 页。
② 《马克思恩格斯文集》第 1 卷,人民出版社 2009 年版,第 544 页。

实现彻底揭露和批判，无产阶级就不能仅仅关注神圣形象和非神圣形象本身，不能仅仅盯着宗教批判和理性批判，而应当开展社会批判和现实批判，更要从理论批判走向实践批判，以物质力量反抗物质力量。无产阶级不仅要反思尘世生活，反思法的关系和政治的上层建筑，以及为这种制度进行论证的学说（政治学）和观念学（意识形态），更要以"批判的武器"引导群众进行"武器的批判"①。那么，一方面，无产阶级革命者要让人民大众认识到，无论是神圣形象还是非神圣形象，都是人的自我异化的结果，都是带着鲜花的奴役，区别在于前者让鲜花盛放在枷锁之中，后者则让枷锁藏匿于鲜花之间②，揭露两者都奴役人的信仰之魂，统摄人的精神观念世界；另一方面，要激起人民的革命勇气，将革命的要求转变成"德国人民的不可抗拒的要求"③，领导人们拿起精神武器和物质武器打碎束缚自身的沉重枷锁，因为只有在革命中，无产阶级作为推翻统治阶级的力量，"才能抛掉自己身上的一切陈旧的肮脏东西，才能胜任重建社会的工作"④。无产阶级如果不揭露和批判剥削阶级的理论意图及其所代表的意识形态，人们就难以真正获得"批判的武器"，也就难以被"彻底击中"；而如果不对神圣形象和非神圣形象进行现实打击，人们即使掌握了批判武器，也难以彻底消灭神圣形象和非神圣形象，反而会时刻困扰于旧日的梦魇，使得革命成果被消解。

神圣形象与非神圣形象是思想政治教育学的一对重要范畴，是新时代开展思想政治教育工作必须注重揭露与批判的对象。马克思和恩格斯在经典文本中对神圣形象与非神圣形象作出的论述以及提出的应对多样社会思潮的实践观点，对界定思想政治教育功能定位、明确思想政治教

---

① 《马克思恩格斯文集》第 1 卷，人民出版社 2009 年版，第 11 页。
② 《马克思恩格斯文集》第 1 卷，人民出版社 2009 年版，第 4 页。
③ 《马克思恩格斯文集》第 1 卷，人民出版社 2009 年版，第 7 页。
④ 《马克思恩格斯文集》第 1 卷，人民出版社 2009 年版，第 543 页。

育目标内容、增强思想政治教育理论与实践彻底性有重要的启示。

第一，要继续发挥思想政治教育揭露与批判错误社会思潮的重要功能。揭露与批判是无产阶级思想政治教育工作的主要手段和重要功能，也是无产阶级思想政治工作在特定历史时期要着力完成的重要使命。正如马克思所言："批判已经不再是目的本身，而只是一种手段。它的主要情感是愤怒，它的主要工作是揭露。"① 要想组织和凝聚无产阶级、教育和武装无产阶级，就要引导无产阶级形成阶级意识，坚定社会主义信念和共产主义信仰。在这个过程中，最重要的是让他们认识到正在遭受压迫的苦难根源，让他们认识到那些自诩"神圣""自由""平等""博爱"的口号宣传和权利格言，不过是掩盖剥削实质的"神圣形象"和"非神圣形象"而已，究其实质都是剥削阶级的意识形态观念。"应当让受现实压迫的人意识到压迫"②，"应当公开耻辱，从而使耻辱更加耻辱"，"为了激起人民的勇气，必须使他们对自己大吃一惊"。③ 无产阶级思想政治教育要"确立此岸世界的真理"，要用马克思主义的基本立场、观点和方法来教育工人、武装群众，就必须首先对那些反映剥削阶级意识形态的神圣形象和非神圣形象进行无情的揭穿和彻底的批判，引导人民认清这些错误社会思潮、错误意识形态的剥削本质和根本谬误，防止这些错误社会思潮、错误意识形态给人民群众造成"精神污染"。当前，我们在意识形态领域面临的斗争和较量是长期的，一些错误观点时有出现，一些腐朽落后思想文化的沉渣泛起，西方国家加紧对我国进行思想文化渗透，新自由主义、新保守主义、历史虚无主义、民主社会主义等错误社会思潮正扮演着"分化""西化"中国、"扳倒中国"的急先锋。这就要求我们必须增强主动性、掌握主动权、打好主动仗，要增强阵地意识，敢于斗争敢于亮剑，坚持正面宣传为主，但是决

---

① 《马克思恩格斯文集》第 1 卷，人民出版社 2009 年版，第 6 页。
② 《马克思恩格斯文集》第 1 卷，人民出版社 2009 年版，第 6 页。
③ 《马克思恩格斯文集》第 1 卷，人民出版社 2009 年版，第 7 页。

不放弃舆论斗争，针对这些错误社会思潮，决不能含糊其词、退避三舍，要旗帜鲜明、理直气壮地揭露和批判这些错误观点和思潮。要发挥无产阶级思想政治教育的揭穿和批判功能，保持批判精神，新时代思想政治教育才能在阵地争夺中赢得先机和胜算，从而不断巩固马克思主义在意识形态领域的指导地位，不断巩固全国各族人民团结奋斗的共同思想基础。

第二，要在思想政治教育目的设定与内容构建上融入世界图景。客观地讲，人们之所以会被这样那样的神圣形象和非神圣形象所迷惑和遮蔽，一个重要原因是神圣形象和非神圣形象作为剥削阶级编织出来的关于人性和幸福的世界图景，对身处苦难、期盼解放的人来说是充满诱惑富于慰藉的。在神圣形象构造的世界图景里，尽管它是"颠倒的世界"和"颠倒的世界意识"，总是引诱人们追寻"虚幻的幸福"，却是人们在苦难生活中"借以求得慰藉和辩护的总根据"，悬设了"以宗教为精神抚慰的那个世界"①，人们在其中获得关于世界、关于生命、关于人生、关于社会、关于未来的生活认知和终极意义。宗教之所以能够成为"人民的鸦片"，正是因为它会麻痹人们的理性，引诱人们在精神上成瘾，形成信仰依赖，让人们对神圣形象构造的世界图景充满敬畏和幻想。非神圣形象构造的世界图景也是如此，虽然它"否定了敷粉的发辫"却"要同没有敷粉的发辫打交道"②，它扳倒了"神圣形象"后立即又把自己宣布为"绝对真理"，它发现了理性精神和人的本质，却让资本逻辑与理性精神勾结在一起，因而只是抽象地揭示人的本质，当然也就只是抽象地谈论"自由""平等""民主""博爱"这些"神圣发作"，这就导致"在我们的那些牧羊人带领下，总是只有一次与自由为伍，那就是在自由被埋葬的那一天"③，说到底在资本主义社会里真正

---

① 《马克思恩格斯文集》第 1 卷，人民出版社 2009 年版，第 3 页。
② 《马克思恩格斯文集》第 1 卷，人民出版社 2009 年版，第 4—5 页。
③ 《马克思恩格斯文集》第 1 卷，人民出版社 2009 年版，第 5 页。

拥有自由的"不是个人，而是资本"①。在非神圣形象构造的世界图景里，资本形而上学编造了人们终于获得了最完美制度并将拥有最幸福生活的"现代寓言"。事实上，人总是为着一定的意义而活，人既要现实地生活，也要理想地生活，现实与理想本来就是辩证统一的。因而人们总是要从"此岸世界"走向"彼岸世界"，就是说人们总是在自己的生命活动中不断确认"此岸世界的真理"的同时，不断构想和向往着"彼岸世界的真理"。无产阶级思想政治教育揭穿和批判了神圣形象与非神圣形象构造的幻想世界图景，强调必须用马克思主义理论指导描绘的科学真实的世界图景来建构人们的思想灵魂和精神家园。这就要求，新时代思想政治教育必须着力开展思想灵魂教育，构建精神家园，深化铸魂工程和固本工程，用马克思主义信仰、共产主义远大理想、中国特色社会主义共同理想构造起人们确认"此岸世界的真理"和"彼岸世界的真理"的科学世界图景。

第三，要增强思想政治教育掌握群众的理论彻底性。理论上不彻底，就难以服人。理论彻底性是制约当前思想政治教育说服力、感染力和实效性的瓶颈性因素。这里所说的理论彻底性包括两个方面，一是作为思想政治教育内容的理论彻底性，二是思想政治教育理论本身的彻底性。目前来讲，尤为紧迫的是要增强思想政治教育理论本身的彻底性，为新时代思想政治教育实践发展提供理论支撑。发展新的思想政治教育学，首要之举就是要在理论前提的意义上对思想政治教育"是什么""为什么""应当是什么"进行根本反思和科学揭示，这种反思和揭示应当围绕新的时代精神来展开。这种新的时代精神不是别的，正是习近平新时代中国特色社会主义思想，它明确了新时代中国社会主要矛盾已经转化为人民日益增长的美好生活需要和不平衡不充分的发展之间的矛盾，明确了新时代中国特色社会主义建设的根本追求是不断促进和

---

① 《马克思恩格斯文集》第8卷，人民出版社2009年版，第179页。

实现人的全面发展和全体人民共同富裕。这就是说，新时代思想政治教育发展，要围绕不断满足人民日益增长的美好生活需要这个核心来谋划理论构建和实践部署，要围绕不断促进和实现每个人的全面发展和全体人民共同富裕这个终极追求来进行理论创新和实践转化，而这正是确保思想政治教育理论本身发展进而增强彻底性的关键。